社会性概念の構築

アメリカ進歩主義教育の概念史

田中智志 著

Constructing the Social:

Critical History of the Idea of Progressive Education in America

東信堂

社会性概念の構築——アメリカ進歩主義教育の概念史／目次

〈表記の方法〉

1　文献を示す場合は、（　）で著者名　出版年、ページを指示している。
2　訳書を示す場合は、原著書の出版年のあとにイコールを入れ、訳書の出版年、ページを入れている。
3　文献の書誌情報は、巻末にまとめて掲載されている。
4　同一著者・同一年出版の文献は、出版年のあとにa、b、c、……を付し区別している。
5　巻末の文献一覧は、著者名、出版年、題名、出版地、出版社で挙示している。論文は、著者名、出版年、題名、雑誌名、巻・号、ページで挙示している。
6　訳書は、原著者名、原著出版年、原著題名、原著出版地、原著出版社の順で記し、そのあとに＝をつけ、訳書出版年、訳者名、訳書題名、訳書出版社を記している。
7　歴史上の人物については、初出のときにかぎり、原語の綴りを示し、生没年を付している。
8　書名・校名などの固有名詞は、定訳がないかぎり、カタカナで表記している。

社会性概念の構築——アメリカ進歩主義教育の概念史

序章　社会性概念を構築するもの
——進歩主義教育思想再訪

Prologue　*Constructing of the Concept of the Social: Revisiting Progressive Education Thought*

「社会的なつながりの欠けている場所では、学校はうまくいかない。どんなにその共同体が裕福であってもである。……いいかえるなら、ハーヴァードであっても、ハーレムであっても、社会的なつながりが、教育達成度を高めているのである」。

——パットナム『孤独なボウリング』p. 306.

1　何をどのように問うのか

本書のテーマ

本書は、アメリカの進歩主義教育思想（Thought of Progressive Education）を支えている主要な概念、とりわけ「社会性」（the social）概念の意味内容を把握し、その概念を支えていた心情的ないし宗教的な思考を析出する試みである。いいかえるなら、本書は、進歩主義教育思想家たちに、社会性という新しい概念を語らせ、また、当時の資本主義・

競争社会・個人主義の風潮を厳しく批判させたその力の源を、彼らの生についての、生きるとはどういうことかについての、思考・心情のなかに見いだそうという試みである。

「社会性」というと、「社交的技能」(social skills) と思われるかもしれない。しかし、本書の主題である社会性概念は、いわゆる「社交的技能」とは異なっている。社交的技能とは、たとえば、あいさつができる、他者に自分をうまくアピールできる、チームプレーができる、他者と協力できる、などである。しかし、ここでとりあげる社会性は、そうした社交的技能と無関係ではないが、それと一体ではない。社会性は、相互扶助、相互活動、協同性、互恵性と呼ばれるような存在の様態である。それは、人が人を、その能力の多寡にかかわらず、何の見返りを求めず、助け支えることであり、また自分が他者から、能力の多寡にかかわらず、何の見返りも求められず、助け支えられることである。こうした存在の様態は、一つの命の存在そのものを歓び、護ろうとする、また内なる神の叡智の顕現をつうじてより善いものをめざしつづける「倫理感覚」につながっている。

ここでとりあげる社会性概念はまた、既存の社会構造を批判し、その再構築をめざす礎でもある。進歩主義教育思想家の多くは、社会性概念によって、当時のアメリカの社会情況に対し、充分とはいえないにしても、批判的応答を試みた。たとえば、進歩主義教育の主導者として知られているデューイ (Dewey, John 1859-1952) は、『デモクラシーと教育』において、「現在の「アメリカ」社会の産業構造は、これまでの「アメリカ」社会と同じように、不公平に満ちている。そうした不当な特権や不当な搾取を永続させることではなく、それらを矯正する過程に参加することこそが、進歩主義教育の目的である」と述べている (Dewey 1996, *DE*=1975, 上 : 193)。

このような社会性概念を進歩主義教育の主導的概念と位置づけることは、これまでにあまり試みられなかったのではないだろうか。これまでは、進歩主義教育といえば、「子どもの自然性」や「子どもの自発性」が強調され、「子ども中心の教育」「興味関心に根ざす活動教育」「生活適応のための作業教育」が主題的に論じられてきたからである。そうした進歩主義教育像は、教育学の外にまで広がっている。たとえば、『資格社会』の著者であり著名な社会学者のコリンズは、「進歩主義教育運動は、古典的カリキュラムのかわりにかなり漠然とした『生活適応』の訓練を行おうとした。そうした新しい試み、たとえば、陸上競技やその他の課外活動は、しかたなく学校にやってくる子どもに気晴らしを与え、そして彼（女）らを制御することによって、まちがいなく学校自体の内部機能を維持することに貢献してきた」と述べている（Collins 1979: 115-6=1984: 150 訳文変更）。たしかにこれは進歩主義教育の一つの事実であるが、これが進歩主義教育のすべてではない。

二つの焦点――社会構造と心情

本書では、社会性概念を進歩主義教育思想の主導概念に位置づけるために、二つのことに注目したい。一つは、当時の社会、とりわけ社会構造である。批判的であれ、順応的であれ、一定の広がりを示す思想は、社会構造との整合的ないし背反的な関係のなかで醸成されるからである。そう考えるとき、ただちに思い浮かぶことは、当時のアメリカ社会が「競争」「個人主義」「効率」「産業主義」「企業資本主義」といった言葉で特徴づけられたことである。これらの言葉は、この時代のアメリカの社会構造が有用性を強く指向していたことを暗示している。

もう一つの焦点は、社会性概念の提唱者を心情的に支えた信念である。人びとを社会批判に駆りたてる原動力はさまざまであるが、心情的・情動的・情念的なものがもっとも強力だからである。さかのぼれば、ヘーゲルは「これまで、偉大なことは、それがどんなことであっても、情念（Leidenschaften）がなければ完全化されなかったし、これからも、完全化されえない。情念そのものを罵ることは、死んだ道徳性のなせるわざ、……偽善的な道徳性のなせるわざである」と述べている（Hegel 1986［EPW3］: §474）。また、この時代の社会学者ウォードは、「［文明化につうじる］社会的諸力は人間の動機であり、すべての人間の動機は感覚を目的としている。つまり、苦痛を避け喜びを求めることが、行動の唯一の動因である」と述べている（Ward 1913［1897］: 109）。そして、ある進歩主義教育改革者自身が、「私たちの行動は、思考よりも感性（feeling）によって条件づけられている。私たちは、心に感じるから行動するのであり、心が感じるように行動するのである」と述べている（Brumbaugh 1920: 79）。

以下、まず、これまでの研究から明らかになっている進歩主義教育思想の概要を確認し（第2節）、次に、本書で用いる主要な分析概念を素描しておきたい。第一に社会構造としての機能的分化であり（第3節）、第二に存在様態としての社会性であり（第4節）、第三に心情としての生への態度である（第5節）。

2　進歩主義教育思想という問題

進歩主義時代の教育論

まず、進歩主義教育思想について、これまでに明らかになっていることを確認しよう。一八九〇年代から一九一〇年代のアメリカは、大きな経済変動を背景に、ボス支配、旧弊因習、営利主義を排除し、個人の福利、労働者保護、デモクラシーを指向していた政治改革があい次ぎ、一般に「進歩主義時代（革新主義時代）」（progressive era）と呼ばれている。だれがこうした政治的進歩主義を主唱したのかという問題について、議論はいろいろあるが、さしあたり、政治家としては、ウィスコンシン州知事をつとめたラ・フォレット（La Follette, Robert Marion 1855-1925）、そしてニューヨーク州知事、第二六代大統領をつとめたルーズヴェルト（Roosevelt, Theodore 1858-1919）、さらにニュージャージー州知事、第二八代大統領をつとめたウィルソン（Wilson, Thomas Woodrow 1856-1924）などをあげることができるだろう。また、知識人としては、社会学者のロス（Ross, Edward A. 1866-1951）、同じく社会学者のクーリー（Cooley, Charles H. 1864-1929）、著述家のリップマン（Lippman, Walter 1889-1974）、同じく著述家のクローリー（Croly, Herbert 1869-1930）、そして経済学者のエリー（Ely, Richard T. 1854-1943）、同じく経済学者のパットン（Patten, Simon N. 1852-1922）などをあげることができるだろう（Hofstadter 1955b, 1986 [1963]; McGeer 2003）。

進歩主義時代に行われた改革について少し確かめておこう。まず、州レベルについていえば、たとえば、リコールなどの住民投票の制度が一八九八年にサウスダコタ州ではじめて成立し、有権者が投票によって候補者を決める予備選挙が一九〇〇年にミネソタ州ではじめて制度化され、女性参政権の確立が一九〇三年にコロラド州ではじめて成立した。こうした新しい政治制度は、またたくまに連邦全体に広がっていった。連邦レベルについていえば、一九〇五年に国有林制度、一九一三年に国立公園法が制定されて、利益第一主義を否定し環境を保護する政策が開始された。一九〇三年には同一業種の支配を生みだす企業合同を禁じる反トラスト法が強化され、一九〇六年には消費者の食の安全を確保するために食肉検査法が制定され、一九〇七年には票をお金で買うことを禁じる選挙資金規制法が成立した。さらに、一九一四年には労働省が新設され、労働組合の活動家（Wilson, William B.）が初代長官となり、一九一六年には一日の労働時間を八時間に制限する法律も成立した（Putnam 2000: 398）。

教育の領域においても、この進歩主義時代には大きな改革があい次いで行われた。都市化を背景としたハイスクールの大規模な増設、徒弟制の衰退を背景とした産業教育、マニュアル・トレーニング、職業指導の導入、旧来の権威主義的・個人競争的な教育方法にかわる個別型ないし協同型教育方法の導入、貧しい移民の増大、賃金労働者の増大を背景とした児童労働法と義務教育法の制定などである*。もっとも概括的なとらえ方をするなら、進歩主義教育思想は、文字どおり、進歩主義時代に登場した新しい教育を支えた思想である。

* 進歩主義教育思想にかんする思想史研究は膨大な数にのぼる。ブランボー、カウンツ、デューイについての個別研究は、のちほど各章の冒頭でふれることとし、ここでは、進歩主義教育思想全般にかかわるアメリカにおける研究について、主要なものをあげておきたい。Cremin (1961, 1988)、Bowers (1967, 1969)、Bowles/Gintis (1976=1986/7)、Diggins (1994)、Franklin (1986)、Hogan (1985)、Hayes (2006)、Ichimura (1984)、James (1995)、Karier (1975a, b)、Kliebard (1987)、Popkewitz (2005)、Reese (1986, 2001)、Smith (1961)、Spring (1972, 2001)、Stambler (1964)、Troen (1975)、Tyack/Hansot (1982)、Tyack/Lowe/Hansot (1984)、Wrigley (1982) などである。日本については、特定の思想家研究が大半であり、進歩主義教育思想全般にかんする思想史研究は乏しいが、長尾 (1988)、森田 (1986)、宮本 (2005) などがある。なお、Progressivism を「革新主義」と訳す研究者もいるが、ここでは「進歩主義」と訳す。progress は「進歩」と訳すしかないと感じるからである。

しかし、進歩主義時代に登場した教育思想のすべてが「進歩主義教育思想」と形容できるわけではない。大まかな類型化をほどこすなら、これまで「進歩主義教育思想」と呼ばれてきたものは、次の三つに分けられる。一つは、子ども一人ひとりを固有の自然本性、興味関心にもとづいて理解し、その固有性を開花させるべきである、と説く「子ども中心主義」(pedocentric/child-centered) である*。もう一つは、マニュアル・トレーニング、協同的オキュペーション (専心活動)、デモクラシー教育をつうじて、子どもの批判的・社会的な知性 (intelligence)** を発達させ、既存の社会を協同的社会へと変革するべきである、と説く「社会的再構築」（social reconstruction）である。そして三つめが、カリキュラムの職業中心化と階層的分化、教育長主導の教育行政の集権化・官僚制化によって、公教育の効率化・合理化をめざす「効率主義」（efficiency-oriented）である***。これら三つの教育思想は、いくらか重なりあう部分もあるが、基本的に異なるグループによって主張されていた（cf. Kliebard 1987）。もしも、これらの思想グループの違いを見過ごすと、進歩主義教育思想は、矛盾と対立をはらんだ思想に見えるだろう。

* 子ども中心主義の主導者は、心理学者のホール（Hall, Granville Stanley 1844-1924）である。彼は一九〇一年の論文で、いささか神秘主義的な言葉を用いつつ、次のように述べている。「理想的な教育システムは、本質的に、学校中心ではなく子ども中心になるだろう。……この教育は、近代科学や心理学の研究とその成果にふさわしいものとなるだろう。宗教と道徳をより実効的なものにするだろう。そして、学校における子どもの個人性に、共和国という統治形態に符合するすべての権利を与えるだろう。さらに、人類が超人（superman）のようなより高次元の成熟段階に到達するために貢献するだろう」（Hall 1901: 488）。ホールの子ども中心主義については、Kliebard（1987: 41-51）、森田（1994）、苅谷（2004: 269-81）を参照。

** intelligence は、原則として「知性」と訳す。ただし、Intelligence test のように、明らかに intelligence が intellect すなわち知的能力を意味する場合は、「知能」と訳す。この時代に、intelligence と intellect とがはっきりと区別されていたとはいいがたいが、ウォードに見られるように、明確に区別される場合もあった。「……心は、心情（feeling）と知性（intelligence）から成り立っている。知的能力（intellect）は、知性にふくまれている。しかし、知性は、知的能力以外のものをふくんでいる。……それは、知的能力によってつくりだされたものである。……このつくりだされたものは、いわゆる知識である。……したがって、知性とは、活用される知的能力の高さであるだけでなく、実際に運用されるその力の総体でもある。つまり、知性とは、知的能力に知識が加わったものである」（Ward 1911（1897）: 471）。ウォードの知性論については、苅谷（2004: 133）を参照。

*** 効率主義の主導者は、職業教育論者のスニッデン（Snedden, David Samuel 1868-1951）である。デヴィッド・S・スニッデンは、一八六八年にカリフォルニア州カヴィラ近郊に生まれた。彼は一四歳になるまで学校に行かず、母親から教育を受けた。セントヴィ

ンセント・カレッジ、スタンフォード大学を卒業したのち、コロンビア大学ティーチャーズ・カレッジで修士号、博士号を取得した。一九〇七年に、ティーチャーズ・カレッジの職業教育の教授となるが、一九〇九年に退職し、マサチューセッツ州教育長に就任した。スニッデンについては、Drost（1967）の研究を参照されたい。

進歩主義教育と進歩主義教育協会

本書で注目する進歩主義教育のグループは、子ども中心主義派、効率主義派といくらか重なるが、基本的に社会的再構築派である。このグループもけっして一枚岩ではなく、いわば、全国に点在しつつ活動していた。もっとも大きなグループは、「アメリカの学校システム全体を再形成すること」をめざして設立された「進歩主義教育協会」(Progressive Education Association) であるが、この協会が明確に社会的再構築を指向するようになった時期は一九二〇年代後半であり、もっとも活発に活動した時期は、一九三〇年代に、『ソーシャル・フロンティア』誌を発刊するようになってからである。ひととおり、その経緯を確かめておきたい。

まず、進歩主義教育協会の名称について確認しておこう。進歩主義教育協会は、一九一九年に「進歩主義教育促進協会」(The Association for the Advancement of Progressive Education) として設立された。同協会が「進歩主義教育協会」と名称を変更したのは一九三一年である。そして、同協会は一九四七年に、その名称を「アメリカ教育協会」(The American Education Fellowship) と変更したが、一九五三年に、もとの「進歩主義教育協会」に名称をもどし、その二年後に解散している (Graham 1967; Kridel 1999)。

しばしば誤解されているが、進歩主義教育促進協会を設立した人びとは、デューイの教育思想に触発された人だけでなく、デューイとは無関係に独自に進歩主義教育実践を行っていた人びとでもあった。たしかに、イリノイ州のシカゴ大学附属小学校（いわゆる「デューイ実験学校」1896-1904）*は、進歩主義教育促進協会が設立される大きなきっかけであった。しかし、進歩主義教育促進協会の創設者は、メリーランド州チェヴィ・チェイスで、みずから「チェヴィ・チェイス・カントリー・デイスクール」(Chevy Chase Country Day School 1919-?) という私立小学校を設立し、校長をつとめていたコッブ (Cobb, Stanwood 1881-1982) である。コッブは、ユニテリアン派の神学校の出身者で、デューイと直接のかかわりをもたず、のちに神秘主義思想に傾斜した教育者である。

* デューイの実験学校の詳細については、Tanner (1997)、佐藤 (1990)、千賀・高橋 (2001, 2003a, 2003b) の研究を参照。

そして、このコッブに協力し同協会の設立にたずさわった人びとが、アラバマ州フェアホープにおいて、これまでみずから「オーガニック・スクール」(Organic School 1907-) という私立学校を設立し、校長をつとめていたジョンソン (Johnson, Marietta 1864-1938) であり、ニューヨークのコロンビア大学ティーチャーズ・カレッジの「リンカーン・スクール」(The Lincoln School 1917-40) を設立したフレックスナー (Flexner, Abraham 1866-1959) であり、デューイの友人で、メリーランド州ボルティモアの「パークスクール・オブ・ボルティモア」(The Park School of Baltimore 1912-) を設立したスミス (Smith, Eugene Randolph 1876-1968) などである。

進歩主義教育促進協会の最初の会合は、一九一九年にワシントンＤＣで開かれ、集まった会員は八六名であった。一九二一年に初代会長として、教育者であり、ジョンソンの「オーガニック・スクール」を模してオハイオ州デイトンに「モレーン・パーク・スクール」(Moraine Park School 1917-) を設立し、のちにアンティオク大学の学長になったモーガン (Morgan, Arthur E. 1878-1975) を選出し、最初の名誉会長には、ボストンの上層階級の出身であり、前ハーヴァード大学学長のエリオット（Eliot, Charles W. 1834-1926）が迎えられた。一九二四年から、季刊『進歩主義教育』（*Progressive Education*）を刊行し、しだいにその活動が広く知られるようになった（Graham 1967）。

一八九〇年代から一九二〇年代にかけて、進歩主義教育は数多く実践され、また右にあげた学校以外にも、新しい学校がいくつも設立された。インディアナ州ゲイリーの「ゲイリー・プラン」（The Gary Plan 1908-15）、マサチューセッツ州ダルトンの「ダルトン（ドルトン）・プラン」（The Dalton Plan 1919-?）、イリノイ州ウィネトカの「ウィネトカ・プラン」（The Winnetka Plan 1919-?）は、よく知られた実践例である（宮本 2005）。新しく創られた学校としては、デューイに学んだルイス（Lewis, Mary Hammetts）を校長に迎えて創られたニューヨーク州バッファローの「パークスクール・オブ・バァファロー」（The Park School of Buffalo 1912-）、コロンビア大学の大学院で学び、芸術療法を開発したヌームバーグ（Naumburg, Margaret 1890-1969）が設立したニューヨーク市の「ウォールデン・スクール」（Walden School 1914-87）、ペンシルベニア州フィラデルフィアの「オーク・レイン・デイスクール」（Oak Lane Day School 1916-）などがあげられる。一八九六年のデューイの実験学校以来、一九二〇年代末までに、二〇校以上の進歩主義的学校が設立された（Rugg 1947: 569-70; 佐藤 1990: 119）。

これまでにもたびたび指摘されてきたように、こうした進歩主義教育実践は、たしかに旧来の教育方法への批判であり対案であった*。一斉授業に象徴されるような旧来の教育方法においては、教師は権威的であり、カリキュラムは知識偏重であり、子どもの活動は個人的・競争的であった。これに対し、進歩主義教育は、教師を学びの支援者として位置づけ、カリキュラムの形態を合科的な「プロジェクト」を中心に編成したり、個別的に編成したりした。そして、子どもの活動を個別的・創造的な活動としたり、共同的・探究的な活動としたりした。進歩主義教育促進協会の関係者がとくに重視したのは、プロジェクト・メソッドであり、子どもの自然本性であった。

＊　フランクリンの『アメリカ的共同体の構築』、クリーバードの『アメリカン・カリキュラムの闘争』、そして佐藤の『米国カリキュラムの改造史研究』は、こうした進歩主義教育実践の詳細な研究である（Franklin 1986; Kliebard 1987; 佐藤 1990）。

一九二〇年に、同協会は、パークスクール・オブ・ボルティモアの校長スミスが起草した、次のような「進歩主義教育の七つの原則」を定めている。1「自然な発達のために必要な自由」、2「すべての課業を支える関心と動機」、3「親方ではなく案内人としての教師」、4「子どもの発達を支える科学的研究」、5「子どもの身体発達をうながすすべてに対する充分な関心」、6「子どもの生を支えるための学校と家庭との協働」、7「教育運動を先導する進歩主義的学校」である。この「七つの原則」の1〜4までを見るかぎり、この時代の進歩主義教育協会が、デューイだけでなく、子ども中心主義を唱えたホールと類同的な考え方をもっていたことが、わかるだろう。デューイも、子ども中心主義者の一人として位置づけられていた、というべきかもしれない。

こうした進歩主義教育促進協会が変質するのは、一九二〇年代後半である。このころから、同協会へ、デューイ、コロンビア大学ティーチャーズ・カレッジに関係する教育学者、また教育行政職者、教師たちが大挙して加入したからである。コロンビア大学の教育学者としては、キルパトリック（Kilpatrick, William H. 1871-1965）、ラッグ（Rugg, Harold 1886-1960）、カウンツ（Counts, George S. 1889-1974）、チャイルズ（Childs, John L. 1889-1985）らが参加した。彼らは、一九〇四年にデューイがシカゴ大学からコロンビア大学に移ってから、彼と深くかかわるようになった人びとである（なお、デューイの教育思想に賛同しつつも、進歩主義教育を批判したイリノイ大学、オハイオ州立大学のボード（Bode,

Boyd Henry 1873-1953）は、コロンビア大学系の進歩主義教育者とはいえない）。

こうしたコロンビア大学系の教育学者、また出身者が加わることで、同協会は、あらたな時代を迎えることになった。私立学校の教育刷新ではなく、公立学校の教育刷新が、それも、たんなる教育方法の刷新ではなく、社会問題・政治問題を解決するための教育の刷新が、同協会のおもなテーマとなった。一言でいえば、子ども中心主義から社会的再構築へと、テーマがシフトしていった。それを象徴する出来事が、一九二八年に、デューイが第二代の名誉会長に就任し、就任講演の「進歩主義教育と教育科学」で子ども中心主義を批判したことであり、一九三一年に名称が「進歩主義教育協会」に変更されたことである。この時期、同協会は大きく飛躍する。一九二四年におよそ一九〇〇人だった会員数は、一九三〇年に七六〇〇人になり、一九三九年に一万人に達した（しかし、第二次大戦をへてから、進歩主義教育協会への批判が高まり、解散した一九五五年に、同協会の会員数は六〇〇人にまで減っていた）(Kridel 1999; Kliebard 1987: 190-3)*。

＊　進歩主義教育協会は、冷戦下に同協会の最後の提案である「生活適応教育」の失敗が明らかになった一九五五年に解散し、『ソーシャル・フロンティア』は一九四三年に廃刊された。しかし、進歩主義教育協会の終焉とともに進歩主義教育が終焉を迎えたのではない。近年についていえば、一九六七年以来、一貫してデューイアン的な教育論を展開しつづけているコール（Kohl, Herbart）、一九七二年に「フォックスファイア・プロジェクト」(Foxfire project) を開始したウィギントン（Wigginton, Elliott）、「学びの共同体」をかかげ学校改革を行ってきたマイヤー（Meier, Deborah）、そして日本で「学びの共同体」をかかげ大きな影響力を示してきた佐藤学などは、進歩主義教育思想の継承者である (Kohl 1967, 1998; Wigginton 1986; Puckett 1989; Meier 2002)。

ただし、進歩主義教育は、進歩主義教育協会を大きく越えて広がった教育刷新運動であった。東部のみならず、中部、西部においても、また進歩主義教育協会ができるまえから、「進歩主義教育」と形容できる教育実践が展開されたように、進歩主義教育は、アメリカ各地にグラスルーツ的な基盤をもつ思想運動であった。その前史を象徴する人物は、一八七五年にマサチューセッツ州クインシーで教育長として新しい教育実践を先導し、デューイに大きな印象を与えたパーカー（Parker, Francis Wayland 1837-1902）*、一八八七年にシカゴで新しい教育実践を開始し、デューイに進歩主義教育の原型を示したヤング（Young, Ella Flagg 1845-1918）**、一八八九年に同じくシカゴで、友人のスター（Starr, Ellen Gates 1859-1940）とともに「ハルハウス」(Hull House）を開設したアダムス（Addams, Jane 1860-1935）である（千賀・高橋 2001 を参照）。本書でとりあげるフィラデルフィアのブランボーは、東部に位置しながらも、進歩主義教育協会の外に位置した進歩主義教育者であり、社会的再構築派に近い立場にあった。

* フランシス・ウェイランド・パーカーは、一八三七年にニューハンプシャー州ベッドフォードに生まれた。公立小学校に通ったあと、一六歳で小学校の教師となった。のちにオハイオ州ノーマルスクールの校長となり、在職中にドイツのベルリン大学に留学し、おもにフレーベル、ヘルバルトの教育学を学んだ。一八七五年にマサチューセッツ州クインシーの教育長となり、いわゆる「クインシー・プラン」を市内の学校に導入した。そこで規律訓練・丸暗記、相対評価・序列付けを否定し、協同的な学び・自己表現活動、個々の子どもに即した教師の教材準備を重視した。パーカーは、のちにボストン教育長、クック・カントリー・ノーマルスクールの校長となり、この教育方法を広めた。一八九九年、のちのシカゴ大学教育学部の前身、シカゴ・インスティテュートを設立し、校長となった。市村（1978）を参照。

** エラ・フラッグ・ヤングは、一八四五年にニューヨーク州バッファローの労働者階級の家庭に生まれた。ヤングはハイスクールを数カ月で退学するが、一八六二年にシカゴ・ノーマルスクール（のちのシカゴ・ティーチャーズ・カレッジ）を卒業し、シカゴ公立学校の教師、校長、シカゴ・ノーマルスクール校長、シカゴ大学教育学教授、シカゴ市教育長をつとめ、進歩主義教育の導入に力をつくした。デューイとともに、デューイ実験学校の「大学側アドヴァイザー」であった。Smith（1979）を参照。

また、進歩主義教育は、教育刷新運動に限定される運動でもなかった。それは、社会的福音運動、禁酒運動、言語検閲運動、悪書追放運動、子ども研究運動などの社会改革運動を外延としていた。こうした社会改革運動にかかわっていた団体が、さまざまなプロテスタント教会であり、またＷＣＴＵ（Woman's Christian Temperance Union 女性キリスト者禁酒連合）、ＹＭＣＡ（Young Men's Christian Association 青年キリスト者協会）、ＰＴＡ（Parents–Tteacher Association）*などである。さらに、そうした「人間の完全化」「社会の進歩」を標榜する社会改革運動の外延には、断種法に象徴されるような優生学思考も広がっていた（Painter 2008: 105-6; Hall 2008）。いいかえるなら、進歩主義期・大恐慌期（およそ一八九〇年代から一九三〇年代）の進歩主義教育は、進歩主義教育協会を一つの母体としながらも、この時代の社会刷新指向のさまざまな思潮を文脈として成り立っていた。

＊　ＰＴＡというなじみの組織は、一八九七年にアメリカでＮＣＭ（The National Congress of Mothers［全国母親協議会］）として誕生した。ＮＣＭの目的は、学校・社会の道徳的改革と道徳的規制のために母親・子ども・教師の連携をはかることであり、その活動は、この時代に広まっていたＷＣＴＵの禁酒運動、言語検閲運動、悪書追放運動と重なっていた（Parker 1997: 42-6）。

進歩主義教育への批判

さて、このような進歩主義教育、とりわけ進歩主義教育協会の提唱した進歩主義教育は、長く批判の対象であった。なるほど、進歩主義教育は、高く評価されることもあったが、一九四〇年代あたりから、厳しく批判されるようになった。その批判は、少なくともアメリカでは、今もつづいている。

たとえば、教育学者のクレミンは、一九五〇年代の進歩主義教育批判について、次のように述べている。

「一九五五年の進歩主義教育協会の『死』と、二年後の、その機関誌（*Progressive Education*）の消滅は、アメリカ教育学の一つの時代の終焉を記すものであった。しかし、この葬送をひどく悲しむ人びとがほとんどいなかったために、その終焉はほとんど知られることがなかった。半世紀にわたり、多くのアメリカ人民と教育者の情熱、忠誠心、想像力、そしてエネルギーが注ぎ込まれてきた一つの運動は、第二次大戦以降、罵りの対象となった。進歩主義教育が言及されるのは、次のような場面においてである。たとえば、『かつて超進歩的な学校に通っていたヘンな若者がいました』といったジョーク、『ある日、幼いマリーはブロックと砂山のなかで不可の評価をもらいました』という、H・T・ウェブスターの『お先まっくら（*Life's Darkest Moment*）』シリーズの古くさい風刺漫画、一九二〇年代のグリニッジ・ビレッジのフロイト主義私立学校を風刺した『アンティ・マム（*Auntie Mame* 叔母さんママ）』[*]のようなコメディ、ほとんどデューイなど読んだこともない人の辛らつなデューイ批判（デューイはしばしばデューイを読んだこともない人に賞賛されることもある）、そして教育学者のレトリックとジャーゴンに満ちた賛辞においてである」（Cremin 1961: vii）。

＊　H・T・ウェブスター（Webster, Harold Tucker 1885-1953）は『ニューヨーク・トリビューン』の風刺漫画家である。『アンティ・マム』は一九五〇年代にベストセラーになったパトリック・デニス（Dennis, Patrick 1918-2002）の小説で、同名の映画も一九五八年に公開された（日本、フランス、フィンランドでも一九五九年に公開された）（Dennis 2002 [1955]）。

また、一九九〇年代以降も、進歩主義教育は辛らつな非難を受けている。たとえば、「文化的リテラシー」の提唱者として有名な批評家のハーシュにとって、進歩主義教育は、二〇世紀以降のアメリカ教育をおびやかしてきた重大な問題であった。「文化的リテラシー」という言葉で、文章を理解するためには言葉の意味だけでなく、その背景にある文脈を理解することの大切さを主張するハーシュは、一九九九年に、キルパトリックやデューイ信奉者が唱えた進歩主義的な教育方法は、誤りでありかつ有害である、と論じている。ハーシュにとって、実体験・手作業を強調し言葉を軽視し文脈を看過する進歩主義教育論者の教育方法は、子どもたちの学習のつまずきを解消するどころか、拡大するものだからである。ハーシュにとって、子どもたちの学習のつまずきを解消する教育方法は、子どもたちに充分な知識を教え示すとともに、互いに競争させる、という伝統的な方法であった（Hirsch 1999）。

また、個人主義者であり、知識教授こそが教育の目的と考える教育学者のラヴィッチは、二〇〇〇年に、進歩主義教育は「知性的な目的」よりも「社会的な目的」を優先することによって、第二次大戦後のアメリカの学力水準を著しく低下させることになった、と断じている。ラヴィッチによると、たしかにアメリカの教育は、充分に機会の平等を保証してこなかったが、階級間の学力格差を強化したものは、教育機会の不平等ではなく、「社会的効率」を強調した進歩主義教育思想である。彼女は、他人と協同することを強要する進歩主義教育は、社会を刷新するどころか、個人の努力を否定し、知性を低下させる教育である、と述べている（Ravitch 2000）。

二〇〇六年にも、ある政治学者が、同じように進歩主義教育を厳しく非難している。その政治学者によると、デューイの進歩主義教育思想は、ギリシア・ローマの古典思想、キリスト教思想にくらべるなら、曖昧で矛盾に満ち、子どもたちの「学力」を低下させ、「歴史」を無視させるものであり、「五〇年にわたり」アメリカの教育に「有毒な作用」を及ぼしつづけ、アメリカのデモクラシーを「堕落」させてきた、まさに諸悪の根源である。その政治学者はさらに、低学力の蔓延、教師の燃えつき症候群、由緒正しい伝統のゆらぎなど、現在のアメリカ教育の惨状の多くは、デューイの進歩主義教育思想に起因するものである、と断じている（Edmondson 2006）*。

＊　ちなみに、近年、進歩主義教育思想の再生を試みている教育学者のマーティンは、ある調査のなかで、一九三〇年代に進歩主義教育を受けた人びとを対象に、「進歩主義教育を採用した学校の学習で、あなたが何か有益なものを得たとすれば、それはどのようなものですか」という質問をしているが、その質問にたいする答えはあい反するものだった。ある六〇歳の女性は、文法の学習を覚えているといい、それがのちにハイスクールで語学を勉強するときにとても役立ったと答えたが、べつの六〇歳の男性は、文法など一度も教えられなかったし、全体にたいしたことは学べなかった、と答えている（Martin 2002）。

人道主義の発露か、社会統制の作為か

こうしたハーシュ、ラヴィッチらの進歩主義教育批判は、進歩主義教育の教育方法的な有用性の不足を論難するものであり、つまるところ、論難者自身の有用性への囚われを告白する言説といえよう。重要な議論は、そうした論難とは一線を画し、進歩主義教育の本態を問う議論である。それは、社会学的思想史の見地から進歩主義教育の本態を問う議論である。大きく分けるなら、その議論は、進歩主義教育の本態を「人道主義」（humanitarianism）の発露に見いだすものと、エリートの「社会統制」（social control）という作為に見いだすものに、分けられる。

たとえば、さきほど言及したクレミンは、進歩主義教育（思想）の本態を人道主義に見いだしている。たしかに「進歩主義教育はさまざまな人にとってさまざまなことを意味したし、そうした違いはアメリカ教育に特徴的な分裂状態を反映したものだった」が、基本的に進歩主義教育は「広範な人道主義的な努力」であった、と。

「現在、通説となっている進歩主義教育の誕生譚がある。それは、無情にも、心配症の親の恐怖と疑り深い保守主義者の敵意によって育まれたものである。その誕生譚によれば、あたかもアブー・ベン・アデム＊のごとく、デューイはある夜、新しいアメリカの学校の着想、すなわち進歩主義教育の着想を得て、めざめる。そして数年後、彼はコロンビア大学ティーチャーズ・カレッジの献身的で有能な専門家集団の援助を得て、疑うことを知らないアメリカ人にその考えを押しつけたのである。この誕生譚は、いつもこの進歩主義教育という『悪魔』を排除し、父の時代のやり方にもどることを願い、終わる。この種の教訓は、改革者や保守主義者によってよく用いられる政治的レトリックであり、しかも強力なレトリックである。しかし、それはけっして実際の歴史と混同されるべきではない。実際の進歩主義教育は、アメリカ的な生活の約束——人民による、人民の、人民のための統治という理念——を、一九世紀後半に出現したあらたな都市産業文明の問題解決のために適用した、広範な人道主義的な努力の一部として始まった。progressive という言葉は、それが現実には、アメリカを象徴する進歩主義の教育的側面を大きく印象づけるものであり、その内実をよく示している。実質的に、進歩主義教育は、教育における進歩主義、すなわち諸個人の生活を改善するために学校を活用するという多面的な営みとして開始されたのである」(Cremin 1961: viii)。

＊ アブー・ベン・アデム（Abou Ben Adhem）は、二世紀ころのイスラム教スフィ派の聖人であるが、アメリカでその名は、イングランドの詩人ハント（James Henry Leigh Hunt 1784-1859）が一八三八年に書いた同名の詩（“Abou Ben Adhem”）で、知られている。その詩は「アブー・ベン・アデムは、ある夜、深い眠りから醒め、見たのだ。彼の部屋にさしこむ月光のなか、輝くばかりの、そして咲き誇るユリのような、ひとりの天使が、黄金の本を書いているところを。……」と始まる。

それから四〇年後、二〇〇一年にも、教育学者のリースが類似した見解を示している。リースは、進歩主義教育は「大規模な人道主義的運動の一部であり……社会の安定と社会の向上をともに求める運動である」と規定し、その起源は「急成長する資本主義のなかで配慮のエートスが高まったこと」であると述べている。資本主義はたしかに多くの貧困・隷属を生みだしたが、同時に人びとのあいだにそうした貧困・隷属の苦しみに思い遣る心とともに、そうした苦しみをとりのぞくための社会改革を求める心情を生みだした、と（Reese 2001: 3, 4）。

こうした人道主義的な進歩主義教育論とちがい、社会統制論的な進歩主義教育論は、進歩主義教育の本態を、経済体制に対する順応性に見いだしている。一九七〇年代に「リヴィジョニスト」（revisionist）と呼ばれた教育学者のスプリング、コーエン、ラザーソン、カリアー、そして経済学者のボールズ／ギンティスの進歩主義教育論の前提は、資本主義社会それ自体の自己構造化（資本主義による資本主義の再生産）の営みを、政治的・経済的なエリートによる社会統制ととらえることであった。彼らにとって、進歩主義教育は、アノミー化しかねない子どもを規律化し、より高度な生産性・効率性を求める企業・産業にふさわしい有能な労働者を育成するという、社会統制の試みであった（Spring 1972; Karier 1973; Cohen/Lazerson 1972; Bowles/Gintis 1976）。

たとえば、ボールズ／ギンティスは、一九七六年の『資本主義アメリカの学校教育』という、多大な議論を巻き起こした本のなかで、次のように述べている。

「企業にふさわしい労働力を創りださなければならないという至上命令は、進歩主義教育の成功と失敗の入りまじった結果のなかによく現れている。社会的平等の達成と完全な人間的発達という目的は、デューイや彼の後継者にとってまさに思想の核心であるが、この至上命令の制約のなかでしか、その目的を追求することができなかった。……その結果、教育が資本主義の拡大と新しい労働者を賃金労働制度に組み込んでゆく過程で果たす［労働力再生産という］機能が、ついに効果的な平等化機能と完全な人間的発達の手段という、［進歩主義教育がしつらえた］学校教育の潜在的役割を凌駕したのである」。「社会的なアメリオレーション、自由な教育、機会の平等などの、デモクラティックな教育形態はすべて、階級構造の再生産と資本主義生産様式の拡大における学校の役割に寄与するかぎりにおいて――少なくとも矛盾しないかぎりにおいて――追求された。教育における進歩主義の本態は、近代産業社会の階級再生産過程を正当化しようとするものだった。……理想主義の進歩主義［教育］者は、強力な草の根的な支持を欠き、進化しつづける経済的秩序への体系的批判を意識的に避けてきた。したがって、彼(女)らの人道主義的で平等主義的な教育のための努力が無駄に終わったことは、驚くべきことではない」(Bowles/Gintis 1976: 181, 199-200)。

ボールズ／ギンティスは、進歩主義教育が、生産的効率を至上価値とした経済システムの形成を求める経済的進歩主義改革と同種のものではないが、結果的にそれと同種のものに近い機能を果たした、と見なしている。たしかに成果のみを考えて評価するなら、進歩主義教育は、「社会的平等の達成と完全な人間的発達という目的」をかかげながらも、企業資本主義という経済的秩序を変革することはできなかった、といわざるをえない。事実、進歩主義時代・大恐慌時代が過ぎても、アメリカの教育は大きく変わらなかった。教育学者のタイアックらは、次のように述べている。「公教育はアメリカ社会に深く埋め込まれている。……［そのため、進歩主義時代・大恐慌時代が終わっても」教育の財政や行政、教育の理念や形態のすべてが、無傷のまま存続した。学校教育が社会に深く埋め込まれていることは、階級・人種・性差によって生みだされる深刻で執拗な不平等が［解消されることなく］今も大都市を秩序づけていることに、よく示されている」と（Tyack/Lowe/Hansot 1984: 186）。

しかし、冒頭に述べたように、ここで問うことは、進歩主義教育思想が社会を変革する力を充分にもっていたのか、そうではなかったのか、ではない。いいかえるなら、教科・教師中心の教育方法を子ども中心の教育方法、デモクラティックな教育方法に変えることで、社会変革は達成されるのか、と問うことではない。問いたいことは、社会的再構築を指向する進歩主義教育思想が、どのような社会を求めていたのか、どこから当時の社会を批判し変革しようとする力を得たのか、である。まずは、進歩主義時代・大恐慌時代のアメリカ社会がどのような社会であったのか、スケッチしておくべきだろう。私の見るところ、その核心はメリトクラシーと競争である。

3　メリトクラシーと競争

進歩主義期の社会構造

この時代のアメリカ社会は、現代にまで引き継がれている「モダンなもの」がいくつも登場した変化の時代である。一九三〇年にコロンビア大学ティーチャーズ・カレッジの教育心理学者ミーク（Meek, Lois）は、一九一〇年からのアメリカをふりかえり、次のように述べている。「世界大戦、自動車、航空機、ラジオ、禁酒法、女性の参政権、渋滞する都市、地下鉄、ジャズ、発声映画、ルージュの口紅、ショートスカート、女性の喫煙。これらは、過去二〇年にわたり、私たちの人生を変えてきたもののほんの一部である」と(Hyslop-Margison/Richardson 2005: 2)。このリストは、さらに電気洗濯機、電気掃除機、電気アイロン、ガスレンジ、……とつづく。

「科学・テクノロジーの進歩」は、この時代のキーワードである。当時の人びとにとって、その象徴は自動車であった。一九〇〇年の段階では、自動車を購入できるアメリカ人は、ほんの一握りであった。しかし、一九〇九年にヘンリー・フォードが、大衆向け自動車の生産販売を開始するとともに、自動車は、多くのアメリカ人の手にとどくものとなった。そして、一九一四年にフォードが創りだした流れ作業工程は、自動車の生産量を飛躍的に増大させ、年間二五万台を越える自動車が出荷されるようになった。しかも、その値段は一〇年前の四分の一になっていた。一九二〇年には、自動車の生産台数はさらに増えて、二二〇万台に達している。

自動車生産の飛躍的増大は、この時代の企業資本主義の驚異的発展の一部にすぎない。国民総生産(GNP)は、この時代に、一八八五年の一一〇億ドルから一九一九年の八四〇億ドルへと、約八倍に増えている。たしかに、この時期にアメリカの人口も増えているが、一八八〇年の五〇一五万人から一九二〇年の一億五七一万人へと、約二倍の増加である。これに対し、一人あたりの生産性は、一八八五年の二〇八ドルから一九一九年の八〇四ドルへと、約四倍に増えている。こうした生産性の高まりとともに、アメリカの大都市とりわけニューヨークは、巨大企業が集中し競合する場所となり、第一次大戦後には、ロンドンにかわり、世界の金融資本が集積される大都市となった(Painter 2008: xv)。企業資本主義は、たしかに、この進歩主義時代を特徴づける事象である(第2章参照)。

しかし、この時代の特徴を企業資本主義に還元することはできない。企業資本主義に体現されていた有用性指向は、企業以外のところにも見られたからである。なるほど、会社は、大量の商品をより安く製造しより多く販売するために、生産工程の「効率化」をはかり、また人びとの消費意欲を高めるために、社会科学を利用しつつ「広告」を制作するようになった。しかし同時に、行政機関は、地域ボスの専横を排除し、より効果的に政策を実施するために、組織の「集権化」をはかり、部門ごとに「専門職」を設けるようになった。また、大学は、こうした社会のニーズに応えるために、科学的・専門的な教育課程を設け、「資格」を発行するようになった。

本書では、企業資本主義における有用性指向が、企業資本主義をふくみつつも、それを超える機能的分化という社会構造によって生じた、と考えてみたい。機能的分化は、一九世紀初期以来、近代社会を特徴づけてきた社会構造であり、基本的に成果・有能・専門を指向するからである（Durkheim 1893; Parsons 1971a, 1971b; Luhmann 1980）。ルーマンの社会構造論を踏まえながら、のちの議論に必要な範囲で、機能的分化の概要を述べよう。

機能的分化と有用性

社会構造論においては、前近代の社会構造は基本的に位階的分化であり、近代の社会構造は基本的に機能的分化である。位階的分化とは、世界全体がピラミッド状の無限の位階に分化し、すべての存在がその無限の位階に位置づけられている状態である。位階的分化の典型は、中世から近世にかけて西欧社会で広く信じられていたキリスト教的な世界像である。それは、中世においては「自然の階梯」（scala naturale）、「被造物の階梯」（Scale of Creatures）と呼ばれ、近世においては「存在の連鎖」（Chain of Being）と呼ばれた。こうしたキリスト教的な世界像においては、神が、万物の創造主としてピラミッドの頂点に位置し、その下に、天使、人間、動物、植物、物体……というように、すべての存在が、神意に沿って位置づけられている（Luhmann 1980: 9-71）。

中世から近世にかけて西欧社会を枠づけていた身分制度は、人間を世界に位置づける位階的分化の一つである。そこでは、王が、不死の存在として世界の頂点に位置し、その下に、貴族、市民、農奴、奴隷というふうに、すべての人間が、血統によって位置づけられている。人間の「自然本性」(human nature) は、この血統的な位置づけと一体である。いいかえるなら、人は、基本的に身分秩序のなかでのみ、存在として認められ、その身分から離れることは、原則的に許されなかった (DHI 1968-73: "Chain of Being," "Hierarchy and Order")。

しかし、およそ一八世紀あたりから、こうした位階的分化は衰え始め、かわりに機能的分化が広がり始めた。機能的分化とは、政治、経済、法、学術、教育、宗教のような社会の諸領域が、それぞれの機能にもとづいて、機能システムとして分化していくことである。政治システムのおもな機能は集合的意志決定であり、経済システムのおもな機能は財の配分であり、法システムのおもな機能は紛争の処理である。学術システムのおもな機能は真理の探究であり、教育システムのおもな機能は人生の準備であり、宗教システムのおもな機能は信仰の形成である。こうした機能システムにおいては、人の価値は、各機能システムにとっての有用性の程度によって決定される。

したがって、機能的分化は、人間関係を能力の優劣関係に傾斜させていく。その現実を目の当たりにしたのが、マルクス/エンゲルスである。彼らは、一八四八年の『共産党宣言』において、「近代的なブルジョア」(資本家・中産階級) が登場するとともに、「身分的なもの、恒常的なものはすべて煙となって消え、神聖なものはすべて汚されていく」と述べている。「近代的なブルジョアは、封建的・家父長的・牧歌的な諸関係を、残すところなく破壊した。……人と人の絆は喪われ、人と人の関係はあからさまな利害関係、無情な損得勘定に還元された。……人格の品位は交換価値に解消され、……無数の自由はただ一つの傲慢な商業の自由に置き換えられた」と (Marx/Engels 1959

[1848]: 464-5)。ここに登場する「近代的なブルジョア」は、いわば、人を身分や血統や家柄から解放するとともに、人を「能力」の多寡にくくりつける「有用性指向」の別称と見なすことができる。

教育システムは、こうした有用性指向を加速する役割を担ってきた。アメリカの場合、とりわけ進歩主義時代以降、経済システム、政治システム、学術システムなど、近代社会のさまざまな機能システムは、ますますその機能を充足する有用性を重視し、効率化・集権化・専門化を標榜し、人を有用性で価値づける制度を構築していった。教育システムは、こうした流れを受けて、他の機能システムが必要とする能力を形成し、学習者をこの能力の多寡で評価し選別するようになった。能力の所有が学習者の進級・進学の「シン・カ・ノン」(Sine qua non 最低限の条件) である、と見なされ、どこまでも、能力による評価がついてまわるようになった。子どもは、たしかに「教育の機会平等」という名の成功の機会を与えられたが、同時に「能力」という名の拘束の首輪をつけられたのである。

サムナーの社会進化論――競争が力を高める

一九世紀後半のアメリカにおいて、有用性指向を象徴する言説は、競争を高らかに謳いあげたイェール大学の教授サムナー (Sumner, William Graham 1840-1910)* の社会進化論である。サムナーは、スペンサーの社会進化論に強い影響を受け、政治学者・社会学者に転身し、「レッセ・フェール」(laissez-faire 市場にまかせる経済活動) すなわち経済活動における適者生存を容認し、経済活動への国家介入に反対した人物である。サムナーにとって、経済活動への国家介入は、能力の乏しい人間を社会から排除し、能力の豊かな人間を社会に生存させるという、自然で自制的な競争活動を妨害することにほかならなかった。いいかえるなら、彼の社会進化論は、産業化・市場化がもたらす社会問題を国家が放置することを正当化する論理をふくんでいた。

＊　ウィリアム・グラハム・サムナーは、一八四〇年にコネティカット州ハートフォードで、移民の労働者階級の家庭に生まれた。貧しさのなか苦学し、イェール大学を卒業して、エピスコパル派の牧師となったが、すぐに教会を離れ、イェール大学の政治学・社会学の教授となり、終生、その職にとどまった。彼は「貧困は生存闘争の結果であり、私たちはすべて、この闘争のなかに生まれてくる」と述べている（Sumner 1914: 57）。ただし、一八九〇年代以降、サムナーはしだいに社会進化論に批判的になっていった（Hofstadter 1955a）。詳しくは、サムナーの伝記的思想研究であるCurtis（1981）を参照されたい。

そのサムナーにとって、競争は「すべての力を、大きさにおいても、強さにおいても、発達させるもの」であった。彼は、「競争が厳しくなればなるほど、すべての力はより十全に発達する」と述べ、「自由があるかぎり、競争の結果は平等になりえない」と述べている。なぜなら「競争の結果は、［当人のもっている］力に対応するからである」。「したがって、自由の拡充と結果の平等とは、反比例の関係にある。もしも、一つのグループに属する人びとが、同じ条件で、そして同じ土俵のうえで競争するなら、その結果は、与えられた能力、早くからの訓練の成果、もちまえの勇気、活力、企画力、遂行力、感覚力などの違いによって、異なってくる」と。なるほど、競争は、「メリットに対応する結果を保証するものではない」。しかし、「競争は、すべての人のメリットに対し、だれもがずるいことをしないような環境においては、確かな機会を保証している」と（Sumner 1914: 67）。

サムナーにとっては、こうした競争において大きな成功を手に入れた人は、道徳的にも、能力的にも、優れた人であった。すなわち、「ミリオネア［富裕者］は、自然淘汰の産物であり、［社会］が優れた仕事をなしとげられる者を広く探した結果である」と考えていた（Sumner 1914: 90）。サムナーは、さらに次のように述べている。「人生の競争において、賢明で慎重な父をもつ息子は、邪悪で粗暴な父をもつ息子よりもはるかに優位に立っている。人生の闘争において、資本をもつ者は、資本をもたない者にくらべて、はるかに優位に立っている」。それは肯定されるべきである。なぜなら、「私たちが、彼らの階級の特権や勤勉さの利点を否定すればするほど、不平等はさらに大きくなり、邪悪なやからはより多くの罪を犯すからである。貧困や困窮は、その類の人間の自然本性が邪悪であるかぎり、なくならないからである」と（Summer 1914: 30-1）。

道徳的だから裕福である

サムナーがとりわけ強調したことは、富裕者の自然本性が「善」であり、その言動が「道徳的」であることであった。サムナーは、一八八三年に『社会階級を支えあわせるもの』（*What the Social Classes Owe To Each Other*）という有名な本のなかで、古くからあるキリスト教の富裕者批判を退けながら、上層階級すなわち「富裕者の自然本性は善である」（The rich are good-natured）と強調している。

「古くから、貧しい人を肯定し富める人を否定するという聖職的偏見がある。ヨーロッパの人びとがこの聖職的規範に従うなら、その偏見は資本の浪費を生みだし、ヨーロッパをふたたび野蛮な世界に逆戻りさせるだろう。この偏見は、まだ死に絶えていない。それは、私たちの社会［＝アメリカ］に滑稽な矛盾・相反として生き残っている。富める人が礎とすべきことは、自分たちが善い自然本性の所有者であることだ。おそらく、彼らは自分自身がわかっていない。というのも、富める人は、貧しい人よりも定義しづらいからである。めずらしくもないが、説教壇に立つ聖職者は、貧しい人に味方し富める人を排撃する旧弊の言葉を垂れる。そして、富める人に貧しい人への施しを求める。富める人は、そのまったくもって不公平な比較に気分を害されながらも、それを表に出さず、聖職者の求めに応じる。そして私たちは、彼が社会の善い一員であると承認する。彼は、貧困から富裕にいたるという仕事を成し遂げたのである。にもかかわらず、彼がその仕事を成し遂げるやいなや、私たちは、彼に疑いの目を向けるのだ。彼は、社会にとっての危険な存在ではないか、と」(Sumner 1952 [1883]: 39-40; 1911 [1883]: 44-5)。

サムナーにいわせれば、上層階級が富裕である理由は、彼らが、神の配剤である「善き自然本性」を発揮し、勤勉に道徳的に努力したからである。もちろん、富裕者の不正はただされなければならないし、贅沢な濫用悪弊は絶たなければならない。しかし、ただ富裕であるというだけで、その人を罵倒したり恨んだりすることは、誤りなのである。サムナーは次のように述べている。

「ある新聞がばかげた間違いを広めた。『富裕者が富裕であるのは、貧困者が勤勉だからだ』という間違いである。この間違いは、なぜか、すばらしい格言として、この国の端から端まで広まった。……厳格な宗教を拒否し、宗教的なセンチメンタリズムの残滓のみを心にいだく人びとは、貧困者の諸権利と富裕者の諸義務をめぐる論争のなかで、自分たちに特権的な立場を見いだしている。私たちアメリカ人は銀行、企業、独占を弾劾しているが、その弾劾は、無益な怒りと恨みを増殖するばかりである。なぜなら、その怒りと恨みは、定義と限界によって制御されていないからであり、また必要不可欠なものと濫用悪弊なるものとを区別していないからであり、さらに自然の秩序が打ち立てたものと人為的な誤りが生みだしたものとを区別していないからである。」(Sumner 1952 [1883]: 40; 1911 [1883]: 45)。

人を自律させる教育

サムナーにとって、富裕者の「善き自然本性」は、神が与えたものであるだけでなく、本人が増大させるものでもあり、その増大化の営みが「教育」(education) であった。たしかに「[苦しんでいる] 人に共感 (sympathies) できず他者の痛みを感じとる感覚 (sentiments) をもたない人間は、本当に貧しい存在である。しかし、公共の慈善活動とりわけ法が定める慈善活動は、だれの共感も、他者の痛みを感じとる感覚も、つちかわない」と、サムナーはいう (Sumner 1952 [1883]: 135-6; 1911 [1883]: 157)。むしろ、慈善活動は、市場の売買活動をさまたげ、無能な人間をはびこらせる、と。サムナーにいわせれば、重要なことは、個々人に自律的に生きる方途を教える「教育」の機会を、より多くの人びとに提供することであった。教育こそが富と福祉への途であるからである。

「教育は、その目的として、人に生きるための諸条件と諸法則の知識を与えることを定めている。したがって、どんな場合にも、教育においては、個人は何をするべきかという問題に直面しなければならない。もしもある人が教育された人であるなら、その人は賢明で知性的な決定を下すことができるだろう。もしもその人が化学・物理学・地質学などを知っていれば、直面せざるをえない障害物を知り、自然になすべきことを知るだろう。

生理学と衛生学を知っていれば、選ぶべき道を考えるときに、それが健康に与える影響を知るだろう。もしも政治経済学の知識があれば、選ぶべき道を考えるときに、それが自分の富と社会の福祉に与える影響を知るだろう」(Sumner 1952 [1883]: 134; 1911 [1883]: 155-6)。

サムナーにとって、人間の進歩は、たんに知性的な優秀者の増加することだけでなく、道徳的な人格者が増加することを意味していた。それは、およそ実利的な効果に結びつくヴァーチュが広がることであった。サムナーは「もしも、すべての人間が、まじめで、生産的で、慎重で、賢明であり、自分の子どもを自分と同じように育てるなら、貧困は、たった数世代で消失するはずである」と述べている (Sumner 1934 I: 109 [Hofstadter 1955a: 61])。

このような社会進化論の立場からの平等化論批判は、一九世紀後半から二〇世紀のアメリカに少なからず広がっていた。たとえば、著名な宗教教育家ミューレンバーグ (Muhlenberg, William A. 1796-1877)*は、一八五五年に「貧困は同情すべきことであるが、当人の問題である」と断じている (Becker 1958: 316 から引用)。また、ブロックス司教 (Brooks, Philips 1835-93)**は、一八八〇年に、次のようにある私立学校で講じている。

* ウィリアム・A・ミューレンバーグは、アメリカのエピスコパル教会の牧師であり、博愛活動家、教育者であった。賛美歌の作成者としても有名である。ミューレンバーグは、一七九六年にペンシルベニア州フィラデルフィアのドイツ系ルター派の家庭に生まれた。彼は日曜学校運動を強力に推進し、教会はすべての社会集団の指導者でなければならない、と論じていた。一八二八年にニューヨーク州フラッシングに「フラッシング・インスティテュート」(のちのセントポール・カレッジ) という男子中等学校を設立し、その後二〇年間にわたり同校の校長をつとめた。

** フィリップ・ブロックスは、マサチューセッツ州ボストンに生まれた。名門のボストン・ラテンスクール、ハーヴァード大学、エピスコパル・テオロジカル・セミナリーに学び、一八六〇年にエピスコパル派牧師となった。奴隷解放運動の支持者として、また解放奴隷の参政権支持者として知られている。一八九一年に「マサチューセッツ州エピスコパル派総司教」となった。

「どのような難問がもたらされるにしても、疑いえないことは、特権と[社会的]不平等の責任を人間だけに帰することはできないという事実です。しかし、そうであるにもかかわらず、多くの利益と富は人間の所産である、と見なすことができます。……[平等を説く人は少なくありませんが]、熟慮すればするほど、平等を要求する心性は卑しい心性であり、もしも平等が完全に実現されたりするなら、さらにべつの卑しい心性と欲望をみたす行為だけが生じるにちがいないと、私は強く信じるようになりました」(May 1949: 65から引用、傍点は引用者)。

メリトクラシーの二つの問題

機能的分化に付帯する近代の有用性指向は、のちに「メリトクラシー」(meritocracy)と命名される、新しい地位配分制度を生みだしていった。「メリトクラシー」という言葉は、一九五八年に社会学者のヤングが作った言葉であり、個人の能力の表出したものとしての「メリット」(業績・成果・成績)によって、その人の社会的地位が決定・配分される状態を意味している(なお、ヤング本人は、メリットのなかに学業成績をふくめていないが、社会学・教育学では、多くの場合、学業成績はメリットの一つと見なされている[Young 1958])。

たとえば、さきにふれた社会学者のウォード(Ward, Lester Frank 1843-1913)*は、一八九七年に「メリット」を、生来の能力、自然の配剤つまり遺伝形質のもたらしたもの、ととらえ、そのメリットの不平等が生みだす経済的・社会的・文化的な不平等、つまりメリトクラシーを肯定している。「[いろいろな意見があるが、]生来の[知的]能力の差から生じる知性の不平等が社会に及ぼす影響は、相対的に無害であると、やはりいわなければならない。こうした生来の能力によって生みだされる有利さの不平等が何であっても、その不平等は、メリットの不平等に由来すると見なされるべきであり、偶然や偶発の産物と見なされるべきではない。これは、動物の世界にも見られるような、ものごとの自然で正常な状態への見返りである。[その意味で]個々人は、それぞれに社会における自然な地位を確定されているのだろう」(Ward 1911 (1897): 602 傍点は原文のイタリック)。

＊「アメリカ社会学の父」と呼ばれるレスター・F・ウォードは、一八四一年にイリノイ州ジョリエットに生まれた。少年期のウォードはほとんど学校に通っていない。一八六五年から一八八一年にかけて連邦財務省に勤務しながら、コロンビアン・カレッジ(現在のジョージ・ワシントン大学)で学ぶ。一八八二年から連邦地質調査局に勤務し一九〇五年に退職する。同時にブラウン大学の社会学教授となり、死去する一九一三年までその職にあった。著書として『動態的社会学』、『文明の心理要因』、『社会学概要』などがある。Sniegosk(1997)、苅谷(2004)を参照。

進歩主義時代のアメリカ人にとって、メリトクラシーは、公正な制度に見えたはずである。メリットが当人の努力によって高められるものなら、なおさらだったろう。その理由は、おそらく次の二つではないだろうか。一つは、人びとが、人間は基本的に自由な個人であり、だれもが成功の機会を平等に与えられるべきである、と考え、当人の才能・努力以外のもの——家柄・血統・性別など——で、当人の価値を決定してはならない、と考えていたことである。もう一つは、メリットの所有者によって実際にメリットが産出される現実を、人びとが知っていたことである。いいかえるなら、人びとが、たとえば、明敏で知的な人を雇用すれば、そうでない人を雇用する場合にくらべて、明らかにより大きな業績・成果をあげることができる、と知っていたことである。

しかし、メリトクラシーは、二つの重大な問題をかかえていた。一つは、人の有用性を精確にはかる方法がないという問題である。それが明らかになるのは、しかし一九五〇年代である。たとえば、一九五七年に、心理学者のマイナー（Miner, John B.）は、「知能テストは、いかなる意味においても、生来的で個有的な諸能力を引きだしたりしない」と断じている(Miner 1957: 77 [Kolko 1962: 114から引用])。一九七〇年代になると、ブレイヴァマン、ブルデュー、ボールズ／ギンティス、アップル、ルーマンらが、同じことを論じるようになった。ルーマンは、一九七九年に、「社会学者ならだれでも、試験に信頼性や妥当性を期待しないだろうし、そもそもこの制度にそのような類の合理性をもたせようなどと考えないだろう」とまで述べている（Luhmann/Schorr 1988: 289)。

また、一九九九年に、アメリカの大学入学考査に使われるテストについて詳細な歴史分析を行った社会学者のレマンは、知能テストの結果や学業成績は実務的な成果を示唆するものではない、と主張している。

「あなたがもっとも公正な方法で好機を提供するシステムを、まったくゼロからデザインすることになったとしよう。あなたは、アメリカのメリトクラシーを現在のそれのようにデザインするだろうか。もしもあなたがＩＱテストの点数と学業成績をメリットと同じものと信じているなら、そうするだろう。それは一つの選択肢である。しかしそれは、前提にされるべきではなく、もっとよく議論されるべきである。そうすれば、そういう考え方への反論がたちどころに生まれるはずだ。メリットは多元的であり一元的ではない。知能テストも、教育そのものも、メリットのすべての形態を見いだせるように作られていない。知能テストや学業試験は、叡知も独創性もユーモアも強靱さも共感性も共感覚も自立心も決断力も、そもそも道徳心すら見つけられないのだ。否応なく、テストや試験は、人を人の評点（potential）によって判定する。人が選ばれて長期間にわたり働いている職場で見せる実際の成果によって判定するのではない」(Lemann 1999: 344-5)。

一九七〇年代には、メリトクラシーのもう一つの問題が明らかになった。それは、能力形成を左右するものが当人の才能・努力だけでなく、当人の属する階級などでもある、という問題である。いわば、能力の階級依存という問題である。たしかに、学校教育は子どもの能力を形成するが、家庭環境・社会環境も子どもの能力を実質的に形成し、その家庭環境・社会環境の質が階級によって大きく異なる、ということである (Bowles/Gintis 1976; Bourdieu/Passeron 1970; Luhmann/Schorr 1988)。

二〇〇五年に、『ニューヨーク・タイムズ』は、次のように、能力の階級依存という問題を論じている。

「アメリカのメリトクラシーは、その中心に一つのパラドクスをふくんでいる。たしかにメリットシステムは、旧来の帰属的特権のシステムにとってかわった。その旧来のシステムにおいては、高貴な生まれの両親は、自分の子どもにその地位をゆずることができた。しかし、メリットも、部分的であるが、階級［この「階級」はマルクス主義的な「階級」ではなく、職業・教育・収入・資産それぞれについての五つのクラス］に依存していることが明らかになった。お金・教育経歴・交友関係の潤沢な親は、自分の子どもに、メリトクラシーによって見返りが得られるような習慣を形成する。にもかかわらず、彼らの子どもが成功したなら、彼らの成功は、彼ら自身が自分で手に入れたものと見なされるのだ」(Scott/Leonhardt 2005)。

能力の階級依存が問題となる理由は、先にふれた言葉を用いていえば、それがメリトクラシーを正当化してきたケテリス・パリバスを否定するからである。いいかえるなら、平等な競争の機会を否定するからである。

競争への批判

しかし、進歩主義教育思想が問題にしたことは、これらのメリトクラシーに付帯する問題というよりも、メリトクラシーと一体である競争という行為であった。問われたのは、機会平等の不充分さではなく、機会平等それ自体の負の効果だったのである。のちに詳しく見ていくように、一九世紀後期以降、アメリカで競争が常態化していくなかで、進歩主義教育論者だけでなく、キリスト教的思想家たちも、競争を神意に反する不道徳な行為であると、厳しく批判するようになった。たとえば、この時代の労働運動を先導していた雑誌『ジャーナル・オブ・ユナイテッド・レイバー』は、一八八八年に、次のように、競争は反キリスト教的である、と論じている。

「各人が勝手に競争する制度に、明確に反対せずに黙認している教会は、生きた教会ではない。というのも、『一人ひとりは自分自身のために[生きなさい]』ということは、偽りの福音だからである。そのようなことを神は、一度も命じていない」(*Journal of United Labor*, Sept. 13, 1888 [Gutman 1976: 103 から引用])。

また、たとえば、この時代に「社会福音運動家」(詳しくは後述する)のリーダーとして強い影響力を発揮していた会衆派の牧師グラッデン(Gladden, Washington 1836-1918)は、一八九四年に次のように「競争」の過酷さを語っている。

「競争は戦争を意味している。戦争の法則は強者が勝つことである。……競争とは生存闘争であり、それは、産業社会の法則としてすでに受け容れられているように、劣性種族に死を強いる法則である。この法則は、社会のなかで精確に働いている。……当然のことながら、弱者層は、死に絶えることに抗い、もてる力を総動員して闘う。したがって、純粋な競争システムにつきまとうものは抗争である。……強者と弱者との、訓練された能力者と知性に劣る者との公正な競争がまさに生みだすものは、強者と訓練された能力者が結びつくことであり、弱者と知性に劣る者が結びつくことである。これによって、抗争の生みだす苦汁がさらに強烈なものになる。これが今まさに、私たちが直面している事態なのである」(Gladden 1966c [1894]: 51)。

さきにふれたウォードも、一八九七年に『社会学の概要』において、競争は動物のすることであり、「知性的な人間」のすることではない、と述べたうえで、さらに次のように競争を批判している。

「広く行きわたっている考え方、すなわち[競争という]闘争に生き残った者がもっとも環境に適しているという考え方は、まったくの虚偽である。競争の効果は、それがどのようなものであれ、最大限の発達の達成を妨害することであり、生き残りに成功したすべてのものを相対的に低いレベルにとどめることである。このことを明示する事実は、どのような場所であれ、競争を完全になくしてやると、ただちに大きな進歩が始まり、すぐに競争に勝ち抜いた者すべてを追い抜いてしまうことである。これは、穀物や果樹については、昔からよく知られてきたことである。……このことは、現代の哲学者には理解しがたいことに見えるだろうが、［二〇世紀という］新しい夜明けを迎える人の心を照らす最初の真実である」(Ward 1913［1897］: 257-8)。

さらに、デューイも、一九〇〇年に『学校と社会』(第一版）において、当時の学校における「競争」の広がりは「社会的」なものを阻害すると考えて、次のように批判している。

「［今の学校で常態化している］たんなる知識技能の習得は、明白な社会的動機（social motive）を何もふくんでいない。また、そうした知識技能の習得に成功したところで、たいした社会的成果（social gain）が生まれるわけでもない。というのも、［学校で］成功するためのほとんど唯一の手段が競争的なものであり、それもわるい意味において競争的なものだからである。すなわち、どの子どもが他の子どもに先んじて、もっとも多くの知識技能をたくわえ、ためこむことに成功したのか、それを知るために、復誦や試験が行われ、その結果が比較されるだけだからである。これこそが、今、学校を支配している雰囲気である。そうだからこそ、学校で勉強しているときに、ある子どもが他の子どもを手助けすることは犯罪（crime）である、と見なされているのだ」(Dewey 1996, *SS*, MW. 1: 11=1998: 73-4)。

デューイにとって、学校における競争の広がりは、教えられる知識技能をためこむだけの「受動学習」の広がりと一体であり、どちらも、協同性・隣人愛という（キリスト教の）義務を否定することを意味していた。デューイは、次のようにつづけている。「［現在の学校のように］学校における課業がたんにレッスンを受けることを意味している場合、相互扶助（mutual assistance）は、協働と協同（cooperation and association）というもっとも自然な営みではなく、人目をはばかるような疚《やま》しい努力に貶められる。子どもがたんにレッスンを受けることは、その隣人への［隣人愛という］当然の義務を奪うことにひとしい」と（Dewey 1996, *SS*, MW. 1: 11=1998: 74）。

グラッデン、ウォード、デューイが論じていることは、競争が、ある人の目標が他の人の目標を犠牲にすることで実現される行為であり、他者の利益放棄・利益収奪をかならずともなう行為である、ということである。いいかえるなら、メリットをめぐる競争は、セーフティネットなしで行われるゼロサム的な勝負である。その意味で、競争は、ある人と他の人がともに自分の目的を達成する交換からも、ある人と他の人が同じ目的を共有する協同からも、明確に区別される。つまり、競争する人は、協働する人ではないし、交換する人ですらない。

グラッデンらは述べていないが、つけくわえるなら、競争は、既存の社会を構造化する構造を再生産するだろう。懸命に競争しているうちに、人は既存の社会秩序を温存し、それに対する批判を逸失してしまうからである。これは、試験会場を思い浮かべるならよくわかる。競争が、競争に参加している人のコミュニケーションを必要としないからである。競争する人は、ひとり黙々と問題に向かうだけである。競争は、けっして新しい社会を生みださないだろう。新しい社会を生みだすものは、刷新に向かうコミュニケーションが生じる場合だけだろう。

第1章で明らかにするように、この時代に満ちあふれてゆく競争は、メリトクラシーと一体の風潮であったが、それは、望ましい「進歩」を生み出さないものだったのである。

4　近代教育学と社会性

社会性という対抗概念

メリトクラシー、競争が広まる進歩主義時代に、メリトクラシーの問題を緩和し、競争にかわるべきものとして進歩主義教育思想家、社会改革論者が語ったことは、「社会的」(social) であること、すなわち「社会性」(the social) である。たとえば、フィラデルフィアの実業家であり博愛主義的な社会改革論者であったフェルズ (Fels, Samuel Simeon 1860-1950) は、一九三三年に『変わりゆく世界』という本を出版し、「社会的原理」(Social Principle) すなわち相互依存の重要性が広く理解されるなら、「競争」は将来、緩和されるだろう、と期待している。

「人類は、その知性を向上させることによって、生存競争の厳しさを緩和することができるだろう。……競争は、現代社会においてもなお、人間の自然本性 (human nature) の無視しえない現れであるが、この競争を絶対的に必要ならしめてきた動因は、しだいにその勢いをそがれつつある」。「人類が進歩するための鍵は、人間の天賦の才能がその能力を発揮し、自然の神秘をこれまで以上に次つぎに解明していけるかどうかに、かかっているのではない。……その鍵は、自然に対する人間の支配力そのものを相互依存的なものとして組織化できるかどうかに、かかっているのである」(Fels 1933; Beard/Beard 1962 [1942]=1954: 287, 290から引用、訳文変更)。

フェルズが「社会的原理」というときの「社会的」(social) という言葉は、「社会全体の」という意味、「人間関係の」という意味をふくみながらも、それらの意味に還元されない「相互扶助的」を意味している。なるほど、social structure (社会構造)、social regime (社会体制)、social evolution (社会進化)、social status (社会的地位) という場合の social は、「社会全体」を意味する society の形容詞形である。また、social relations (社会関係)、social studies (社会科)、social dance (社交ダンス)、social distance (社会的距離) という場合の social は、広い意味での「人間関係」にかかわる事象を示す形容詞である。しかし、Social Gospel (社会的福音)、social efficiency (社会的効率)、social reconstruction (社会的再構築)、social feeling (社会的心情) というときの social は、結論を先取りしていうなら、自他のあいだに「相互扶助」の関係があることを意味している。

ここで語用史をふりかえってみるなら、こうした social の三つの意味がしだいに区別されてきたことがわかる。第一の「社会全体」を形容する social は、『オックスフォード英語辞典』(OED) のいう「社会全体の構成にかかわる・それに関心をもつ」という意味の social であり、これは一八三三年から使われている。第二の広い意味での「人間関係」を形容する social は、OEDのいう「何かに属する・かかわる・結びつく」という意味の social であり、これは一六九五年から使われている。第三の「相互扶助」を形容する social は、OEDのいう「仲間になりうる・他者と結びついている」という意味の social と、「互恵的に交流する・友好的である」という意味の social であり、前者は一五六二年から使われ、後者は一六六七年から使われている (OED 1991: "social")*。

＊　すこし時代がくだるが、たとえば、ロックは一六九三年に『教育論』において「社会的ヴァーチュ」（social virtue）という言葉を「分かちあい」「正しさ」という意味で用いている（Locke 1968=1967: 163）。また、ルソーは一七五五年に『人間不平等起源論』で「社会的ヴィルトウ」（la vertu sociale）という言葉を「憐れみ」（pitie）と同じ意味で用い、それは「自然な感情である」と述べている（Rousseau 1995［1755］: 155-6=1986: 52-3）。ほぼ同年に書いたもので、死後に出版された『言語起源論』でも、ルソーは、同じように「社会的感情」（les affections sociales）を「憐れみ」と同一視している（Rousseu 1995［1765］:395=1986: 164）。市野川（2006）参照。

これらの語用史的な情報から推測できることは、social のおおまかな意味論的な成り立ちである。まず最初に、相互扶助を意味する social が、一六世紀、一七世紀に登場したことである。つづいて、広い意味での人間関係を形容する social が、少しおくれて一七世紀末期に登場したことである。そして最後に、全体社会を形容する social が、一九世紀初期に登場したことである。社会全体を形容する social の登場が一九世紀初期であったことは、一九世紀初期における「社会学」の誕生が、「社会」すなわち「市民社会」（諸個人が自律的に形成する機能的に分化した集合体）の登場と軌を一にしていたという事実と、ほとんど符合している。

日本におけるこうした社会性概念の思想史的研究は、それほど多くなく、今村の『交易する人間』『社会性の哲学』、市野川の『社会』、くらいだろう（今村 2000, 2007; 市野川 2006）。教育学においては、ほとんどないといってよいだろう。以下に、必要と思われるかぎりで、社会性の概念史をスケッチしておきたい。

主体・客体を前提とした近代教育学

社会全体を意味する「社会」という言葉の出現が注目を集めた一九世紀という時代は、同時に古くからあった相互扶助を意味するsocialという言葉をつうじてあらためて強調された時代でもある。これは、おそらく人びとが、一九世紀の初期から、位階的分化のゆらぎとともに、英語・フランス語圏における「個人」、ドイツ語圏における「主体」が台頭し、相互扶助が看過されていったことに、危機感をいだいたからではないだろうか。

個人・主体を論じた人物のなかで、一九世紀の近代教育にもっとも関係が深い人物をあげるとすれば、やはりプロシアの哲学者カント（Kant, Immanuel 1724-1804）だろう。カントが一七七六年から八六年にかけてケーニヒスベルク大学で行った「教育学」――実際の名称は四種類あり、一七八〇年の名称はPaedagogicumである――の講義は、一八〇三年にカントの講義によく出席していた神学者のリンク（Rink, Friedrich Theodor 1770-1811）によって『教育学講義』としてまとめられた（Kant 1968［1803］; Ritzel 1985: 36）。同書でカントが語っている主体論的な教育学は、構想にとどまっているが、それでも、のちの近代教育学に大きな影響を与えてきた。

カントが提唱した教育学の基本概念は、「理性」（多様なものを統一的に関係づけて把握する能力）を内包する「主体」である。カントは、主体の理性が生みだす自律性を、人間に本来的にそなわっているものと見なした。というのも、主体は、選択の主体になるために、選択される規範に従属していなければならないからである。そして、カントは、この主体の所与性にもとづき、社会性（相互扶助）を事後的な産物と位置づけた。このため、密接な関係性のなかに生まれるはずの互恵の営みは、主体が無条件に遵守しなければならない「道徳規範」（「定言命法」）へと還元された。

このように関係内に生成する営みを個人に内在する規範へ還元する主体論は、社会性論の発展を妨げることになったただろう。主体にとって、他者はつねに客体という現象にとどめられ、相互扶助は、厳密な意味では把握不可能なもの、つまるところ、存在しないものに追いやられてしまうからである。

こうした主体論を唱えたカントの教育学を継承した人物が、近代教育学の創始者であるヘルバルト（Herbart, Johann Friedrich 1776-1841）であり、ヘルバルト以降、一九世紀の西欧で彫塑されてきた近代教育学は、このカント的主体を前提にすることで生じた諸問題を解決しようとしてきた。近代教育学がかかえた諸問題のなかでも、最大の問題は、教育の成り立ちがたさである。実際に子どもを教えるなら、子どもはたちどころにカントの想定した客体（対象）ではなく、もうひとりの主体として立ち現れたからである。いいかえるなら、教育の客体であるはずの子どもが、自己創出的な個人として教師に対峙してきたからである。自己創出する個人としての子どもをいかに客体化（対象化）すればいいのか、これが、カントによって近代教育学が背負わされたアポリアである。

しかし、この問題を解決しようとする近代教育学の努力は、誤った前提から出発しているという意味で、まさに不毛な営みとしかいうほかないだろう。近代教育学の問題解決の試みは、たとえば、ヘルバルトに見られるように、「管理」「教授」「訓練」の三要素から構成される「教育的教授」のような教育方法の開発であり、心理学を活用した子ども理解の充実であった。しかし、子どもを客体としていくら詳細に認識しても、それは教育という営みを洞察することにはならない*。趨勢を見るなら、およそ一九世紀末期にいたるまで、近代教育学は、ついに教育の営みを存立可能にする基本的な条件が、社会性であることに気づかなかった、といえるだろう。

＊　ヘルバルトの教育思想については、原（1970）、金子（1999, 2000, 2001）の研究を参照。念のためにいえば、ヘルバルトはカントに黙従したのではなかった。ヘルバルトは「ただ倫理的理念を示すだけで［倫理的に］行為することを教えられると、だれが信じるだろうか」と反問し、人間が定言命法を遵守することができるためには「純粋な肯定が先に存在しなければならない。……カントはそのことについてまったく考えていなかった」と述べている（金子 2000: 49 から引用）。しかし、「純粋な肯定」（すなわち倫理的な内面性）

を欠いている子どもを倫理的な人間に変えることが困難であるからこそ、いっそうの子ども理解という客体化が行われ、「管理」「教授」「訓練」という教育的努力が重ねられることになるなら、これは明らかな悪循環である。

したがって、一八九四年にパーカーが次のように社会性の意義を論じていることは、まさに注目に値する。「学校における社会的要因は、あらゆる要因のなかで最大の要因である。それは、学ぶ教材、教示の方法、教師その人よりも、はるかに高い位置にある。子どもたちが互いに遊んだり、たとえつらい課業であっても、そこで互いに学びあったりして得たものは、たんに学んだもののなかで、最上のものである。……学校において、[子どもたちが]このように一体となり、溶けあい、まざりあう状態が、個人の人格に力量を与え、公立学校をデモクラシー育成の強力な力にするのである」(Parker 1969 [1894]: 421 [市村 1978: 20 から引用、ただし訳語は異なる])。

コントのソシオクラシー

しかし、近代教育学の外では、一九世紀においても、個人・主体の概念が生みだす諸問題がしばしば指摘されるとともに、人間が生きるうえで社会性が重要であることが、しばしば指摘されてきた。

たとえば、社会学の創設者であるコント(Comte, Auguste 1798-1857)*は、一八五一年に『実証的統治システム』の第一巻において、「相互扶助」を「ソシオクラシー」(la sociocratie)という言葉で強調している。ソシオクラシーとは、「愛他性」(altruisme)すなわち人びとが互いにかかわりあい・助けあうことを本態とする「人間性」(l'humanité)が社会全体で実現されている状態である(Comte 1851-4, I: 618-9=1973 [1875], I: 500)。このソシオクラシーこそ、もっとも早い時期に提起された社会性概念の一つであるといえるだろう。

＊　オーギュスト・コントは、一七九八年にフランス南部のモンプリエに生まれた。モンプリエのリセを放校処分になったあと、大学人の登竜門であるパリのエコール・ポリテクニークに学んだが、大学教授にはなれなかった。一八二五年、娼婦のカロリーヌ・マッサン(Caroline Massin)と結婚するが、日々の暮らしに困窮し借金を重ねた。一八二六年に精神に変調をきたし精神病院に入るも、快癒しないまま退院。一八四四年、クロティルド・ド・ヴォー(Clotilde de Vaux)と出会い、彼女から大きな思想的な影響を受け、一八五一年から五四年にかけて、四巻本の大著『実証的統治システム』を執筆、刊行した。

「ソシオクラシー」という言葉は、コントの造語であり、ラテン語で「仲間」を意味するsociusに由来するsocioと、同じくラテン語で「支配」を意味するkrateinに由来するcratieを結びつけたものである(したがってsociocratieは「仲間関係の支配」を意味している)。また、愛他性としての「人間性」は、「大存在」(le Grand Être)とも表記されるもので、コントにとって「人びとが自発的に協力し自分を完全化する」という営みであるとともに、人間だけでなく「過去・未来・現在の諸存在すべてが自然に指向する」営みでもあった。コントは、「神と呼ばれているものは、人間性である」とすら述べている(Comte 1851-4, I: 30, 264)。つまり、ソシオクラシーは、人間性に満ちあふれる状態であり、コントにとって、その状態を創りだすことこそが人類の存在理由であった。

コントは、ソシオクラシーが具体化された状態を示していないが、それを具現化する方法として「教育」(l'éducation)の重要性を強調している。コントにとって、その教育の基本原則は、諸行為を客体として認識する「知性」(l'esprit)ではなく、諸行為を連綿性として感受する「情感／心情」(le sentiment/le coeur)を重視することであった(Comte 1851-4, I: 1)。コントは、人びとを「人間性」に基礎づけられたソシオクラシーへと組織するうえでもっとも「実証的方法」(＝実効的方法)は、彼らの「知性」に訴えかけることではなく、彼らの「情感／心情」に訴えることである、と確信していた。「……社会を現実に再組織するうえでもっとも基本的な条件は、心情に反する知性を根底から変革することを、目的として確立することである。……実証主義（positivisme）は、最終的にこのとてつもなく困難な仕事をやってのけなければならない」と（Comte 1851-4, I: 356, 357-8）。

＊ コントの実証主義は、「社会科学」によって一つの「総体的システム」（syseme universel）、「全体性」（l'ensamble）を実際に創りだす実効的方法を意味している。その意味で、実証主義は実効主義である。「実証主義は、本質的に学術と統治から成り立っている。この二つは分離することができない。前者は、一つの総体的システムの基礎であり、後者はそのシステムの目的である。この総体的システムにおいて、私たちの知性と社会的共感（le sociabilité）とは、互いに緊密に結びついている。というのも、まず、社会科学が、他の何よりも大切であり、論理的で科学的なリンクを供給するからであり、この社会科学によって、私たちの諸現象についての適切な観察が、一つの全体性に導入されるからである」と（Comte 1851-4, I: 2=1973 [1875], I: 1）。

ミルの社会的本能

こうしたコントの思想に大いに触発された思想家が、イングランドのミル（Mill, John Stuart 1806-1873）＊である。ミルは、一八六五年に著した『オーギュスト・コントと実証主義』のなかで、コントによりながら、人間の「社会的本能」（social instincts）、「社会的心情」（social feeling）の重要性を論じている。「……人間の自然本性は、大いなるアメリオレイション（善化性 amelioration）をもちうる。……この改革の精神（spirit of improvement）は、社会的本能の力を増強することで生じる。それは、社会的本能が知的活動と結びついた場合であり、そのとき、社会的本能は、個人的性向を導き、個々人を触発し、自分の生活条件を改善する適切な望みをいだかせる。もしも人の本能を彼ら自身の方針、人類に自然にそなわっている怠惰とアパシーにまかせてしまうなら、本能は固執の精神（spirit of Conservation）を生みだす源泉となるだろう」と（Mill 1969 [1865]: 310）。

＊　ジョン・スチュワート・ミルは、一八〇六年にイングランドのペントンヴィルで生まれた。父は、哲学者・歴史家のジェームス・ミル（James Mill）である。ジョンは学校に通わず、父から教育を受けた。一八二二年から一八五八年まで、父と同じように東インド会社に所属し、生涯一度も大学に所属しようとしなかった。二一年間という長期の交際ののち、一八五一年にハリエット（Harriet Taylor）と結婚。東インド会社を退職してから、短期間、イングランドの国会議員となったが（一八六五－八年）、一八六八年からフランスに移住し、一八七三年に同地で死去。

ミルのいう「社会的本能」は、人間にそなわっている仲間への慈しみという本能である（そして、それが感情としての発露したものが「社会的心情」である）。ミルは、次のように述べている。

「人は、自分の仲間がつくる社会を指向するという自然な性向をもっている。つまり、社会それ自体のために社会を本能的に求めている。そうすることで得られる利益がどのようなものか、それは問われないのである。この人間の社会的性向は、［コントのいう］人間性を存立させるための条件が多岐にわたっていることを考えれば、なかなか具現化しにくいだろう。それでも、人間は、穏やかではあるものの、かなりの量の自然な［仲間への］慈しみ（benevolence）をもっているのだ」（Mill 1969 [1865]: 310）。

ウォードのソシオクラシー

コントの実証主義と社会性概念は、ミルを経由し、アメリカにも移入されていった（Hawkins 1936; Harp 1995）。さきほどふれたアメリカの社会学者ウォードは、コントの「ソシオクラシー」由来の「ソシオクラシー」(sociocracy) という言葉を用いている。ただし、彼は、その意味を相互扶助から社会全体の操作的制御、つまり社会統制へとずらしている。すべての人に開かれた教育、貧困・差別からの解放、すべての人の幸福を実現する社会を構築しようとしたウォードにとって、ソシオクラシーは、個人主義の弊害を人為的に除去し、社会主義の過剰な干渉を排除するための、社会全体の操作的再編成を意味していた。

ウォードは、一八九七年の『社会学概要』において、社会主義とソシオクラシーとを比較しつつ、次のように述べている。「……一般性のある社会的な技術や、厳密な意味での産業世界の実践的な技術を活用しつつ、社会的諸力 (social forces) を科学的に制御することは、私がこれまで『ソシオクラシー』と呼んできたものである。それは、しばしば社会主義と混同されてきた。……［しかし］ソシオクラシーは、私が理解している社会主義と異なっているし、今、流行している競争体制や個人主義とも異なっている」と (Ward 1913 [1897]: 292)。

ウォードは、ソシオクラシー、社会主義、個人主義の違いを、平等へのスタンスの違いによって、次のように整理している。「一 個人主義は人工的な不平等を生みだす。二 社会主義は人工的な平等を創ろうとする。三 ソシオクラシーは自然的な不平等を認識し、人工的な不平等を消そうとする。四 個人主義は優位な力量、巧妙な策略、知性、偶然の立場によって便益を得られる人にだけ、便益を与える。五 社会主義は類似する者に同じ便益を授け、そして結果の平等をめざす。六 ソシオクラシーは、厳密なメリット比によって人に便益を与えるが、メリット値を決定する唯一の手段として機会の平等［つまり教育］を重視する」と (Ward 1913 [1897]: 292-3)。

ウォードにとって、「自然」は不動の秩序であり、人間は一人ひとりその不動の秩序のなかに位置づけられていた。

人間にその位置を変えることはできなかった。その意味では、ウォードは、前近代的な位階的分化の世界像を前提にしている。彼にとって、「自分の人生はすべて自分の思いどおりにできる」と考える個人主義も、「すべての人間を平等にすることができる」と考える社会主義も、反自然的なスタンスであった。「自然」という不動の秩序に回帰すること――これが、ウォード流のソシオクラシーの第一原理である。

「ソシオクラシーは、[近代]社会が離れていった自然への回帰である。個人主義は、自然な不平等を認識し自然な能力に沿って便益を分配するという、独特で自然の方法である。[個人主義の推奨する]個人的なテレシス（telesis［目的達成］）は、この方法を完全に廃棄してしまった。社会主義はこの事実を認識し、個人的なテレシスから遠ざかりながら、そして同じくらいに自然な不平等から遠ざかることで、個人主義を補修しようとした。[ソシオクラシーの推奨する]集合的なテレシスは、個人的なテレシスによって作られた人為的な障壁をとりのぞくのであり、社会をふたたび自然法の自由な流れのなかに位置づけるのである」(Ward 1913 [1897]: 292-3)。

ウォードのソシオクラシーは、いわば、ケテリス・パリバスを全体社会規模で充実させたうえで、個々人のメリットに応じた便益を個々人に与えることである。こうしたソシオクラシーは、進歩主義教育思想の社会全体へのスタンスに通底する部分もあるが、その社会性概念からは、大きくずれている。のちに確認するように、進歩主義教育思想の考えた社会性は、むしろコントのソシオクラシーに近い、といえるだろう。

本書が担っている第一の課題は、進歩主義教育思想が、メリトクラシー、競争指向に体現される機能的分化に対し、社会性を対抗理念として提唱したことを論証・引証することである。しかし、本書が担っている課題は、これだけではない。もう一つの課題がある。

5　完全性と進歩

生への態度

本書のもう一つの課題は、進歩主義教育思想に伏在する批判的心情を支えている「生への態度」(stance for Life [being])を確認することである。生への態度とは、〈人が生きるとはどういうことか〉という問いつづけることによって生じる、生きることへの構えであり、人生に対するスタンスである。

生への態度は、一般に生を意味づけることをつうじて構成される。私たちは、さまざまな生い立ちのもとに、幸福・不幸・困難を経験しつつ、さまざまな生への態度をとりながら、生きている。たとえば、貧しい境遇に生まれ、生きることは何かを犠牲にすることである、と意味づけることで、自分の苦境に疲れ、肯定的・積極的に生きる意味が見いだせない場合もあるだろう。また、重篤な疾病に苦しみつつ、あるいは突然の事故で不自由な生活を送りつつも、自分の境遇を試練と意味づけ、強く生き抜こうとする場合もあるだろう。私たちは、なかなか思いどおりにならず、生きにくさにたじろぎながら、生を意味づけることで、何らかの生への態度を生みだす。

たとえば、哲学者のネーゲルが、一九七一年に「生の不条理」(absurdity of life) と呼んだ生の意味づけは、「ニヒリズム」「シニシズム」といった生への態度を生みだす。それは、深刻な苦境を経験することで、生きることにさしたる価値を見いだせなくなり、否定的・消極的に生きるという態度である。なるほど、何らかの計画を立て、多大な労力をつぎ込んだにもかかわらず、目的が達成されないことや、懸命に生きてどんなに優れた成果をあげても、結局忘れ去られたりすることを考えるとき、人は生きることに真摯になれなくなることがある。これは、世界に倫理的・合理的な秩序を求め、生に永遠・不動を求めている場合である。世界や生を、プラトン、アリストテレスがしたように、形而上学化し目的合理化するとき、現実の世界も生も、不確かで、はかなく、つまらないものに見えるとともに、無意味・無価値に見えてくる（Negel 1971; 1991）。

生を「不条理」という言葉ではなく、「悲劇性」という言葉で意味づけることもできる。「生の悲劇性」（tragic sense of life）は、人が倫理的であろうとするときに直面するディレンマ（二律背反の状態）、アポリア（解決不能な問題）である。善と善、善と正義、正義と正義が葛藤する情況におかれ、「私はどうするべきか」と自問し、苦悶し当惑することである*。どちらを選択しようとも、何らかの後悔、悔悟におそわれる情況におかれ、困惑することである。たとえば、人を愛することは善であるが、家族を愛することと他人を愛することとは、一致しない。生きているかぎり、人は、この二つの愛のどちらかを選ばなければならないという困難な情況におかれる。生の悲劇性は、生の不条理と似ているが、生の悲劇性は、形而上学的・目的合理的な思考を前提にしていない。生の悲劇性が前提にしているのは、倫理的な問題を乗り越えようとする弛まぬ活動である。

＊　スペンサーは、『倫理学の諸原理』において、次のようなベンサムの言葉を引用している。「幸福とは何か、だれもが知っている。なぜなら、歓びとは何か、だれもが知っているし、痛みとは何か、だれもが知っているからである。しかし、正義とは何か、これはつ

ねに論議の的となる主題である」と（Spencer 1978, Vol. 1: No. 60）。スペンサーにとっては、正義は思弁へと堕する概念であり、彼が唱える「実証的功利主義」が選ぶべき概念は、正義ではなく幸福であった。

たとえば、デューイに学び、マルクス思想に傾倒した哲学者のフック（Hook, Sidney 1902-89）が、一九二七年に「自由の精神」（mind of freedom）と呼んだものは、この生の悲劇性を受け容れつつ、肯定的・積極的に生きるという態度である。フックによると、この「自由の精神」を生みだす主要な契機は、「事物の必然性」を受容し確認することである。「それは、世界が善であることを確認することではなく、世界の必然性を確認することである。そうしてはじめて、人間の精神は、狂信を遠ざけ、幻想や憤怒から離れ、平静になることができる」。フックは、たとえていえば、「豪雨を受け容れた人だけが、豪雨のなか、傘をさして出かけられる」ように、生の悲劇性を受け容れた人だけが、人生を敢然と踏みだすことができる、と考えている（Hook 1996［1927］: 138）。

プラグマティズムの生への態度

これまで、進歩主義教育思想、とりわけプラグマティックなそれは、生の悲劇性から無縁である、と考えられてきた。たとえば、今ふれたフックも、一九六〇年に「プラグマティズムと生の悲劇性」という論文で、プラグマティズムは「今もほとんど変わらず、……表面的なオプティミズムの哲学、批判精神をもたない適応的で順応的な哲学、成功の女神を崇める哲学」と見なされている、と述べている（Hook 1974: 4）。日本でも、デューイ、カウンツの思想は「教育万能主義」と呼ばれ、そのオプティミズムが厳しく批判されてきた。

デューイ、カウンツの思想がオプティミズムであるかどうかは、あらためて問わなければならないが、かりにそうであっても、オプティミズムだけが、生への肯定的態度を生みだすのではない。いいかえるなら、生への肯定的態度は、生の悲劇性を知らない肯定性であるとはかぎらない。生の悲劇性を知りながらも、生を肯定的に生きることは、それほどめずらしいことではない。なるほど、生の悲劇性を知りながらつねに己の生を肯定することは、容易なことではない。目的合理的に考えるなら、己の生を諦めざるをえない危機的な情況も、一度ならず生じるからである。しかし、そのようなときでさえも、己の生を敢然と肯定することは可能である。

のちに論じるように、ブランボー、デューイ、カウンツ、チャイルズなどの進歩主義教育思想に見いだされる生への態度は、生の悲劇性を踏まえたうえでの、生の敢然肯定である。生きること、一つの命を、困難を承知で護り讃えることである。問題は、進歩主義教育思想の生の敢然肯定が、何によって支えられているのか、である。この問いは、クレミンやリースが「人道主義」という言葉で語ったものは何か、と問うことである。この問いに答えるために留意したい思想が、キリスト教的完全化論である。簡単にふれておこう。

キリスト教的完全性と進歩

哲学史においては、完全性（perfectio）はしばしば、プラトニストのプロティヌスの後継者たちが唱えたネオプラトニズムと結びつけられてきた。たしかに一七世紀から一八世紀のロック、ルソー、カント、エルヴェシウス、コンドルセなどの教育思想に見られる、教育によって卓越性・優秀性を達成するという考え方は、それがプラトン的な職人的人為における構想・概念のイデアであれ、アリストテレス的な生殖的人為における種・才能のイデアであれ、ヘレニズム的完全化論に位置づけられる。しかし、進歩主義教育思想を読み解くうえで参照すべき完全化論は、そのようなヘレニズム的完全化論ではなく、キリスト教的完全化論である。そこで語られる完全性は能力の卓越性・優秀性ではなく、イエス・キリストのような倫理的な完全性をめざしつづけることである。

もちろん、キリスト教的完全化論は、アウグスティヌスから、トマス・アクィナスをへて、ブルトマン、ティリッヒにいたるまで、じつにさまざまであり、その系譜をここでたどることはできない。しかし、否定できないことは、その言説が、基本的なところで、キリスト者に無限の倫理性に向かいたえず先進することを果敢に求めていることである。神学者のグレートハウスに従うなら、その大前提は、キリスト者は現在においては完全であるが、未来から見るなら不完全である、と考えることである。現在における完全性は、いわば相対的完全性であり、キリストを信仰することによって無限の倫理性へ向かう力が与えられた状態である。これに対し、未来における完全性は、いわば最終的完全性であり、ミレニアムの到来すなわちイエスの復活によって実現される神の如き倫理的な状態——「義しさ」(righteousness / iustitia) としての完全性——である (Greathouse 1979=1980: 46-7)。

キリスト教的完全化論は、容易に推測されるように、進歩主義時代のキーワードである「進歩」という概念と親和的である。進歩主義時代には、その名のとおり、進歩を主題とする本が数多く出版された。そうした本を踏まえつつ、一九二〇年に思想史学者のバリーは、進歩とは「文明化が望ましい方向に進行してきたこと、進行しつつあること、そして進行しようとしていることである」と述べている (Bury 1955 [1920]: 2)。何が「望ましい方向」なのか、議論はさまざまであったが、とにかく科学技術によって何らかの問題が解決されることは進歩である、と考えられた。歴史学者のウェルターは、二〇世紀前半において「進歩」という言葉が意味したことは「実効的な統治であり、科学的知識を現下の問題に適応し解決することであった」と述べている (Welter 1962: 228)。

事実、進歩主義時代は、キリスト教的完全化論が「文明化論」の一つとして喧伝された時代である。この時代の主要なキリスト教運動である「社会的福音運動」は、人間の完全性は達成されると繰りかえし論じた(第2章参照)。その影響力はすさまじく、経済学、歴史学、教育学、心理学においても、人間の完全性達成が論じられた。一例だけあげるなら、アマースト大学の歴史学者モース(Morse, Anson D. 1846-1916)は、一九一九年に出版した『文明化と世界大戦』という本のなかで、完全性達成が文明化の過程、すなわち進歩の過程である、と強調している。

「二〇世紀の子どもが継承するものの総体は、石器時代の子どもが継承するものの総体よりも、はるかによいものである。過程としてのそれ[＝文明化]は、人間と人類の完全性(perfection)[への過程]である。目的としてのそれは、人間が形成しうる最高の理想の現実化である。……文明化の終着点は……人間的な社会である。その社会を構成しているすべての集団は、オーガニック[＝有機体的]に編み合わされている。そしてその集団は、それぞれ他の集団に対して最高の奉仕を生みだし、その結果として、人類全体に対して人間性の完全なオーガニックな編成を生みだすのである」(Morse 1919: 3)。

進歩と優生学

しかし、進歩主義時代は、進歩の概念が、プロテスタント的「優生学」(eugenics)と結びついた時代でもある。優生学は、一八八六年代にイングランドのゴルトン(Galton, Francis 1822-1911)によって提唱され、またたくまにアメリカに広がった新奇な思想である。ゴルトンは、一九〇四年に『アメリカン・ジャーナル・オブ・ソシオロジー』の巻頭論文において、優生学を「人種の先天的な諸特質を改善する、あらゆる影響にかんする科学であり、その中心は究極的に優秀な状態へ人間を発達させることである」と定義している (Galton 1904: 1; cf. Rose 2006)。

優生学と進歩概念の結びつきは、進歩主義教育思想研究において、あまり論じられることがなく、いわば、忘れられた負の連関である。しかし、進歩主義期のアメリカにおいては、少なくない白人プロテスタントが、進歩とは身体的・精神的に優秀な人間が増加することである、と信じ、優秀性の有無・多寡によって生きるに値する人と生きるに値しない人を区別し、障害者の産児制限、人種改良のための婚姻制限などに象徴される優生学運動に積極的にかかわっていた。プロテスタント的優生学は、人を、その命の尊厳によってではなく、その能力の多寡によって意味づけ、その能力を、その人の意志によってではなく、その人の遺伝的形質によって決定していた。

宗教史学者のホールは、一八八〇年代から一九五〇年代の、アメリカにおける「産児育児」(parenthood) とプロテスタント的優生学の関係を詳細にあとづけ、次のように述べている。「進歩主義時代としばしば呼ばれる時代の人びとは、結婚、家事、公衆衛生、慈善活動が専門家によって制御されていくことを目撃した。幼児の養育、子どもの育成への関心が高まるとともに、未来の『人類』としての責任を担う準備がととのっている家族とその子どもは、何の疑いもなく厚遇されるようになった。……しかし、そうした厚遇の陰では、新しい区別が定着していった。それは、厚遇に値する生命と厚遇に値しない命という区別である。中産階級の進歩主義的プロテスタントの多くは、世界に希望をもたらす人と世界に危険・惨禍・脅威をもたらす人とを切り分ける線を引いた。こうした幸福な生と不幸な生との区別は、プロテスタント的優生学を駆動する主要な力であった」(Hall 2008: 219)。

進歩主義時代において語られた、キリスト教的完全性をめざす進歩概念と、優生学的な優秀性をめざす進歩概念とは、しばしばからまりあっていたが、この二つの進歩概念は、はっきりと区別されなければならない。生への態度が重要である理由は、この概念がこの二つの進歩概念を切り分ける分析概念でもあるからである。生の敢然肯定という態度は、能力的な優秀性をめざす進歩概念ではなく、倫理的な完全性をめざす進歩概念にのみ、見いだされるはずである。こうした、生への態度と、倫理的な完全性をめざす進歩と、能力的な優秀性をめざす進歩との、概念の関係については、終章であらためて議論することになるだろう。

思想の本態に迫るために

さて、以上の予備的な考察に暗示されているように、本書で進歩主義教育思想の生への態度に注目する理由は、二つある。一つは、進歩主義教育思想についてのこれまでの研究が、教育方法学的・教育政治学的な考察に傾斜し、存在論的に考察した研究がほとんど見あたらない、ということである。何が、進歩主義教育思想という果敢な挑戦を心情的に可能にしたのか、この問いに答えるためには、人間の生への態度を決定づける思考を明らかにする必要がある。もう一つは、進歩主義教育思想に見いだされる生への態度を敷衍することによって、日本社会に古くからある生への態度を相対化する契機が得られるからである。ここで問題となる日本的な生への態度は、終章であらためてふれるように、基本的に交換の思考にもとづく生への諦念である。それは、敢然として無窮に先進を意志し、一命を畏敬するという進歩主義教育思想の生への態度からは、遠くへだたった思考である。

進歩主義教育思想を支えているはずの生への態度は、そこでかかげられた社会性という理念と、密接に結びついているはずである。人が生きることは、いかに自立的・自律的・個人的であっても、かならず他者との関係性に支えられた営みだからである。本書の第二の課題は、この結びつき、すなわち、進歩主義教育思想の生への態度と社会性との結びつきを確認することである。理論と異なり、思想の価値は、その有用性ではなく、その誠実性である。思想の真価を問うことは、それが便益をもたらすかどうかを評価することではなく、それが人生によりそっているかどうかを論じることである。生きることを考え抜くことが、思想研究の本領である。

本書の構成

最後に、本書の構成についてふれておきたい。本書は、序章、終章をのぞき、大まかに二つに分かれている。一つは、第1章で、この章は、具体的な学校・地域をとりあげ、進歩主義教育思想の前景となる当時の社会情況・教育情況を示している。そうした情況は、いわば、進歩主義教育思想を立ちあがらせる社会的土壌、すなわち競争指向、メリトクラシー、機能的分化である。もう一つは、第2章以下の章で、これらの章は、具体的な進歩主義教育思想家をとりあげ、彼らの教育思想に見られる社会性概念(しばしばデモクラシー概念にひとしい)の特徴を確認するとともに、その概念を支えていた心情的契機(キリスト教的な信条にひとしい)の特徴を確認し、進歩主義教育思想が、つまるところ、機能的分化の有用性指向への対抗言説であったことを示す。

第1章「ハイスクールとメリトクラシー」では、メリトクラシー・競争を広めていく社会構造を具体的にとらえたい。とりあげるのは、アメリカの中産階級の子どもが多く在籍した公立ハイスクールのカリキュラム改革であり、一八七〇年代から九〇年代のアメリカにおいて、中産階級が学校におけるメリトクラシーを肯定的にとらえていたこと、資格取得競争の渦中に追い込まれていたことを示したい。そして、その中産階級のメリトクラシーへの肯定的態度、競争指向の背後には、企業資本主義、資格市場、過剰な個人主義の広がりなど、一言でいえば、機能的分化という社会構造に付帯する有用性指向があったことを示したい。

第2章「ブランボーの進歩主義教育改革」では、第1章でとりあげたカリキュラム改革の主導者であるブランボーに注目しつつ、彼の思想を支えていたものが、人間の力をたんなる労働力に還元する職業主義ではなく、かけがえのない子どもの生を畏敬し、その可能性を開花させようとするデモクラシー教育論であったことを示し、またそのデモクラシー教育論が、社会的福音思想に支えられていたことを示したい。そうすることは、進歩主義時代の教育改革が有用性と社会性の両方によって重層的に構成されていたことを示すことになるだろう。

第3章「カウンツの社会的再構築」では、著名な進歩主義教育思想家の一人であるカウンツをとりあげ、彼にとってデモクラシーがたんなる政治的な手続きではなく、ブランボーと同じように、理想的な社会性を意味していたことを示しつつ、なぜカウンツがデモクラシーを子どもたちに教化しなければならないと論じたのか、その思想的・心情的な理由を明らかにしたい。そうすることで、私たちは、彼の進歩主義教育思想が、プロテスタントの強靱な倫理的信念に支えられた闘争の思想であったことを示すことができるだろう。

第4章「デューイの社会性概念」では、もっとも著名な進歩主義教育思想家であるデューイをとりあげ、彼の教育思想を構成する二つの中核概念すなわち「成長」「デモクラシー」の内容を確認し、彼の教育思想にたいする「子ども中心主義」「目的をもたないプラグマティズム」という二つの誤解を退けるとともに、彼の教育思想を支えていた社会性概念とキリスト教的な生への態度を示したい。そうすることで、私たちは、デューイの進歩主義教育思想が、科学への信頼をにじませながらも、基本的に存在論的であったことを示唆できるだろう。

終章「**社会性概念の構成要件**」においては、これまでの議論をふりかえり、その含意（インプリケーション）について述べたい。まず、進歩主義教育思想の社会性概念を、現代の社会理論（ルーマン）のなかに位置づけ、その再概念化と若干の展開を試みたい。つづいて、その結果にもとづいて、旧来の「共同体」(community) の概念に変わるべき、新しい「社会的協同体」(social association) の概念を素描してみたい。なお、本書では、原則として、community に「共同体」の訳語をあて、association に「協同体」の訳語をあてている。

第1章に公立ハイスクールの教育論をもってきたことに違和感をもたれるかもしれない。直接、進歩主義教育思想に関係していないからである。しかし、公立ハイスクールのカリキュラム改革は、この時代の社会情況を把握するうえで、格好の現象である。また、これらの学校の教育形態、背景思想を語ることは、この時代の中産階級の生への態度を浮き彫りにすることにもなる。そして、のちに述べるように、こうした社会情況・教育形態・階級意識は、対抗的な意味で、進歩主義教育思想を生みだしていく主要なきっかけであった。

歴史的な社会情況を看過した教育思想研究は、教育哲学研究にはなりえても、教育思想史研究にはなりえないだろう。教育思想史研究は、教育思想を成り立たせている歴史的文脈を可能なかぎり厳密にとらえ、教育思想のもつ歴史性固有性を析出する営みである。本書で示したいことは、あくまで一定の時空間設定に内属する教育思想としての進歩主義教育思想の言説構造である。したがって、だれの進歩主義教育思想が優れているのか——たとえば、ブランボー、カウンツ、デューイの進歩主義教育思想のどれが優れているのか——といったことも、彼らの教育思想が現代の教育改革にどのように役立つのか、といったことも、本書の関心外である。

第1章　ハイスクールとメリトクラシー
――有用性の個人主義

Chapter 1　*Meritocracy of Public High School: Utility-oriented Individualism*

〈要約〉　メリトクラシーと競争は、進歩主義時代に大きな広がりを見せた機能的分化という社会構造の効果であった。そのことを示すために、本章では、フィラデルフィア（のセントラル・ハイスクール）を事例とし、進歩主義時代の公立ハイスクール・カリキュラムの階層的分化を可能にした前提条件を抽出する。一九世紀の公立ハイスクールのカリキュラムは、ほぼ単線型であると同時に実用的であり、明確に実業準備（商業資本家・事務職）を志向していた。また、その入学・卒業は、厳しいメリトクラシーに支配されており、またそのことによって、ハイスクール入学者の多くが中産階級であるという状態が正当化されていた。しかし、進歩主義時代になると、こうした伝統的ハイスクールは、大学進学準備、一般教育、職業教育という階層的に分化したカリキュラムを設営し始めた。こうしたカリキュラム変革の背景は、企業資本主義の成立、中産階級の肥大、そして資格社会の到来であったが、その前提は、メリトクラシー、有用性の個人主義という社会的言説の広がりであった。そうした言説の広がりは、この時代に社会の機能的分化が進行し、人を「能力」に縮減することが一般化したことを示している。

1　ハイスクール・カリキュラムの分化

経済的生産性のための教育

教育機会の拡大は、進歩主義時代の少し前あたりから、アメリカでたびたび論じられるようになった。もっとも早い教育機会の拡大論は、一八七四年に、アメリカ連邦政府の内務省教育局が出版した『アメリカ合衆国のための教育理論の提言』と題した報告書であろう。この報告書は、連邦政府の内務大臣に宛てて、当時のミシガン州デトロイト市の教育長ドーティ（Doty, Duane）とミズーリ州セントルイス市の教育長――のちのアメリカ連邦教育局長官――ハリス（Harris, William Torrey）が作成したものである。この報告書のなかで、ドーティとハリスは、産業のさらなる発展を教育機会の拡充によって達成するべきである、と論じている。

「近代産業組織は、無償の民衆教育がなければ、立ち行かない。無償の民衆教育は、小学校から大学にいたるまでの学校システムで行われるべきである。生産的産業の自由な発展がなければ、消費するよりも早く生活に必要な物資を買うための富を蓄えることもできないし、理論的な議論をしたり、公共的な問題を把握するために必要な知性を高めるための余暇の時間もなくなってしまうからである。そして、公共的な問題に個人が専心できないかぎり、デモクラシーは、たんなる名目にすぎないのである」(USOE 1874: 12)。

こうした議論は、はたして経済的生産性が高まるだけで公共的関心が高まるといえるのか、という疑問を生みだすであろうが、少なくとも、この時代の教育関係者が学校教育を経済的発展の主要な手段に位置づけていたことが、よくわかる議論である。この報告書が出版された一八七〇年代から、進歩主義時代末期の一九二〇年代にかけて、教育界でもっとも多くの注目を集め、そして数多く設立された学校は、公立ハイスクール（以下、たんに「ハイスクール」*と表記する）である。

＊ アメリカ最初のハイスクールは、一八二一年にボストンで設立された。「イングリッシュ・ハイスクール」と呼ばれたこのハイスクールは、大学進学準備機関であったアカデミーにかわる職業準備学校として設立された。年限は三年間で、古典語をのぞく実用的な教科中心のカリキュラムが設定されていた。その後、一八四〇年代あたりから、アメリカ各地の大都市で同じようなハイスクールが少しずつ設立されるようになったが、その多くは、女子とマイノリティの入学を認めていなかった。

ハイスクール設立運動

ハイスクールの数は、この進歩主義時代に飛躍的に増加した。一八七〇年に、アメリカ全体のハイスクール数は約三〇〇校であったが、一九〇〇年になると、その数は約六〇〇〇校にまでふくれあがった。一八七〇年から一九〇〇年の三〇年のあいだに、全国の人口は約四〇〇〇万人から約七六〇〇万人へと、ほぼ二倍になり、一七歳人口も毎年ほぼ六%ずつ増加したが、ハイスクール数は二〇倍に増加したのである。そして、一九〇〇年代以降も、ハイスクールの数は増大しつづけ、一九四〇年代に、ハイスクールは、国民の半数以上が卒業するポピュラーな学校になった（Angus/Mirel 1999）。アメリカ全体で一七歳人口のうちハイスクールを卒業する者の比率は、一八七〇年においてはたったの二・〇%であったが、その比率は、一八九〇年代以降、一〇年間で一・五倍から二倍というペースで急上昇し、一八八〇年に二・五％、一八九〇年に三・五％、一九〇〇年に六・四％、一九一〇年に八・八％、一九二〇年に一六・八％、一九三〇年に二九・〇％、そして一九四〇年に五〇・八％に達した（ちなみに、二〇〇〇年においても、アメリカのハイスクール卒業率は七〇・六％である）(USDE 2001: 122 [Table 101])。

しかし、進歩主義時代にハイスクールが次つぎに設立されていった理由は、政治家がハイスクール教育を充実させて、州や連邦の経済的生産性を高めようとしたからではなかった。ハイスクールの増設は、保護者が子どもにハイスクール教育を受けさせたいと強く願ったからであった。彼らが、ハイスクールの卒業資格、大学の卒業資格が、経済的地位を維持したり上昇させるするための主要な手段であると、信じるようになったからであった。

この時期にハイスクール教育を強く求めた保護者は、おもに中産階級に属していた。下層階級の親の多くは、子どもをハイスクールに進学させるだけの経済的な余裕をもっていなかった。また多くの上層階級（上層中産階級）の家族は、子どもを私立のボーディングスクールに進学させ、有名大学への進路を確保していた（Angus/Mirel 1999; Fenske 1997; 田中 1990）。ハイスクールの設立を求めた人びとは、子どもをボーディングスクールに通わせる余裕はなかったが、ハイスクールになら通わせる余裕はあった中産階級の親たちであった。

ハイスクールのカリキュラム問題

こうした中産階級の声に後押しされて設立されたハイスクールのカリキュラムは、当初、標準化されていなかった。ハイスクールのカリキュラムは、各地域の教育委員会がそれぞれ自由に決めていた。大学に入学できるかどうかは、一般に入学試験の成績によって決定されていたが、ＳＡＴはまだなく、試験の内容は各大学がそれぞれ自由に決めていた。つまり、ハイスクールのカリキュラムも、大学の入学試験内容も、ばらばらであった。

こうしたなか、全国規模の教育関係者の団体であるＮＥＡ（National Education Association 全国教育協会）は、ハイスクールのカリキュラムと大学の入学試験をリンクさせる方法を模索し始めた。そしてＮＥＡは、ハイスクールのカリキュラムを標準化することを目的に、一八九二年にハーヴァード大学の学長エリオットを座長に著名な大学教授、ハイスクール校長などの一〇名で構成された「一〇人委員会」（Committee of Ten）を立ち上げた。この一〇人委員会は、望ましい中等教育のカリキュラムのあり方について活発に議論し、一八九三年に『一〇人委員会報告』（*Report of The Committe of Ten*）という有名な報告書を作成した（Angus/Mirel 1999; Fenske 1997）*。

＊　一〇人の委員は以下のとおりである。エリオット（Charles W. Eliot ハーヴァード大学学長）、ハリス（William T. Harris アメリカ連邦教育局長）、アルジェル（James B. Angell ミシガン大学学長）、テトロウ（John Tetlow ボストン・ガールハイスクール、ガールラテンスクール校長）、テイラー（James M. Taylor ヴァッサー大学学長）、ロビンソン（Oscar D. Robinson アルバニー・ハイスクール校長）、ベイカー（James H. Baker コロラド大学学長）、ジェッス（Richard H. Jesse ミズーリ大学学長）、マッケンジー（James C. MaCkenzie ローレンスヴィル・スクール校長）、キング（Henry C. King オバーリン大学教授）。

この『一〇人委員会報告』は、ハイスクールの生徒がどのような将来計画をいだいていても、彼（女）らが大学入学試験を受けられるように、すべての生徒に厳格で単一の学術的カリキュラムを提供するべきである、と論じている。推奨されカリキュラムは、ラテン語、ギリシア語、英語、近代言語、数学、自然科学、博物誌、歴史（経済・統治）、地理という九つの「コア教科」をふくむ単一の「学習コース」（courses of study）であり、大学進学は、このコースを履修し充分な成績を示した生徒にのみ許される、と論じた（Angus/Mirel 1999; Fenske 1997）。

カリキュラムの多様化と階層的分化

しかし、一九〇〇年代のアメリカで実際に作られたハイスクールのカリキュラムの多くは、『一〇人委員会報告』が求めたものとちがい、複数に分化したカリキュラムであった。こうした教育界の趨勢には逆らえなかったのだろうか、NEAが一九一三年にあらたに設置した「中等教育再組織委員会」(Committee on the Reorganization of Secondary Education) は、一九一八年に『教育の主要原理』(*Cardinal Principles of Education*) という報告書を作成し、そのなかで、ハイスクールのカリキュラム分化を推奨している (Angus/Mirel 1999; Fenske 1997)。

中等教育再組織委員会が重視したことは、大学人の学術指向ではなく、若者の多様なニーズに真摯に応答することであった。同委員会は、学習者一人ひとりの能力・必要を優先してカリキュラムを作るべきであると考え、学術指向のコース、実務指向のコース、技術指向のコース、生活指向のコースなどを併設するべきだ、と説いた。また同委員会は、ガイダンスによって、生徒が自分の適性にふさわしいコースを選択できるように援助するべきであると主張し、そのガイダンスにおいては、IQテストを用いることを推奨した (Angus/Mirel 1999; Fenske 1997)。

しかし、この時代に設立された公立ハイスクールのカリキュラムの多くは、たんに分化しているだけでなく、社会階級と結びついて階層的分化していた。すなわち、中産階級の子弟のための大学進学コース、労働者階級の子弟のための職業コースという階層的に分化したコースが導入されていった。こうしたハイスクール・カリキュラムの階層的分化は、世代間にわたる階級再生産につながるという意味で、一九七〇年代以降、教育社会学において「トラッキング」(tracking) と呼ばれるようになった (Bowles/Gintis 1976; Alexander et al. 1977; Oakes 1985)。

カリキュラムの階層的分化が社会の階級再生産につながることについては、これまでさまざまに論じられてきた。主要なものは「リヴィジョニスト」(revisionist) と呼ばれた教育史研究者の社会統制論である。彼らの展開しているトラッキングの成立メカニズムは、およそ次のようにまとめることができる。①市場化・都市化・移民増大のなかで、労働者階級が増大し、比較的余裕のある彼(女)らの子どもが新しくハイスクールに進学するようになった。②進歩主義教育者が、従順な労働者を形成するために、職業教育中心のカリキュラムをハイスクールに導入することを積極的に支持した。③経済的に余裕のある中産階級の子どもが大学進学準備のカリキュラムを選択し、そこまでの余裕のない労働者階級の子どもが職業教育中心のカリキュラムを選択したために、カリキュラムの分化が階級分化(世代間の階級再生産)を生みだすことになった、と(Krug 1969; Spring 1972; Lazerson 1971; Bowles/Gintis 1976)。

メリトクラシーと個人主義

こうしたリヴィジョニストの説明理論は、首肯できるところもあるが、不分明なところも少なくない。しかし、その吟味については、次章でとりくむこととし、本章では、この時代にはじめて、ハイスクールが社会的地位上昇、社会的地位維持の手段と位置づけられたこと、いいかえるなら、ハイスクールの卒業資格が、現代社会に見られるように、個人の能力(メリット)を示す指標と位置づけられるようになったこと、それがカリキュラム改革の主要な動員であり、その背後に機能的分化の広がりがあったことを確認したい。

なるほど、アメリカのハイスクールは、すでに一八四〇年代から存在し、その数こそきわめて少なかったが、少なからず入学希望者を集めてきた。しかし、その理由は、ハイスクールを卒業することで大学に進学できるからではなく、そこを卒業することで実業人として成功する知識・技能・知己を得られるからであった。そもそも、一八九〇年代になるまで、多くの人びとにとっての「成功」は、フランクリンにとってそうだったように、医師・法律家などの専門職につくことではなく、商業・産業資本家となって大きな利益をあげることを意味していた。そして、ハイスクールも、現在のように、専門職養成機関としての大学に進学するための準備機関ではなく、「人民の大学」(people's college) と呼ばれていたように、むしろ大学と肩を並べる学校だったのである。

本章では、まず、進歩主義時代のアメリカ社会の情況を確認したい。主題は、企業資本主義の成立、中産階級の肥大、そして資格社会の到来である。次に、一八四〇年代からあるハイスクールを事例としてとりあげ、進歩主義時代におけるカリキュラム改革の経緯を具体的にあとづけたい。焦点は、中産階級のニーズである。そして、この中産階級のニーズが埋め込まれていた社会的言説を確認したい。

ここで事例とするハイスクールは、ペンシルベニア州にあるフィラデルフィア・セントラル・ハイスクール (Philadelphia Central High School 以下「セントラル・スクール」と表記する) である。同校は、一八三八年一〇月に開校し、その後五〇年間にわたり、市内唯一の男子の公立ハイスクールであった。同校は、ボストンのイングリッシュ・ハイスクールと同じように、アメリカにおいてもっとも早く設立されたハイスクールであり、「模範的な学校」としてもよく知られていた (市村 1982: 511 [同校についての研究として、Labaree (1983, 1988) がある*])。

* 本章のセントラル・ハイスクールにかんする記述は、このラバリーの研究に大きく負っている。

2　中産階級の家族戦略と資格社会

商品市場の普遍化

まず、一九世紀後期から二〇世紀初期にかけての、アメリカの経済的な生活情況を確認しよう。いささかラフな要約が許されるなら、一八五〇年代までのアメリカ東部諸州において、商品は職人の手作りか、少量の輸入品であった。職人たちは、それぞれ皮革・農具・食器・衣服などの商品を生産し、地元で自分で販売していた。小売業者は、そうした商品が作られていない場合、他の地域や海外から買い入れ、販売していた。一八九〇年代においても、都市部の富裕者の過半数は、まだ工場を所有する資本家、総合的な商業資本家ではなく、小売業者、事務職者であり、資本蓄積の方法は、工場生産の技術革新ではなく、むしろ商取引の拡大であった。

いいかえるなら、アメリカの商品市場は、一八九〇年代においても生活全域を覆う「普遍的市場」ではなく「局在的市場」にとどまっていた。都市の住民ですら、しばしば自分の食物を自分で作っていた。都市の家庭の多くは、鶏、兎、ときに豚、山羊、さらに雌牛、雄牛すら、自宅で飼っていた。そして、庭の一角では、野菜や果実を栽培していた。たとえば、ある著述家は、一九〇四年のペンシルベニアの炭坑都市について、次のように記している。

「……フィラデルフィア・アンド・レディング採炭製鉄会社の炭鉱労働者が耕作している多くの小農園をながめることは、興味深い。もしも彼（女）らが耕作している小さな農園と大きな菜園が存在しなかったら、一九〇二年のストライキで数百人の炭鉱労働者の家族は、闘争を継続できなかっただろう」と（Braverman

1974=1978: 298)。

しかし、一九〇〇年代になると、様相が大きく変わり始めた。すでに一八六〇年代あたりから、職人は、しだいに工場を所有する資本家のもとで資本家に管理されながら働く賃金労働者（プロレタリアート）へと変わり始めていたが、その数は一九〇〇年代を境に激増していった。たとえば、労働者全体に占める賃金労働者の比率は、一八七〇年に五二％に増加し、一九一〇年に七二％に達している。その背景は、貨幣量が飛躍的に増大し、金融業が拡大発展するとともに、そうした金融資本を後ろ盾にした小売業者が、他の小売業者を吸収ないし駆逐し、多くの従業員を雇用する総合的な商業資本家へと拡大発展していったことである（Gordon et al. 1982: 79）。

これに連動し、一九〇〇年代に、アメリカの商品市場も急速に拡大していった。たとえば、一八九〇年代においては、家庭で購入された食品の大部分は、収穫されたままであり、缶詰にも容器詰めにもなっていない未加工品であった。たとえば、ジャム、漬けもの、ゼリーは、工場の労働者ではなく、家庭の主婦によって作られた。パンも、たいていは、家庭の台所で焼かれた。一八八九年から一八九二年にかけて、連邦労働統計局の調査した七〇〇〇世帯の労働者の家庭のうち、いくらかでもパンを買っていた家庭は、全体の半数以下であり、ほとんどすべての家庭が、パンを自宅で焼くために、大量の小麦粉を買っていた。一八九九年にパン会社が消費した小麦粉の比率は、全体の一四％にすぎなかった。しかし、一九三九年になると、その比率は全体の四〇％に達した。また、一八七九年にほとんどすべてのバターは、企業によってではなく、個人の農場で作られていたが、二〇年後の一八九九年になると、個人の農場で作られるバターは、全体の七五％に満たなくなり、一九三九年にその比率は、全体の二〇％にまで減った（Braverman 1974=1978: 299-300）。

企業資本主義の到来

一九〇〇年代に始まった市場の普遍化は、「企業資本主義」（corpopate capitalism）の到来と一体であった。企業資本主義は、鉄鋼業のカーネギー、金融のモルガン、煙草産業のデューク、石油産業のロックフェラー、火薬製造のデュポンに象徴されるような大企業が、その巨大資本にものをいわせ、ローカルな小さな資本家を圧倒・吸収し、経済活動の中核を担うことである。一九二〇年になると、巨大企業の工場では、二万人から六万人の労働者が働くようになり（Gordon et al. 1982: 133）、製造業・金融業における上位五％の大企業が、企業所得総額の八〇％を占めるようになった（Collins 1979=1984: 108）。こうした企業資本主義の到来は、経済学者のバラン／スウィージーの言葉を借りるなら、市場から自由競争を奪いとる「独占資本」の出現を意味していた（Baran/Sweezy 1966=1967）。

こうした企業資本主義の到来とともに、市場競争は、広告のような「記号価値」に左右されるようになった。一八八〇年代あたりまでは、小売業者は、広告にたいした購買促進効果を期待していなかった。商品の広告はあることはあったが、小売業者自身が作ったものであり、トレードマークによるブランド構築を意図したものでもなければ、消費者の購買意欲をかきたてようとしたものでもなかった。広告の機能は、商品の存在をたんに告知するものにとどまっていた。しかし、一八九〇年代に入ると、広告は、商品ブランドを構築し、消費者の購買意欲を刺激するものとして、注目を集めるようになり、広告支出額の上昇が示しているように、商品の競争力を形成する要となり始めた。巨大企業は、その資本力にものをいわせ、大量の広告を念入りに制作するようになった。アメリカ全体で一八六七年の広告支出額は、五五〇〇万ドルであったが、一八九〇年にその額は、三億六〇〇〇万ドルにふくれあがり、一九二九年には、三四億二六〇〇万ドルに達した（Baran/Sweezy 1966=1967: 146）。

進歩主義時代は、いわば、品質よりも資本力・広告力がはじめて市場競争を制するようになった時代である。一八八八年に創刊され、二〇世紀初期のアメリカ広告界を代表していた業界誌『プリンターズインク』（*Printers' Ink*）は、一九〇五年に、広告のもつ威力について、次のように述べている。

「現在は商標［トレードマーク］の黄金時代である。すなわち、商標によって、確かな製品のメーカーならどこでも、数年のうちに、今までに知られているあるゆる製品よりも多くの需要、場合によっては、独占的といえるような需要を生みだすことができる時代である。……いたるところに、広告で優位に立つ機会がある。つまり、織物や服飾品や食品で、素性がわからず、有名でもなく、定評もないような品物が、全国的な広告を背景として、標準的な銘柄品にとってかわる機会がある。広告それ自体が、公衆に対する価値の保証となったからである」（Baran/Sweezy 1966=1967: 147 から引用［訳文変更］）。

広告の登場は、アメリカ社会の熟練技術指向を弱め、かわりに有用性指向をいっそう高めていった。手作りの一品ではなく、大量の同一品質の商品が、宣伝広告によって大規模に販売されるようになった。多くの広告業者が集うようになったニューヨークのマディソン・アヴェニューは、このころから広告業界の代名詞となった。

都市化

企業資本主義に少し先立ち、産業化とともに広まった現象が、都市化である。さきほど述べたように、一八七〇年から一九〇〇年にかけて、アメリカ全土の人口は、約四〇〇〇万人から七六〇〇万人へと、ほぼ倍増したが、人口一〇人以上の都市の人口増加は、その勢いをはるかにうわまわっていた。一八七〇年のアメリカ全体の都市の人口は、約一〇〇〇万人であったが、一九〇〇年にその数は約三〇〇〇万にへと、三倍に増えた。たとえば、進歩主義教育改革の地として有名なシカゴは、一八六〇年代には、たんなる村にすぎなかったが、一九一〇年には、人口二二〇〇万人を有する大都市へと変貌していた (Putnam 2000: 378)。

こうした都市化の拡大は、移民の増加と一体であった。一八七〇年から一九〇〇年の三〇年間に、アメリカには、約一二〇〇万人が海外から移住してきた。この結果、一八七〇年において全産業の労働者のうち、外国生まれは三分の一であったが、一九〇〇年にその比率は二分の一に増大した。そして、つづく一九〇〇年から一九一五年の間に、一三〇〇万人以上が海外から移住してきた。たとえば、一九一〇年のニューヨーク市の場合、全人口のうち、外国生まれおよび外国生まれの子どもは、全体の四分の三を占めていた (Putnam 2000: 378)。

この時代の都市は、一方で、ハルハウスを設営したアダムズが「言葉にできない」と慨嘆したような、悲惨なスラムを生みだしつつも、他方で、輝かしい成功の機会に満ちているようにも見えた。都会に行き、うまくやれば、巨万の富を得られるかもしれない、という期待が、人びとのあいだで大きくふくらみ、道徳や倫理を無視して利益追求に走るという傾向を生みだした。しばしば引用される哲学者のジェームス (James, William 1842-1910) の次の言葉は、一九〇六年九月に小説家のウェルズ (Wells, Herbert George 1866-1946) に宛てた手紙の一節である。「[このところの］道徳の弛みは、卑俗な大成功（bitch-goddess SUCCESS）に対する絶大な崇拝が生みだしたものである。この、「成功」という言葉に卑しい金銭という意味をともなわせることは、全国的に広がっている［現代の］病いである」（James 1920: Letter to H. G. Wells, 1906, 9. 11; cf. Putnam 2000: 372）。

中産階級の登場と格差の拡大

こうした企業資本主義の到来、成功への欲望の沸騰のなか、都市に住む「中産階級」（middle classes）は、少なからず社会的下降移動のリスクを感じるようになった。すなわち、自分は、急速に拡大する巨大企業資本へ吸収され、労働過程への統制力をもたない単純な賃労働者に成り下がるのではないか、と危惧するようになった。巨大な資産をもち、ほとんど不労所得で生活できる人びと、すなわち「上層階級」（upper class）とは異なり、中産階級の多くは、不労所得を得られるだけの資本をもたない実業人・専門職だったからである。

確認しておくなら、「中産階級」と呼ばれた人びとがアメリカ東部に登場した時期は、およそ一八五〇年代である。一九世紀におけるアメリカ中産階級にかんするこれまでの歴史学の論議は、

中産階級（Non manual Occupation）	労働者階級（Manual Occupation）
上層A（Proprietor）	上層（Master/Journeyman）
Merchant/Agent	Craftsman)
Manufacturer/Master	Saddler
上層B（Professional）	Tanner/Currier
Medical Doctor/Phisician	Bridkmaker
Attorney/Lawer	Cabinet Maker/Carpenter
Teacher	Shoemaker
[Goverment Employee]	Machinest
下層（Clerical Worker）	Tobacconist
Clerk	Printer
Book-keeper/stenographer	下層（Unskilled Labor）
Accountant	Day Labor
Store-Keeper/cashier	Boatman/Mariner/Iron Worker

〈図1〉アメリカの中産階級・労働階級の構成

＊ U.S.Bureau of Census. (1850-1900) *Population Reports.* Washigton, DC: Goverment Printing Office; *Central High School Student Records; Philadelphia City Directories.* この上層・下層の言葉は、資産とステータスの順位を意味している。なお、ここでは、資本所有者を中産階級のなかにふくめている。

いささか錯綜しているが、大まかにいえば、ほぼ一八五〇年代に「ホワイト・カラー層」あるいは「中産階級」と呼ばれる階級が、ボストン、ニューヨーク、フィラデルフィアといった東部の大都市に出現したといえるだろう（Pessen 1971; Blumin 1985）。こまかくいえば、中産階級は、資本家・経営者・専門職などからなる「上層中産階級」と、事務職・会計職・販売職などについていた事務労働者からなる「下層中産階級」に分けられる（Katz 1982: 18-46）。資本家は中産階級ではないという考え方もあるが、一般にアメリカでは、資本家であっても、充分に豊かでなければ、中産階級に位置づけられている。進歩主義時代にもっとも増えたのが、このうちの下層中産階級であり、一八七〇年から一九一〇年の三〇年間に、その数は八倍（約七五万六〇〇〇人から約五六〇万九〇〇〇人へ）にふくれあがった。人口増加率と女性労働力の増加分を考慮しても、実質的に三倍以上増加しているといえるだろう（Hofstadter 1955b=1967: 192; cf. Gilkeson 1986: 7; Edwards 1943: 104-29; Blumin 1985: 313）。

こうした階級の違いは、基本的に所得の違いであった。上層階級は、およそ年収三五〇〇ドル以上の巨大資本家・資産家の世帯であり、中産階級は、年収九〇〇ドルから三五〇〇ドル未満の世帯である。たとえば、一八九〇年の医師・弁護士の平均年収は一二〇〇ドルであった（ちなみに、一八九〇年の牧師の平均年収はわからないが、一九二〇年の牧師の平均年収は、九三七ドルであった（Hofstadter 1955b: 151=1967: 139））。労働者階級は、年収九〇〇ドル未満の世帯であった。たとえば、三〇歳代後半の労働者階級の平均年収は、およそ五〇〇ドルから六〇〇ドルであった。この時代、一般の労働者家庭がふつうの生活を送るためには、年収八〇〇ドルが必要であった。その額でようやく子どもをふつうの学校に通わせ、妻を専業主婦にとどめことができた。月額にすると、六六ドルである。

一九〇二年にペンシルベニアの三五歳の白人の炭坑夫が、次のように自分の家計を説明している。

「私の賃金は……平均して月額五八ドル九四セントです。家賃が月に一〇ドル五〇セントです。光熱費が月に四ドルです。……バターが一ポンドあたり三二セントか、三六セントか、三八セントです。卵が一ダースで三二セント、ハムが一ポンドあたり一二セントから一六セントです。……ともかく、毎月のお店への支払額は二二ドルになります。肉屋には五ドル取られます。一カ月生きていくのに、全部で四二ドル四〇セントかかります」(Painter 2008: xviii から引用)。

これで衣服を何枚か買えば、ほとんどお金は残らないだろう。

階級間で所得格差、資産格差が歴然としてきた時代も、この時代である。一八九〇年の所得分布を見ると、上層階級のなかでももっとも裕福な層である年収五万ドル以上の世帯は、アメリカ全体で一二万五〇〇〇世帯で、一世帯の平均資産額は二六万四〇〇〇ドルである。ふつうの上層階級にあたる年収五万ドル未満で五〇〇〇ドル以上の世帯は、その一〇倍の一三七万五〇〇〇世帯で、一世帯の平均資産額は一万六〇〇〇ドルである。およそ中産階級から上層労働者階級にあたる年収五〇〇〇ドル未満で五〇〇ドル以上の世帯は、年収五万ドル以上の世帯の四五倍の五五〇万世帯で、各世帯の平均資産額は一五〇〇ドルである。そして、下層労働者階級にあたる年収五〇〇ドル未満の世帯も、およそ五五〇万世帯で、各世帯の平均資産額は一五〇ドルである(Painter 2008: xv, xix, xxii)*。

＊ 貧困が労働争議(ストライキ、ロックアウトなど)を生んだのも、この時代である。一八七〇年代のアメリカに労働争議は一回も発生しなかったが、一八八一年から一八九四年のあいだに、一四万件の労働争議が発生し、四〇〇万人の労働者がこの運動にかかわっ

た（Hopkins 1967=1979: 97）。

中産階級の家族戦略

中産階級、とりわけ上層中産階級にとって重要なことは、子どもを家庭教育をつうじて、少なくとも父親と同じ階級に位置づけることであった。一九八〇年代のアメリカの歴史研究・社会史研究は、この家庭教育による階級再生産の方策を「中産階級の家族戦略」(family strategy) と呼んでいる。すなわち、およそ一八五〇年代以降、アメリカの中産階級は、中産階級特有の価値観と生活習慣をつうじて、自分の子どもを中産階級にふさわしい勤勉で堅実な「人格」に形成するために、独自の家庭教育を確立していった（Blumin 1985; Ryan 1981）。

たとえば、社会史研究者のライアンは、この「中産階級の家族戦略」を次の三点にまとめている。①「家族構成を小規模に抑え、少数（二、三人）の子どもに、家計収入を集中的に投資し、充分な教育費用を捻出するとともに、情緒的配慮を行った」こと。②また、家庭のなかで、中産階級の成功・尊敬にとって本質的な人格の形成を目的とした社会化を行ったこと。それは、攻撃的な「企業家精神」（アントレプレナー精神）の形成ではなく、「好奇心にあふれ、慎重かつ堅実な実業人のそれ」である。③そして、中産階級は、子どもに他の階級の子どもに比較して、より長い学校教育（つまりハイスクール教育）を受けさせ、拡大しつつあったホワイト・カラー労働市場でみずからの地位を確保できる資格を取得させたことである（Ryan 1981: 15, 184-5）。

こうした「中産階級の家族戦略」は、中産階級の家族が世代間の階級再生産を行ううえで有効な方法であると同時に、労働者階級の家族にとっても、もちろん限界はあったにしても、利用可能な方法だったと考えられる。ライアンも、「先見の明のある労働階級の夫婦」が中産階級と同じような家庭教育を行い、子どもを中産階級に位置づけることに成功した可能性を否定しない、と述べている。しかし、そうした努力は、中産階級と労働者階級の格差を縮小しなかっただろう。というのも、傍証的な言い方であるが、当時の労働階級の家族は、一般に世帯主の乏しい収入を補助するために、子供の就業による付加的収入を必要としていたために、ハイスクール教育を受ける機会を著しく制限せざるをえなかったからである。たとえば、一八八〇年において、フィラデルフィアの白人労働者階級の子ども（男子・一一歳以上で二〇歳未満）の六九・三％は、何らかの職についていた（Haines 1981: 240-76）。

中産階級とハイスクールの結びつき

ここで、次節でとりあげるフィラデルフィアのハイスクールと中産階級の関係を確認しておこう。第一に、一九世紀全体をつうじて、フィラデルフィアのハイスクールの大半の生徒の出身階級は中産階級であったことであり、第二に、一九世紀末期に、上層中産階級と下層中産階級のハイスクール在籍率が変化し始めたことである。

フィラデルフィアのセントラル・ハイスクールと中産階級の結びつきは、〈表1〉に見られるように明らかである。上層中産階級と下層中産階級の子どもが同ハイスクールの生徒を占める比率は、平均して六七・九％であるが*、上層労働階級と下層労働階級の子どもが占める比率は、平均して三一・一％である。ほぼ、二対一の割合である。また、これらの比率をフィラデルフィアの階級分布比率（〈表2〉）で除した代表率（〈表3〉）から明らかなように、労働階級の代表率にほとんど変化はないが、進歩主義時代に、下層中産階級の代表率は二・七（一八八〇年）から一・〇（一九二〇年）へと大きく減少し、上層中産階級の代表率は二・五（一八七〇年）から三・四（一九一〇年）へと大きく上昇している（Labaree 1983, 1988）。つまり、生徒の出身階級は上層中産階級に偏り始めた。

＊　ハイスクールの生徒の出身階級が中産階級である比率は、マサチューセッツ州のサマーヴィル・ハイスクールの場合は九八％（Katz 1968: 271）、ミズーリ州のセントルイス・ハイスクールの場合は七三％（Troen 1975: 232）、ロードアイランド州のプロビデンス・ハイスクールの場合は三六～六一％（Perlmann 1980: 102）である。地域的なばらつきがあるが、およそハイスクールの生徒の多くは中産階級であったといえよう。

一九世紀のハイスクールが上層中産階級と密接に結びついていたことは、これまでの通説を再確認させるものであるが、進歩主義時代における上層中産階級と下層中産階級のハイスクール在籍率が変化したことは、これまでほとんど注目されたことがなかった。この事実を解釈するために、まず二つのことに留意したい。一つは、上層中産階

〈表1〉セントラル・ハイスクールの生徒の出身階級分布：1840～1920年（%）

	1840	1850	1860	1870	1880	1890	1900	1910	1920
上層中産階級	42.0	60.0	44.1	53.2	45.6	51.9	45.8	51.0	43.9
下層中産階級	12.7	12.7	18.1	14.1	27.2	20.2	24.8	23.5	20.0
上層労働階級	40.4	21.8	29.9	20.7	23.7	24.8	24.0	20.1	25.2
下層労働階級	4.9	5.5	7.9	12.0	3.5	3.1	5.4	5.4	10.9

〈表2〉フィラデルフィアの職業別階級構成：1850～1920年（%）

	1840	1850	1860	1870	1880	1890	1900	1910	1920
上層中産階級	----	22.1	27.5	21.3	17.5	----	15.7	14.8	15.1
下層中産階級	----	6.7	7.5	8.8	10.1	----	16.5	17.8	20.4
上層労働階級	----	27.5	29.9	25.9	33.9	----	26.7	20.0	21.2
下層労働階級	----	27.6	28.9	31.2	35.4	----	33.0	48.1	37.8

〈表3〉セントラル・ハイスクールの生徒の階級代表率：1840～1920年（%）

	1840	1850	1860	1870	1880	1890	1900	1910	1920
上層中産階級	----	2.7	1.6	2.5	2.6	----	2.9	3.4	2.9
下層中産階級	----	1.9	2.4	1.6	2.7	----	1.5	1.3	1.0
上層労働階級	----	0.8	1.0	0.8	0.7	----	0.9	1.0	1.2
下層労働階級	----	0.2	0.3	0.4	0.1	----	0.2	0.1	0.3

＊　これらの表は、ラバリーの研究（Labaree 1983, 1988）にほぼ依拠している。

級の多くは資産の所有者であるが、下層中産階級は被雇用者でたいした資産をもたないこと、すなわち直接に子どもに階級的位置を伝達するすべをもたないことである。もう一つは、この進歩主義時代がカリキュラムのトラッキングの成立した時期であり、多くのハイスクールが明確に大学進学準備の性格を強めた時期であることである。

つづいて、こうしたカリキュラムの変革を生みだした全体社会レベルの背景について、二つ確認しておこう。一つは大学進学者の増大であり、もう一つが専門職（Professionals）の確立である。

大学進学の増大、専門職の確立

アメリカの一九世紀末期は、若者たちが大学に殺到し始めた時期であった。主要な三七大学・カレッジの卒業者数は、一八四〇〜一八六〇年にかけて、七五九人から九二八人に増加したにすぎなかったが、一八七〇年から一八九〇年にかけては、その数は一一五五人から二五二九人へと急激に増大した。比率からすれば、一八七〇年に青年期（一八〜二一歳）の六〇人に一人が高等教育機関に在籍していたが、一九〇〇年にその数は二五人に一人となった（Bledstein 1977: 240-1）。また、この時代に、社会的地位と大学・カレッジとの関係も、以前にまして緊密になった。たとえば、一八四〇〜一八六〇年にかけて、『アメリカ名士録』（*Dictionary of American Biography*）の掲載者のカレッジ卒業者の比率は、ほぼ三人に一人であったが、その比率は、一八八〇年に約二人に一人へ上昇し、さらに一九〇〇年に三人に二人へ上昇した（Bledstein 1978: 278-9）。

一九世紀末期はまた、これまで医師・法律家・聖職者にかぎられていた専門職が、さまざまな近代科学の領域へと拡大した時代であった。たとえば、歯科医師、獣医師、薬剤師、そして部分的ながら、教師が、専門職と見なさ

れるようになった (Wilensky 1964: 143)。教師についていえば、一八八〇年代まで、ノーマルスクール (師範学校) とハイスクールは同格の学校だったが、一八九〇年代になると、ハイスクール卒業資格は、ノーマルスクール入学資格の一つに変わった。一八九五年において、入学資格にハイスクール卒業資格を求めたノーマルスクールは全体の一四%だったが、一九〇五年に、その比率は二二%にあがり、一九三〇年代にほぼ一〇〇%になった。さらに、一九二〇年代から三〇年代にかけて、教員養成の場は、これまでの二年制のノーマルスクールから四年制の大学教育学部 (ティーチャーズ・カレッジ) に移り始めた。一九二〇年に、アメリカ全体の州立ノーマルスクール数は一三七校、大学教育学部数は四六校であったが、一九三三年に、州立ノーマルスクール数は三〇校に減り、大学教育学部数は一四六校に増えている (Spring 2001: 309)。

これにともない、「プロフェッショナル・スクール」(professional school 専門職養成修士課程) も、次つぎに設立されるようになった。〈表4〉に示したように、一九世紀末期に、神学をのぞくプロフェッショナル・スクール数は、人口の増加率を越えて急激に増大した。全体として見ても、一九世紀初期と末期とをくらべると、その数は八倍以上に増加している。またこの間に、専門職教育を修了するために、依然にまして長期の教育を受けることが求められるようになった。一八九九年に大半のロースクールは三年間のカリキュラムを設定していたが、一八七五年の段階で三年

〈表4〉アメリカのプロフェッショナル・スクール数の変化

	1801〜25年	1826〜50年	1851〜75年	1876〜1900年
神　学	18	25	72	47
法　学	3	7	24	50
医　学	12	22	33	86
歯　学	0	2	7	47
薬　学	2	4	8	38
獣医学	0	0	2	15
計	35	60	146	283

＊　ブレッドスタインの研究 (Bledstein 1978: 84) から引用。

間のカリキュラムを設定していたロースクールは一校のみであった。また一八九九年にほとんどのメディカル・スクールは四年間のカリキュラムを設定していたが、一八七五年の段階では大半のメディカル・スクールが二年コースのカリキュラムを設定していた（Bledstein 1978: 84-85）。

資格社会の到来

こうした大学進学者の増大、専門職教育の拡充といった変化の要因は、労働市場における専門職数の拡大と同時に、ある通念（社会的言説）の成立に求められる。すなわち、〈大学卒業資格が若者の社会的上昇移動の手段である〉という考え方が流布したことに求められる。この時代になってはじめて、「大学を卒業しなければ、尊敬される地位にはつけない」「大学の卒業資格こそが、若者の未来を開く」といった言葉が、しばしば口にされるようになった（Veysey 1965; Rudolph 1977）。こうした事態は、社会学者のコリンズが「資格社会」（credential society）と名づけた時代が、萌芽的ながら、始まったことを示している（Collins 1979=1984）。

むろん、「大学を卒業しなければ、尊敬される地位にはつけない」といった言葉はしばしば、入学者を確保しようとした大学人のレトリックであった。多くの大学学長の発言には、明らかな「自己利害の擁護策」と解釈されるべきものがあった*。しかし、このレトリックに従うかたちで、中産階級の人びとが教育投資のために特異な家族戦略を実行してきたことも、また事実である。この時代の中産階級の家族戦略は、「大学卒業資格＝社会的上昇移動の手段」という通念と大学教育の変化とが因果的に連接していることの証しといえるだろう。

＊　たとえば、ハーヴァード大学学長エリオット（Eliot, Charles William）のレトリックに満ちた表現については、バルツェルの『プロテス

タントの体制派』の第六章を参照されたい（Baltzell 1964）。

フィラデルフィアの場合、中小規模の（商業）資本家を中心とする上層中産階級は、すでに独自の中産階級文化を形成していたにもかかわらず、それを子どもにつたえる手段としてハイスクールの卒業資格だけでは頼りにならないのではないか、という強い危惧をいだいていた。しかし、すべての中産階級が、大学教育を子どもに受けさせる経済的余裕をもっていたわけではなかった。知的労働を行いながらも生産手段を所有していなかった下層中産階級の場合、子どもの大学進学を可能とするような経済的余力はなかったからである（Noble 1977）。

したがって、先に示した数量的変化は、こうした中産階級の二つの危機対応策として、次のように解釈できるだろう。すなわち、財政的な余裕がありながらも、これまでの中小規模の経営に不安をいだいた上層中産階級は、自分の子どものために、大学進学＝専門職へのパスポートを求める一方で、下層中産階級は、自分の子どものために、ただちに「手に職のつく」職業ハイスクール（コース）への進学を求めた、と。ちなみに、一九世紀のフィラデルフィアにおいては、上層中産階級と下層中産階級との所得格差は、およそ二対一から八対一である。

このような全体社会的レベルの背景は、ハイスクールのカリキュラムの変革プロセスを追ううえで、重要なポイントである。ハイスクールのおもな「顧客」であった上層中産階級の求める資格が、ハイスクールの卒業資格から大学のそれへと変化し、これに敏感に対応して、ハイスクールと大学とのアーティキュレーションが成立した、と予想されるからである。以下、この全体社会的レベルの背景と不可分のかたちで、ハイスクールのカリキュラムが変化する過程を、具体的にたどってみよう。

3　ハイスクールのカリキュラム変革

実用教育と職業教育の区別

まず、ここで事例とするセントラル・ハイスクールの設立背景についてふれておきたい。セントラル・ハイスクールの設置は、一八三四年に定められたペンシルベニア州のコモンスクール法が一八三六年に改正されたときに法制化された。フィラデルフィアの公立学校システムは、一八三四年のコモンスクール法によって、プライマリースクール、グラマースクールの二段階に整理され、また、一八三六年の改正によって、古典教育を提供するセントラル・ハイスクールがその上位に加わることになり、公立学校システムは、大学進学を求める富裕な上層階級にとっても、魅力的な存在となった(Edmonds 1902: 33; Wickersham 1886: 287)。実際、ハイスクールを設置しようと意図した理由は、公立学校への富裕な上層階級の支持を獲得し、設立まもない公立学校を正当化することにあった。

このハイスクール設置と同時に、フィラデルフィア市教育委員会は、「ハイスクール・カリキュラム策定委員会」(のちの「ハイスクール部会」)を設置した。開校当初、同委員会が設定したカリキュラムは、ラテン語、ギリシア語を重視したラテン・グラマースクール型のカリキュラムであったが、このカリキュラムは、市民から「役にたたない」という不評を買った。一八三八年、困惑した同委員会は、ペンシルベニア大学教授ベイチ (Bache, Alexander Dallas 1806-67)*に助言を求めると同時に、彼に、同校の校長になってほしい、と依頼した。この依頼を受諾したベイチは、一八三九年に、フィラデルフィア市教育委員会のハイスクール部会に「祖父フランクリンが提案し、実科学校の設立を導いた理念に基礎づけられた」改革案を提出した。この改革案は、そののち約五〇年間にわたり、同校のカリキュラムを方向づけるものとなった (Edmonds 1902: 144-55; PBCP 1843: 56)。

＊ アレクサンダー・D・ベイチは、フランクリン (Franklin, Benjamin 1706-1790) の曾孫として、一八〇六年にペンシルベニア州フィラデルフィアに生まれた。ミリタリー・アカデミー・ウエスト・ポイントを卒業し、同アカデミーでしばらく助教授をつとめたのち、ペンシルベニア大学の自然哲学・化学の教授となった。一八三九年から一八四二年の四年間は、フィラデルフィア・セントラル・ハイスクールの校長職とペンシルベニア大学の教授職を兼務した。

ベイチは、その改革案において、セントラル・ハイスクールの教育目的を次の三つに定めている。「第一に、他の公立学校よりも高度な基礎教育を提供すること、第二に、商業・工業・有用な技能のための準備教育を完備すること、第三に、……上記の二つの目的の補完として、公立学校からカレッジに進学する若者のために古典プログラムを準備すること」である。そして、それぞれの目的を達成するために、ベイチは三つのコースを設営することを提案した。「イングリッシュコース」「主要コース」「古典コース」である (Bache 1839: 52)。

これらのコースは同等に扱われたわけではなく、「主要」という名称からも推測できるように、主要コースが同ハイスクールの中心に位置づけられていた。主要コースは、英文学・英国史、フランス語、道徳、数学・自然哲学・地理学、数学、自然史、書法・線描によって構成され、古典コースは、主要コースにおけるフランス語にかえて、古典語が設置され、イングリッシュコースは、同じくフランス語にかえて、英語特別研究・数学特別研究 (残念ながら、これら教科の内容はわからない) が設置されていた。

しかし、商業・工業・有用な技能のためのコースである主要コースに、職業科目はまったくふくまれていなかった (PBPE 1843: 25)。フランクリンを曾祖父とするベイチは、自然科学者であると同時に、自然科学の教育研究機関の設立者であり、自然科学的な思考力の開発、商業生活・実業生活への応用を望んでいた。しかし、ベイチにとって「実用教育」は、直接的に職業技能を習得させる教育ではなく、「実業家生活を志す者へのリベラル教育の提供」であった。彼の教育論における「実用性」(practical) は、「(生徒が) 技術開発と産業発展への社会的要請に応え、社会的エンジニアとして、現実生活の諸問題にたいして効果的な解答を引きだすこと」を意味していた (Labaree 1983: 75-6)。それは、いいかえるなら、実業家として、どのような社会情況にも対処できる問題解決力を意味していた。セントラル・ハイスクールのカリキュラムに、直接的な職業訓練科目がふくまれていない理由は、ベイチが職業教育と実用教育とをはっきり区別していたことにあった、といえるだろう。

単線的・実用的なカリキュラム

ベイチにつづき、一八五〇年にハート (Hart, John S. 1810-77) がセントラル・ハイスクールの校長に就任した。このハート校長の時代に、セントラル・ハイスクールは、州法によって学位授与権が与えられ、法的にはカレッジと同等の地位を得る一方で、実用的カリキュラムを確立していった。ハート校長時代のカリキュラムのおもな変化は、①語学科目(スペイン語、ドイツ語、アングロサクソン語)が追加されたこと、②職業科目(航海術、測量、簿記、速記術)が導入されたことである。①は、市内の移民子弟の文化的アイデンティティを維持することを意図し、②は、市内の産業との密接な関係を堅持することを意図していた。

このころのフィラデルフィアは、アメリカでもっとも巨大な商業都市となっていた。ハートは、セントラル・ハイスクールと商業資本主義*を生きる中産階級との連携を次のように強調している。「すでに当校の卒業者が市内のほとんどの経済領域で活躍している。……このような密接な関係のなかで、われわれの多くの指導的技術者、工場経営者、商人が、望ましい若者を実業にそなえさせようとするときに、いつも当校へ彼らを送りこむという慣例をあらたに作ることに何の問題もない」と（PBCP 1851: 118; PBCP 1859: 131）。

＊　たとえば、教育社会学者のカッツは、マサチューセッツ州のハイスクールのカリキュラム規定を示し、一八二七～五七年の教科の大半が歴史、数学、古典語、自然科学で占められていることを確認している。そしてカッツは、このカリキュラム規定から、初期の公立ハイスクールのカリキュラムが商業資本主義に対応・順応したもの、と考えている。すなわち、古典語（ラテン語、ギリシア語）はカレッジ進学準備用の付加的教科であり、自然科学（自然哲学、化学、植物学、天文学）は経済変動を掌握するための補助的教科であり、数学、簿記、市場調査法という実務教科が中心的教科であった、と（Katz 1968: 229, 231）。

ハートは、また一八五四年に、二年間のイングリッシュコースを、在籍者の少なさと四年制ハイスクールにふさわしくないという理由で廃止し、主要コースと古典コースの二コース制とし、また一八五六年に、近代語と古典語の違いにすぎなかった古典コースと主要コースを単一の主要コースへと統合した。この単線化は、実質的に大差のない二つのコースを維持することが不経済であり、市教育委員会のセントラル・ハイスクールの予算削減の決定にともなうものであったと同時に、ベイチの導入した実業教育の理念をより明確に打ちだすものであった。ハートは、セントラル・ハイスクールは、すでに「裕福な階級のために公費を費やす必要がなくなった。……今や、第一の目的である『少年たちを実業を超えて教育するのではなく、それ［実業］自体のために教育する』ことを追求する」段階にいたった、と述べている（Edmonds 1902: 186-90; Labaree 1983, 1988）。

ハートにつづくマクワイア校長時代、つづくライイチ校長時代においても、実用的カリキュラムは強化されていった(PBPE 1868: 207; PBPE 1872: 29)。しかし「実用的」とはいっても、職業科目の時間数は全体の一二％を越えることはなく、大半の科目は英語、近代語、数学、科学という近代科目であり、当時の中産階級の職業内容に直接的に対応しない学術的な内容であった。しかし、一八四〇年から一八八八年にかけて古典語の時間数が二一％から一〇％へと減少していることに示されているように、その意図は大学進学準備ではなく、科学と近代語を強調し、生徒が実業活動において指導的役割を果たすように準備させることであった（**〈表5〉**参照）。

有用性指向という地域文化

さて、このハイスクールの実用的カリキュラムが中産階級に支持された理由の一つは、フィラデルフィアの地域的＝宗教的な文化特性に求められるだろう。歴史社会学者のバルツェルによれば、フィラデルフィアの中産階級は、クエーカー的な指向性を強くもち、ピューリタン的な指向性の強いボストンの中産階級に比較し

〈表5〉セントラル・ハイスクールのコース内授業時数配分（％）

	科目						
	古典語	近代語	英語	歴史	科学	職業	他
ベイチ　1840–49							
古典コース	21	0	11	15	46	0	7
主要コース	0	21	11	15	46	0	7
イングリッシュコース	0	21＊	11	15	46	0	7
ハート　1850–62							
古典コース	16	5	11	14	34	12	8
主要コース	0	21	11	14	34	12	8
マクワイア　1863–70							
主要コース	13	13	10	13	32	5	13
ライチほか　1871–88							
主要コース	10	8	13	13	33	10	13
ジョンソン　1889–99							
古典コース	21	3	12	15	38	0	12
通常コース	12	9	12	15	38	0	12
化学／物理コース	4	9	18	15	41	0	11
科学コース	6	9	18	15	41	0	12
トンプソン　1900–							
古典コース	25	4	14	14	36	0	7
ラテン科学コース	14	7	14	14	45	0	7
近代語科学コース	7	17	14	14	41	0	7
商業コース	3	17	14	21	21	17	7

＊　ラバリーの研究（Labaree 1983, 1988）から引用。原典はEdmonds（1902）のアペンデクスである。＊は「英語特別研究・数学特別研究」である。

て、より実利的・営利的な有用性を指向していた。フィラデルフィアの中産階級は、実業界・法曹界における個人主義的な収益の追求を指向し、それは、ボストンの中産階級が示した宗教、芸術、リベラルアーツ教育といった文化的活動への指向と、大きく異なっていた（Baltzell 1979: Chapter 3, 6, 15）。セントラル・ハイスクールのカリキュラムは、こうしたフィラデルフィアの文化的な特性によく合致していたといえるだろう。

しかし、実用的カリキュラムの維持された最大の理由は、当ハイスクールが市内公立学校制度の頂点に位置し、大学と競合する位置にあったことである。そのころ、セントラル・ハイスクールの平均入学年齢は一四～一五歳であったのに対し、市内の高等教育機関であるペンシルベニア大学の平均学生年齢は一六歳であり、一七歳未満の学生が六六％を占めていた。つまり、セントラル・ハイスクールとペンシルベニア大学の学生年齢は、ほぼ重複していた（Burke 1982: 116）。これは、当時のセントラル・ハイスクールが、学士号授与権を付与されていた一方で、当時の大学が、社会移動の重要な手段と考えられていなかったことに由来するのだろう。同様のハイスクールと大学との競合状態は、フィラデルフィアにかぎらず、すでに複数報告されている（Rudolph 1962; Veysey 1965）。

実用教育への批判

一八八〇年代から九〇年代にかけて、フィラデルフィア公立学校制度におけるセントラル・ハイスクールの位置を左右するような大きな制度的変化が生じた。まず、一八八七年に、州教育法が「州内の各学区は、二一歳未満のすべての優れた生徒の公立ハイスクールへの入学を求めうる」と定めた結果、セントラル・ハイスクールの在籍者は大きく増大していった（**〈表6〉**参照）。そして、一八八五年に、市教育委員会は、産業界からの強い要請により、「セントラル・マニュアル・トレーニング・スクール」を設立し、一八九〇年には「ノースイースト・マニュアル・トレーニング・スクール」を設立した。これらの職業科目中心の学校は、プライマリースクール、グラマースクールの上位に位置し、入学要件もセントラル・ハイスクールと同一であり、修業年限を三年としていたとはいえ、セントラル・ハイスクールと競合する存在であった(Cornog 1952: 39; Labaree 1983, 1988)。

こうした制度改革を行う一方で、フィラデルフィア市教育委員会は、セントラル・ハイスクールのカリキュラムを批判するようになった。古典語教育を縮小しつづけたセントラル・ハイスクールのカリキュラムが、大学進学準備にそぐわなくなったからである。一八八九年に市教育長のマックアリスター(MacAlister, Daniel)は、下位の学校であるグラマースクールが、今や古典語教育を実施しているにもかかわらず、肝心のセントラル・ハイスクールは、古典語を無視し、時代の変化に対応していないと、述べている。また、市教育委員会ハイスクール部会は、同じ年に、「過去二〇年間にわたって、当ハイスクールは前進するかわりに、名声をおとしめ、失墜させてきた。三〇年前の同校の教師は、ギリシア語、ラテン語、フランス語などを教えていたにもかかわらず、である。……今やこうした言語教育は、グラマーコースで教える者の手にのみある」と、慨嘆している(PSPI 1890: 26, 33; Cornog 1952: 40-2)。

〈表6〉セントラル・ハイスクールの在籍者数：1840～1920年(実数)

年	在籍者数(全公立)		年	在籍者数(全公立)	
1838	63	(------)	1880	495	(104, 422)
1840	199	(21, 968)	1885	619	(107, 242)
1845	408	(36, 665)	1890	561	(114, 306)
1850	485	(45, 383)	1895	773	(132, 052)
1855	601	(54, 813)	1900	1, 235	(151, 455)
1860	540	(61, 745)	1905	1, 729	(170, 582)
1865	426	(72, 099)	1910	2, 301	(175, 479)
1870	489	(80, 891)	1915	2, 560	(203, 175)
1875	611	(95, 552)	1920	2, 802	(215, 862)

＊　各年の Philadelphia Board of Public Education, *Annual Report* より作成。なお、(全公立)は市内公立学校の全在籍者数。

このようなセントラル・ハイスクールへの批判は、さらにその会員の大半が上層中産階級に属していた「セントラル・ハイスクール校友会」の例会においても、表明されるようになった。一八八七年の例会においては、「[現下の情況は]われわれの子どもを安心して託せないような情況であり、われわれのハイスクールのかつてない危機である」とまでいわれた。彼らにとっての最大の懸念は、「大学卒業→専門職」という経路に必要な古典語をふくんだ大学進学コースが、自分たちの子どもの通うセントラル・ハイスクールにおいて、あまりに軽視されていることであり、同時に、自分たちの身分証明である卒業資格の価値低落への不快感であった。

しかし、校友会による批判に、セントラル・ハイスクールの教授団は、全面的に同意したわけではなかった。教授団の多くは、伝統的に維持されてきた実用的なカリキュラムの支持者であり、一八八七年の時点では、セントラル・ハイスクールの自律性を保つためにも、従来どおり近代的科目を強調し、古典語の再導入すなわち大学進学準備課程への転換に反対している。大学進学準備を行うことは「市民のカレッジ」を誇ってきたセントラル・ハイスクールを大学の下に位置づけることになるからである（Cornog 1952: 169-70; Labaree 1983, 1988）。

大学進学準備へ、そして階層的分化へ

しかし一八八八年に、フィラデルフィア市教育委員会は、ハイスクール教授団の反対をおして、ラテン語を専門とする大学教授ジョンソン（Johnson, Henry C.）をセントラル・ハイスクールの校長に指名し、古典語導入によるカリキュラムの「格上げ」をはかった。この結果、一八八九年に決定されたカリキュラムは、学問的コース（古典コース、通常コース、化学・物理学コース）と付加的コース（科学コース）から構成されることになった。学問的コース内部の三コースのおもな違いは、古典語と英語の時間数であるが、どのコースにも職業科目は一つも含まれていなかった。市教育委員会によれば、こうした学問的な三コースは、大学の各コースに対応したものであり、付加的コースである科学コースは「原則として、この学校に一年、あるいは二年間留まると期待される者のために計画された」コースであった（PBPE 1890: 47）。このカリキュラム改革によって、五〇年間変わることのなかった同校の実用教育カリキュラムは、大学進学準備カリキュラムへと大きく転換した。

ここで、セントラル・ハイスクールと進歩主義教育改革とのかかわりを、見ておかなければならない。ジョンソンにつづく校長トンプソン（Thompson, Robert E.）の時代に、過去六二年間にわたり、セントラル・ハイスクールの公立学校制度にたいする統制力を保障してきた入学試験が、市教育委員会の決定によって廃止された。かわって、セントラル・ハイスクールの入学資格は、グラマースクールの校長の発行する資格証明、すなわち、グラマースクールの最終学年（第八学年）の平均成績（ＧＤＰ）が七五ポイント以上であることのみである、と定められた。これは、市内のハイスクール進学希望者の要求にこたえると同時に、市教育委員会のセントラル・ハイスクールへの監督権の拡大を意図した変更であったが、その背後にあったのは、当時の市教育委員長スティール（Steel, Edward T. 1835-92）らによる教育行政組織の集権化・効率化政策があった（Issel 1970: 363-76）。

フィラデルフィアにおける進歩主義教育改革は、一九〇五年に制度的に実現されたが、その後の公立学校にかかわる一連の改革は、スティールから市教育長のブランボー（Brumbaugh, Martin G.）に受けつがれていった（ブランボーについては第2章でとりあげる）。ブランボーの改革構想は、教育行政組織の官僚制化と公立ハイスクールの総合制化であり、明らかに前者は行政活動の効率化を、後者は生活上の多様な役割への効果的な準備を指導理念としていた。具体的には、一九〇七年に、市内の工業化が進むなかで、工場経営者、銀行家、教員組合などの機会平等の要求を受けて、サザン・マニュアル・ハイスクールが開校され、また移民等による人口増大を背景として、一九一〇年にセントラル・ハイスクールの分校が二カ所に開校され、一九一二年にいわゆる総合制化が、これらのマニュアル・ハイスクール（三年制、職業科目中心）、分校（三年制、古典コース・主要コース）、セントラル・ハイスクール、ガール・ハイスクールを平等化するために導入されている（Nash 1946: 131-4）。

さて、トンプソンは、一九〇〇年にセントラル・ハイスクールのカリキュラムを、①古典コース、②ラテン語・科学コース、③近代語・科学コース、④商業コースへと階層化した。古典コースは、ジョンソン時代のそれに比較して古典語の時間数が二一％から二五％へと増加し、通常コース、化学コース、物理コースは統合され、ラテン語と近代語のどちらかを選択するほぼ同一の、ラテン語・科学コースと近代語・科学コースとなった。また以前の科学コースは廃止され、かわって歴史、職業科目の強調された商業コースが設けられた。このうち、①②③の名称・構成科目は、ハイスクールが大学進学に備える教育を行うことを求めたNEAの「一〇人委員会」の提案とほぼ一致していることから、その踏襲と考えられるが、④はセントラル・ハイスクールの伝統的理念の現れといえるだろう。セントラル・ハイスクール教授団は、その目的は「実業を特別な職種、あるいは専門職として理解させ、実業のために知識を役立てる方法を指導することである。それは、訓練ずみの実業家を生みだすことではなく、むしろ実業にすみやかに適合し、役立つような能力を訓練することにある」と述べている（Cornog 1952: 170）。

＊ 先にふれた「一〇人委員会」は、四種類のハイスクール・カリキュラムを提唱している。すなわち、①古典コース、②ラテン語・科学コース、③近代語コース、④イングリッシュコースである。

このように、大学とセントラル・ハイスクールとのアーティキュレーションが要求されたという事実が意味するところは、けっして小さくない。というのも、このアーティキュレーションの要求は、この時期に、ハイスクールの資格が安定した中産階級へのパスポートとして効力をもたなくなったことを意味すると同時に、全体社会的文脈のなかで、ハイスクールが「準大学的な学校」から「大学進学準備の学校」へと墜とされたことを意味するからである。節をあらためて、このような変化を生みだした基本的な要素を確認しよう。

4　メリトクラシーと有用性の個人主義

メリトクラシー

すでに見たように、一八八〇年代までのセントラル・ハイスクールのカリキュラムは、実用的な単線型であり、それは、中産階級の利害に沿うものであった。だが、こうしたハイスクールに対して、なぜ明確な批判が労働者階級から発せられなかったのだろうか。また、中産階級はどのような理由からハイスクールを独占的に利用することを正当化できたのだろうか。当時のフィラデルフィアに、労働者階級の意志を政治的過程に反映させうるような政党が存在していたにもかかわらず、である (Katznelson/Weir 1985; Warner 1968)。

ここで、セントラル・ハイスクールにおける生徒のカリキュラム選択がメリトクラシーにもとづいて行われていたことを、指摘しなければならない。同スクールのカリキュラム選択において教師が生徒に確認したことは、生徒がどのような階級の出身であるかではなく、どのような能力をもっているかであったからである。このメリトクラシーによって、中産階級の学校であったセントラル・ハイスクールは、労働者階級からの「貴族的な学校」という批判をまぬがれ、また中産階級からの信頼を勝ちえることができたのである。

明らかにメリトクラシー指向を表す言葉をあげておこう。まず校長のベイチは、一八五九年に次のように述べている。「私には、公教育は大ピラミッドの一つのように思われる。底辺において広く、頂点に向けてしだいに小さくなり、その受け入れ数は、石の数と同じように減少していく」。子どもたちは「大海から広い湾へと入り、さらに急流へ入り流れの源へと登っていくように計画されている」と。ベイチにとって、セントラル・ハイスクールは公立学校の頂点に位置し、同校に入れる生徒はごく少数であるべきだった（Labaree 1983: 279-80）。

また一八五一年に、フィラデルフィア市教育委員長であったダンラップ（Dunlap, Thomas）は、次のように、セントラル・ハイスクールがメリトクラシーを信奉する学校であることを強調している。「［セントラル・ハイスクール］は、まさに共和国の学校であり……その恩恵や栄冠を獲得するために特別な免状［＝家柄・血統など］を必要としない。この学校の人びとは、すべての息子たちに、個人の、自分自身のメリット（INDIVIDUAL, PERSONAL MERIT）を要求し、また永久に要求しつづけるだろう」と（Labaree 1983: 278 から引用、傍点は原文大文字）。

こうした発言は、具体的な数字によって裏づけられる。一九世紀の他のハイスクールと同じように、セントラル・ハイスクールの卒業率はきわめて低く、一八四〇〜九〇年に、平均して入学者の二四・〇％が卒業したにすぎない（**〈表7〉**を参照）。しかしながら、この低い卒業率の理由を経済的理由による学業放棄と考えることはできない。卒業率と階級とがほとんど無関係だからである。中産階級の学生の平均卒業率は二三・二％、労働者階級の学生の場合は二二・七％であり、ほとんど変わらない。これに対して、高成績（ＧＰＡ 八五以上）の者と低成績（ＧＰＡ 六〇未満）の者の卒業率は、前者が七二・六％、後者が一七・六％であり、大きく異なっている。これらの事実は、明らかに、この学校が厳しいメリトクラシーに依拠していたことを暗示している（Labaree 1986: 45）。

資格市場

一八九〇年代から一九〇〇年代におけるセントラル・ハイスクールのカリキュラム変革は、同ハイスクールが大学と競合することをあきらめ、大学の下位に位置づけられることを受け容れたことを意味していた。さきに引用したハイスクール部会の言葉に象徴されるように、中産階級にとっての大学卒業資格の経済的効用が高まるにつれて、また他の公立ハイスクールが複数設立されるにつれて、セントラル・ハイスクールの社会的威信は低下していった。そのなかで、セントラル・ハイスクールが選んだ道が、「人民の大学」から大学進学準備校への転身であった。

したがって、セントラル・ハイスクールのカリキュラム変革の背景は、「資格市場」（credential market）の成立である。資格市場は、あたかも商品の価格のように、教育資格の価値が、その需要と供給の関係で決定される状態である。この時代に生じたように、ハイスクールの卒業資格の取得者が増大することは、その資格の価値が低下することを意味し、これに連動して、大学の学位の価値が上昇することを意味している。たとえば、アメリカ全体で

〈表7〉セントラル・ハイスクールの生徒の階級ごとの卒業率：1840–1920年（％）

	1840	1850	1860	1870	1880	1890	1900	1910	1920
上層中産階級	36.0	24.2	16.1	26.5	30.8	22.4	32.2	33.3	28.0
下層中産階級	34.6	14.3	13.0	7.7	25.8	26.9	21.9	32.5	26.9
上層労働者階級	31.3	16.7	7.9	26.3	18.5	25.0	29.0	32.4	26.7
下層労働者階級	50.0	0.0	10.0	36.4	25.0	25.0	28.6	15.8	27.7

＊　ラバリーの研究（Labaree 1983: 371-3; 1988: 53）から引用。

一八七〇年から一八八〇年のあいだに、学士・修士・博士の学位取得者は二八％増加し、一八八〇年から一八九〇年のあいだに、その数は五六％増加している。一八七一年から一八八〇年の大学卒業生は、一一万三〇〇〇名であるが、一八九一年から一九〇〇年の卒業生は、二二万六五〇〇名で、約二倍に増加している (Bledstein 1978: 277)。一八九〇年代は、先にふれたように、アメリカの中産階級が、その地位を次世代に伝達するために、専門職につく手段としての大学卒業資格をこぞって求め始めた時代であった。

こうした資格市場は、一八三〇年代から、教育による社会移動を「自由」を達成する方途として正当化してきたアメリカにおいては、遅かれ早かれ、成立したもの、といえるだろう。アメリカにおいて「教育機会の平等」の要求を拒否することは、きわめて困難であったからである。進歩主義期におけるハイスクールの増設は、まさに「教育機会の平等」の産物であった。こうした情況のなかで、セントラル・ハイスクールが生き残る方法は、カリキュラムの階層的分化、具体的にいえば、大学進学コースの強調によって、その大学卒業資格への接近手段としての意義を強調し、新設された他のハイスクールとの差異化をはかる以外になかったのである。

有用性の個人主義

次に確認したいことは、こうしたメリトクラシーと資格市場を支えていた社会的言説である。それは「有用性の個人主義」(utility-oriented individualism) と呼ぶことができるだろう。それは、個人の価値を個人の生産的有用性の多寡に還元し、その生産的有用性を個人の所有する能力の多寡に帰着させるという、自己責任論的な態度である。この有用性の個人主義は、一九世紀中期以来、中産階級の人生をつらぬいてきた大原則であった。これは、第一に、アメリカの中産階級が前近代的な帰属的社会基盤をほとんどもたず、個人の所有する能力によって自分の社会的地位を確保しなければならなかったからであり、第二に、例外はいくらでもあったが、基本的により高い能力の所有がより高い社会的地位の獲得を可能にしていたからである。

有用性の個人主義の原型は、フランスの思想家トクヴィル（Tocqueville, Alexis de 1805-59）の報告——『アメリカの民主政治』において活写されている。同報告においてトクヴィルは、アメリカの個人主義の特徴を自己責任論に見いだしている。それは、セネットの言葉を借りて、端的にいえば、「みんなが平等になると、個人的な不運が人の失敗の原因になる。だから、うまくのし上がれなくても、他人と［条件が］ちがっていると思うな。すべて、おまえが悪いのだ」という考え方である（Sennett 1980: 45）。この自己責任論が前提にしているものが「ケテリス・パリバス」（ceteris paribus［能力以外の条件がすべて同じなら］）という、個人の能力を精確に知るための、諸条件の平等という規範である。この諸条件の平等という規範が強調されると、個人の能力が強調され、自主自立が重視されるようになるが、かわりに協同が軽視され、相互扶助が軽侮されていく。

一九一三年に第二八代大統領となったウィルソン（Wilson, Thomas Woodrow）が、その前年に行った選挙演説「新しい自由」（The New Freedom）は、有用性の個人主義を端的に表現している。そこで彼は、成功とは個々人の努力・効率・節約・忍耐・野心に対する報酬であると説き、人生は自分のメリットを競い合うレースすなわち「人生レース」（"the rase of life"）である、と説いている。アメリカがこれまでかかげてきた理想、そしてこれからもかかげるべき理想は「絶対的に自由な機会、いかなる人間も自分の意志と人格による制約以外のどんな外部からの制約も受けないことであり……勝敗は本人のメリット次第であるという理想」である、と。彼が呼びかけた相手は中産階級であり、彼が代弁したのは中産階級の声であった（Hofstadter 1955b: 224=1967: 197-8 訳文変更）。

＊　トーマス・W・ウィルソンは、一九一三年から一九二一年にかけて二期連続でアメリカ合衆国大統領をつとめた。子どものころは、「ディスレクシア」（学習障害）で、九歳まで文字が読めず、一一歳まで文章が書けなかったが、努力をつづけ、のちにプリンストン大学を卒業し、ジョンズ・ホプキンズ大学から政治学博士号を取得した。さらに、一八九〇年にプリンストン大学教授に就任し、一九〇二年にプリンストン大学学長に就任した。そして、一九一〇年にニュージャージー州知事に就任し、一九一三年についにアメリカ合衆国大統領へと、のぼりつめた。

こうした有用性の個人主義は、自由・平等・博愛というアメリカの建国の理念と無縁ではないだろう。ただ、自由は、良心にもとづく自己規制ではなく、自分の欲望に従う自己活動を意味し、平等は、各人の存在の平等ではなく、各人の自己活動を調整する規則の同一性を意味し、博愛は、自己活動に先立つ協同性ではなく、自己活動の力を欠く者への支援（博愛活動）を意味している。いいかえるなら、有用性の個人主義においては、自由と抑圧、平等と格差、弱者と強者が区別され、抑圧、格差、強者が批判される。一九〇八年の『倫理学』において、デューイが用いた区別を用いるなら、この有用性の個人主義は、社会全体をよくする「デモクラティックな個人主義」ではなく、優れた人間を選別する「適者生存（survival of the fittes）の個人主義」である（Dewey 1996, *E*, MW. 5: 470）。

商品市場・組織依存のなかの原子化

有用性の個人主義を支えた背景は、先にふれた市場の普遍化（企業資本主義の到来）に先行する市場革命である。一八五〇年代から広がり始めた市場革命は、消費財だけではなく、文化財もまた増大させていったからである。たとえば、大衆が購入できる新聞、雑誌、書籍、また利用できる郵便、電信などである。こうした文化財の増大とともに形成された大衆文化・高級文化は、消費者に自発的選択にもとづく「自己規定」の機会を生みだしていった。商品の選択、職業の選択、生活様式の選択である（Bushman 1992; John 1995; Howe 1997: 111）。

しかし、先にふれた市場の普遍化（企業資本主義の到来）とともに、有用性の個人主義は「組織への依存」と重なっていった。企業資本主義がもたらしたものは、それまでのアメリカには広まっていなかった組織への依存である。それは、会社組織への従属であり、職場関係への従属である。労働者は、生活の糧を得るために会社から賃金をもらいつづけなければならないし、職場における役割を担いつづけなければならない。私的な生活、家族生活を犠牲にして、上司の命令・依頼に応えなければならない。上司の命令・依頼を断ることは、その会社をやめることだけでなく、企業資本主義社会からの実質的な排除を意味していたからである。有用性の個人主義においては、個人を重視することは、皮肉にも、組織に依存することと一体だったのである。

なるほど、政治思想の側面からとらえるなら、有用性の個人主義と、組織への依存とは、対立的である。一九一二年の大統領選をとりあげていうなら、有用性の個人主義は、民主党ウィルソンの「新しい自由」に象徴される考え方であるが、組織への依存は、共和党ルーズヴェルトの「新しいナショナリズム」（New Nationalism）に象徴される考え方だからである。両者の強調点は、自由対組織、自由競争対国家統制、反企業的対親企業的、と対立的である（野村 1989: 172）。しかし、組織の内部、営みそのものを注視するなら、こうした対立はなくなってしまうのである。どちらも、求めているのは、関係の物象化であり、存在の能力化であったからである。

そして、この時代の人びとの商品市場・会社組織への依存は、ものごとを「商品形態」（commodity form）でとらえるという考え方を拡大し、社会関係を「交換関係」(exchange relations) に変形していったといえるだろう。ものごとの商品形態化は、ものごとが、使用価値ではなく交換価値 (価格) によって価値づけられることの拡大であり、人間も労働力商品の一つに還元され、しばしば交換可能な価値として扱われるようになることである。社会関係の交換関係化は、商品市場・会社組織に依存する人間が形成する社会関係が、協同的な人間の出会いから直接に生じる互恵関係ではなく、貨幣を媒介とした「等価交換」(give and take/quid pro quo) と一体の非人格的関係の色合いを強めていくことである。「社会的な結びつきが交換価値によって構築されるとき、個々人は中立的な関係を結び、相互扶助の歴史を認識しなくなる」からである。これは、貨幣が事象を価格づけ、その価格づけが損か得かという二元的・抽象的規準を用意し、これまでの相手とのかかわり、相手の窮状への思いといった、文脈的・具体的規準を覆い隠してしまうからである (Goldman/Tickamyer 1984: 206; Bologh 1979: 132)。

経済学者のブレイヴァマンの言葉を借りるなら、こうした事象の商品形態化、関係の交換関係化は、人をしばしば「原子化」(atomization) していった。たしかに会社組織に属する人は、他者と協働するが、その他者との協働も、かりに自発的であっても、相手に同等以上の見返りを期待する交換的協働である。そうした交換的協働は、相手が必要としているものを相手にたんに与えるという行為ではなく、自分が必要としているものを相手に貸与し後で返してもらうという行為である。したがって、自分が必要とするものを見返りに得られない場合、協働はただちに解消される。こうした事実が周知の事実となるとき、社会関係は冗長性の欠落したもの、相手の有用性を値踏みしあうもの、ぎすぎすしたものとなる。その意味では、ブレイヴァマンがいうように、「社会生活が相互にからみあった活動の稠密な網状組織となり、人間の相互関係が全面的になればなるほど、人間はますます原子化され、人間相互の接触は、彼（女）らを近づけるのではなく、遠ざけることになる」だろう（Braverman 1974=1978: 301-2）。
　ちなみに、同時代を生きた社会学者のウォードは、こうした個人化に労働者が甘んじている理由を、彼らの「知識」の欠落に見いだしている。ウォードによれば、上層階級は協同が生産性を高めることを知っているために、人を集め、企業を作りだし、実際に大きな利益を得てきたが、労働者階級はその事実を知らないために、個人化する一方であり、労働者という地位から抜け出せないままなのだ、と。

　「知的な階級は協同（co-operate）し、協同という手段によって資本家や雇用者になってきた。しかし、無知な［労働者］階級は個人として、だれにも頼らずに働いてきた。そして、自分たちがつくりあげた価値の大部分を、何の見返りもなく、資本家に差し出すことになった。この時代、後者［無知な階級］は、影響力の大きい組織の創出と世論の醸成によって、前者に寄与する労働者として生きるだけである。彼（女）ら労働者は、［協同にいたる］コミュニケーションの機会があっても、その機会を活用することがほとんどできない。……資本家が行っている本来の協同は、労働者には広がらないのである」（Ward 1911［1897］, Vol. 2: 602-3）。

優生学への指向性

こうした市場の普遍化にともなう有用性の個人主義の広がりは、さまざまな側面で社会意識の変化を生みだしていった。その一つが、この時代に慈善活動・犯罪矯正・教育活動にかかわる人びとのあいだで、「有能な人間（役に立つ人間）」と「無能な人間（役に立たない人間）」を科学的に区別し、「無能な人間」を切り捨てようとする科学への関心が高まったことである。その科学こそ「優生学」である。電話の発明者であるベルも、コーンフレークの会社を創立したケロッグも、熱心な優生論者であった（丸山 2008; cf. 古屋 2008）。この時代における優生学への関心の高まりは、この時代に脚光をあびたイタリアの犯罪学者ロンブローゾ（Lombroso, Cesare 1836-1909）の犯罪人類学の影響もあったと思われるが*、基本的に有用性の個人主義の広がりを暗示する事実であった。

＊ 犯罪学を創設したロンブローゾは、一八九五年の「犯罪人類学の教育学への応用」という論文で次のように述べている。「私の学派が発見したもっとも重要な事実は、ある年齢に達した子どもには犯罪者がもつもっとも顕著な性向が発現するということである。非行と犯罪の萌芽は、人生の初期段階においてさえごくふつうに見いだせる」と。ロンブローゾはさらに、子どもが無垢であるというイメージは上層階級のものであり、下層階級の子どもにはふさわしくないと述べている。たしかに「上層階級のなかで生活する場合、酒の大好きな赤ん坊など思いもつかない。しかし下層階級の場合、ごく一般的に眼を輝かしてワインや酒を飲む乳児を見いだすことができる」と。ロンブローゾは、生得的な犯罪者の存在を確信するだけではなく、文明化されていない家庭の子どもは遺伝的に犯罪性をもっていると主張している（Lombroso 1895: 53, 56）。

優生学が受容され拡大していった思潮的契機として、まず注目すべきことは、サムナーの社会進化論に端的に示されていたように（序章参照）、人びとのあいだで、無能と犯罪・貧困とが結びつけられ、有能と有徳・富裕が結びつけられていったことであり、こうした能力と道徳の連接化の広がりとともに、有能な人間は無能な人間の犯罪・貧困におびやかされている、と考えられるようになったことである（Hofstadter 1955a: 161-5）。たとえば、セントラル・ハイスクールの校長をつとめ、のちにニュージャージー・ステート・ノーマルスクールの校長もつとめたハートは、すでに一八七〇年代から、優秀で道徳的な富裕階級が無能で下劣な貧民の暴力におびやかされている、と信じていた。ハートは、一八七五年に出版した『教室のなかで――教育哲学の諸章』という本のなかで、次のように無能な貧民の危険性を指摘している。

「わが国の貧民の約半数は[移民であり]、読むことも書くこともできず、学校に行ったこともまったくなく、キリスト教の教えについても道徳的義務についても、ほとんど知らない。実質的に何も知らない。高尚な喜びはもちろん知らない。ビールを飲むことや蒸留酒を飲むこと、そしてもっとも下劣な官能的快楽にふけること以外に、何も知らない。……彼(女)らは、自分の周りにおきたことのすべてを理解できず、たしかな判断もできない。食べて、飲んで、産んで、働いて、死ぬだけである。彼(女)らが、私たちのこの国にやってきて、野獣のように生きているかぎり、裕福で知的な階級は、警察と自警団によって自分たちの身を守り、犯罪の常習者のための刑務所、留置場、そしてあらゆる種類の収容所で、この地を覆わなければならない」(Hart 1875: 251-2; cf. Gutman 1976: 73)*。

* ささいなことかもしれないが、歴史学者のガットマンは、『産業化アメリカの仕事・文化・社会』において、John L. Hart と記しているが、John S. Hart が正しい。また『教室のなかで』の出版年を一八七九年としているが、一八七五年が正しい。

こうした、無能な人間は有能な人間によって管理されなければならないという考え方は、進歩主義時代に、人類の「無限の進歩」という理念によって正当化されていった。たとえば、イェール大学の経済学者であり、「アメリカ優生学協会」(American Eugenics Society)の助言者でもあったフィッシャー(Fisher, Irving 1867-1947)は、一九〇七年に「知的な階級」が「無知な階級」を統制し指導することが人類の無限の進歩を生みだす、と述べている。

「世界は二つの階級から構成されている。知的な階級と無知な階級である。進歩にとって本質的なことは、前者が後者を支配することが許されることである。……もしも私たちが、知的な階級が教育されていない階級を指導することが適切であると承認するなら、私たちは、人間が可能なかぎり改善されていくという、ほとんど無限の光景を目にすることになるだろう」(Fisher 1907: 20 [Leonard 2005: 218])。

また、イェール大学の経済学教授、マサチューセッツ工科大学の学長をつとめたウォーカー (Walker, Francis Amasa 1840-97) も、ヨーロッパからの移民の増大に強い危機感をいだき、優生学運動を支持した。彼の眼には、移民の大半が貧しく卑しくそして愚かに見えたのである。

「ヨーロッパのすべての腐敗した、そして沈滞した人びとのかたまり、どの世代においても知的な息吹がまったく感じられない人びと、……彼らが今、私たちの国に押し寄せようとしている」。「したがって、私たちは、私たちの社会から貧困、とりわけ極貧をとりのぞこうとするまえに、悪弊と悪徳にまみれた過去を背負う遺伝子をもつ人種の血をこの国から閉めだすべきである。身体的な疾病に対する科学的な処置は、精神的・道徳的な疾病に対しても拡大適用されるべきである。すべての国民の善をめざす国家の力によって、[去勢のための] 外科術も焼灼法も実行されるべきである」(Walker 1899: 447, 469 [Leonard 2005: 211])。

この時代の優生学は、無能・犯罪・貧困の原因を、当人が生きている社会の構造にではなく、当人に伝えられた遺伝形質に求めた。それを象徴するものが、有名なジューク家研究である。一八七五年に、市井の研究者であったダグデール（Dugdale, Richard L. 1841-83）は、「ニューヨーク監獄協会」（The Prison Association of New York）の年報に、犯罪一族ジューク家（Jukes［実在の家族の仮名］）にかんする論文を掲載し、貧困と犯罪が特定の遺伝形質を伝える家系で多発する、と論じている。ダグデールは、調査対象として五四〇人のジューク家血縁者、一六九人のジューク家血縁者との婚姻者、あわせて七〇九人をとりあげ、このうち、一八〇人が救貧施設収容者や路上生活者、一四〇人が犯罪者、六〇人が窃盗常習者、七人が被殺害者、五〇人が売春婦、四〇人が性病患者であり、ニューヨーク州は、この一家のために一八〇〇年から一八七五年にかけて総額一三〇万八〇〇〇ドルを費やした、と論じている（Dugdale 1877; Estabrook 1916: II［pg. 7］）*。この論文は、一八七七年に本として出版され、大きな注目を集めた。一九〇〇年代になると、ダグデール研究を模した研究報告がつづき、精神障害・知的障害が貧困・犯罪を生みだす要因であると、考えられるようになった。

* ダグデールの研究の真偽は、たびたび問題となった。たとえば、一九一六年にイスタブロックは、ダグデールの研究を詳細に調査し直している（Estabrook 1916）。イスタブロックは、ダグデールの七〇九人全員をふくめつつ、調査対象者を二八二〇人に拡大している。そのうちの二〇九四人がジューク家血縁者で、残りの七二六人がジューク家血縁者との婚姻者である。この二八二〇人のうちの三六六人が極貧者、一七一人が犯罪者、一〇人が被殺害者である。学校成績については、六二人が良好、二八八人が普通、四五八人が途中退学者である。ニューヨーク州は、この一家のために一八〇〇年から一八七五年にかけて総額二〇九万三六八五ドルを費やした、という（Estabrook 1916: II［pg. 9］）。

断種法への批判

優生学運動は、進歩主義時代のアメリカで大きく広がっていった。それを象徴するできごとは、「劣悪な遺伝子」をもつとされた家系を絶やすことを目的とした、婚姻制限や去勢手術が少なからず行われるようになったことである。なかでも、断種法（[Human] Sterilization Bill）は、大きな論議を巻き起こしつつも、精管切除術が医学的に可能になるとともに、大きな広がりを見せていた。一九〇五年から一九二二年の間に、ペンシルベニア、ニューヨーク、バーモント、オレゴン、アイダホ、カリフォルニア、ワシントンなど、一八の州において「断種法」が成立し、一九二七年に、その数はアメリカの三〇州に及んでいる。最初の断種法は、「精神遅滞抑止法」（“An Act for the Prevention of Idiocy”）という名称で、一九〇五年五月二一日にペンシルベニア州議会で可決成立した。

ただし、このペンシルベニア州の「精神遅滞抑止法(案)」は、すぐに廃案となった。州知事のペニーパッカー（Pennypacker, Samuel W. 1843-1916）がすぐに拒否権を発動したためである（Landman 1932; Kline 2001; Kelves 1985; Reilly 1991）。そのペンシルベニア州の「精神遅滞抑止法（案）」には、次のように記されている。

> 「遺伝は、精神遅滞や低能の世代間伝達において、もっとも大きな役割を果たしている。したがって、……専門家によって生殖出産が不適切であると判断された場合、そして患者の精神的状態の改善が見込まれない場合、もっとも安全で効果的な方法で、生殖出産を抑止するための手術を行うことが、法的に求められる」（Pennsylvania Senate Bill 35 [Laughlin 1914: 31]）。

これに対し、州知事ペニーパッカーは、次のように述べている。

「もしも、議会の定める法律によって精神遅滞が予防できるなら、私たちは喜んで、その法律を承認し守りつづけるだろう。その法律はすべての文明国家でも成立するだろう。しかし、この法案の主旨は精神遅滞の予防ではなく、……［精神遅滞者の］生殖出産を予防するための手術を提供することである。……この法案は、倫理の原則を侵害している。知恵遅れの子ども、低能な子どもは、これまで親や保護司によってさまざまな施設に託されてきた。訓練と教示のためにである。……［しかし］この法案は、彼（女）らが訓練可能でもなければ、教示可能でもないと決めてかかっている。……さらに、この法案は思想的に論理破綻している。精神遅滞は患者間の生殖出産を予防しても、予防することはできない。精神遅滞という精神状態は、私たちの知識を超えたたくさんの要素がからみあって生じるものである。精神遅滞は、現在のような施設で患者がともに暮らすようにな［り、患者間で性交す］る、はるか以前から存在しているのである。……もっとも大きな反対の理由は、この法案が、動物に対する生体実験をうながし、それが人間に対する生体実験につながると、論理的に充分に考えられるからである」（Veto Message [Laughlin 1914: 32-3]）。

州知事にとって、この法案は、三つの理由で、社会的合意になりえないものであった。第一に、精神遅滞者の教育可能性を信じるという「教育の倫理」を侵害していること、第二に、精神遅滞の原因と精神遅滞者の行動とを混同するという「誤謬」にもとづいていること、第三に、生体実験への危険性を高めるという「生命への愚弄」であること、である。これら三つの明晰な拒否理由は、優生学そのものへの批判でもあるだろう。

優生学に傾斜したプロテスタンティズム

この時代のプロテスタンティズムは、こうした優生学への抑止力にならなかった。この時代のプロテスタントのいくつかの宗派は、少なくとも一九〇〇年代から一九二〇年代にかけては、優生学運動を黙認ないし支持していた。そうした宗派においては、優生学は現代文明と神の王国を融和させる進歩主義的ビジョンの一つとして受け入れられていた（Durst 2002）。たとえば、メソジスト教会は、この世界にもっともよく適応している人間は「裕福な白人である」と主張した「アメリカ優生学協会」の「より適者生存的な家族はどの家族？」（"Fitter Family Contest"）というコンテストに賛同し、教会員に積極的な応募をすすめている。

また、メソジスト教会の運営する「社会奉仕」の団体（Methodist Federation for Social Service）を一九〇七年に創設したユニオン・テレオロジカル・セミナリーの教授ウォード（Ward, Harry F.）は、一九二八年にアメリカ優生学協会の機関紙『優生学』（*Eugenics*）で、「キリスト教と優生学は両立する」。「なぜなら、どちらも弱者を生みだす原因を除去しようと挑戦しつづけているからである」と述べている。さらに一九二九年に、ドナルドソン（Donaldson, George Huntington）牧師は、機関誌『メソジスト・レビュー』に掲載された評論「優生学」において「もっとも強く優れたものが、神の似姿を広め、人種を改良する仕事をつづけるために、神に選ばれるのだ」と述べている（Ward 1928: 20/Donaldson 1929: 60 [United Methodist Church 2008]; Hall 2008: 260-2）。

神は優秀者を求めているという考え方は、ユニテリアン派の教区牧師のオズグッド（Osgood, Phillips Endicott）が一九二六年に行った説教に端的にも表明されている。「改良者の営み」と題されたその説教は、「人類からまがいもの(dross)をとりのぞくべきであり」、それこそが神意にかなった営みである、と論じ、同年、アメリカ優生学協会によって行われた説教コンテストで最優秀賞を贈られた。オズグッドは、そこで次のように論じている。

「神は、私たちの子どもの子どもに神の精神を伝えようとしている。なぜ障害者がその神の精神の顕現にあずかるのか。もしも障害者において神の精神が顕現する必要がないのなら、神の精神の顕現は、彼らよりも優秀な者において生じることになるだろう。地上の神の王国は、[人の]成長の最終目的ではなく、真の運命の始まりである。罪深さ、弱さ、病い、痛みがぬぐい去られるまで、私たちはただただ、神の精神が顕現する人生が歩めるように準備をつづけなければならない。まがいものやまじりものといった不純物がとりのぞかれ、私たちが純化されるまで、改良を仕事にしている技芸者(craftsman)は、その目的を達成することはできない。私たちが知っているように、神は大いなる改良者(the Refiner)である。私たちは、かつて人間の純化を行った技芸者である神の技術と目的の美しさをめざしているだろうか。[つねにめざしているのなら]やがて、人類すべてが改良され、人間が自分たちのなかに一点の曇りもない透明性を見いだすときがやってくるだろう」(Osgood 1929: 405 [Hall 2008: 262])。

こうした、優生学に荷担したプロテスタントは、キリスト教の根本倫理を忘却していた、といわなければならない。のちに示すように、キリスト教の根本倫理の一つは、明日、枯れ果てる草花にも、いいかえるなら、余命いくばくもない人間にも、かけがえのない命を輝きを見いだすことだからである。いいかえるなら、権力・財力・技力・体力といった、世界を支配し操作する強さの力*ではなく、この世界に意味を与え、この世界に生かされている一命に弱さの力を見いだすことである。自然の偶然や人間の技術によって容赦なく除去される一命に弱さの力を見いだすためには、生への態度を根本的に転換しなければならない。少なくとも社会工学を生みだす近代的世界観と整合的な生への態度を前提にしているかぎり、いかに真摯になろうとも、構造的暴力を体現してしまうだろう。その暴力は、バウマンが指摘しているように、ホロコーストにつながりうる暴力である（Bauman 1991: 27-8）*。

＊　優生学的思考は、農業的思考と不可分である。たとえば、一九三〇年に、のちにナチスの農業大臣になるダレ（Darre, Richard Walther 1895-1953）は、次のように述べている。「庭の植物を放置した人は、すぐに庭に雑草が生い茂り、その基本的性質が変化したことを発見し驚くだろう。したがって、もしも庭を栽培の場にとどめるためには、いいかえるなら、自然の力による過酷な支配を乗り越えるためには、庭師の形成の意志が必要である。庭師は、成長にふさわしい条件を整えたり、有害な影響を遠ざけたりすることで、やるべきことを注意深くやらなければならないし、より優秀な植物から養分、空気、陽光を奪う雑草を容赦なく除去しなければならない。……つまり、私たちがきちんと理解すべきことは、栽培の問題は政治思想にとってとるにたらない問題などでなく、すべての思考を傾けなければならない中核的な問題である、ということである」（Bauman 1991: 27 から引用）。なお、思想史学者のオズーフは、コンドルセ、ルペルチェなどの、フランス革命期の啓蒙思想に、ダレと同じような、人類の純化を指向する優生学思考を見いだしている（Ozouf 1989: 119-20）。

5　有用性指向が生みだす問題

本章のまとめ

ここで明らかになった事実は、次の三つにまとめることができるだろう。

第一に、一九世紀後半のハイスクールのカリキュラムは、中産階級の生活信条から分かちがたいメリトクラシーと密接に結びついていたが、大学進学準備を目的としたものではなかった。一九世紀後半のハイスクールは、成績にもとづく進級制度を設けていたが、ほぼ単線型で実用的なカリキュラムを設けていた。これは、一九世紀後半においてハイスクールに子どもを通わせていた中産階級の多くが、その子弟に対し、大学・カレッジに進学し、医師・聖職・法職などの専門職につくことを望まず、的確にビジネス（商取引）のチャンスをとらえ、利益・成果をあげられる有能な実業人になることを望んでいたからである。

第二に、進歩主義時代のハイスクールのカリキュラムも、中産階級のメリトクラシーと密接に結びついていたが、一九世紀後半とちがい、それは、あらたに大学進学準備コースが加わることで、進学準備、一般教育、職業教育の三つに階層的に分化していった。このカリキュラムの階層的分化の背景は、従来からの牧師・医師・弁護士に歯科医師、獣医師、薬剤師、教師などが専門職として確立され、多くの若者が大学・カレッジへの進学を希望するなかで、ハイスクールの卒業資格が、大学・カレッジへの入学資格として重視されるようになったことである。これは、ハイスクールの教育内容が重視されるようになったことを意味しているのではなく、その機能、すなわちハイスクールの資格付与機能とハイスクール卒業資格のもつ価値表示機能が強調されたことを意味している。

第三に、進歩主義時代のハイスクール・カリキュラムの階層的分化は、進歩主義教育思想そのものが生みだしたものではなかった。ハイスクール・カリキュラムの階層的分化を生みだしたのは、資格市場の背後にあった、企業資本主義の成立、市場経済の拡大による商品形態思考の広がりであり、人間の原子化の広がりである。つまるところ、それは有用性の個人主義の広がりである。有用性の個人主義は、個人の価値を個人の生産的有用性の多寡に還元し、その生産的有用性を個人の所有する能力の多寡に帰着させるという考え方であり、他者との協同性や互恵性を否定する考え方であった。そして、この有用性の個人主義の広がりは、優秀者と劣等者を明確に区別し、優秀者のみを重視する優生学的思考の広がりと連動していた。

最後に、以上の事実を踏まえながら確認しておきたいことは、次の二点である。一つは、進歩主義時代における機能的分化の広がりであり、もう一つは、そのなかで、強迫性をおびた有用性指向がもたらす、二つの問題である。

機能的分化の広がり

進歩主義のハイスクール・カリキュラム変革の背景をなしていた企業資本主義の進展と、資格市場の形成、有用性の個人主義の広がりは、機能的分化という社会構造の広がりを示している。序章でも述べたように、機能的分化とは、社会を秩序づけ、組織を構成する尺度が、具体的な企業利益・個人利益に結びつく有用性に縮減されることであり、この有用性の尺度のもとで、人間が、さまざまな関係性から切り離され、「労働力」という商品に還元され、「能力」という表象によって物象化され、さらに「個人」という単体として実体化されることである。

機能的分化を象徴する日常性は、生活が商品によって標準化され、言動が損得勘定によって決定され、思考が目的合理性によって支配されることである。こうした日常性は、一九一四年に、当時、ミズーリ大学の経済学教授であったヴェブレン（Veblen, Thorstein Bunde 1857-1929）が、「機能的」という言葉のかわりに「機械的」という言葉を用いながらではあるが、端的に証言している。「［現代社会の］消費者は……標準化されたものの網状連鎖に順応することを要求されている。……仕事と遊び、生活と余暇において与えられているもの［＝商品］を有効に利用するために、消費者は、何が、いつ、どこで、いかに、どのくらいの量で、どのくらいの価格で売られているのか、知らなければならず、またそうしたことをたえず気にする習慣を身につけなければならない。そして、最良の成果をあげるために、関連する機械的過程が微妙なバランスのうえに成り立っていることをよく知り、冷静な洞察力を発揮し、自分をその機械的過程に適合させなければならない」と（Veblen 1914: 313-4）。

こうした機能的分化のなかで広がる有用性指向は、少なくとも二つの重大な問題をはらんでいる。その一つは、有用性指向の優生学思考への傾斜という問題であり、もう一つは、テクノロジーの暴力性である。

能力への崇敬と一命への畏敬

有用性指向の生みだす一つの問題は、能力への崇敬が高まり、一命への畏敬（reverence to vita）が喪われることである。いいかえるなら、人を評価する尺度が有用性に一元化されるとき、能力・技術のような強さの力が重視され、一つひとつの命を讃え、ともに支えあい・許しあう、弱さの力が軽視されることである。

なるほど、能力への崇敬は、私たちの生がたえず何らかの危険にさらされているかぎり、自明な思考・心情である。人は、能力をもたずに生きることができない。人間の生命は、人間の技術が生みだす事物操作の力に支えられている。その意味で、人が生きることとは、生命の諸力と人間の技術が緊張関係を形成することである。おそらく有史以来、生命の諸力は、人類という種の存続成長を物質的に可能にするために、人間に技術の創案・活用を要求してきたのだろう。そして技術なるものは、基本的に人間が生きのびるために必要な力であり、自然の諸力が生みだす予測不可能な暴虐に対抗するために創りだされた力であった、と考えられる。

しかし、能力への崇敬は、本来的に、一つの命をかけがえのないもの、代替不可能性として畏敬する心情をともなっているはずである。いかに能力を讃えようとも、人は、自分が生きるために、ときには他の命を犠牲にしなければならないという不条理に、心を痛めるはずである。人が生きることは、本来的に他者との協同であり共生だからである。人は、他者を信頼し他者に信頼されなければ、世界を肯定し世界に肯定されなければ、生きられないからである。したがって、人が能力を崇敬するあまり、いかなる状態にあろうとも、一命を看過するならば、それは、生の土台は関係性であるという生の大前提を間接的に否定することにひとしい。

したがって、メリトクラシー、優れた能力を称揚する教育者は、一つの矛盾に追い込まれる。それは、人間の価値を讃えながら、人間の価値を蔑《ないがし》ろにするという矛盾である。それは、たとえば、一方で、病弱な子どもの権利を擁護し、障害者の人権を宣揚しながら、他方で、スポーツ選手を賛美し、学歴エリートを賞賛することである。病弱な子どもも、障害者も、スポーツ選手や学歴エリートのような優れた能力を発揮することができない。したがって、能力に優れた者を賞賛することは、能力に乏しい者を間接的に否定することにひとしい。その間接的な存在否定は、人権を語り、子どもの努力を讃えるその口によって、隠蔽されている。もちろん、その事実に気づかない人は少ないだろう。現実主義者の教育者なら、自分の倫理感覚を押し殺し、利益を最優先するためと自分を納得させながら、この矛盾を一つの担うべきディレンマとして耐えることもできるだろう＊。

＊ しかし、子どもたちにとっては、人権や努力を讃えながら、障害や病弱を否定するという矛盾は、しばしば、ディレンマではなく、虚言の隠蔽に見える。すなわち、ある人が能力に優れた者を賞賛するかぎり、その人がいくら人権を擁護し努力を称揚しても、そうした言葉はすべて見え透いた虚言と見なされる。能力に優れた者を賞賛する者は、いくら努力を讃え、人権を守ろうとしても、失敗を疎《うと》んじ、疾病を嫌う、その本心を隠している、と見なされるのである。そして、その本音と建前の使い分けは、大人への嫌悪感を掻き立て、やがて大人全体、社会全体への不信感を生みだしていくこともある。その場合、人権を語り、努力を讃え、社会に奉仕する大人は、子どもを反社会的存在へと追いやるという、アイロニーを派生させるのである。

知能論的メリトクラシーの原型

メリトクラシーは、進歩主義教育に大きな影響を与えたとされる「新しい心理学」(New Psychology) に引き継がれていた、と考えられる。「新しい心理学」とは、スタンフォードの心理学者ターマン (Terman, Lewis M. 1877-1956)、コロンビア大学の心理学者ソーンダイク (Thorndike, Edward L. 1874-1949)＊らが唱えた二〇世紀の知能理論である。ターマンは、「スタンフォード＝ビネーＩＱテスト」と呼ばれる、アメリカ最初のＩＱテストの開発者であり、有名な優生論者である。ソーンダイクは、文章構成力 (Completion)、計算力 (Arithmetic)、語彙力 (Vocabulary)、指示随順力 (Direction) を指標とした「ＣＡＶＤ」と略称される知能テストの開発者であり、優生学に大きく傾いていた。とりわけソーンダイクの知能理論は、サムナー的な社会進化論を継承したものといえるだろう。ソーンダイクは、人びとのあいだの貧富・品格の差は遺伝的能力の差によって生まれる、と考えていたからである。すなわち、遺伝的劣等性が貧困・悪徳として現れ、遺伝的優等性が富裕・有徳として現れる、と。

＊　ルイス・M・ターマンは、一八七七年にインディアナ州ジョンソン郡で生まれた。セントラル・ノーマルカレッジ、インディアナ大学をへて、クラーク大学で博士号を取得している。ロサンゼルス・ノーマルスクールの教授をへて、スタンフォード大学の心理学教授となり、定年まで同大学にとどまった。また、エドワード・L・ソーンダイクは、一八七四年にマサチューセッツ州ローウェルのメソジスト系の牧師の家に生まれた。ロクスバリー・ラテンスクール（Roxbury Latin School）を卒業し、ウェスリアン大学、ハーヴァード大学をへて、コロンビア大学で博士号を取得し、定年まで同大学にとどまった。なお、ロクスバリーは、植民地時代の一六四五年に創設された、アメリカでもっとも古いエリート私立中等学校である。マサチューセッツ州知事、ハーヴァード大学学長、ノーベル賞化学者など、多くの著名人を輩出している。

すこし時代がくだるが、一九四〇年にソーンダイクは、最後の著作である『人間の自然本性と社会秩序』のなかで、次のようなメリトクラティックで優生学的な教育論を展開している。「適切な環境を用意し選別的に子どもを養育することによって、私たちは、すべての人間が現在の人間の上位一〇％と同じ能力を示す世界を手に入れることができる。有能で善良な人にできる一つの確かな貢献は、子どもに恵まれ、子どもを育てることであり、劣等で悪徳な人にできる一つの（ほとんど唯一の）確かな貢献は、自分の遺伝子の生き残りを妨害することである」と（Thorndike 1940: 957 [Karier 1975b: 193]）。

ソーンダイクにとって、人間の遺伝的能力を示すものは、ＩＱテスト、知能テストによって測られる「知能」（intelligence）であり、「人格」（character）の内実を規定する要素は、この「知能」であった。つまり、ソーンダイクは、知能の程度が人格の程度を決定する、と考えていた。これは、いわば、知能一元論である。ソーンダイクは、一九二〇年に発表した「知能とその有用性」という論文のなかで、次のように述べている。

「この世界では、有能な人間であればあるほど、清潔であり、品格があり、公正であり、親切である。能力が人を善意に結びつけるというこの人間の自然本性の特徴に、現代の一般人が与っている恩恵の大部分は支えられている。……たとえば、社会改革の四分の三は、指導者によって、つまり共通善のために利己的な関心を抑える高度な知能を有する人間によって、大々的に導入されてきた。……優れた知能を有する人は、必然的に優秀なうえに正義と善意の人である。彼（女）らの行動は、この世界の利益に反するものではなく、それに添うものである。……したがって、デモクラシーとは、分けへだてなくすべての人に権力参加の道を用意することではなく、有能な人格により大きな自由を与え、その人に権力を握らせることである」(Thorndike 1975 [1920]: 232)。

こうしたソーンダイクのメリトクラティックで優生学的な知能理論は、二〇世紀前半のアメリカの教育実践に大きな影響を与えた。ソーンダイクが、一八九九年から一九四〇年の四〇年間にわたり、コロンビア大学の教授として何千人も学生を教え、彼（女）らの多くが教職や教育行政職についたからであり、またソーンダイクが、五〇冊の本を出版し、四五〇本を越える論文を発表しているからである。思想史学者のホフスタッターも、「ソーンダイクは、教育者のあいだに遺伝的精神能力という優生学的な考え方を広めるうえで、多大な役割を果たした」と述べている (Hofstadter 1955a: 165)。教育学者のカリアーも、一九一三年に出版されたソーンダイクの『教育心理学』全三巻は「その次の二世代にわたり、教育心理学の論調を決定づけた」と述べている (Karier 1975b: 194)。象徴的な人物は、ＥＴＳ (Educational Testing Service 教育テスト提供機関) を創設し、ＳＡＴ (Scholastic Aptitude Test

大学進学適性テスト、現在のScholastic Assessment Test）を普及させたハーヴァードの学長補佐チョーンシー（Chauncey, Henry 1905-2002）である。チョーンシーは、建国期以来の由緒正しい牧師の家に生まれ、エピスコパル派の有名なボーディングスクールである、グロートンを出て、ハーヴァード大学を卒業している。彼は、ソーンダイク的な知能理論を踏まえつつ、当時のハーヴァード大学学長コナント（Conant, James Bryant 1893-1978）とともに、一九三四年にハーヴァードの入学試験にSATを部分的に導入し、一九四一年には全面的に導入した。さらに一九四三年には、SATを改良し、現在のようなアメリカ全体で大学進学をめざすすべての学生が受けるべきテストに仕立てあげた。一九四五年にコナントによって創設されたETSは、このSATの管理運営を行う非営利組織であり、チョーンシーは、その初代の所長である。チョーンシー、コナントの目的は、真の優秀者だけを選別し大学に入れ、アメリカをその優秀者の手に委ねることであった（Lemann 1999）。

進歩主義時代のアメリカでは、メリットは貧富を決定する主要な変数である、と考えられるようになった。教育学者のスプリングは、次のように述べている。「第一次大戦後の一定期間に、［アメリカの］ほとんどの心理学者は、知能は遺伝するものであり、それを制御する方法は育成する対象を選別することである、と信じるようになった。多くの心理学者にとって、これが意味していることは、優生学の導入と劣悪な知能の排除が、文明化を進展させる主要な希望であるということであった」。そして「この時代の心理学者は、金持ちが金持ちであるのは、彼（女）らが貧乏人よりも知能が高いからである、と主張していた」と（Spring 2001: 297, 298）。サムナーのエピスコパル派的な人間の自然本性論は、心理学の衣を着て、進歩主義時代に登場したのである。ソーンダイクは、進歩主義教育の牙城であったコロンビア大学ティーチャーズ・カレッジの教授であったが、けっして進歩主義教育者ではなかった。

ソーンダイクと進歩主義教育者との思想的隔たりは、その空間的隔たりをはるかに超えるものであった。

テクノロジーと暴力

有用性指向がはらんでいるもう一つの問題は、それがテクノロジーの暴力性を高めることである。テクノロジー（事象を操作制御する人間の技術・能力）は、つねに何らかの暴力と結びついている。もっともわかりやすい事例は農業だろう。農業は長く、雑草・害虫のような自然の力を人間の技術で制圧することである、と考えられてきた。しかし、農薬の使用に端的に示されているように、それは、自然に対する暴力でもあり、ときに人間に対する暴力でもある。テクノロジーは、専門的な狭い視野のもとで目的合理的に使われるとき、負の波及効果を生みだす。

社会統制を嫌うカリアーやバワーズが繰りかえし論じてきたように、テクノロジーと暴力の結びつきを意識しているかどうかは、進歩主義教育思想を評価するうえで、重要なポイントである。たとえば、カリアーは、デューイがテクノロジーと暴力の結びつきを理解していなかった、と考えている。「彼［＝デューイ］は、繰りかえしテクノロジーを肯定的ないし中立的なものとして扱っている。そしてほとんどテクノロジーのシステムそのものが、否定的ないし制約的な結果を生みだすことに、真摯な関心を寄せていない。さらにつきつめていえば、彼は、デモクラシーや個人の自由が、科学やテクノロジーといかなる本質的つながりももたないことを理解していない」と（Karier 1973: 104）。カリアーにとって、テクノロジーがデモクラシーや自由に違背するのは、テクノロジーが民衆（デモス）の決定に従うのではなく、専門家（テクノクラート）の決定に従うからである。

カリアーの前提を否定することになるが、民衆の決定に従う場合でも、テクノロジーは、「否定的ないし制約的な結果」を生みだすだろう。民衆が専門家よりも広い視野のもとにより正しい判断を下すとは、いいきれないからである。したがって、だれの手にあろうとも、テクノロジーは暴力となりうる。もちろん、テクノロジーが暴力になりうるという可能性は、テクノロジーを否定する理由にはならない。それは、人間が暴力を行使するという現実が人間を否定する理由にならないことと、同じである。人間がまるごと暴力でないように、テクノロジーもまるごと暴力ではないからである。人間が暴力を抑止できるように、テクノロジーも暴力を回避可能である。そのために必要なことは、民衆であれ、専門家であれ、人びと、システムそれ自体が、何のためにテクノロジーを求めるべきなのか、と真摯に問うことである。つまり、有用性指向についての不断の倫理的反省である。

第2章　ブランボーの進歩主義教育改革
──魂の完全化論

Chapter 2　*Progressive Educational Reform of Martin G. Brumbaugh: The Perfecting of Soul*

〈要約〉　本章の課題は、前章を受けて、進歩主義教育改革の思想的・宗教的な原動力を具体的な事例（ペンシルベニア）にそくして確認することである。まず注目する概念が効率である。「リヴィジョニスト」と呼ばれた教育学者は、「効率」という言葉に階級利害に基礎づけられた、人間を労働力に還元する職業主義イデオロギーを見いだし、進歩主義教育改革を厳しく批判してきた。しかし、ここでとりあげたペンシルベニアの場合、進歩主義教育改革は、階級利害から無縁のプロテスタンティズムに基礎づけられており、魂の完全化を指向した改革であった。効率とは、相互扶助的である「オーガニックな社会」（有機体的社会）を速やかに実現することを意味し、教育は、まさにこのオーガニックな社会を実現する手段であった。ペンシルベニアの進歩主義教育改革の主導者ブランボーが前提にしていた魂の完全化論は、この時代に広まった社会的福音思想の完全化論と類同的であった。少なくとも、ペンシルベニアの進歩主義教育改革は、企業資本主義、競争個人主義が広まるなかで、そうした社会現実を真摯に刷新する試みであり、それにただ無批判に順応する試みではなかった。

1　進歩主義教育改革は社会統制か

進歩主義教育改革

進歩主義時代のアメリカでは、東部・西部を問わず、各地で教育改革が盛んに行われた。そうした教育改革は、しかし、前章でとりあげたような時代の変化、企業資本主義の拡大に順応するものばかりではなかった。それらの教育改革のなかには、たんに「進歩主義時代の教育改革」ではなく、「進歩主義教育改革」と呼ぶべきもの、とりわけ社会的再構築をめざす改革も、多くふくまれていた。そして、そうした進歩主義教育改革は、東部のマサチューセッツ、ニューヨーク、ペンシルベニアから、中部のウィスコンシン、イリノイ、ミズーリ、そして西海岸のカリフォルニアにいたるまで、アメリカのさまざまな場所で行われた（Issell 1970; Lazerson 1971; Troen 1975; Perlmann 1980; Altadonna 1983; Peterson 1985; Hogan 1985; Reese 1986; Wrigley 1982）。

そうした進歩主義教育改革は、およそ次のような特徴をもっていた。まず、改革内容についていえば、それは、教育委員会の専門職主導型への改革、職業教育（産業教育、マニュアル・トレーニング）の導入、学校の社会センター化、幼稚園の設置、サマースクールの開設、社会科・市民科の導入、プレイグラウンド（子どもの遊び場）の設置などである。また、改革の時期についていえば、これらの教育改革は、多くの場合、進歩主義教育協会が設立される一九一九年以前から始まっていた。つまり、この時代の進歩主義教育改革は、進歩主義教育協会の指導のもとに行われたのではなく、各地でグラスルーツ的に発生した教育改革運動の成果であった。

むろん、のちに進歩主義教育協会に属する人びとの実践活動、著述活動は、こうした教育改革を後押ししたにちがいない。たとえば、デューイは、一九〇〇年に『学校と社会』を、一九〇二年に『子どもとカリキュラム』を、そして一九一五年に『明日の学校』を出版している。また、この時代を代表する知識人のバーン (Bourne, Randolph 1886-1918) は、一九一六年に『ゲイリー・スクール』(*The Gary Schools*) を出版し、同じく著名な知識人であったニアリング (Nearing, Scott 1886-1983) も、一九一五年に『新教育』(*The New Education*) を出版している。そしてリンカーン・スクールを創設したフレックスナーが、一九一六年に『近代学校』(*A Modern School*) を出版している。どの本も、教育改革に大きな関心をもつ人びとのあいだで広く読まれ、話題となった本である。

リヴィジョニストの社会統制論

さて、一九七〇年代から八〇年代のアメリカの教育史・教育社会学研究においては、実際の進歩主義教育改革が何を意図したものであったのか、という問いに対して、コーエン／ラザーソン、ボールズ／ギンティス、カリアー、スプリングなど、「リヴィジョニスト」と呼ばれる研究者がラディカルな解釈を示した。彼らは、実際に行われた進歩主義教育改革は、企業資本主義の広がりを背景としつつ、政財界のエリート・上層階級によって主導されたものであり、基本的に「効率」(efficiency) をめざし、危険な下層民・移民の子どもを馴致し従順な企業労働者に変える「社会統制」(social control) の試みであった、と論じた*。

* 「リヴィジョニスト」については、森田 (1986) の付論においてよく整理されている。なお、「社会統制」という言葉は、一九〇一年に刊行された社会学者のロスの同名の著書に由来する。ロスはそこで「若者の訓練可能性によって確定されることは、教育システムが社会秩序を基礎づけることである。子どもたちは、自己統制と外部規範への従順の習慣を形成されるべきである」と述べている (Ross

1912 [1901]: 164 [Gonzalez 1977: 32])。ちなみに、ロスは、連邦レベルで政治的進歩主義改革を進めたT・ルーズヴェルト大統領と親しい関係にあった (Gonzalez 1977: 30-31)。

こうしたリヴィジョニストの社会統制論は、進歩主義時代の教育学者カバリー (Cubberley, Ellwood Patterson 1868-1941) の学説を継承したバッツ、クレミンらが示した教育史像への批判であった (Cubberley 1920; Butts/Cremin 1953; Cremin 1961; Butts 1978)。彼らは、進歩主義教育改革は、「デモクラシー」を理念とし、社会全体の改善を意図した「社会的メリオリー」(social meliory) である、と見なしていたが、リヴィジョニストの社会統制論は、カバリーらの社会的メリオリー論をまったく否定するものであった。一九八〇年代から一九九〇年代にかけて、アメリカの教育史・教育社会学は、リヴィジョニストの社会統制論の妥当性をめぐり、議論を重ねてきた。

本章の課題は、進歩主義教育改革を実際に遂行した人びとの動機に迫ることで、こうした議論に一石を投ずることである。とりあげるのは、前章に引きつづき、ペンシルベニア州で行われた進歩主義教育改革であり、その改革の中心人物の教育思想である。結論を先取りすれば、本章は、前者すなわち社会的メリオリー論の妥当性を示すことになるだろう。ここでとりあげるペンシルベニア州の進歩主義教育改革も、すでにアメリカの教育学者によって社会統制の一環と位置づけられているが、本章は、その解釈を退けることになるだろう。ただし、本章の結論は、進歩主義教育改革に社会統制論がまったく妥当しないという論難を意味していない。ここでとりあげる事例は一つだけであり、社会統制論が妥当する実際の進歩主義教育改革もあるからである。

進歩主義期のペンシルベニア教育改革

ともあれ、ここで事例とするペンシルベニア州の進歩主義教育改革を概観しておこう。まず、企業資本主義（第1章第2節を参照）が浸透し始める一八八〇～九〇年代に、中央、地方の教育長を中心に、①マニュアル・トレーニング、産業教育を学校へ導入しようとする動き、②義務教育法を制定しようとする動き、さらに、③教育委員会改革を中心として公立学校システムを教育長主導のもとに運営しようとする動きが、強まっていった。そして、一九〇〇～一九一〇年代に、「進歩主義者」（Progressive）を自称する経済的・政治的エリートや、おもに中産階級の女性が組織した教育政策団体、すなわち「フィラデルフィア公教育協会」（Public Education Association of Philadelphia 一八八〇年創設）と「フィラデルフィア市民クラブ」（Civic Club of Philadelphia 一八九四年創設）が活発に活動し、①、②、③の動きを具体的に立法化していく主要な契機となった*。

* この時代には、中産階級とはべつに、上層階級も社会改革を志していた（Benjamin 1970; McCaffery 1992）。フィラデルフィアでは、一八七八年に「フィラデルフィア改革クラブ」（Reform Club of Philadelphia）が、上層階級によって組織された。このクラブは「構成員の選考と任命に最高の基準を設けた私的なクラブ」であり、その目的は「政治的な社会改革を意図し、それを個人的に実行する」ことであった（Bradley 1931: 158）。このクラブには、『フィラデルフィア名士録』にふくまれる家族の多くが加わっていた。ちなみに、ボストンでも、一八八〇年に社会改革活動をめざした「マサチューセッツ改革クラブ」（Massachusetts Reform Club）が設立され、「ボストン・ブラーミン」と呼ばれた上層階級が参加していた（Blodgett 1966: 29）。

しかし、こうした上層階級の博愛主義的な社会改革運動は、けっして自分たちの社会的・経済的な地位を危うくするものではなかった。著述家のブラッドリー（Bradley, Edward S.）は、当時、フィラデルフィアで社会改革運動を行っていた上層階級のリア（Lea, Henry Charles 1825-1909）の伝記を著し、そのなかで、フィラデルフィア改革クラブは、クラブハウスとしてマンションを借り切り、「すばらしい調度品のそなわったクラブルーム、レストラン、図書室、ワイン室、そしてボールゲーム室を誇っていた。……改革クラブの目的は、みせかけだけの社会改革であった」と評している (Bradley 1931: 158)。事実、改革クラブは、共和党的政治思想を支持し、財の平等な分配を志向する「危険な民主党員を拒絶する」方針をとっていた。たとえば、フィラデルフィア市長のヴォークス (Vaux, Richard 1816-1895) は、『名士録』に記載されている名士でありながら、「企業の専制権力」「銀行の政党支配」を厳しく批判した民主党員であったために、同クラブに入会することができなかった。

この時代に、プロテスタントの各宗派は、大都市の貧困・犯罪・浮浪といった「社会問題」に強い関心を寄せるようになった。たとえば、一八九〇年代から一九二〇年代のプレスビタリアン派の『プリンストン・レヴュー』、メソジスト派の『メソジスト・クォータリー・レヴュー』、バプティスト派の『スタンダード』、エピスコパル派の『ザ・リビング・チャーチ』などを見るなら、この時代の各宗派の主要な関心事が「社会問題」であること、とくに都市部における労働者・浮浪者の犯罪・貧困であったことがよくわかる (Hopkins 1967=1979: 49-50)。

しかし、上層階級の人びとの多くは、そうしたプロテスタントの各会派の雑誌を購読しながらも、「社会問題」を本当に緊要な問題であると感じることができなかった。たとえば、フィラデルフィアの上層階級に属する法律家で、のちに上院議員となったペパー (Pepper, George W. 1867-1961) は、若いころの自分を次のように回顧している。「過去において、私は、何度も、飢えてこごえ、借金に追われているという状態をイメージしようとしたが、そのたびに、たんなるあやふやな想像に終わった。……私は、エレベーターボーイや、タクシードライバー、店員、炭坑夫、失業者のことも、病気の妻や子どもがいても、彼（女）らに満足な治療も看護も受けさせてやれないことも、ホワイトカラーが遺伝的能力ばかりを気にかけて家庭生活を営んでいることも、その能力なくしては昇進の機会もないことも、まったく想像できなかったのである」(Pepper 1944: 278)。すでに一八六〇年代から、アメリカの都市部では、上層（大資本家）階級／中産階級／下層（労働者）階級という階級的な住み分けが進み始め、社交関係も階級的に分断されつつあった。この事実を考えれば、このような回想を、意図的な自己正当化と決めつけるわけにもいかない。本当に貧困の事実を知らなかったのだろう。

それらの学校法（一九〇五年学校法、一九一一年学校法）は、州内の教育行政の効率化・集権化をはかり、教育長の権能を強化するものであり、また職業教育（産業教育）の導入をはかるものであった。そして、この時代の社会的背景は、非アングロサクソン移民の増大、上層階級・上層中産階級の政治支配を批判する労働運動の活性化などであり、いずれも旧来のアングロサクソン・プロテスタント中心の位階的社会秩序をおびやかすものであった。こうした情況証拠は、どれも社会統制論を支持しているかのように見える。

中心人物としてのブランボー

こうしたペンシルベニアの進歩主義教育改革の実質的な主導者は、ブランボー（Brumbaugh, Martin G. 1862-1930）*である。ブランボーは、一八八〇～九〇年代に、ペンシルベニア州ハンティングトン郡の教育長として、またペンシルベニア大学の教育学教授として、さらにジュニエータ・カレッジ学長として、教育改革を強く主張してきた人物であり、フィラデルフィア公教育協会副会長（一九〇〇～一五年）として、またフィラデルフィア市教育長（一九〇五～一五年）として、さらにペンシルベニア州知事（一九一五～一九年）として、実際に進歩主義教育改革の中枢に位置していた人物である。前章の最後でふれたペンシルベニア州知事ペニーパッカーとは、親しい関係にあり、教育政策についても同じような考え方をもっていた。たとえば、ブランボーが作成し成立に尽力した「児童労働法」は、もともと

〈表1〉フィラデルフィアの公教育と上層階級

フィラデルフィア市教育委員会の構成者	1904	1906
構成者の総数	42	21
『紳士録』(*Blue Book*) の記載者数	20	16
『名士録』(*Social Register*) の記載者数	5	4
所属率（いずれかに記載された者の比率）	47%	76%

フィラデルフィア公教育協会の役員構成者	1882 ～ 1912
構成者の総数	24
『紳士録』(*Blue Book*) の記載者数	18
『名士録』(*Social Register*) の記載者数	11
所属率（いずれかに記載された者の比率）	75%

＊ Issel（1970: 359-60）から引用。1905年の教育委員会の再編によって教育委員会の構成員数は半減した。この表から進歩主義時代のフィラデルフィア市教育委員会も公教育協会役員も、おもに上層階級（上層中産階級）のエリートで構成されていたことがわかる。

ペニーパッカーの発案した法律であった。

＊ マーティン・グローブ・ブランボーは、一八六二年にペンシルベニア州のハンティングトンで生まれた。父は農夫で雑貨商だった。ミラーズヴィル州立ノーマルスクール、ハーヴァード大学、ペンシルベニア大学に学び、一八八四年から一八九〇年まで（二二歳から二八歳まで）、生まれ故郷のハンティングトン郡教育長をつとめた。一八九四年、三三歳のときに、ペンシルベニア大学から哲学博士号を取得し、最初の哲学部教育学講座教授に就任し、一九〇〇年まで在職した。一九〇六年から一九一五年までフィラデルフィア市教育長をつとめ、一九一五年から一九一九年までペンシルベニア州知事をつとめた。人望が厚く大統領候補にという声も強かった。著書は『ジュニエータ聖書講義』（一八九七年）、『教師の形成』（一九〇五年）などであり、これまで、日本ではまったく、アメリカでもほとんど語られることのなかった教育学者である。

ブランボーのかかわった進歩主義教育改革は、多岐にわたっている。まず、一九〇五年学校法と一九一一年学校法の原案を作成し、「効率」「専門性」を標榜した教育委員会改革を行っている。また、職業教育（産業教育、マニュアル・トレーニング）は、州知事選挙キャンペーンのさいのブランボーの公約の一つであり、この公約は、一九一五年に州内の公立学校における職業教育の導入促進をさだめる州法が成立することで実行された。この他にも、ブランボーは、学校の社会センター化、幼稚園の設置、サマースクールの開設、市民科の導入、プレイグラウンドの設置などを行っている。ブランボーは進歩主義教育協会に属していなかったが、こうした教育改革は、ブランボーが典型的な進歩主義教育の主導者であったことをよく示している。

2　争点としての効率の意味

社会統制か

さて、先行研究を踏まえるなら、こうしたペンシルベニアの進歩主義教育改革には、社会統制論的解釈が妥当するように見える。たとえば、アイセルの研究 (Issel 1970; 1979) やアルタドンナの研究 (Altadonna 1983) は、ペンシルベニアの職業教育の導入、義務教育法の制定、幼稚園の設置、サマースクールの開設といった教育改革に、社会統制という考え方、すなわち非プロテスタント移民や下層階級の「不道徳で危険な」子どもを学校教育をつうじて企業資本主義とプロテスタント文化に順応させるべきである、という考え方を読みとっている。

ハイスクールのカリキュラム改革の中心に位置していた職業教育の導入についていえば、なるほど、当時の教育改革論者の多くは、子どもを「効率的」にそれぞれにふさわしい職業的地位に配分するべきである、と主張している。たとえば、フィラデルフィア公教育協会の会長ハイアット (Hiatt, James) は、一九一四年に「もはや私たちは、すべての子どもを同等に扱うことはできない。……［今や旧来の共通の学習に加えて］子どもに人生の闘争に立ち向かうよい契機をもたらす訓練が供与されなければならない」と述べている (Altadonna 1983: 222)。また、一九一五年には、「効率の福音は、すべての者に届こうとしている。実業世界で発せられたその声は、私たちの子どもたちを複雑な産業生活の部分へ適切に配置する［職業］教育制度を求めている」と述べている (Altadonna 1983: 191)。もしも、こうした教育改革論者の主張を、職業教育の導入によって生まれたカリキュラムの分化(学問的コース、商業コース、マニュアル・トレーニングコース）が結果的に果たすことになったトラッキング機能から遡及的に解釈すれば、職業教育の導入は、ハイスクールのカリキュラムを階級的に分化させ、子どもの職業的地位を階級別に「効率的」に決定することを目的としていた、といえるかもしれない。

実際に、こうした職業的地位への子どもの効率的配置という考え方は、子どもの能力・適性を生かし社会全体の生産性を高めることになる、と考える人も少なくなかった。背景にあったのは、経済界の効率主義である。

無駄を排除する

一九〇〇年代から一九二〇年代にかけてアメリカの経済界では、経営の「効率」を求める動きが活発になり、そのための手法を開発する人びとが数多く登場した。たとえば、「産業的効率」をかかげ「科学的管理法」(テイラーイズム) を提唱したテイラー (Taylor, Frederick W. 1856-1915)、そして、おそらく最初の経営コンサルタント会社を設営したエマーソン (Emerson, Harrington 1853-1931) などである。テイラーは、「テイラーイズム」という言葉とともによく知られているように、労働者一人ひとりの仕事に対する応答責任・意志決定を減らし、彼(女)らを組織の歯車、従順な部品と位置づけることで、無駄を省き、効率を高めようとした。そしてエマーソンは、一九一一年に出版した『効率の一二の原則』という本で、次のように効率の大切さを語っている。

「人間の進歩が遅いとすれば、それは無駄があるからである。……無駄にされた人生は、喜びではなく悲しみであり、快適で知的な活動ではなく苦痛で無学な努力である！　すべての無駄を排除することは、たしかにユートピア的な理想であり、この地上では実現できないが、何らかの無駄を排除することは可能であり、それはただちに見返りをもたらすのである」(Emerson 1911: 372-3 [Callahan 1962: 25])。

こうした経済界の効率指向は、教育界にも及んできた。たとえば、著述家のモンロー(Munroe, James P. 1862-1929)は、一九一二年に『教育における新しい要求』のなかで、次のように効率指向の強まりを語っている。「教育において基本的に要求されているものは、教育以外の領域においてもそうであるが、効率である――物質的効率、精神的効率、道徳的効率である」。たしかにアメリカの学校は非効率的であり、「膨大な人間のエネルギーを意味もなく無駄に費やしている」。「私たちは何をなすべきか。……私たちが必要としているのは『教育的エンジニアリング』[＝教育運営組織の再編]である。その実現のために、子どもたちを人生に準備させるこの[教育という]巨大なビジネスを研究し、何がうまくいっているのか、何が無駄なのか、どこが時代遅れになっているのか、どこでまたなぜ成果が上がらないのか、私たちはそれを知らなければならない」(Munroe 1912: v, 20-1 [Callahan 1962: 62])。他にも、バグリー、ストレイアー(Strayer, George 1876-1962)、ボビット(Bobbitt, Franklin 1876-1952)などの教育学者が、この時代に、教育界への経済的効率の導入を強く主張した(Franklin 1986: 83-137)。

効率概念

ペンシルベニアの場合は異なるが、この時代の教育改革論における効率指向は、しばしば「社会的」と形容されている。浩瀚なアメリカのハイスクール史を著した教育学者のクルーグは、この時代の教育改革論が標榜した「社会的効率」(social efficiency)の本質は「社会統制」(social control)と「社会奉仕」(social service)の二つに分けられる、と述べている。社会統制のメルクマールは、子どもの「社会的必要」に適合するようにカリキュラムを分化することであり、社会奉仕のメルクマールは、子どもの「社会的活動」の準備となるようにカリキュラムに協同性を組みこむことである（Krug 1969: 249, 274-81）。ただし、クルーグは、総体として見れば、進歩主義教育改革における「社会的効率」が意味したものは、社会奉仕ではなく社会統制であった、と示唆している。

クルーグの議論を継承した教育学者が、スプリングである。スプリングは、このようなクルーグの解釈をエレメンタリースクール（プライマリースクール）のカリキュラム改革にも適用している。彼は、学問的教科中心であったハイスクールへの職業教育の導入だけではなく、読み・書き・算術中心であったエレメンタリースクールへのマニュアル・トレーニングの導入、プレイグラウンドの設立、サマースクールの開設は、より効率的に子どもを企業の分業的位置に配置し、企業資本主義の秩序を再生産する手段であった、と論じている（Spring 1972）。

「（社会的）効率」という言葉は子どもを企業資本主義へ順応させるための理念であった――このスプリングの解釈は、もっともなようにも思われる。たとえば、進歩主義教育思想の主導者であるデューイですら、一九一六年の『デモクラシーと教育』において、「特定の目的にそくして」という但し書きをつけながらも、教育目的としての「社会的効率」は「産業的効率」を意味している、と述べている。

「社会的効率という言葉は、特定の目的にそくして翻訳するなら、産業的効率の重要性を意味している。そもそも、人間は生活手段なくして生きることができない。そして、生活手段の使い方や用い方は、人間相互のすべての関係に深く影響する。［たとえば］ある人が自分や自分の扶養する子どもの生計を立てられないなら、その人は、他の人びとの活動に対する邪魔者ないし寄生者になるからである。……また、専制社会からデモクラシー社会へ移行することで、だれもが経済的に出世できるようになったし、そうしたなかで、たんなる見せびらかしや贅沢のためではなく、経済的資産を有効に活用する能力を生みだす教育の意義が強調されるようになったことは、当然のことである」(Dewey 1996, *DE*, MW. 9: 125-6= 1975, 上 : 191-2)。

批判的行動ではなく順応的行動か

もしも社会統制論をおし進めれば、進歩主義教育改革の主体は、政財界のエリートに見えるかもしれない。実際にコーエン／ラザーソンは、「都市の法人企業の分業化にともない、実業・企業界のリーダーたちの、適切に訓練され規律化された労働者を養成してほしいという要請が、メリトクラシーの理論［＝ソーンダイク的な知能理論］が開発されるまえに、カリキュラムの階層的分化を生みだした」と述べている (Cohen/Lazerson 1972: 54)。

また、ボールズ／ギンティスは、進歩主義期の教育委員会改革の真の成功は「学校支配がエリートに決定的に移行したことに示されている」といい (Bowles/Gintis 1976: 189)、①教育委員会改革は、学校を地域共同体の教育意志から切り離し、それを州政府のエリートの管理下におくことであり、②そうすることによって、エリートが、公教育に職業教育を導入し、ハイスクール・カリキュラムを分化させ、ハイスクールに押し寄せてくる労働者、移民、黒人の子どもを単純労働に方向づけた、と主張している (Bowles/Gintis 1976: 194)。

こうした社会統制論者の主張に従えば、一九一〇年代末期に登場する知能理論にもとづく能力別編成も、経済的エリートの要求する法人企業の生産関係への対応、すなわち、職業教育の導入によるカリキュラム改革を正当化する理論・方法であった、ということになるだろう。つまるところ、実際の進歩主義教育改革は、企業資本主義への批判的応答ではなく、それに対する順応的反応の一つにすぎなかった、と。

一般人は兵卒である——職業主義

しかし、奇妙なことにも、コーエン／ラザーソンは、自分たちの主張を裏づけるような実際の教育改革の経緯を示していない。彼らのあげる証拠は、実際の教育改革に関係したかどうかはっきりしない教育長の発言の断片であったり、経済団体の報告書の言葉であったりである。ボールズ／ギンティスは、教育委員の発言に「職業主義」(vocationalism)、つまり学校は職業構造に生徒を配置するための選別装置であるという考え方が読みとれること、教育委員会改革によって教育委員がエリートで占められたこと以外に、その主張を裏づける証拠を示していない。

たしかに、彼らが引用しているように、「NAM」(全国製造業者協会National Association of Manufacturers)や、マサチューセッツ州教育長のスニッデン(Snedden, David Samuel)の主張は、明らかに職業主義的である。たとえば、スニッデンは、一九〇〇年に「兵卒としての一般人のための教育」(“Education for the Rank and File”)という論文で、適者生存を主張するスペンサーの社会進化論を援用しながら*、「教育の究極目的は……最大規模の効率の達成である」と述べている。「兵卒としての一般人は……定められた義務を果たせばよい。彼(女)らは[経営者に]追従するのであり[企業を]先導するのではない」。効率が要求するものは「有用性指向の訓練である。それは仕事の世界における個人的効率に類比される」と(Drost 1967: 43から引用)。

* スペンサーの社会進化論的な教育論は、一八八〇年代から九〇年代にかけて広く読まれていた。一八五〇年代にスペンサーがイン

グランドで発表した四つの教育論は、一八六〇年にニューヨークで『教育』(*Education: Intellectual, Moral and Physical*) と題された単行本として出版された。一八六〇年代に、同書は、アメリカだけで七つの出版社から出版され、一八七〇年代になると、ニューヨークのアップルトン社の版だけでも九版を重ねた。一八八〇年代においては、一五種類の『教育』が出版されるようになり、そのうちの一三種類がアメリカの出版社から出版された。この時代の売上部数は、アップルトン社だけでも一〇万部に達した (Egan 2002: 3)。スペンサーについては、終章でもう一度とりあげる。

順応ではなく変革

しかし、職業教育は、企業資本主義への順応ではなく、企業資本主義の道徳的改革の手段としても、構想されていた。たとえば、マニュアル・トレーニング論者たちは、マニュアル・トレーニングの導入によって、失われゆく職人の理想を復活させ、「営利主義を良き性向の形成によって排除し」、自立的で質素な職業生活を実現することを主張した*。また、彼らは、もしもマニュアル・トレーニングが学校に導入されるなら、子どもに「自己統制と社会奉仕の精神」が形成されて、「富裕階級と貧困階級との間の緊張が緩和される」と論じている (Lears 1981: 60-77 から引用)。さらに、NEA (National Education Association) は、一九一九年に、職業教育論にふれながら、「すべての産業にかかわる人びとにとって大事なことは、産業が教育的になることである。なぜなら、労働者は、労働に自己表出と自己発達の機会を見いだすべきだからである。とくに巨大な企業においては、営利的価値ではなく、人間的価値が第一義的価値にならなければならない」と主張している (Wirth 1972: 137 から引用)。

* マニュアル・トレーニングの始まりは古く、その起源は、心を豊かにする田園生活をとりもどそうとした一八五〇年代の博愛主義的教育論に見いだされる。そののち、マニュアル・トレーニングは、伝道師を養成する神学校でも、犯罪少年を矯正するリフォーメイトリー

においても、とり入れられていった。一八八〇年代以降、マニュアル・トレーニングは、ジェーン・アダムスのような社会活動家によってとりあげられ、高く評価されるようになった(Fisher 1967: 16-47; Collins 1978=1984: 146)。またマニュアル・トレーニングの主唱者であったウッドワード(Woodward, Calvin M. 1837-1915)については、McClellan (1977)を参照。

効率概念は一般に「産業的効率」を意味している、と述べたデューイも、『デモクラシーと教育』の最後のあたりで、これまでの議論をふりかえり、次のように述べている。「私たちがここで論じてきたことは、教育の再組織化が、たんに現在運営されているままの産業や職種に適合する専門的な準備教育を子どもに与えるだけでは達成されないということであり、ましてや、たんに現在の産業の状態を学校のなかで再現するだけでは達成されるはずもないということである」と。デューイが求めたものは、学校を「製造業や商取引の従属物にする方法」ではなく、「産業の要素を利用する方法」であり、その目的は「学校生活をより活動的なものにすること、より直接的な意味・感覚の充満したものにすること、より学校外的な経験に結びついたものすること」であった(Dewey 1996, *DE*, MW. 9: 325=1975,下：183)。第4章で確認するように、デューイ自身のかかげる効率概念は、「産業的効率」(経済的効率)ではなく、より協同的な社会を速やかに実現する協同的効率を意味していた。

批判を支えた信念は何か

このように確認してくるなら、あらたな問いが浮かびあがるだろう。もしも企業資本主義への批判が、進歩主義教育改革を動機づけていたとすれば、具体的な進歩主義教育改革論者の情熱的関与(コメットメント)は、何に支えられていたのか、と。教育改革論者の言葉がたんなるレトリックであれば、すなわち「協同」「デモクラシー」といった美辞麗句をかかげながら、じつは何らかの自己利益をむさぼろうとする行為であれば、その言葉は、真の社会改革の試みを指し示す証拠ではない。改革論者の情熱的関与を支えているものを明らかにしないかぎり、私たちは、改革への情熱を政治的・経済的エリートの階級利害に還元する可能性、いいかえるなら、進歩主義教育改革の動因を富や権力への欲望に還元する可能性を、充分に避けることができない。

近年の歴史研究を踏まえるなら、実際の進歩主義教育改革の情熱的関与を支えるものとして、私たちはプロテスタンティズムを想定できるだろう。すでに、アメリカの宗教史研究者は、進歩主義期の社会改革・教育改革とプロテスタンティズムの社会的福音運動との関係を、たびたび指摘してきた（Hopkins 1967［1940］=1979; Smith 1961）。日本の教育思想史の領域においては、この種の研究の蓄積が乏しいが、関連する研究をあげるなら、市村が、デューイとキルパトリックの進歩主義教育思想に「プロテスタント的な前提」を見いだしている（Ichimura 1984）。具体的な進歩主義教育改革の主導者に、この種の真摯なキリスト教的な精神の存在が確認されるならば、その改革への情熱を階級利益や権力への欲望に還元することは、不可能になるだろう。

以下、フィラデルフィア、ペンシルベニアの進歩主義教育改革を追いながら、その改革の立て役者であるブランボーの教育思想のなかに、どのような内面的な動機づけが見いだせるのか、具体的に確認してみよう。なお、進歩主義教育改革の内容は多岐にわたるが、ここでは、教育委員会の集権化と職業教育の導入の二つにしぼりたい。

3　ブランボーの進歩主義教育改革

教育委員会の集権化

まず確認するなら、アイセルやアルタドンナの主張と異なり、ペンシルベニアの進歩主義教育改革の主体がエリートであることは、その改革がエリートの利益擁護のために人びとに強要されたものであったことを意味していない。もっとも問題となることは、一九〇五年学校法案が州議会をほぼ満場一致で通過していることである（上院三八対一、下院一七八対〇）。学区の自律性を大きく損ない、市教育長の官僚統制を確立するこの法案は、なぜ反対されなかったのだろうか。一九〇六年にピッツバーグ市の教育長バーケイ（Berkey, J. M.）は、その理由を次のように述べている。教育委員会の集権化を主張する「人びとの声は、彼らのなかの普遍的精神の反映である。学校行政の集権化という方向は、教育が進歩するうえで当然の道筋である。［新しい学校行政の］システムと法は、公共的思想の結実であり、共通の目的の端的な結論にほかならない」と（PSJ 1906, March: 382）。

バーケイのいう「公共的思想」とは、地域ボスによる教育行政の支配を根絶し、教育行政を教育の専門家に委嘱するべきだ、という主張である。それは、当時、政治行政が体現するべき公正な態度と見なされていた。たしかに、この時代のボス支配は、限度をはるかに超えるところがあった。一例をあげよう。一九〇三年にある教育者が、フィラデルフィアにおけるボス支配の現状を、次のように描いている。

「ボスは、フィラデルフィアのあらゆるところで行政機構を支配している。ボスは市当局にもいる。学区にもいる。彼らは自分たちへの恭順を私たちに命じている。学区における彼らの支配は、教育委員会にも及んでいる。あなたは教頭になりたいのか。ならば、ボスに頼め。ボスがあなたを気に入れば、あなたを推薦する会合を開いてくれるはずだ。あなたは教師になりたいのか。ならば、ボスに頼め。彼があなたを推挙するように教育委員会に命じるはずだ」(Messina 1965: 242 から引用)。

こうした教育行政の私物化状態を解体し、教育行政を教育の専門家に委ね、正常化することは、しばしばこの時代に広がりつつあった企業的経営に喩えられた。それは、生産組織を機能的に統合し、職務を合理的に体系化することに似ていたからである。しかし、その事実だけをとらえて、改革の全体を「効率主義」と評言することはできない。確認するべきことは、何のための「効率」であったのか、である。当事者ブランボーの主張を確かめよう。

ブランボーの教育的効率

この時代、ペンシルベニア大学の教育学教授という経歴をもつブランボーは、行政の専門家ではなく教育の専門家として、教育関係者から大きな信頼を寄せられていた。たとえば、フィラデルフィア・セントラル・ハイスクールの校長トンプソン (Tompson, Robert E.) は、同校の独立性を維持するために、フィラデルフィア市の教育委員にくりかえし具申していたが、「すべての委員は、セントラル・ハイスクールの特別な価値よりも、教育長の『専門的』権威に大きな好意を寄せていた。彼らにどんな質問をしても、いつも『ブランボー博士にたずねなさい。彼が私たちの専門家なのだから』という答えが返ってきただけだった」と嘆いている (Cornog 1952: 227)。

そのブランボーは、自分が中心となって作成した「一九〇五年学校法案」の準備委員会報告書において、当時の教育行政上の障害を三つあげている。①プライマリースクール (初等学校) とハイスクールとの接続がないこと、

②学校設立について無益な政治抗争が頻発すること、③教育長の権限が助言に限定されているために必要な改革が実行できないこと、である（PPEA 1914: 21）。ブランボーから見るなら、当時のフィラデルフィア市の各学区は、地域の「反道徳的なボス」と癒着し、緊要な教育課題を認識していなかった。ブランボーが教育の専門家としてリーダーシップを充分に発揮するためには、それぞれに分立し地域ボスに支配されている学区を、教育の専門家を戴く集権的体制に組みこむことが、どうしても必要であった（PBPES 1915: 30; Ciampa 1940: 40）。

ブランボーにとって、当時のペンシルベニアの緊要な教育課題は、企業資本主義の広がりのなかで蔑《ないがし》ろにされてきた「個人の福祉」を、教育によって迅速に達成することであった。ブランボーは、個人の福祉の教育による迅速な達成を「教育的効率（educational efficiency）の向上」と表現している（PBPES 1907: 29; 1912: 35; Brumbaugh 1918: 85）。ブランボーにとって教育的効率は、速やかに子どもを職業的位置に配分する経済的効率よりも、優れた概念であった。ブランボーは、ハイスクール・カリキュラム改革のために一九一一年学校法案を州議会に提出したときに、次のように、経済的効率を超える教育的効率の大切さを論じている。

「子どもが何らかの職業につくまえに、共同体が、子どもをより気高い効率（higher efficiency）のために訓練しないならば、そこには、道徳的水準を低落させ、次の世代がもつべき普遍的な道徳的規範である人間性を失わせるような脅威が生じるにちがいない。……私たちの資源と財源によって学校がつくりだす最高の規律化の形式は、個々の共同体のために、学校の諸営為と、そのための公共支出を正当化するだけではなく、市全体の福祉を大いに増大させるような市民を形成するだろう」（PBPES 1912: 36 強調は引用者）。

職業主義批判と教育へのスタンス

ブランボーは、また一九〇四年に、フィラデルフィア市教育長として、スニッデンが主張した職業主義的な職業教育論を次のように批判している。「問題は、私たちが商店、製鉄所、工場のどこで雇用されているか、ではない。肝心なことは、私たちのすべてがその魂の求めるものを労働の場に充満させないかぎり、私たちは、善き労働をなしえないということである」と（Brumbaugh 1904a: 120）。ブランボーは、さらに一九〇六年に、プライマリースクールに「マニュアル・トレーニング」を導入するときに、次のように述べている。「私が、公立学校をたんなる職業生活のための訓練場として利用するという考え方に強硬に抵抗していることを、はっきり理解してほしい。私は、子どもたちが共通の知識の総体のなかにある普遍的文化を獲得するまえに、ある子はこの職へ、ほかの子はあの職へと配置してしまえばよいなどとは、少しも考えていないのである」と（PBPES 1910: 30）。

この時期、さまざまな団体からあがった職業教育を求める声は、たしかに強力なものだった。社会から無職の若者、怠惰な若者、無法の若者を減らすためには、職業教育による就業準備がもっとも手っとり早い方法だったからである。しかし、そういう安易な風潮が広まっていたからこそ、逆にブランボーは、公立学校の在るべき姿を「個人の福祉」、そのための「ヴァーチュの形成」（ヴァーチュの中身については後述）に求め、「公立学校の目的、コモンスクールで教える規範を決定する規準を、市場交換の職業に就いて利益追求だけを考えるような人間を訓練し形成しようとする、相対的に価値のない動機に従属させるべきではない」と強調したのである（PBPES 1911: 34）。

ブランボーの教育へのスタンスは、三つにまとめられるだろう。第一に、公立学校は、既存の社会規範に対し、たんに順応的であってはならず、つねに刷新的でなければならなかった。

「学校システムの試金石は、それが共同体の規範に受動的に順応しているかどうかではなく、それらを活動的に刷新しているかどうかである。なぜなら、学校は、子どもたちが生きて育つ経済的・社会的・市民的な雰囲気を決定づけるチャンピオンになるべきだからである。今日の学校長は、古代の物見台の監視者と同じである。つねに人びとの活動全体を共感的にかつ特権的に観察しなければならない。そして、そこここに、共同体の規範と文化をよりよいものへと刷新する希望に満ちた進歩の徴を発見しなければならない」(Brumbaugh 1913 [Messina 1965 から引用])。

第二に、公立学校は、市場交換の職業技能に先立ち、具体的な体験・感性に支えられつつ知性的・道徳的な判断力（ヴァーチュ）を育成する場所でなければならなかった。ブランボーは、一九〇七年に「文字による思考のみを強要され、手で事物に接することが無視されるならば、子どもは、正しい判断の基盤である文化的地平にけっして到達できない」と論じ、身体感覚、感性・情感に基礎づけられた思考の大切さを強調している (Brumbaugh 1907a: 169)。ブランボーにとって、初等教育においてマニュアル・トレーニングを行うことは、早期の職業訓練を導入することではなく、子どもたちのなかに知性的・道徳的な判断力の基盤を形成することを意味していたのである。

第三に、こうした知性的・道徳的な判断力の基盤は、協同活動を感性的・情感的に理解させることにあった。実際に知性的・道徳的に判断することは、他者とともに何かを行うこと、何かを作ることであり、それはつねに、他者の情感をくみとりながら協力し協議することであり、参加者の個人性に配慮しながら組織を編成することだからである。つまり、マニュアル・トレーニングは、「他の労働者と協働するための共感性（sympathy）」を訓練することであり、主要なヴァーチュの一つである「誠実」を身につけることであった（Messina 1965: 293）*。

＊　ブランボーは、一九一一年に「初等学校のマニュアル・トレーニングは、伝統的方法と職業的方法という両極端のあいだをいくものである」と述べているが（PBPES 1911: 35）、これは、のちにデューイのいう、「オキュペーション」とは「伝統的な書物中心の教育といわゆる実用教育という両極端とのあいだをいくものである」という主張と、ほぼ一致している（Dewey 1915: 180）。なお、「オキュペーション」という言葉を用いて、デューイが『ニュー・リパブリック』誌においてスニッデンの職業教育を徹底して批判し始めるのは、ブランボーに遅れて、一九一四年の冬以降である。

カリキュラム等価論

ここで、長年、大学進学準備に腐心し、当時、フィラデルフィア市内唯一の公立ハイスクールであり中産階級の実業人養成機関であったセントラル・ハイスクールに、職業カリキュラム（マニュアル・トレーニング）が導入される経緯を、確認しておきたい（田中 1989［本書の第1章を参照］）。

開校以来七〇年間にわたって、セントラル・ハイスクールのカリキュラムの決定権（および徴税権、教員雇用権）は、同ハイスクールの校長を中心とした独立委員会の手にあった。市教育長の管轄下にあったプライマリースクール、グラマースクールのカリキュラムは、セントラル・ハイスクールのカリキュラムから、事実上、分離されていた。ブランボーは、「市教育委員会の施行規則、すなわちプライマリースクールに認められているような専門的監督と統一的行政が、ハイスクールについても同じように認められるように法律が修正されないかぎり、上級学年の学業との接続も、管理の経済性も、中等教育の拡充もありえない」(PBPES 1909: 38-9) と考えた。そして、一九一一年学校法によって、同ハイスクールが法的に市教育委員会の統制下に入ると同時に、ブランボーは市内のすべてのハイスクールを四年制、三コース制(学問、商業、マニュアル・トレーニング)の共通の形態に移行させた。実質的に、同ハイスクールに大学進学を目的としない職業カリキュラムが導入されたのは、このときである。

ブランボーは、この改革によって、ハイスクールのカリキュラムを階層的に分化させよう、とは考えていなかった。彼が意図したことは、第一に、「学区ごとのハイスクールの設立は、ハイスクールをコモンスクールととらえることである」(PBPES 1912: 260) という言葉に象徴されているように、一部の学区にまったく異なるカリキュラムを提供するハイスクールがあるという不平等な状況を解消し、すべての学区に共通のハイスクール教育を提供することである。第二に、教育を「子どもの社会性としての興味関心」を中心とした教育に刷新することである。ブランボーは、「生徒個人が最高の興味関心をいだきつづけられるように、すなわち社会性にもとづく教育という前提のもとに、ハイスクールのカリキュラムの〈自由選択〉という原理が設定されなければならない」と述べている (PBPES 1908: 11-2)。そして第三に、「大学進学にあたって職業課程と学問課程の卒業資格は同等である」と規定しているように、職業教育と学術教育とのギャップを解消することである (PBPES 1908: 23)。

共通の教育プログラムを用意し、子どもたちが自分にふさわしい社会性に富む教育プログラムを選択する機会を設け、学術・職業の教育プログラムを等価と見なすことは、強固な平等化政策である。しかし、セントラル・ハイスクール校長トンプソンは、ブランボーのこの平等化政策に強い不満をいだいていた。トンプソンは、一九一一年に、ブランボーの政策は、「有用なエリート」を育成するというアメリカの伝統的精神に反するだけではなく (Thompson

1911）、「ハイスクールを凡庸化させる……画一化の理念を反映したものであり、各学校を同一のレベルに低下させ、中央事務局［＝市教育委員会］の立案したもの以外のいかなる革新も許さず、ハイスクールを相互の機械的な複製物にしようとすることである」と激しく非難している（Cornog 1952: 231 から引用）。

感性生活論

ブランボーにとって重要なことは、トンプソンとはちがい、大学に行き、より多くの利益を得たり、より大きな成功を得ることではなかった。重要なことは、人間としての基礎をつちかうことであった。人間としての基礎をつちかううえで、ブランボーがもっとも重視していたことが、「感性生活」（feeling life）であった。彼の感性生活論は、五感のような身体感覚に支えられた感性・情感が、一人ひとりの知性的・道徳的な判断力の基礎、つまるところ、科学的・宗教的な思考の基礎である、という考え方である。

この感性生活論の考え方がよく示されているのは、一八九八年に発表された「エレメンタリースクールの使命」という論文である。そこでブランボーは、教育は意味と記号を結びつける書物中心の学習ではなく、経験に裏づけされた感覚から意味を醸成する感性生活中心の学習でなければならない、と論じている（Brumbaugh 1898）。

「子どもの思考は、感性生活――これまで無視されてきた生活である――によって、もっともよく形成される。……厳格な規範や論理的な方法を与えられても、子どもは、感覚に導かれた、全体的で、自由で、目的的な、自分の性向に従うものである。そうであるなら、子どもに感性生活をさせることが、どのような初等教育計画においても、第一義的な目的となるだろう。なぜなら、感性生活が、子どもの知的活動の最初の成果、最高の成果だからであり、それはそのまま、倫理的目的の達成に役立つからである」(Brumbaugh 1898: 344)。

たとえば、当時のエレメンタリースクールでふつうに行われていた「科学的」な理科の授業は、感性生活論から遠くかけ離れたものだった。ブランボーは、ある理科の授業を例示しながら、次のように述べている。

「その教師は、片手で花をもち、もう一つの手でペンシルをもった。[先生]『さあ、ジョン、あなたにはこれが見える?』(といって指さす)。[ジョン]『はい。先生』。『これは花冠です』。『これは萼です』。などなど……。そして彼女はつづけて、子どもたちに自然の驚異 (marvels of Nature) を刻み込んでいく。ただし、黒板に覚えなければならない言葉をたくさん書くことによって。その結果、子どもは花が大嫌いになるのである」(Bates 1896 [Messina 1965: 134 から引用])。

ブランボーにとって、こうした「科学的」と称された理科の授業は、子どもの感性・情感を無視し、理科嫌いを生みだすばかりであり、早々に捨て去られるべきであった。ブランボーが求めた「感性生活」を中心にした授業は、子どもの感性・情感に訴えかけ、子どもを魅了する「共感的」と呼ばれるべき授業であった。ブランボーにとって、理科とは、自然を学ぶことであり、自然を学ぶことは、自然に共感し、自然を愛することであった。そして、それは、自然にかぎらず、すべてのことにあてはまる考え方であった (Brumbaugh 1897b)。

教育学的子ども像への批判

ブランボーにとって、感性・情感重視の教育を妨げているものは、科学指向だけでなく、近代教育学でもあった。ブランボーから見れば、ルソー、カント、ヘルバルトの教育論からこの時代の教育心理学にいたるまで、教育学の言説は、子どもの感性・情感を充分に顧慮していなかった。そうした近代教育学は、そうするかわりに、現実の子どもからかけ離れた「教育学的な子ども」をことこまかく語るばかりであった。

「私たちの行っている教育過程は、情感の営み (emotional activity) を充分に考慮していない。……［その理由は］私たち［教育学者］が、これまで教育学的な子ども［像］(pedagogical child) を創ってきたからであり、それを研究してきたからである。その結果、私たちは、実際の子どもを見失ってきた。実際の子どもの顕れという重大事を見過ごしてきた。この教育学的な子ども［像］は、哲学と衒学 (pedantry) の混ぜものである。それは、想像力豊かな男女の夢想の産物である。彼らは、昼も夜も費やして、その夢想の産物を進化させるための枠組［＝近代教育学の諸概念］を進化させてきた。その結果、教育学的な子ども像そのものは、実際にはどこにも存在しない子どもの像になってしまった。そうだからこそ、この教育学的な子ども像にもとづいて作られた教育理論は、直截的な変革の力、すなわち教育の力をもちえないのである」(Brumbaugh 1898: 344)。

ブランボーは、ルソー以来の「教育学的な子ども」像を念頭に実際の子どもを教育することは、子どもの感性・

情感を無視し、子どもの「幸福」を無視することにひとしい、と考えていた。子どもの幸福は、事物、他者、世界への愛着・共感に支えられているからであり、その愛着・共感は、人間に付与された「自然本性」だからである。

「……今日、私たちは、教師や母親に、生徒たちの［共感するという］情感を犠牲にする教育システム［＝教育方法］、いいかえるなら、彼らの本当の幸福を犠牲にする教育システムを採らせているのではないだろうか。私たちは、子どもたちの情感を考慮していないのだ。彼らの情感こそ、私たちの自然本性のうちの最高なものであり、子ども時代にもっとも心に深く刻まれるものである」(Brumbaugh 1898: 345)。

感性の醸成・定義の醸成・洞察の醸成

ブランボーにとって、「感性生活」は、教育実践の基礎であったが、教育実践の全体ではなかった。「感性生活」はたしかに重要ではあったが、それは教育（子どもの知的・道徳的成長）の三つの段階の第一段階であった。ブランボーは、子どもは「感性の醸成」(nutrition of feeling) によって自然な事物への情感的な愛着を発達させたのち、次に「定義の醸成」(nutrition of difinition) という段階に進まなければならない、と述べている。「定義の醸成」とは「感性がとらえたものを定義する想像力を訓練すること」である。それは、記号・言語を用いて、知覚・感覚したものを名付けること、分類すること、整序することである。その知性的な営みには、たんに文字を書くことだけでなく、演劇や絵画や音楽などの作品を作るという自己表現活動もふくまれている。

しかし、ブランボーにとって、第二段階の「定義の醸成」にとどまることは、人の心が「偶像崇拝」のレベルにとどまることであった。その段階にとどまれば、人は、与えられた目的をただ受け容れ、それに奉仕するだけであり、よりよい状態を求め、よりよい目的を定立しようとしないからである。それは、現状に順応することであり、現状を刷新する意志を蔑《ないがし》ろにすることである。ブランボーは次のように述べている。「たとえば、古代文明は、定義の醸成を超えることがなかった。そのため、偶像崇拝のレベルにとどめられた古代の人びとは、気高い原理を生き生きと体現することをめざすことなく、自分たちがいだいた宗教的感性にとどまったまま、木や石を［神として］崇拝したのである」と（Brumbaugh 1904a: 116）。

「定義の醸成」段階を超えるためには、「永遠の真実」を看取する「洞察の醸成」（nutrition of insight）の段階に進まなければならなかった。「洞察の醸成」は、教育の第三段階である。それは、いわば、存在論的直観の形成である。ブランボーは、「［洞察の醸成］が意味していることは、理性的な心によって、子どもが、自分の心が作りだした想像物の背後を見ることである。そしてすべての想像物の背後にある現実に肉薄し、生き生きとそれを体現することである。精神のうちにありながらも、ばらばらになっているものは［この背後にある現実ではなく］たんなる物質的表象である」と述べている（Brumbaugh 1904a: 116）。「意識」（consciousness）という「魂の力」を活用することによって、このばらばらになっているものの背後に存在論的現実――後述する「相互扶助」という理想状態――を見いだすことが、ブランボーのいう「洞察」の最終目的である。

これまで確認してきたことからわかるように、ブランボーは、子どもを労働力に還元し、彼らを効率的に職業構造に位置づけるためではなく、アクチュアルな子どもの生（感性・情感）によりそいつつ、よりよい教育を行うために、そして道徳的な社会改革を実現するために、進歩主義教育改革を推し進めようとしていた。つづいて、ブランボーが、どのような思想、信念に支えられて、こうした進歩主義教育改革が行ったのか、それを確かめよう。

4　ブランボーの魂の完全化論

デモクラシーの道具としての学校

「魂の力」という言葉が暗示しているように、ブランボーの進歩主義教育改革を支えていたものは、彼の篤いプロテスタンティズムであった。ブランボーは終生、バプティスト派プロテスタントであり、ブレスレン教会員であった。彼のキリスト者としての信仰は、彼の教育を大きく特徴づけていた。たとえば、彼は一九〇五年に「教師は時代の変化に応じつつ、キリスト教文明の変化と成長にふさわしい行為者にならなければならない」と述べている (Brumbaugh 1905: vi; Messina 1965: 121)。また一九〇八年に「教師は、自称のキリスト教徒であるだけでなく、私たちがすべての子どもをそのように生きさせたいと願うような人生の、生きた見本でなければならない。人間の魂を、充実したキリスト教的な生を信じていないうえに生きてもいない教師の思考や世話に委ねてしまうことは、不幸なことである」と述べている (Schauffler, et al. 1908: 181 [Messina 1965: 322 から引用])。

ブランボーにとって、キリスト教とデモクラシーと学校は、密接につながっていた。神は国家を教導する存在であり、デモクラシーはこの神を戴く国家の本態であり、公立学校はこのデモクラシーを創出する装置であった。

「すべての文明における最良の制度は、私たちの公立学校システムである。デモクラシーの擁護者として、ゆりかごとして、そして希望として、公立学校システムは、人びとを国家と国家の戴く神への理解に導くとともに、国家と神を愛することにいたらせるからである」(Brumbaugh 1904b: 76)。

「教育についてのデモクラシーの意図は、もっとも優れた意味において純粋にエゴイスティックである。デモクラシーは、学校をつうじてデモクラシーという目的のみを実現しようとするからである。人びとは、その［デモクラシーのためのデモクラシーという］目的のために課税されるのであり、［神を戴く］国家は、子どもの統制つまり真のデモクラシーのために子どもが家庭よりも国家に帰属することを当然と見なすのである」(Brumbaugh 1908: 448)。

ヴァーチュの形成

ブランボーにとって、デモクラシーを創出する公立学校の第一の責務は、「人格形成」(character formation) ないし「ヴァーチュ形成」(virtue formation) であった。ブランボーのいう「人格」は、「ヴァーチュ」を核として構成されるものであった*。ブランボーは、一八九八年に「公立学校の目的は、子どもに崇高な生活の構成要素についての洞察をあたえ、真のヴァーチュの構成要素を育てることである」と述べている。この時点において、ブランボーは、「真のヴァーチュ」として「勤勉(industry)、品格(politeness)、誠実(conscienciousness)、謙虚(humility)」の四つをかかげ、「これらのヴァーチュは、たとえ、これらのヴァーチュを子どものなかに育てることによって、カリキュラムから多くの教科内容が押し出されるとしても、やむをえない。これらのヴァーチュは、継続的に注意深く育てられるべきものだからである」と述べている (Brumbaugh 1898: 49)。

＊　一八〇〇年代以来、アメリカの教育思想は「人格形成」(character formation) を語りつづけてきた。進歩主義時代に入っても、少なくとも「パーソナリティ形成」(personality formation) という言葉にとってかわられる一九二〇年代あたりまで、「人格形成」は、人間の内在的審級の形成を意味する主要な連語であった。しかし、一九二三年に「人種差別」「不正腐敗」を厳しく批判したバプティスト系のリベラル派牧師のフォスディック (Fosdick, Harry Emerson 1878-1969) が『人格を試す一二のテスト』(*Twelve Tests of Character*) という本を出版したあたりから、強調点が移動し始めた。すなわち、内在的審級を形成する「人格形成」ではなく内面的特徴を把握する「人格分析」という言葉が使われるようになった (たとえば、Clecton 1926; Dunlap 1921; Barton 1921)。そして、ほぼ同じころに、character という言葉が personality という言葉に置き換わり始め、「人格形成」のかわりに「パーソナリティ形成」という連語が使われるようになった (Szasz 1981: 151-2)。デューイも、一九二〇年代以降、「人格」のかわりに「パーソナリティ」という言葉を使うようになるが、彼が「人格」という言葉で意味していたものは、ほとんど変わることなく「パーソナリティ」に引き継がれていった (Szasz 1981: 155)。田中 (2005) の序章も参照されたい。

理由はわからないが、一九〇四年になると、ブランボーは、ヴァーチュの数を、四つから三つに減らしている。「勤勉」を排除し、「品格」、「誠実」、「謙虚」を残し、それぞれ「文明化」(civilization)、「道徳性」(morality)、「倫理性」(ethicality) を代表し指導するヴァーチュである、と位置づけている。すなわち、「品格」は、文明化すなわち市民性の向上のために必須のヴァーチュであり、「誠実」は、道徳性すなわち協同性の確立のために必須のヴァーチュであり、「謙虚」は、倫理性 (宗教性) すなわち崇高性の認識に必須のヴァーチュである、と (Brumbaugh 1905: 333-7; 1904a: 111-2)。それぞれのヴァーチュの中身を簡単に確認しておこう。

「品格」とは、たんなる立ち居ふるまいの「上品さ」ではなく、人びとが「互いに相手を完全な人間 (perfect human being) であるかのように考えてふるまうことである」。なぜなら「すべての人間に対して、あたかも彼らが完全であるかのようにふるまうことが、私たちを完全にするからである」(Brumbaugh 1905: 333)。いいかえるなら、だれもが他者を愛すべき隣人であるかのように処遇するなら、だれもが愛すべき隣人となるからである。

「誠実」とは、「あなたに大いにかかわることは私にも大いにかかわることであることを意味し、私たちのまわりに誠実に生きている人、つまりその人生に課せられた奉仕をもっとも良心的につとめる人がいること」を意味している。ブランボーは、次のように述べている(なお、第4章でふれるように、のちにデューイはそっくりな言いまわしで同じことを述べている)。「この世界で他者に依存できることは、大きな力である。この近代世界における力強さと強靭さは、私たちが相互扶助(depend one upon another)しなければならないという事実に支えられている。そして、私たちの近代生活の本当の恥辱と下劣は、あまりにもしばしば、私たちの仲間に、私たちの信頼、私たちの相互扶助を可能にしている誠実さを見いだすことができないことである」(Brumbaugh 1905: 334, 335)。

「謙虚」とは、「陰徳の心(undiscoverable heart［報酬・評価を求めることなく他者に尽くそうとすること］)をもって、穏やかに飾らずに他者に奉仕する」ことであり、「他者にとって援助となり有益であることを考えることに歓びを感じること」である。「謙虚の心をもたない者は、真の貴人にも、英雄にも、支援者にもなれない。そうした人間は、自分自身の限界を学ぶことなく、すべての神聖な奉仕が謙虚の心に満たされた魂によって生みだされるという事実を知らない。大声を出し、目立ちたがりで、尊大にふるまう人間は、きまって薄っぺらであり、けっして信頼することのできない人間である」(Brumbaugh 1905: 337, 336-7)。

相互扶助指向と個別教授批判

これらのヴァーチュ概念から、ブランボーが相互扶助・互恵性を理想的な社会状態と見なしていたことが、容易に読みとれるだろう。ブランボーは、一九一二年のＮＥＡの大会においても、今、私たちが必要としている教育は「競争文化と呼ばれている……現在のもっとも重大な人間の問題を解消し、生命全体の相互扶助の関係のなかで人類を愛し神を心の底から信じる人間」を形成することである、と論じている (Brumbaugh 1912a: 488)。

相互扶助を理想とするかぎり、いわゆる「個別教授」(individual instruction) は、受け容れられない教育方法である。この時代に、「バタヴィア・プラン」「ケンブリッジ・プラン」「ウィネトカ・プラン」「ダルトン（ドルトン）・プラン」など、個別教授が広く耳目を集めていた。こうした個別教授こそが進歩主義教育の本態であると考える人もいたほどである。しかし、ブランボーにとって、こうした個別教授は「非道徳的」(unmoral) な教育であった。

「なるほど、個別教授は一つの［教育方法についての］考え方であるが、それは非体系的すなわち非経済的であるうえに、非社会的すなわち非価値的である。したがって、私たちは、ただちにこうした極端な教授法・評価法を……［教育界から］追放するべきである。個別教授が追放されるべき理由は、それが非道徳的だからであり、反道徳的 (immoral) だからではない。本質的に社会的道徳性ではない道徳性は、学校のつちかうべき道徳性ではないからである。孤立は教育における害虫である」(Brumbaugh 1907b: 178 [Messina 1965: 262 から引用])。

社会的生活

こうしたブランボーの相互扶助指向は、当時の「政治的進歩主義」になじまないものであった。当時の政治的進歩主義は、個人競争と機会平等を理念とする古典的なリベラリズムであったからである。象徴的人物は、第1章でもふれたその当時の第二八代大統領ウィルソン(Wilson, Thomas Woodrow)である。ウィルソンは、「新しい自由」(The New Freedom)を提唱し、進歩主義の本質を、自由な競争の機会を拡大し、個人の努力・能力によく報いることに、見いだしていた。彼にとって、当時の企業資本主義は個人を組織に埋没させ、人間関係を非人格化するものであり、進歩主義と根本的に違背する営みであった(Hofstadter 1955b: 224-5 = 1967: 197-9)。

ブランボーにとって、こうした政治的進歩主義が求める個人主義的競争は、全否定されるべきものではなかったが、けっして第一義的な教育目的になりえないものであった。彼は、一九〇七年のNEAの大会において、次のように述べている。

「公立学校は、個人の豊かさを促進することではなく、国全体の豊かさを促進することに、その主要な課題を見いだしている。公立学校の第一の関心は、子どもたちをそれぞれ、仲間と協同(cooperate)させたあとで、経済的効率のためにそれぞれに適した個人的役割を与えることである。つまり、学校が一番最初に行うべき仕事は、社会参加(participation)のための訓練であり、そのあとが、競争のための訓練である」(Brumbaugh 1908: 448 強調は引用者)*。

* ちなみに、同じような考え方は、この時代の著名な教育実践家のヤング(Young, Ella Flagg)にも見いだされる。ヤングは、学校教育の目的はデモクラシーにふさわしい人格を形成することであり、その人格を構成する基本的能力は「社会的・協同的な力」と「個人的な自己決定の力」である、と述べている(Bashaw 1986: 366)。

先の引用からもうかがえるように、ブランボーにとって、「社会的」という形容詞は、しばしば相互扶助的・協同的であることを意味していた。一九〇七年度の『フィラデルフィア教育長年次報告』で、ブランボーは次のように述べている。

「非社会的(non-social)な学校は、無価値である。教育の社会的側面(social aspects)の増進は、つねに歓迎される。そして、この巨大都市の中心において、断固とした社会化活動（socializing activities）は、もっとも緊急な課題である。個人を、彼がその一部を担うべき社会的生活(social life)につうじる道に参加させないような教育は、けっしてよい教育ではない」(PBPES 1908: 13; Messina 1965: 307)。

ここで用いられる「社会的」という言葉を「職業主義的」と理解することは、端的に誤りである。ブランボーのいう「社会的」は、教育（ヴァーチュ形成）によって、個人主義的競争に満ち、「階級的に分断された」資本主義社会を、「オーガニックな社会」へ変革することを意味していたからである(PBPES 1908: 10)。品格にあふれ、誠実で、謙虚であるヴァーチュオスな生活こそが、ブランボーにとって社会的な社会であった。このことは、のちにブランボーの思想的背景を確認するときに、より明白になるだろう。

魂が教育を可能にする

こうした、ブランボーの相互扶助・協同性を指向するヴァーチュ形成論は、人間の「魂」（soul）を基礎概念としていた。先にふれた感性・情感は、魂の主要な構成要素である。ブランボーにとって、人間は、何よりもまず、魂をもっているからこそ、教育可能な存在であり、現状を刷新しうる存在であった。教育可能であることは、訓練可能であることではなかった。訓練に魂は必要ないが、教育には魂が必要だからである。

「すべての動物は訓練可能な状態にある。……動物たちは、命じられ訓練された行為を反復するだけである。動物たちは教育されえない。なぜなら、教育を可能にするものは、学ぶ者のみずから思想を生成する力だからであり、教えられたものを超えて行動する力だからである。この自己主導（self-initiative）の力が教育の基礎である。……子どもたちはこの力をもっている。神がその力を子どもたちの魂にそなえつけたからである。だからこそ、子どもたちは教育可能なのである」(Brumbaugh 1905: 1)。

ブランボーのいう魂は、思考し知覚する心、ルーマンのいう「心的システム」に似ている。この魂を魂たらしめるものは、意識である。「意識は魂の力であり、魂がとらえているものを知る力である」。しかし、意識はなかなか定まらない。「意識はたえず動いている」。しかし、魂の「心尽」(attention) という力が、この意識を魂自身に集中させるとき、「大いなる教育的可能性（educational possibility）が生じる」。そのとき、魂が「魂の中身を再構成する可能性が生じるからである」。ルーマンの言葉を用いていえば、心的システムの自己創出する可能性が生じるからである。そのとき、「魂は魂にふさわしいものになる。魂は魂を支配する力を獲得する。魂は魂を使う方法を学ぶのである」(Brumbaugh 1905: 21-2)。したがって、子どもの魂は、子どもが「より気高い生」にいたる礎である。

精神性と想像力

ブランボーにとって、子どもの魂を「より気高く発達させる」こと、いいかえるなら、「魂の完全化」のためにもっとも大切なことは、世俗化してしまった道徳を、キリスト教とふたたび結びつけることであった。キリスト教から切り離された道徳は、経済的利害の追求という、もっとも低次元の欲求に結びつき、魂を魂にふさわしくない欲望で満たしてしまうからである。ブランボーは次のように述べている。

「私たち［大人］は、子どもの心に道徳的理想と精神的意味（spiritual significance）を教示するべきである。いいかえるなら、私たちは、子どもたちに、道徳的理想を伝えるとともに、そうした理想が精神的世界（spiritual side）を代表していることを伝えるべきである。私は、道徳的理想を、この世界からではなく、精神的世界から解釈することを望んでいる。なぜなら、私は、子どもに道徳的理想をその最高の価値のもとに獲得してほしいからである。道徳的理想が最高の価値をもつときは、道徳的理想が宗教的真実に結びついているときであり、道徳的理想が、市場や会計事務所における人類へのサーヴィスに結びついているときよりも、宗教的真実に結びついているときこそ、子どもの魂は、より気高く発達するからである」（Brumbaugh 1907a: 173; Messina 1965: 132 なお、spiritual は「聖霊的」と訳すこともできる）。

ブランボーにとって、子どもの魂を「より気高く発達させる」ために、「宗教的真実」の次に大切なことは、「完

全に生きる」ために必要な「想像力」を醸成することであった。ブランボーは次のように述べている。、

「[なるほど、科学技術の成果が示しているように]私たちにとって有用な世界は、事実の世界である。しかし、事実は、[道徳的・宗教的な]情感に基礎づけられなければならないし、情感が求めるものを描きだす想像力(imagination)によって意味づけられなければならない。私たちに必要な教育システム[=教育方法]は、事実によって子どもの心に訴えかけるとともに、事実を[道徳的・宗教的な情感に支えられた]想像力によって意味づけることによって、子どもの心に訴えかける教育システムでもある」。

そして、私たちが、子どもたちに「ただ生きて死ぬだけの人生」(living to die)を求めるのではなく、「完全に生きる人生」(living to live completely)を求めるのなら、既存の事実を超えて、新しい事実を創りだす「想像力」を醸成する教育は必須である、と述べている(Brumbaugh 1896: 345)。

イエスのように

ブランボーにとって、「完全に生きる人生」とは、つねに他者を情感豊かに思いやり、たえず自分をよりよい存在へと高めようとしつづける不断の自己超克、自己刷新の人生であった。ブランボーにとって、イエスの生きた人生こそが、完全な人生であった。ブランボーは、「情感生活は、より気高い行動(higher acting)、より気高い思考(higher thinking)のすべてを喚起する基礎である」と述べるとともに、「かつて教会が人間を偉大な力に変えたのは、教会が[イ

エスの教えに従い」人間を偉大な感性に変えたからである」と述べている（Brumbaugh 1896: 345）。ブランボーにとって、人類の歴史をこれまでおもに駆動してきたものは、権力欲や物質欲ではなく、「より気高い生」をめざす不断の倫理的な努力、魂の完全化であった（Brumbaugh 1904a: 121-2; cf. Messina 1965: 132）。

ちなみに、「イエスなら何をするだろうか」（'What would Jesus do?'）という警句は、この時代の流行語の一つである。一八九七年に出版されて三〇〇〇万部を越える大ベストセラーとなった『彼の歩みのなかで』という小説のなかで、会衆派の牧師シルドン（Sheldon, Charles M. 1857-1946）*は、人びとが「イエスなら何をするだろうか」と考えて行動をするなら、アメリカ社会は劇的に聖化されるだろう、と論じている。シルドンはその小説の登場人物に次のようにいわせている。「私たちのモットーは『イエスなら何をするだろうか』である。私たちの目的は、彼が私たちの立場にあるとき行うことを行うことである。その結果、何が起ころうとも、である。いいかえるなら、私たちの提案は、イエスの歩みにできるかぎり従うことである」と（Sheldon 1896: Chap. 2）。

＊　チャールズ・シルドンは、一八五七年にニューヨーク州ウェルスヴィルで生まれた。父も会衆派の牧師である。名門のフィリップス・アカデミー・アンドゥヴァーを卒業し、ブラウン大学、アンドゥヴァー神学校に学んだ。一八八〇年代にカンザスの会衆派教会で行った一連の説教が大きな評判を呼び、一八九六年にそれは『彼の歩みのなかで』として出版された（Sheldon 1896）。社会的福音運動の指導者の一人ラウシェンブッシュは、自分の思想に大きな影響を及ぼした人物として、シルドンの名をあげている。Smylie（1975）を参照。ちなみに、後述する会衆派の牧師アボットは一八九二年に、イエスは私たちにただ神の存在を示すために来たのではなく、私たちのなかに内在する潜在的神性を展開するために来た、と述べている。「キリストは一つの門戸であり、それをつうじて、神が人間に入り込み、また人間が神のなかに入り込む」。キリストは「私たちの精神的進化が完全化するときに、人間性のなかに作られるべき理想のモデルである」と（Abbot 1892: 250-1, 256 [Hopkins 1967=1979: 151]）。

魂の完全化――理想を抱きつづけること

ただし、ブランボーのいう「より気高い生」「魂の完全化」は、神秘的な営みではなく、日常的な営みである。それは、ふだんから理想を心にいだきつづけ、可能なかぎり、それを実現しようと心がけることである。ブランボーは次のように述べている。「私たちは、私たちが考えているように行動していない。もしも私たちが、自分が考えているように行動するなら、私たちの人生は真に道徳的なものになるだろう。私たちが義務と考えることと私たちが実際に行うこととのあいだには、大きな隔たりがある」。この隔たりを露わにするものは「良心」という魂の力である。「良心によって、私たちは、私たちが理想的と考える生と私たちの実際の生との隔たりに気づかされる」。「この理想と現実の違いが大きいときは、辛さも大きい」。しかし、「私たちが最善を尽くすとき、私たちの行いが理想の地平に達するとき、私たちはその辛さから解放される。良心は穏やかになる。私たちは心の痛みを感じなくなる」。その意味で「感性は、私たちが高い地平にいたるための助けとなる」(Brumbaugh 1905: 83)。

ブランボーにとって、人が理想を喪うことは、もっとも重大な問題であった。理想を喪った人は、最善を尽くそうとする意欲そのものを喪い、ただ漫然と生きることに何の疑問をいだかなくなるからである。

「理想は、魂のなかに設えられた規準であり、良心は、その規準に到達するように行動を規制する。もしも私たちが最善をつくさずに生きるなら、私たちの人生は、明確な理想を喪ってしまうだろう。もしも長い間、理想を無視したまま生きるなら、私たちは、自分を導く力そのものを喪ってしまうだろう。私たちが、最善をつくすことなく生きつづけるなら、最善をつくす試みすらできなくなるだろう。そうした生は、底辺をはいまわる男や女の精神状態をつくりだす。そうなった場合、唯一の救いは、達成可能な理想をあらたに立てることである。このことは、社会改革が一筋縄ではいかないことを示唆している」(Brumbaugh 1905: 84)。

しかし、子どもは私たちの希望である、とブランボーはいう。子どもは、「底辺をはいまわる男や女」のように理想をとりもどすために悪戦苦闘しなくてもいいからである。もちろん、子どもは、そのままでは感情を制御できないし、感性も未熟である。子どもたちには、「理想を簡単にあきらめず、弛《たゆ》まずそれを実現する人間になるための教育」が必要である(Brumbaugh 1905: 84)。とりわけ留意すべきことは、「ヴィジョンと現実の明確な区別」をさせることである。ヴィジョンは、現実を超える想像力、理想にいたる胆力を宿しているからである。「信念、希望、慈愛」を生みだすものは、感性に合致するヴィジョン――たとえば「美しい詩、美しい歌、美しい絵といった芸術であり思想である。その意味で、『思想は組織された感性である』」(Brumbaugh 1905: 92-3)。

ブランボーにとって、ヴィジョンと現実の明確な区別を生みだすものは、神への畏敬の念であった。感性に合致するヴィジョンが現実を超える力を発揮するのは、そのヴィジョンが神の存在に結びついているからである。ブランボーは、公教育は本来、教会のように、神への畏敬の念を子どもたちのなかに生みださなければならない、と考えていた。彼は次のように述べている。「子どもに教えられるべきものは……見えない存在である。それは魂に映し出される神である。この神のヴィジョンについて考察を行うとき、子どもは至高の神を敬うこと、意識することができるようになる。こうして彼は、自分自身の有限性と神の無限性を発見する。これが教育の担うべき宗教的側面である。学校は物質的なものではなく、精神的な力(spiritual force)である」(PBPES 1907: 10-11)。

5 社会的福音思想の完全化論

社会問題にとりくむ社会的福音運動

ブランボーの相互扶助・協同活動指向のヴァーチュ形成論、魂の完全化論は、けっして特異な思想ではなかった。同じような考え方は、当時の社会的福音思想のなかにも見いだされるからである。ここで、ブランボーの思想的背景である当時の社会的福音思想の特徴を確認しておこう。

当時の社会的福音思想は、進歩主義教育思想と同じで、複数の人びとによって唱えられた思想である。有名な論者は、当時、絶大な影響力を誇っていた雑誌『クリスチャン・ユニオン』の編集者であった会衆派牧師のアボット(Abbott, Lyman 1835-1922)、序章でとりあげた会衆派牧師のグラッデン(Gladden, Washington)、会衆派牧師でペンシルベニア州教員協会会長であったストロング(Strong, Josiah 1847-1916)、バプティスト派牧師のラウシェンブッシュ(Rauschenbusch, Walter 1861-1918)、エピスコパル派牧師のブリス(Bliss, William Dwight Porter 1856-1926)、そしてシカゴ大学神学部教授のマシューズ(Matthews, Shailer 1863-1941)である*。

* ワシントン・グラッデンは、一八三六年にペンシルベニア州ポッツグローブに生まれた。ウイリアムズ・カレッジを卒業し、一八六〇年に会衆派牧師となった。一八八二年にオハイオ州コロンバスで第一会衆派協会の牧師となった。グラッデンの影響力は絶大であり、同教会の協会員は、彼が着任してから、一八八五年の五五八人から一九一四年の一二一四人に増えた。グラッデンは、ア

メリカの聖職者でおそらくはじめて労働組合運動を支援した。後年、オハイオ州立大学の学長もつとめる。著述活動も旺盛で、著作は『応用されるキリスト教』(一八八七)、『だれが聖書を書いたのか』(一八九一)、『現代を支配している理念』(一八九五)、『社会的救済』(一九〇二)、『キリスト教と社会主義』(一九〇五)など、四〇冊に及んでいる。

ライマン・アボットは、一八三五年にマサチューセッツ州ロックスバリーに生まれた。ニューヨーク大学を卒業し、弁護士となったが、すぐに退職し、あらたに神学を学び、会衆派教会の牧師となった。一八六九年、執筆活動・編集活動に専念するために牧師の職を辞し、一八七六年から『クリスチャン・ユニオン』(一八九三年以降、『アウトルック』に誌名変更)の編集者となり、一八八一年から編集長をつとめた。一九一〇年に同誌の発行部数は一二万五〇〇〇部を越えた。著作に『キリスト教信仰と社会問題』(*Christianity and Social Problems*, 1892)、『進化論者の神学』(*The Theology of an Evolutionist*, 1896)などがある。

ジョサイア・ストロングは、一八四七年にイリノイ州に生まれ、オハイオ州ハドソンに育った。ウエスタンリザーブ・カレッジ、レイン神学校に学び、会衆派の牧師となった。彼は、すべての人種は「改良」されうるし、「キリスト」に近づきうると論じ、優秀なアングロサクソンは世界を「文明化しキリスト化する」責任を負っている、と論じた(Strong 1885)。

ウォルター・ラウシェンブッシュは、一八六一年にニューヨーク州ロチェスターに生まれた。ドイツに留学し、神学と社会学を学び、帰国後、ロチェスター大学、ロチェスター神学校に学んだ。ニューヨーク市の貧民街(Hell's Kitchen)に近いドイツ系第二バプテスト教会の牧師をつとめ、またロチェスター神学校で教授をつとめた。ラウシェンブッシュは、資本主義を、人間から人間性を奪う反キリスト教的なものと見なし、キリスト者は友愛的で調和的な社会を築かねばならないと主張した。

ウィリアム・ブリスは、一八五六年にトルコのコンスタンティノープルに生まれた。アメリカに帰国後、フィリップス・アカデミー・アンドゥヴァー、アムハースト大学、ハートフォード神学校に学び、エピスコパル教会の司祭となった。一八八九年に「キリスト教社会主義協会」(Christian Socialist Society)を組織し、一八九九年に「全国社会改革リーグ」(National Social Reform League)の会長となった。

アメリカにおける社会的福音運動の歴史研究は少なくない。もっとも古典的な研究は、Hopkins (1967 [1940]) であり、ほかにも、White/Hokins (1975)、Gorrell (1989)、Moorhead (1999)、Curtis (2001 [1991]) などがある。

例外もあるが、社会的福音思想の主唱者の多くは、「ポスト・ミレニアリズム」(post-millennialism)を肯定していた。

ポスト・ミレニアリズムとは、イエスの再来は人類がみずから「社会問題」を解決したのちに実現する、という考え方である。この考え方が、いわゆる「富の福音論」(Gospel of Wealth)*と異なり、現下の「社会問題」を解決することこそがキリスト教の使命であり、神の福音(救済の黙示)である、という考え方を正当化していた。

* 一九世紀末期になると、とくにエピスコパル教会と上層階級のあいだで「富の福音」という考え方が広がっていった。「富の福音」とは、牧師のブロックス、ローレンス(Lawrence, William 1850-1941)などが説いた教説で、富は救済を約束する神からのよい知らせ(「福音」)である、という考え方である。富裕な人が富裕である理由は、その人が敬虔で有能だからであり、神は敬虔で有能な人を救う、という考え方である。このような富の福音論においては、富は救済を妨げるものではない。それどころか、富こそが救済を暗示するものである(Mead 1956; Lawrence 1988: 1317-8)。こうした考え方にもとづいて、エピスコパル教会は、建物を壮麗に飾りつけ、上層階級の女性たちを大いに惹きつけた。すでに一八七〇年代において、エピスコパル教会員であることは、上層階級としての身分証明であると見なされるようになった。富の福音論を前提にするかぎり、上層階級は、巨大資本家でありながら貧困者に博愛活動を行うことに、何の疑念をいだかずにすんだ。

もちろん、先鋭な労働者階級は、富の福音論の偽善を見抜いていた。たとえば、当時のある有名な労働雑誌(*Locomotive Firemen's Magazine*)は、一八九二年に、カーネギー(Carnegie, Andrew 1835-1919)について、彼は『キリストの精神』についておしゃべりをしながら……、教会を建立したり、大学に基金を寄付したり、図書館を設立したりするために、労働者からすべてを略奪していった恥知らずの海賊である」と酷評している(Gutman 1976: 104から引用)。カーネギーは、巨大企業「カーネギー鉄鋼会社」(現在のUSスティール)の創立者であり、一八八九年に「富の福音」という評論を著した名高い博愛主義者であるが、その三年後の一八九二年に、同企業で大規模なストライキが発生し、鎮圧のさいに四〇人の労働者が殺害され、約三〇〇人が負傷している(Gonzalez 1977: 30)。労働史家のレンズによれば、一八八一年から一九〇五年のアメリカにおけるストライキとロックアウトの発生数は、三万八三〇〇件にのぼり、それらに参加した労働者は七五〇万人を越えている。しかも、これらのストライキ、ロックアウトをやめさせるためにかならず実力が行使され、多く死傷者が出た。一九〇四年の『アウトルック』誌の調査によると、過去三三カ月の間に一九八人が殺害され、一九六六人が負傷し、六一一四人が逮捕されている（Lens 1974: 127［Gonzalez 1977: 30 から引用］）。一八八六年に、ある労働者向けの新聞（*John Swinton's Paper*）は、次のように怒りを露わにしている。「なぜ、この世界では、労働者の悲劇を目の当たりにしながら、ほとんどすべての教会の説教者が悪魔の側［＝資本家］に味方するのか。なぜ、この国では、労働者が自分を高めようとするときに、その努力のすべてを打ち壊そうとするもので満たされているのか」と。さらに同じころに、貧困者の世話をしていたあるプロテスタントの牧師は、次のように嘆いている。「キリスト教会は、主イエスの福音を忘れてしまった。キリスト教会は、上層階級と富と社交界の教会になってしまった。今の教会は、世俗化の太鼓もちになってしまった」と（Painter 2008: xxxvii から引用）。

社会史家のガットマン（Gutman, Herbert G.）は、次のように述べている。一九世紀後期の「プロテスタンティズムは、体制順応的で、文化に拘束されたキリスト教と見なされていた。それは、新興の工場経営者を暖かく育んだが、意識の高い富裕者の良心を枯渇させ、貧困者を困惑させ、落胆させたキリスト教であった」と（Gutman 1976: 82-3）。この指摘は、社会的福音思想をふくむこの時代のすべてのプロテスタンティズムについての指摘ではなく、エピスコパル派プロテスタンティズムについての指摘であると、いいそえておきたい。

この時代の社会的福音思想が問題にした「社会問題」は、おもに都市部における貧困・不平等・飲酒・犯罪・不衛生などである。一九世紀後期から二〇世紀初期のアメリカにおいては、都市部のスラムにおける貧困・犯罪・不衛生が大きな問題となっていた。社会的福音思想は、こうした都市の悲惨な現実に直面するなかで、おもに公共衛生の充実、貧困家庭の子どもの教育支援、児童労働の禁止、労働時間の制限、セトルメント（settlement houses［アダムスがシカゴで運営した「ハルハウス」（Hull House）のような、スラムに住む人びとに介護・教育・衛生のサーヴィスを提供した施設］）の設営などを求め、大きな成果をあげた。

グラッデンは、一八八五年に、なぜ労働者が教会に来ないのか、その理由を明らかにするために独自のアンケート調査を行った。そのアンケート調査によると、労働者が教会に来ない二つの理由が明らかになった。第一に、労働者が「ふつうの教会のような、流行に敏感でファッショナブルな場所」に着ていけるような流行の衣服をもっていなかったことである。第二に、教会が「おもに資本家・雇用者階級が出席し支配している」場所であったことである。グラッデンは、『応用されるキリスト教』という本のなかで、次のように述べている。

「もちろん、工場主は労働者よりもよい衣服を着ることができるし、そうすべきである。しかし、日曜日にかくも信心深い彼らの姿を見て、他の六日間に貧困者から搾取する彼らの姿を見るとき、私たちは、彼らが……偽善者であると考えないわけにはいかない。資本家が週一回、私たち労働者の幸福を祈り、他の六日間、私たちを搾取するときに、労働者に彼らの信じているキリスト教を信仰させようとしても、それはとても無理な話である」(Gladden 1886: 157 [Hopkins 1967=1979: 102-3 から引用])。

グラッデンたちが展開した「社会的福音」の思想は、あってはならないはずの富と敬虔との結びつきの克服に端を発していた。すなわち、信徒が勤勉になり質素になると、彼(女)らの財産が増加し、それとともに現世への欲望も増大し、信仰心が形骸化するという、深刻なディレンマを克服しようとしていた。その社会的福音思想の起源は、一八世紀のイギリスにおいて、信仰復興運動にかかわり、メソジスト派をつくり、いわゆる「完全主義」(Perfectionism)を唱えたウェズリー (Wesley, John 1703-91) に見いだすことができる。ウェズリーは「……おそらく富の増加するところでは、それに比例して宗教の実質が減少するだろう。……どこの国でも、メソジスト派の信徒は勤勉になり質素になる。そのため、彼（女）らの財産は増加する。しかし、富が増すとともに、興奮や怒り、また現世への欲望や生活の見栄も増大する。こうして、宗教の形式は残っても、しだいにその精神は消えていく。純粋な宗教のこうした不断の腐敗を防ぐ方法はないのだろうか」と問い、その方法として「できるかぎり他者に与えること」を提案している（Weber 1920=1988: 258-9 から引用）。

ラウシェンブッシュの人格形成論

こうした社会問題の解決をめざした社会的福音思想においては、罪深きものは、人間の自然本性ではなく、社会の秩序であった。たとえば、ラウシェンブッシュは、一九〇七年に、罪という概念は個人に適用されるべきではなく、社会に適用されるべきである、と述べている。「罪深き人は神の側にあるが、罪深く不正な社会は神の敵である。もしも社会秩序全体が罪深さを体現していても、私たちはその罪と戦うことができるはずである。その戦いは、これまで『社会的福音』と呼ばれてきた」と（Rauschenbusch 1966c [1907]: 336）。

しかし、罪深き社会秩序を創りだしたのは人間である。人間をそのままにしていては、罪深き社会秩序はまた生みだされる。罪深き社会秩序をよりよい社会秩序に変えるためには、人間の人格を宗教的に再形成する必要がある。したがって、聖職者は「社会の刷新」のために若者の人格を「宗教的」に形成しなければならない。

「宗教の力が、社会の刷新のためにもっとも効果的に発揮されるのは、その精神的な力（spiritual power）が、人間の存立的・自然的な諸関係に沿って、人間をより真実の目的に導き、より気高い動機に従わせるときである。……もしもこの新しいタイプの宗教的人格が、若い男女のあいだに充分に形成されるなら、そして彼(女)らが成長し、社会の主要なポストを占めるようになるなら、彼(女)らは、この世界を変革するだろう。彼(女)らは、神の義(rightiousness)に、そして啓発された人びとの意見に新しい力を与えるだろう。そして日々、宗教的な義務と奉仕の意味を日常生活に適用し、新しい動機と方向を見いだすだろう。……したがって、聖職者は、説教の教示機能を、公共的道徳性の形成という緊要な課題に用いなければならない。……彼らは、信仰と精神的洞察力によって、社会問題を宗教的レベルに引きあげなければならない」(Rauschenbusch 1966c [1907]: 22-3r)。

アボットの人格再形成論

アボットにとっても、個人の「人格形成」は「社会問題」を解決するための必須条件であった。アボットも、ラウシェンブッシュと同じように、社会環境をいくら良くしても、人間の内面そのものを良くしなければ、社会は良くならない、と考えていた。アボットは、一八八九年に社会主義的社会改革とキリスト教的社会改革とを対比させつつ、次のように、キリスト教的社会改革、つまり「人格再形成」(reform of character)の重要性を論じている。

「……現代の社会的博愛主義[=社会主義]は基本的に、人間の環境を修正する試みによって[社会を]改革するという仕事を進めている。それは基本的に、個人に働きかけることではなく、社会に働きかけることである。すなわち、人間の人格に働きかけることではなく、人間の環境に働きかけることである。それが依って立つ哲学は、人間はその環境によって作られるという哲学である。つまり、人間をとりまくものが創造者であり、人間はその被造物である。したがって、それは、きれいな街、よりよい食べ物、下水施設、街灯整備、家屋整備などで、終わりである。……しかし、これはキリストの採った方法ではない。キリストが働きかけたのは人間であり、環境ではなかった。一世紀ころのほうが今よりもはるかに極貧状態だった。しかし、キリストは、極貧状態について何も語らなかった。彼は、それをなくすべきだとすらいわなかった。一世紀ころのほうが今よりもはるかに衛生状態に無頓着だった。しかし、キリストは清潔や衛生について語ろうとしなかった。これは、彼が衛生学の知識をもたなかったからではない。……それを語る必要を感じなかったからである。現代の社会的博愛活動の前提は、もしもあなたが環境を正せば、その環境が正しい人間をつくるという命題である。しかし、キリストの活動の前提は、もしもあなたが人間を正しくつくるなら、人間は正しい環境をつくるという命題である。……私たちは、衛生改革を軽視しているのではない。しかし、私たちの衛生改革の途は、基本的に・根本的に人格再形成によるものである。環境は人間をつくらない。人間が環境をつくるのである。牡蠣ですら、自分で自分の殻をつくるではないか。人の環境をいくら変えたところで、その人の人格は変わらないのである」(Abbott 1889: 451)。

ストロングも、一八八五年に、アボットと同じように、社会主義は「罪の要素をとりのぞかずに、現代の苦悩を解決しようとする試み」であり、問題の根源である「罪の要素」は「資本主義体制ではなく、敵意をもつ精神にある」と述べて、「人格再形成」の必要性を主張している(Strong 1885: 198)。

オーガニズムという概念

このような宗教的な人格（再）形成論を説く社会的福音思想は、ブランボーと同じように、隣人愛に基礎づけられた相互扶助・協同活動を理想的な社会状態と考えていた。それは、しばしば「オーガニックな社会」「社会的オーガニズム」といった言葉で表現されている。たとえば、ストロングは、次のように述べている。

「近代の産業組織のなかでは、社会的良心（social conscience）の覚醒が教育によって達成されなければならない。［隣人を愛せという］イエスの教えは、明らかにこの社会的良心の教育に必要な基本原則をふくんでいる。新しい文明の多元的で複雑な関係は、私たちの社会的義務を増大させ複雑化させている。新しい社会的精神（social spirit）、そして社会的理念（social idea）はすべて、現在、社会自身によって意識されつつある偉大な社会的オーガニズムに帰せられるのである」（Strong 1898: 122）。

グラッデンも、ストロングと同じように、オーガニックな社会像をいだいていた。グラッデンは、一八九五年に出版した『現代を支配する諸観念』のなかで、オーガニズム概念は、パウロのエフェソの信徒への手紙以来、キリスト教において強調されてきたが、近代社会の人間の諸関係にも適用されるべきである、と論じている。

「これまでの各章で私が論じてきたのは、もう一つの真実である。それは、社会における人間の他者との関係は、敵対的な関係ではなく、生き生きとした、オーガニックな関係であるということである。すなわち、私たちは互いに仲間なのである。だれ一人として、仲間から離れて、完全性や幸福に到達することはできない。だれ一人として、仲間から離れて、自分らしく生きることはできない。そして自分らしく死ぬこともできない。こうした社会のオーガニックな結合性（organic union）という考え方は、これまでにも、多かれ少なかれ、親しまれてきた」(Gladden 1895: 285)。

グラッデンにとって、人間は本来的に、自分らしく生きるために、そして自分らしく死ぬために、信頼できる仲間、愛すべき家族を必要としていた。そのグラッデンにとって、もっとも理想的な「社会的オーガニズム」は、パウロの語る「結合性」、すなわち他者への愛にねざして真実を語る人びとがつくる「結合性」であった。

「パウロは、次のように述べている。『愛のなかで真実を語るとき、私たちは、あらゆる面で成長し、私たちの主であるキリストに向かう。キリストによって、私たちのまとまり全体が、しっかり組み合わされ、一つひとつ結びつき、あらゆる部分が互いに補いあう。こうなるのは、おのおのの部分が、分に応じて働くからである。こうして、まとまりは大きくなり、それ自体を愛のなかで形成する』と。ここには、一者と多数者の真実の関係が示されている。もっとも気高い意味で、多数者は一者である。しかし、この結合性は化学的なものではない。それはオーガニック［生体的］なものである。諸部分は、それぞれに自分自身をもち、それらが構成する多数者がまた一つである。一者は、大きな結合性のなかに自分の生を見いだすのである」(Gladden 1895: 82)。

アボットも、すべての人間が「調和し連帯している社会」を理想としていた。一八九二年に出版した『キリスト教の進化』のなかで、彼は、人間は内在する神意を自覚しそれを発現させるかぎり、敵対することなく、手をとりあい、助けあう、と考えていた。「人類は、砂浜の砂のようにばらばらの原子ではない。人間という種のなかには、道徳的結合性がある。すべての歴史がこの事実を認識しているし、人類の進化はこの事実を以前よりも明確に具現化している」。なぜなら「自然のなかに神がいるように、歴史のなかにも、神がいるからであり、すべての事物や機械をつうじて、神の大いなる意図（design）が顕現するように、人間のなかでも、神の大いなる意図が作用しているからである」（Abbott 1892: 247; cf. Hopkins 1967 [1940]: 146）。

神学的進化としての完全化

社会的福音思想はまた、ブランボーと同じように、人間の完全化論を展開していた。それは、しばしば社会進化論の変種であり、「進化の聖別化」（sacralization of evolution）、「神学的進化」（theistic evolution）と呼ばれてきた。その典型は、ストロングが著し、五〇万部以上売れたという『わが祖国』の完全化論である（Strong 1893）。

ストロングは、その本のなかで、社会進化論を援用しながら、人間は「完全化される」存在であると強調している。「……私たちは［進化論をつうじて］人間の基本原則を理解してきた。それは、人間性は完全化されうる（humanity is to be perfected）という原則であり、この原則は、人間の気高い内在的能力によって達成される。この人間の完全化という原則は、神意の顕現、歴史の展開、そして科学の進歩によってすでに実証されている」と（Strong 1893: 22）。そしてストロングは、同書の最後で、「私たちが理解してきたことは、人間性が、身体においても、魂においても、精神においても、完全化されることであり、完全化された人種が、いずれ、この地上に天上の王国を完全に作りだすことである」と述べている (Strong 1893: 347)。

ストロングにとって、人間の完全化という終着点は、時間的にきわめて近いところに迫っていた。なるほど、労働争議はたびたび生じ、貧富の格差は拡大している。不正・搾取に対する人びとの不満は鬱積している。しかし、ストロングの眼から見るなら、「民衆の不満は、重要な変革が起きるという予兆であり、［新しい運動］を生じさせる契機」であった。つまり「民衆が不満をいだいているということは、まちがいなく、私たちが人類の進歩の過程で新しい時代に入ったこと」を意味していた (Strong 1893: 162, 348)。

「私がここで示そうとしたことは、この世界の進歩は、これまで以上に早くなっていることである。というのも、現代の文明化の巨大な諸力は、［社会組織と個人の］両方の発達を刺激している、と想定できるからである。それだけではない。時は満ちたのである。今や人間は、知性的にこれら両方の発達を援助しなければならない。……」(Strong 1893: 29)。

グラッデンも、一九〇二年に新時代の到来を予感していた。「……私は新時代の到来を予感することができる。一九世紀末期に見いだせるものは、新時代の到来を示す偉大な思想と良心の覚醒である。この時代に展開された意見はすべて、未来の都市は協同的な共同体 (cooperative community) でなければならないという理想をかかげている。これはつまり、未来の都市がキリスト教的な共同体でなければならないということである」(Gladden 1902: 230)。そして一九〇九年に、彼は次のように述べている。「新時代は到来しつつある。……それは人間化の時代、助けあいの時代（*the era of humanization, the era of brotherhood*）である。……その種は二千年前にまかれた。そして今、その種から生まれたものが花開こうとしている。新しい千年に、人はその助けあいの精神が本当に果実をつけることを見るだろう」（Gladden 1966b [1909]: 139-40 傍点は原文イタリック）*。

＊　また、シカゴ大学のマシューズは、『イエスの社会的教訓』のなかで、次のように述べている。「いつこの完全性は達成されるのだろうか。いつこの時代は終わるのだろうか。もちろん［この時代が］死滅するときではない。……この時代から次の時代への推移は、時代と時代、社会と社会のあいだで生じる。栄光の神の王国は、成長と葛藤の時期が過ぎ去ってから訪れる。［完全性達成という］この緩やかな過程が全面的に完遂するときは、その諸可能性がことごとく尽きたあとである。そして新しいよりよい時代が始まる。こうした理想の実現過程に時代が人類をゆっくりと導くことはまちがいない。抗争の時代は過ぎ去るはずである」（Matthews 1897: 75）。マシューズは、「完全な社会」の早期到達を疑問視していた。「完全な社会を不完全な人びとによって創ることはできない。……人間性は、潜在的に高貴であるが、もともと罪深いのだから、それを道徳的なものに変容させることは、必然的に漸進的であらざるをえない。それは一世代で完遂されたりしないのである」（Matthew 1897: 209）。

無限後退する地平線へ

人間・社会の完全化論を説き、大きな影響力をもったもう一つの本が、ラウシェンブッシュの『キリスト教と社会危機』である。しかし、ストロング、グラッデンとはちがい、ラウシェンブッシュは、この社会は完全化しないだろうが、完全化への努力は重要である、と考えていた。

「もっともうまくいったとしても、せいぜい完全な社会秩序（a perfect social order）に類似したものができるだけだろう。神の王国は、せいぜいのところ、少しだけ近づくだけである。しかし、そうした完全性に類似したものすべてが大切なのである。すべての人間の純粋と平安へ向かう歩みは、人間に人間の不完全性（imperfection）を思い知らせるが、その歩みは、その歩みそのものにも大きな見返りをもたらすし、神の国に向かうというとどまることのない巡礼の旅は、邪さの塊のなかにただ安住することにくらべるなら、はるかにましである」（Rauschenbusch 1966c［1907］: 336）。

ストロング、グラッデンの進歩は、近傍の「終着点」に向かうことであるが、ラウシェンブッシュの進歩は、「無限後退する地平線」（everreceding horizon）に向かうことである。ラウシェンブッシュにとって、人間が無限後退する地平線に向かい進歩することそれ自体は確実であった。彼は、一八九二年に次のように述べている。

「進化の概念が広まることで、事実によって確証されていないオプティミズムが創られてしまった。私たちは、文明の進歩についてさんざん聞かされてきた。車はゆっくり、しかし確実に丘を登ってくる。必要なことは邪魔物を教育と再形成で一掃することだ。そうすれば、高みをめざす人間性の諸力が自然と活動し始める、こうした晴朗な信念が私たちのあいだで広まった。私もかつてそう考えていたが、疑問にぶつかった。歴史をふりかえるなら、残念ながら、そうは考えられないからである。他の被創造物において進化が生じているとしても、［人間が］新しい境位に入るときは、人間が人間の倫理的自然本性に到達するときである。倫理的にいえば、人間は本質的に堕落していく存在である。……だまされないように。誘惑の悪魔が『人間はミレニアムに向かって歩んでいる』と告げる。しかし『どこにミレニアムがあるのか』と指摘するだけで、人間にとって最悪であるその魔物は消えてなくなるだろう。人間は、いまだかつてミレニアムへの途を創ったことがない。もしも人間がその途に進むべきなら、何よりもまず自分をより高めなければならない」(Rauschenbusch 1966a [1892]: 272)。

ラウシェンブッシュが社会が完全化する可能性を否定した理由は、彼が人間の苦悩の「根絶不可能性」を認識したからであるが、ラウシェンブッシュは同時に、人間の自然本性の「完成可能性」(perfectibility)を確信していた。彼の眼には、アメリカのこれまでの歴史は、人間の自然本性が十全に開花していく過程に見えたからである。彼は「私たちの国に見いだせる進化の様子は、人間の自然本性の巨大な潜在的完成可能性(immense latent perfectibility)を証明している」と述べている(Rauschenbusch 1964: 422)。

さて、ブランボーの魂の完全化論は、ストロング的・グラッデン的な完全化論であったのか、それともラウシェンブッシュ的な完全化論であったのか。いいかえるなら、ブランボーは、人間・社会は具体的に近未来に完全化されうると考えていたのか、それともはるか遠い未来において完全化されうると考えていたのか。残念ながら、この問いに答えることはできない。しかし、ペンシルベニアの進歩主義教育改革が、少なくとも主導者ブランボーの、人間の完全化を指向する社会的福音思想と類同的な信念に支えられていたことは、まちがいないだろう。

6　相互扶助と神のデモクラシー

本章のまとめ

以上の考察から明らかになったことは、次の三つにまとめることができるだろう。

第一に、「リヴィジョニスト」と呼ばれた教育学者の進歩主義教育批判は一面的であると、いわなければならない。リヴィジョニストは、「効率」という言葉に階級利害に基礎づけられた、人間を労働力に還元する職業主義イデオロギーを見いだし、進歩主義教育改革を厳しく批判してきた。職業主義的な効率概念は、しばしば進歩主義教育改革の（社会的）効率概念と同一視されてきた。しかし、実際の進歩主義教育改革がかかげた効率概念は、子どもを労働力に還元する職業主義的概念ではなかった。それは、プロテスタンティズムに基礎づけられた社会的な効率概念であり、相互扶助的であるオーガニックな社会を速やかに実現するための規範でもあった。

第二に、ブランボーが教育の理念として語った「より気高い生」「魂の完全化」は、神秘的な営みではなく、日常的な営みであった。それは、ふだんから倫理的な理想を心にいだきつづけ、可能なかぎり、それを実現しようと心がけることである。いわゆる「良心」は魂に発する力であり、それによって人は理想と実際の隔たりに気づく。この隔たりそのものは、人を落胆させもするが、最善を尽くすとき、人はその落胆から解放される。つまり、ブランボーにとっては、理想をいだきつづけ努力しつづけることこそが、魂の完全化という過程であった。

第三に、ペンシルベニアの進歩主義教育改革の主導者ブランボーの魂の完全化論は、この時代に広まった社会的福音思想の完全化論と類同的であった。社会的福音思想は、社会問題の解決に勤《いそ》しむことこそが救済の知らせであるという考え方であり、その努力こそが人間を完全化する、と説いた。したがって、少なくとも、ペンシルベニアの進歩主義教育改革は、企業資本主義、競争個人主義が広まるなかで、そうした社会現実をキリスト教的な完全化論に支えられつつ、倫理的に刷新する試みであり、けっしてそれに順応従属する試みではなかった。

さて、こうした事例分析の結果は、三つの論点を示している。一つは、進歩主義教育の底流としてキリスト教的な思考であり、もう一つは、歴史学的認識であり、三つめが、知識人としての教育者の役割である。

キリスト教は時代遅れか

一九一四年、ミネソタ州セントポールで開かれたＮＥＡの年次大会で、スニッデンは、教育は学術中心ではなく職業準備中心でなければならないと訴えた。そして、キリスト教的な社会調和、社会奉仕の大切さを説いたバグリーを「どうしようもなく時代遅れで、非科学的で、非進歩的である」と一蹴した（Snedden 1914: 157）。そのスニッデンなら、ブランボーについても、同じように「どうしようもなく時代遅れ」と評したことだろう。

スニッデンの主張は、いわば、そのころの時流に乗った主張であった。政治的進歩主義者の多くは、メリトクラティックな社会を標榜し、能力を強調し、テクノロジーを重視していたからである。科学史研究者のロスが述べているように、すでに一八八〇年代から、「少なくとも中産階級の人びとは、牧師の道徳的助言よりも社会科学者の専門的助言にふりむくようになり、ヴァーチュによって秩序づけられた位階性におけるエリートの概念は、能力によって秩序化された階層性におけるエリートの概念に変わりつつあった」からである（Ross 1979: 121）。

スニッデンや当時の政治的進歩主義者の主張の思想的背景は、スペンサー、サムナーの社会進化論に見られる「実証的功利主義」である。それは「福利を決めてから、それをもたらす具体的目標を追求するのではなく、自然な事象をつかさどり因果的に福利を決定する主要な諸原則に適合するように、追求すべき具体的目標を決めることである」(Spencer 1978 [1897], Vol. 1: no. 60)。いいかえるなら、それは、恣意的ないし理念的に福利の内容を決めるのではなく、まず、自然法則が定めるあるべき姿を見定め、次に、それにふさわしく具体的な目標を定めるという、考え方である。スニッデンにとっては、個々人の夢の実現ではなく、有能な職業人の効率的活動が、自然法則が定める福利であり、そうした職業人を効率的に選抜養成することが、具体的な目標であった(Drost 1967: 19)。

しかし、スニッデンのように、流行の社会進化論に乗り遅れまいとし、企業資本主義に迎合しようとすることは、時代を先導することではない。そもそも、時代に迎合することは、すでに時代に遅れていることの証しである。時代を先導することは、キリスト教的であるかいなかにかかわらず、たえず時代をよりよく変えようと意志し、努力しつづけることである。その意味では、スニッデンは、ブランボーを「時代遅れ」とそしる資格をもたない。

歴史的現実と歴史的帰趨

スニッデンとは異なり、次章でとりあげるカウンツは、進歩主義教育改革によって生まれたハイスクールを「総合的ハイスクール」と呼び、そこに「アメリカ的なデモクラシー」の反映を見いだしている。こうした改革を行った人びとにとって、「デモクラシーは本質的に、社会移動の条件整備のなかに、そしてすべての集団が、いがみあうことも憎しみあうこともなく、共に生きることのなかにあった。彼(女)らは、こうしたデモクラシーの概念を実現するうえで、総合的ハイスクールは重要な貢献をすると考えたのである」と(Counts 1930: 86)。

もちろん、ブランボーのような進歩主義教育者の意志が、プロテスタント的な完全性への意志であったとしても、そして教育改革がデモクラシーを実現する一途であると考えていたとしても、その歴史的帰趨は、一九七〇年代以来、教育社会学がハイスクール・トラッキングの機能（階級再生産機能）として描きだしているように、新しく格差拡大という問題を生みだしてきた。しかし、ボールズ／ギンティス、また他のリヴィジョニストのように、そうした制度的帰結から進歩主義教育改革の本質なるものを推断することは、歴史的現実、過去の過去性を見失うことになるだろう。そこでは、改革の思想が改革を後追いする正当化言説に還元されているからである。

進歩主義教育によってつくりだされた制度が当初の進歩主義教育思想から離脱し、べつの正当化言説を付帯していくことは、一九二〇年代以降の、ボビット（Bobbit, Franklin）や、チャーターズ（Charters, W. W. 1875-1952）の職業主義的カリキュラム論や、第1章でふれた、ターマンやソーンダイクの優生学的知能理論が発揮した正当化機能に象徴的に看取されるだろう（Franklin 1986）。本章が確認してきたことは、こうしたカリキュラム論、知能理論が付帯する以前の、進歩主義教育の思想的原型であるが、これらのカリキュラム論、知能理論の正当化機能によって、職業主義がオーガニックな社会像に優越し、総合的なカリキュラムが階層的なカリキュラムへと変貌していったことは、カリアーが論じているように、たしかに重要な問題である（Karier 1975b）。それは、教育が社会構造の発揮する構造化作用から逃れられないことを意味しているからである。この問題は次章でとりあげよう。

神のデモクラシーは強要できるのか

最後の論点は、かりにブランボーに見られるようなプロテスタンティズムが、この時代の進歩主義教育を精神的・

心情的に支えていたとすれば、それは子どもに強要できるものか、という問題である。

しばしば見逃されるが、この時代は、さまざまなキリスト教団体が社会的福音運動に参加し、人格形成を強調した時代である。教育についていえば、もっとも有名で影響力をもったキリスト教団体は、YMCA（Young Men's Christian Association 青年キリスト者協会）である。YMCAは、進歩主義時代に、すべての若者を対象とし、「イエスの生き方」をモデルとした強靱な「キリスト教的人格形成」のプログラムをいくつも提案し、実践していった（Setran 2005a）。キルパトリックに学んだ教育学者で、進歩主義教育協会に所属しコロンビア大学教授をつとめたチャイルズ（Childs, John L.）も、長くYMCAに参加し積極的に活動していた（Dennis 1992）。

また、進歩主義教育協会に属し、ノースウェスタン大学、ユニオン神学校で教授をつとめた道徳哲学者のコー（Coe, George Albert 1862-1951）も、そうしたキリスト教的人格形成を理論的に支えていた。彼は、スニッデンとは逆に、本来的に相互扶助のネットワークに満ちているこの世界で、個人主義的価値観に執着することはアナクロニズムである、と批判している。また、ヴァーチュを勤勉・従順に労働態度に限定し、自己利益獲得の手段に還元する営利主義も、従来からの詰め込み中心、規律訓練中心の教育方法も、「神のデモクラシー」（democracy of God）すなわち互恵的・協同的に生きることに違背している、と批判している。

コーが説いた人格形成論は、子どもに内在する「魂」を充分に成長させることで、互恵的・協同的社会をつくろうとする社会的教育論である。コーは、若者は権威に命じられるままに行動するのではなく、「魂」の命じるところに従い、科学的に思考し道徳的な試練に進んで参加しなければならない、と説いている。コーにとってあるべき人間の道徳性の核心は、魂の協同性であった。そして彼は、だれもが他者の存在を承認し、互恵的なスタンスで意志決定を行うなら、この地上に「神のデモクラシー」が実現する、と考えていた（Setran 2005b）。

このように考えるコーにとって、子ども中心主義の教育学者の教育論と、キリスト教の聖職者の教育論との対立は、見せかけのものにすぎなかった。彼は次のように述べている。子ども中心主義者は「子どもに内在するもの［＝自然本性］を表出させなさい」といい、聖職者は「子どもを神の意志に従わせなさい」といい、対立する。しかし、「あるがままの子どもと、あるべき人間という、この二つの見方は、後者のあるべき人間の自己が前者の子どもの自己において躍動している、という事実を洞察するなら、整合するのである」。子どもの魂であれ、大人の魂であれ、「魂というものは、本来的にキリスト教的［＝互恵的・協同的］である」と（Coe 1903: 48-9）。

こうしたコーの人格形成論、したがってまたブランボーのヴァーチュ形成論は、大きな問いを暗示している。それは、もしも魂の互恵性・協同性が、何らかの社会構造によっていちじるしく阻害されているのなら、知識人は「神のデモクラシー」を若者に強要できるのか、という問いである。いいかえるなら、知識人が信じる正義は、社会全体がそれを求めていない場合にも、子どもに教え込まれるべきなのか、という問いである。この問いに決然と「できる」と答えた人物が、次章でとりあげるカウンツである。

第3章　カウンツの社会的再構築
――完全化への信念

Chapter 3　*Social Reconstruction of George S. Counts: The Faith to Perfecting Society*

〈概要〉　本章の課題は、前章のまとめを受けて、もっとも先鋭な社会的再構築派の進歩主義教育者であったカウンツが、なぜ教化とデモクラシーを結びつけたのか、という問いに答えることである。カウンツのいうデモクラシーは、狭義の政治制度の形態ではない。それは、基本的に、アメリカの農村共同体に見られた互恵的な関係性であり、それに付帯するキリスト教的な生き方である。また、カウンツのいうデモクラシーは、子どもが自主的に考量し選択するものでも、実体化された価値として教授されるものでもない。それは本来、「アメリカ的文化」の潜在的な強制力が生みだすものである。その「アメリカ的文化」としてのデモクラシーが閉塞しつつあるとき、教育者は信念をもって、このデモクラシーを保持するためにこれを子どもたちに伝えなければならないと、カウンツは考えた。それが、カウンツのいう「教化」である。こうしたカウンツのデモクラシー教化論は、理論的、宗教的という二つの契機に支えられていた。理論的な契機は、ビアードの歴史相対主義であり、宗教的な契機は、カウンツ自身のキリスト教的な完全化への信念である。

1 なぜ教化を語るのか

後発世代のカウンツ

年齢に注目してみると、進歩主義教育協会の思想家は、さきにとりあげたブランボーのような進歩主義教育改革者と同じ世代から二まわりのちの世代まで広がっている。たとえば、デューイは一八五九年生まれ、アダムズは一八六〇年生まれで、一八六二年生まれのブランボーとほぼ同世代であるが、キルパトリックは一八七一年生まれ、ボードは一八七三年生まれで、ブランボーより一まわり若い世代である。そして、ラッグは一八八六年生まれ、チャイルズとカウンツは同じ一八八九年生まれで、ブランボーより二まわりくらい若い世代である。

これから確認するように、こうした若い世代の進歩主義教育思想家のなかにも、ブランボーの社会的福音思想と同じようなプロテスタント的ないしキリスト教的な生への態度を見いだすことができる。ここでは、当時のソビエト連邦の教育に強い関心を示し、労働組合活動、政治活動に積極的にかかわり、プロテスタンティズムからもっとも縁遠そうに見えただろう、コロンビア大学の教育学教授カウンツをとりあげてみたい*。

＊ カウンツは、一八八九年にカンザス州ボルドウィン近くの農家に生まれた。一九一一年に地元のメソジスト系のベイカー大学を卒業。短期間ながら、ハイスクールの教師、校長を経験したのち、一九一三年にシカゴ大学大学院に進学した。同年、メソジスト教会の牧師を父にもつルイス（Lois, Hazel Bailey）と結婚。大学院では、デューイとパーカーに学び、一九一六年に哲学博士（Ph. D.）を取得。ワシントン大学教授、イェール大学教授、シカゴ大学教授などをへて、一九二七年にコロンビア大学ティーチャーズ・カレッジ教授となった。コロンビア大学を定年退職後、サザンイリノイ大学の特別客員教授をつとめた。一九五二年に「ニューヨーク州リベラル党」を設立し、連邦議会上院議員選に立候補したが、落選した。一九五四年から五九年にかけて同党の代表をつとめた。また、一九三九

年から四二年かけて「アメリカ教員連合」(American Federation of Teachers) の会長をつとめた。著書は、『アメリカ中等教育の選抜的特徴』(一九二二)、『教育委員会の社会的構成』(一九二七)、『シカゴの学校と社会』(一九二八)、『学校は新しい社会秩序を構築しようとするのか』(一九三二)、『教育とアメリカの約束』(一九四六)、『教育とアメリカの文明化』(一九五二)、『教育と人間的自由の基礎』(一九六二)など、二九冊におよぶ。カウンツにかんする主要な研究は、Bowers (1967, 1969)、Gutek (1970, 1984, 2006)、Arnstine (1974)、Romanish (1980)、Dennis (1983, 1989)、Langmann (1992) などである。

進歩主義教育の盛りあがり

まず、カウンツの活躍の舞台となる進歩主義教育協会について、少しふれておこう。序章でもふれたように、一九一九年に創設された進歩主義教育促進協会は、すでに一八九〇年代に始まっていた進歩主義教育実践の蓄積のうえに成り立っていた。そうした前史は、教育学者のクリーバードが詳細に描いているように、一八九六年に開始されたデューイの実験学校における教育実践やパーカーの教育実践である。パーカーは「進歩主義教育の父」と呼ばれる人で、デューイ自身も自分の子どもをパーカーの学校に通わせていたくらいである。進歩主義教育促進協会は、デューイ自身が設立したものではないが、デューイを信奉する人びと、また、パーカーに見られるような、先行のさまざまな進歩主義教育実践を背景とし、いわば、後追い的に設立されたものである (Kliebard 1987)。

一九二〇年代は、進歩主義教育者のあいだで子ども中心主義が大きな注目を集め、子どもの創造性に教育者の関心が集まった時代である。象徴的な本は、コッブが一九二八年に出版した『新しい潜勢力』(*The New Leaven*)、オクラホマ大学の教育学の教授コリングス (Collings, Ellsworth) が一九二三年に出版した『プロジェクト・カリキュラムの実験』(*An Experiment with a Project Curriculum*)、パークスクール・オブ・ボルティモアの校長スミスが一九二四年に出版した『教育が先進する』(*Education Moves Ahead*)、教育ジャーナリストで、のちにニュースクール・フォー・ソシアル・リサーチに所属するド・リマ(De Lima, Agnes)が一九二六年に出版した『私たちの敵、子ども』(*Our Enemy the Child*)、デューイの友人であったウォッシュバーン(Washburne, Carleton W. 1889-1968)が一九二六年に出版した『古い世界の新しい学校』(*New Schools in the Old World*)などである。とくにウォッシュバーンは、一九二〇年代から三〇年代にかけて、ウィネトカの教育長として、子ども中心主義の教育方法を導入し、多くの参観者を集めた。彼はまた、ウィネトカ・ティーチャーズ・カレッジを設立し、子ども中心主義の教員養成を開始した。ラッグとシューメイカー(Shumaker, Ann)が一九二三年に出版した『子ども中心主義の学校』(*The Child-Centered School*)は、この時代の子ども中心主義を詳しく紹介するとともに、その問題を指摘し、話題になった(Graham 1967: 180)。

一九三〇年代、いわゆる大恐慌時代は、進歩主義教育協会がもっとも活動的であった時期である。たとえば、デューイ自身、一九二八年に進歩主義教育協会の第二代名誉会長に就任し、同協会に密接に関与するようになった(念のためにいえば、デューイは、一度も進歩主義教育協会の会長になったことはない)。また、この時期、あとでふれるカウンツの著作のほかに、コッブが一九三四年に出した『子どものための新しい地平』(*New Horizons for the Child*)、デューイが一九三八年に出版した『経験と教育』、ボードが同年に出版した『岐路に立つ進歩主義教育』(*Progressive Education at the Crossroads*)など、進歩主義教育協会に所属する人びとの著作が、広く読まれるようになった。クレミンは、一九四〇年代までに、進歩主義教育は、アメリカの公立学校における「慣習的な叡知」(conventional wisdom)になった、と述べている(Cremin 1976: 19)。

この時代の進歩主義教育協会の活力を象徴するものは、一九三〇年から一九四二年にかけて行われた「八年研究」

(The Eight-Year Study (Thirty-School Study)) であろう。この研究の目的は、進歩主義的なハイスクールと進学準備的なハイスクールの機能を比較検証することであった。進歩主義教育協会は、一九三〇年に、ミズーリ州ラドゥーにあった「ジョン・バローズ・スクール」(John Burroughs School 1923-) というプレップスクールの教頭エイキン (Aikin, Wilford Merton 1882-1965) を委員長とする、調査研究委員会 (Commission on the Relation of School and College) を設置した。同委員会は、三〇校のハイスクールの教育評価、カリキュラム、教員研修を進歩主義的に再編成し、これらの進歩主義的ハイスクールに入学卒業し大学に進学した一四七五人の大学における活動・成績を、絶対規準、相対規準、個人規準の三つの尺度を用いて、他の進学準備的なハイスクールに入学卒業し大学に進学した人の大学における活動・成績と比較した (Kridel/Bullough 2007)。

エイキンの調査研究委員会は、その結果を、一九四二年に『アメリカ教育の冒険』(*Adventures in American Education*) と題した五巻本の報告書にまとめ、出版した (Aikin 1942)。それによれば、進歩主義的なハイスクールの卒業生は、進学準備的なハイスクールの卒業生よりも優れた文化的・芸術的な成果をあげていることが明らかになった。委員長のエイキンは次のように述べている。

「これらのデータから明白なことは、三〇校の [進歩主義的ハイスクールの] 卒業生が、全体として、比較対象 [である進学準備的なハイスクールの卒業生] よりも、かなり高い成果をあげていることである。それは、大学の設定する規準 [GPA] においてもそうであり、学生間の比較においてもそうであり、さらに個々人の学生の規準においてもそうである」(Aikin 1942: 112)。

カウンツが注目される時期は、まさに進歩主義教育が大きな盛りあがりを見せたときこの時期であり、一九三四年には、『ソーシャル・フロンティア』が創刊され、大きな注目を集めた。『ソーシャル・フロンティア』は、カウンツ、キルパトリック、ラッグによって一九三四年に創刊された教育学の雑誌である。同誌のおもな目的は、教育をつうじた社会の「社会的再構築」(social reconstruction) の促進であり、社会・人間を経済システムの圧力から護ることであった。カウンツは、創刊直前に『ニューヨーク・タイムズ』のインタヴューに答えて「……この雑誌は公教育に関心を抱いているので、所有権よりも人権を重視している」と述べている (Dennis 1989: 118)。同誌は、一九三九年に進歩主義教育協会の機関誌と位置づけられると同時に、誌名を『フロンティア・オブ・デモクラシー』に変更した。クレミンは、「[この雑誌] は、疑いもなく一九三〇年代の真摯な進歩主義的発言の一つであった。その卓越性は、その内容ではなく、その生き生きとした力にあった」と評している(Cremin 1961: 233 [同誌は、第二次大戦が激しくなった一九四三年に廃刊となった。最大発行部数は約六〇〇〇部である])。

一九三二年の衝撃

さて、カウンツの教育論——「社会的再構築論」(Social Reconstruction theory) ——の多くは、『ニュー・リパブリック』誌上や、カウンツが編集長をつとめた『ソーシャル・フロンティア』誌上で展開されたが、カウンツが最初に社会再構築論を提案したのは、一九三二年 (四三歳のとき) 二月に、メリーランド州ボルティモアで進歩主義教育協会の第一二回総会が開催されたときである。そのとき、カウンツは、「進歩主義教育は進歩的であろうとしているか」と題した報告を行い、多くの聴衆に鮮烈な印象を与えた。そして、その年の暮れに、カウンツは、この報告に加筆し、『学校は新しい社会秩序を作ろうとしているか』と題した本を出版した（Counts 1978 [1932]）。この五〇ページあまりの薄い本は、カウンツの名声を一気に高める出世作となった。

カウンツが「進歩主義教育は進歩的であろうとしているか」という報告において述べたことは、多岐にわたるが、もっとも聴衆を刺激した内容は、進歩主義教育協会に属する教育者の「自己中心性」（selfishness）に対する厳しい批判であった。それは、進歩主義教育協会の教育者（おもに中産階級の女性たち）が社会問題に無関心であり、子どもの自然本性、個人の有用性に拘泥し、自分の自己中心性を放置していることであった。いいかえるなら、彼（女）らが「デモクラシー」を看過し、資本主義を間接的に正当化していることであった。

カウンツの批判が進歩主義教育協会の会員に与えた影響は、大きかった。ある参加者は、カウンツの報告について次のように述べている。「彼の報告が終わったとき、沈黙が訪れた。その沈黙は、賞賛の拍手よりも雄弁にその衝撃の大きさを物語っていた。学校は新しい社会秩序をつくるべきか。参加者の多くは、何をしなければならないのか、わかっていた。彼（女）らはそれを試みた。ホテルの部屋で、廊下にあふれ出ながら、教師たちは朝まで議論をつづけた。学校は何をするべきか、教師は何をするべきか、と。この会合で行われたどの報告よりも、カウンツの報告は教育者たちの心をゆさぶった」と（Cremin 1961: 260 から引用）。

なぜ「教化」を求めるのか

しかし他方で、カウンツは、その報告のなかで、「デモクラシーの実現」を教育の目的としてかかげながら、その方法として「教化」(indoctrination) を採るべきであると論じ、批判を招くことにもなった。進歩主義教育論者たちにとって、「教化」という言葉は、到底首肯しえない危険な言葉であったからである。たとえば、キルパトリックは、カウンツの教化論に真っ向から反対し、ただちに『教育のフロンティア』という本を企画編集し、一九三三年に緊急出版している。その本では、デューイ、ボード、チャイルズなどをふくむ、多くの進歩主義教育者たちが、カウンツの教化論に反対を表明している (Kilpatrick 1933: 71, 146, 211 [Wallace 1995: 48-9])。

カウンツの立場を心配したのだろう、年長のデューイは、カウンツの教化概念の含意を推しはかりつつ、それを「自己調整的な教化」(self-correcting indoctrination) と表記すべきではないか、と示唆している。デューイにとっては、教育の「統一目的は、方法に基礎づけられるべきものであり、あらかじめ定立され、達成を求められている結論[の重大性]によって基礎づけられるものではなく」、教育実践は、子ども一人ひとりの成長と一体となって行われるべき営みだったからである (Dewey 1932: 14; 1996, DE, LW. 6: 144)。いいかえるなら、教育の方法は、所与の教育の目的に従属するべきではなく、一人ひとりの子どもにふさわしく調整されるべきだったからである*。

＊　子どもの自律的判断を重視するとともに、教化を個人の意図的営みととらえていたキルパトリックは、一九三九年に、「もしも私たちがデモクラシーを信じるなら、私たちは教化を避けなければならない。……デモクラシーは、デモクラシーそのものであるためには、教化されえないのである」と述べて、カウンツの議論を否定している (Wallace 1995: 48-9)。しかし、のちほどに示すように、キルパトリックの教化概念は、カウンツのそれと大きく異なっている。

しかし、かりにカウンツのいう「教化」が、デューイが理解したように、子どもの情況に応じて調整される方法であったとしても、「教化」という以上、それは強制的なニュアンスをともなう。しかも、カウンツは、デューイの助言にもかかわらず、晩年になっても、デモクラシーを実現する方法として「教化」を採用すべきである、といいつづけている。一九三二年の「私はこの『教化』という言葉を恐れない」という言葉は、カウンツの生涯にわたるモットーであった(Counts 1932a: 263)。なぜ彼は「教化」という言葉にこだわったのだろうか。本章の課題は、この問いに、いささかでも説得力のある解答を与えることで、進歩主義教育思想を支える社会性への指向と、生への態度を浮きぼりにすることである。

2　社会再構築論のなかの教化

教化と教育の区別

現代においても、教育実践を論じるとき、「教化」という言葉は、なかなか肯定的に使用することができない。もっとも強い説得力をもつその理由は、教化が「自分自身で道徳的問題、実践的問題を思慮するという子どもの能力の成長を押しとどめる」といった批判に見いだせるだろう。このような教化批判においては、教化は、自律性の形成をさまたげ、虚偽の回避をさまたげることと同値である。このような教化批判は、二つの近代的二分法を前提にしている。一つは〈自律／他律〉という二分法であり、もう一つは〈真理／虚偽〉という二分法である。図式的にいえば、この二分法においては、「教育」は人を自律化することであり、人を真理に到達させることであるが、「教化」は人を他律化することであり、人に真理と虚偽の区別を学ばせないことである*。

＊　このような「教育」と「教化」の二分法は、Snook（1972）、Siegel（1988）の研究にも見いだせる。

このような教育と教化の対立図式においては、教化は、さらに次のような規準によって教育から識別されることになる。すなわち、教化の場合、α. 教授される内容が、教授する者の意図や方法にかかわらず、道徳的・合理的な根拠によって正当化されていないこと、β. 教授する者の意図が、その方法や内容にかかわらず、道徳的・合理的な根拠によって正当化されていないこと、γ. 教授する方法が、教授する者の意図や内容にかかわらず、抑圧的であり、批判的思考を許容していないこと、である（cf. Wilson 1972: 18-20）。

蓋然性の習得

しかし、重要なことは、近代的二分法にもとづいて教育と教化を区別する規準を精緻化することではなく、実際の子どもの生育過程をより厳密に記述する概念を彫塑することである。ここで、〈明証性／蓋然性〉という二分法*を採用するなら、子どもの生育過程のもう一つの様相が見えてくる。それは、教育者が子どもに何かを「教えている」ときに、子どもに明証性にもとづく行動を期待しているときもあれば、子どもに蓋然性にもとづく行動を期待しているときもある、ということである。明証性にもとづく行動は、特定の文脈・情況にかかわらない、正しい行動であり、蓋然性にもとづく行動は、特定の文脈・情況にふさわしい、もっともな行動である。

* 明証性が正当な討議の結果とするなら、蓋然性は討議そのものを可能にする前提条件である。たとえば、A、B二人の討論の場面を想定してみよう。そこでは、発話者Aが何かを語り、発話者Bがそれに対して何かを語り、それに対してAがふたたび何かを語り、それに対して……という発話の連鎖が生じる。この発話の連鎖は、使用される言語の構造、発話者A、Bの人格特性・動機づけなどとともに、〈他者の発話に対して自己の発話が適切である〉という発話の適切性判断によって、可能になる。つまり、相互行為の構成

要件は、発話行為の論理的・倫理的な妥当要請という内包的要因のみならず、発話行為の外にある外延的妥当連鎖でもある。この外延的妥当連鎖は、「空気を読みなさい」といわれるときの「空気」である。この「空気」は、私たちが事象の意味、発話の意味を理解・想像するときに前提とする知識を共有しているときにのみ、読まれる。いいかえるなら、相互の発話行為は、個々の発話行為の並置ではなく、先行した行為に適切な行為を後続させることであり、この適切性を支えているものが相互的知識である。それをたんに「共有知」(common knowledge) といってもよいだろう。この共有知は、教科書にも書かれていないし、マニュアルとしてまとめられているわけでもない。それは「暗黙知」として、私たち一人ひとりの意識のなかに蓄えられている。こうした共有知を相手が欠いているとき、私たちは、相手の「失礼千万な発言」「神経を逆なでする発言」に、唖然として言葉を失ったり、憤然として席を立ったりするのである。

近代教育学が語ってきた教育概念は、一般に、明証性にもとづく行動の習得にはなじみやすいが、蓋然性にもとづく行動の習得にはなじみにくい。明証性にもとづく行動の場合、たとえば、計算を手順に従い正しく行うこと、漢字を範型に従い正しく書くこと、理論を検証された命題にもとづいて組み立てること、などについては、その行為の原因を「教育」(「教示」) と呼ぶことができるだろう。しかし、論理的な正当性という保証がなく、社会習慣・社会常識でしかない蓋然性にもとづく行動の場合、たとえば、緑色を「緑」と呼ぶこと、日本では日本語をしゃべること、授業が始まったら自分の席に着くこと、先生が指名したら返事をすること、助けを求める人を助けることなどについては、その行為の原因を「教育」とは呼びにくいだろう。

にもかかわらず、蓋然性にもとづく行動の習得は、明らかに私たちの日常生活のなかに充満している経験的事実である。それは、教育の成果というよりも、教育の前提条件といえるものである。たとえば、「どうして日本の学校では日本語をしゃべらないといけないんですか」、「どうして授業が始まったら自分の席に着かなければいけないんですか」「どうしてあなたを教師と認めて、あなたのいうことを信じなければならないのですか」――このように子どもに問われても、だれもその理由を論理的に正しく示すことができないだろう。日本語を使い、席に着き、教師を承認することは、教育を存立させる蓋然性である。そうした蓋然的命題を受け容れなければ、子どもたちは学校で授業を受けることができず、教師は授業を始めることができないのである。

狭義の教化ではない教化

カウンツの教化概念は、こうした〈明証性／蓋然性〉の区別を踏まえることで、いくらか理解しやすくなるだろう。まず第一に確認しておくなら、カウンツは、「教化」という言葉が教義の注入、自律性の否定を連想させることを自覚していた。たとえば、カウンツは、一九三二年に、「私たちの世代は、教化とはつねに悪であることを徹底的に教化されているために、私たちのすべては、『教育』(education) という言葉と教化という営みが一体化させられるときに、道徳的な怒りを感じる」と述べている (Counts 1932b: 193; 1978 [1932]: 7-8)。

そのうえで、カウンツは、自律性の否定、教義の注入のような「狭い意味の教化」を否定している。カウンツは一九三八年に次のように述べている。「学校は、誠心的かつ批判的な見地から、さまざまな種類の社会的理念、哲学、プログラムを子どもたちに伝えなければならない。それらは、この社会で生きたり、他者に優ったりするために必要であり、それぞれに競合している。……いかなる場合においても、若い世代の心を狭い意味で教化することを強化する努力をしてはならない。疑いもなく、[さまざまな種類の社会的理念、哲学、プログラム]のいくつかからは、有益な理念や方向を引き出すことができる」からである、と (Counts 1938: 335-6 傍点は引用者)。

カウンツは、第二に、教育を明証性を教えることに限定するべきではない、と考えていた。すなわち、子どもに教えられる内容が真理であるか、虚偽であるか、その違いによって、教育である、教育ではない、という区別をするべきではない、と考えていた。人が生きることは、明証性を超えた蓋然性をかならずともなうからである。いいかえるなら、生きることは、かならず何らかの「偏り」とともに生きることだからである。カウンツは「普遍的真理の装いによって覆い隠されている私たち自身の深層にある偏り」に着目し、それを生みだし「いかなる教育計画においても重要な役割を演じる根源的要因」に注目していた（Counts 1978 [1932]: 8; 1934: 537）。

ここでカウンツが「根源的要因」と呼ぶものが、彼が「教化」と呼ぶものであるが、この「教化」は、「階級ヘゲモニー」とは無関係である。カウンツは、一九二〇年代に教育社会学研究を行い、教育政策・教育行政における階級ヘゲモニーの事実を析出し、一九三二年にも「学校は、現実に社会を支配する集団や階級の意志に従属する」と断言している（Counts 1978 [1932]: 25-6）。このような発言だけをとりあげると、カウンツは、たんに教育を狭義の政治力学のなかに解消し、教育は支配階級（資本家階級）の利害を反映している、と述べているようにも見えるかもしれない。教育は、支配階級の利害を維持するための、あるいはそれに対抗するための、政治的イデオロギーを民衆に強要する営為にすぎない、と考えているように見えるかもしれない。しかし、カウンツの社会再構築論は、こうした道具主義的マルクス主義に還元できないし、「根源的要因」は、階級ヘゲモニーのことでもない。

ともあれまず、カウンツの社会再構築論の特徴を確認することから始めよう。

進歩主義教育は進歩的か

カウンツは、さきにふれた一九三二年の「進歩主義教育は進歩的であろうとしているか」という報告のなかで、進歩主義教育協会が強調する「子ども中心教育」(pedocentric/child-centered education) は中産階級に利するだけであり、真に「進歩的」(progressive) ではない、と批判している。「進歩的」であることは、現下の「社会問題」に怯《ひる》むことなく挑むことであり、そのために、勇気をもって子どもに対し「教化」を行うことである、と。

「……進歩主義教育協会は、自分をこの階級［=中産階級］の影響下から解放しなければならない。そしてすべての社会問題に厳格にかつ果敢に対峙し、赤裸々な生の現実にとり組み、共同体とのオーガニックな関係を樹立し、現実的で総合的な福祉の理論を展開し、抗しがたい人間の運命を怯むことなく引き受け、強要と教化 (imposition and indoctrination) という妖怪を呼び起こすことを恐れてはならない。一言でいえば、進歩主義教育は、子ども中心主義の学校を信用してはならない」(Counts 1932a: 259; 1978［1932］: 7)。

カウンツにとって、現下の社会問題の根源は、「資本主義」(第1章で述べた「企業資本主義」)であった。資本主義は、一方で労働者を「極貧失意の生活」に追いやり、他方で資本家を「贅沢濫費の生活」におぼれさせるという、極端な格差を生みだす経済システムだったからである。いいかえるなら、資本主義は「残酷で非人間的であるだけではなく、浪費的で非効率的でもある」からである (Counts 1932a: 261)。

「今日、私たちが生きているこの時代は、深刻な変動の時代であり、革命の時代である。……この社会は、もっとも極端な矛盾を体現している。……生産過剰は、深刻な物質的な困窮の原因を作りだしている。世界中から集められた高価な食料品が、破産した商店で投げ売りされている。しかし、その前を、朝食を食べられない子どもたちが列をなして学校に向かっている。屈強な男が職をさがし、通りから通りへと何百万歩も歩くが、結局、徒労に終わり、犯罪者の仲間に入ってしまう。大きな工場の経営者たちが突然、何の予告もなく、工場を閉鎖し労働者を解雇する。彼(女)らの労働で、経営者たちは巨万の富を得てきたにもかかわらずである」(Counts 1932a: 259, 260; 1978 [1932]: 28, 30)。

資本主義の矛盾を象徴する事実は、一九二九年一〇月二四日にニューヨーク株式市場（ウォール街）で株価が大暴落したことに端を発した「大恐慌」であり、失業者が急増したことであった。一九二九年に一〇〇万人であった失業者は、一九三二年に一一倍の一一〇〇万人にふくれあがった（Gutek 2006: 2）。このときの失業率は、およそ二五パーセントで、四人に一人が失業している状態である。一九二九年に一二万八〇〇〇人いたフォードの従業員は、一九三二年に三万七〇〇〇人に減少した。三年間で従業員の七〇パーセントが解雇されたのである。

しかし、労働組合運動の高まりが示しているように、大恐慌以前から、当時の資本主義は、労働者階級にほとんど何の利益ももたらさなかった。人権がほとんど認められなかった労働者の多くは、未来に希望をもちえない今を、ただ生きるほかなかった。すこし時代が下るが、一九五八年にスタインベック(Steinbeck, John 1902-68)が発表した『怒りの葡萄』という小説は、この時代の労働者の人生を活写している（Steinbeck 1958）。そこに描いているように、労働者の懸命な努力、真摯な善行は、ことごとく水泡に帰し、神の言葉すらも踏みにじられた。この時代は、物欲に支配されたエゴイストの資本家のみが勝利し慢心する時代であった（Zinn 1980=1982: 643-6）。

ちなみに、社会進化論を唱え、個人主義的な「競争」の重要さを説いてきたサムナーは、一九一〇年に他界したが、死の直前にアメリカ社会の大きな変容を感じとり、その暗澹たる未来について、次のように語っている。「私は、この国の歴史のなかで最高の時代を生きてきた。次の世代は、戦争や社会の悲惨さを眼にすることになるだろう。嬉しいことに、私はもうそうした社会で生きなくてもいいのである」と (Keller 1932: 257 [Counts 1938: 2])。

競争批判

カウンツにとって、社会問題を生みだしつづける資本主義に付帯し、それを支えているものが、人びと（おもに中産階級）の栄誉・利益を求める「競争」であった。一九三〇年に、カウンツは「教室でも、プレイグラウンドでも、生徒や学生の原動力は、栄誉を求める競争であるように見える」と述べている。もちろん、競争への執着は、学校のなかだけに見られるものではなかった。それは、当時の資本主義アメリカ社会に広く見られる風潮であった。

「今や、アメリカの人びとは、競争という原則を賞賛し、それは人間の自然本性に由来するものである、と論じている。彼（女）らがしばしば述べるように、もしも人間がそれぞれ異なっているのなら、教育も社会も異なる基礎のうえに営まれるべきだろう。しかし、彼（女）らの理解に従うなら、人間が彼のような［＝自然本性が競争的である］人間の場合、どのような領域においても、人間が達成した成果は、社会的衝迫に由来するものではなく、エゴイスティックな衝動に由来するものにちがいない」(Counts 1930: 75-6 傍点は引用者)。

カウンツは、「エゴイスティックな衝動」に由来する競争を嫌悪していた。競争は、個々人の「自己利益への衝動」の制度化であるからである。すなわち、自己利益が神格化され、所有が人権に優越し、利潤追求が信仰を棄却することであり、こうした「自己利益への衝動は、実業であれ、余暇活動であれ、宗教であれ、芸術であれ、友情であれ、その衝迫にかかわるすべてを穢《けが》している」からである。彼は、自己利益への衝動に彩られた「この時代の資本主義は……未来を少しも考えることなく自然資源を搾取し、テクノロジーをことごとく利潤追求の道具に貶め、エンジニアを気まぐれに変動する価格システムに鎖でつないでいる」と述べている (Counts 1932a: 261)。

ちなみに、デューイもまた、競争については、カウンツと同じ思いをいだいていた。一九三二年にデューイは、カウンツの報告について、次のように述べている。

「疑うべくもなく、[カウンツ博士が述べたように、] 自由と力は、教師や学生が何らかの [文化的] 伝統を体現することによって生まれる。そして、その伝統は、社会の経済的・政治的・思想的な動勢と充分に調和するものでなければならない。しかしここで、不快なものが侵入してくる。私は、アメリカの支配的な伝統の一つ、すなわち金儲けのための容赦ない競争に勝ち抜こうとする伝統に、カウンツ博士と同じく、何の共感も覚えない。なるほど、金儲けこそが自分の生きがいと思っている人は、首尾よく何の疑いももたず、ある種の自由と力を手に入れる。しかし、そうすることは、[真の] 自由を相対化するだけである。彼らの手に入れた自由は、何における自由なのか、何のための自由なのか」(Dewey 1996, LW. 6: 142)。

その自由は、高価な商品が買える自由、他人に自慢する自由であり、自分の精神を解き放つ自由、よりよい社会をめざす自由ではない、とデューイはいいたかったのだろう。カウンツなら、その自由は「物乞いをする自由、盗みをする自由、あるいは飢え死にする自由である」と応えたことだろう（Counts 1978 [1932]: 47）。

こうした資本主義、個人主義、競争への批判にもとづくカウンツの社会再構築論は、いわば、二正面作戦をとっていた。一方で現在の資本主義経済を「社会的経済」（socialized economy）に再構築することであり、他方で学校や家庭の教育をつうじて喪われつつある「社会的理念」（social idea）を再形成することである（Counts 1932a: 261）。

社会的経済――コレクティヴィズムへ

カウンツが「社会的経済」という言葉によって実現しようとしたものは、社会主義体制や共産主義体制などではない。なるほど、カウンツの社会再構築論は、当時、共産主義・社会主義と結びつけられてきた。たしかに、歴史学者のビアード（Beard, Charles A.）とともにカウンツが実質的に執筆し、一九三四年に公表されたアメリカ歴史学会社会研究委員会の報告書『社会研究委員会の結論と提言』において、彼らは、ソヴィエト連邦の誕生を念頭におきながら、「個人主義の、経済と統治のレッセフェールの時代は、今や終わりつつあり、新しいコレクティヴィズム（collectivism）の時代が、勃興しつつある」と表明している（AHA 1934: vii, 16）。

この社会研究委員会が用いた「コレクティヴィズム」という言葉から、多くの人びとは共産主義・社会主義を連想した。たとえば、当時、社会主義運動を「革命ヒステリー」と唾棄し、教育の「科学的管理」を主張していたシカゴ大学のボビット（Bobbit, Franklin 1876-1956）は、社会研究委員会は「たんに共産主義的攻勢を覆い隠すための防護煙幕として、デモクラシーというスローガンを用いたにすぎない」と非難している (Bobbit 1934: 205)。また、進歩主義教育協会に属していたオハイオ州立大学のボードも、この報告書は、決定論的な社会的理念を子どもに強要し、「思考における自由の核心的重要性を無視している」と批判している (Bode 1935)。さらに、適者生存の職業主義を展開していたシカゴ大学のスニッデン (Snedden, David) は、「すべての社会的再構築の計画は、たんなる夢想というよりも、公衆道徳の破壊工作である」と罵倒している (Snedden 1935: 51)。

こうしたカウンツ批判の背景は、一九三〇年代に進歩主義教育協会の活動が活発になるとともに強まっていった進歩主義教育全般への批判である。批判者は、進歩主義教育には基礎基本、規律訓練が欠けていると論難し、進歩主義教育は若者の心を堕落させていると非難した。一九三八年にラッグが出版した社会科の教科書『人間と変化する社会』(*Man and his Changing Society*) は、進歩主義教育の教科書の一つとして広く使われたが、一九四〇年ころから、「社会科」の名を借りて「コレクティビズム」を宣伝し、「私企業の活動」を妨害していると、いくつかの大きな経済団体 (AL [The American Legion], AFA [The Advertising Federation of America], NAM [National Association of Manufacturers]) から厳しく非難されるようになった。この結果、同教科書の販売数は、一九三八年の約三〇万部から一九四四年の二万一〇〇〇部に激減した (Fitzgerald 1979; Sping 1993)。

こうした一九三〇年代の進歩主義教育批判の伏線は、一九一〇年代末から始まった「レッド・スケア」(Red Scare 赤への恐怖) である。一九一七年に達成されたロシアの社会主義革命は、それがアメリカにも波及するのではないか、と恐怖心を生みだした。そして、一九一九年に「アメリカ社会党」が分裂し、明確に共産主義を標榜する「共産党」と「共産労働党」が成立すると、ウィルソン政権は、共産主義活動の弾圧に乗りだした。一九一九年に、長くアメリカの労働運動を指導し、AFL(American Federation of Labor アメリカ労働総同盟)の終身会長であったゴンパース(Gompers, Samuel 1850-1924)のもとに結集した全国の鉄鋼労働組合が、三四万三〇〇〇人を動員して始めた「大鉄鋼ストライキ」は、経営者サイドの、州軍のみならず連邦軍までも投入した大弾圧によって敗北した。また、一九二〇年には、全国三三都市で、五〇〇〇人以上の共産主義者が検挙された(野村 1989: 188-9)。

しかし、カウンツの社会的再構築論は、一九三〇年代においても、共産主義・社会主義(「マルクス=レーニン主義」)と同一視することができない。カウンツは、プロレタリア独裁による資本主義の廃絶を求めていなかったからである。カウンツ自身の記述によれば、弁証法的唯物史観を前提とするマルクス=レーニン主義は、社会主義的な計画経済による近代化を志向しており(Counts 1931: 58-64)、また、レーニン自身は、当時、デモクラシーは本質的に労働者階級にとって有害であると考えていたが、カウンツは、逆に、アメリカの資本主義経済をデモクラシーによって統御しようとしていたのである(Counts 1932b: 38; 1938: 75)。

したがって、カウンツの「コレクティヴィズム」という言葉は、社会主義や共産主義を意味していると考えるべきではない。カウンツが「コレクティヴ」と「社会的」をしばしば近似的な意味で使用していることと、「共産主義の旗幟の下では、独裁制が、逆説的にもデモクラシーの名のもとに確立される」と述べていることからすれば(Counts 1938: 3)、カウンツは「コレクティヴィズム」という言葉によって、協同活動を強調しようとしていた、と考えるべきだろう。事実、最晩年の一九六二年一二月に行われたあるインタヴューのなかで、カウンツは「コレクティヴィズム」という言葉を用いたことは「ほとんど失敗にひとしかった」と悔やんでいる。はじめは、ビアードともに「協同的」(associational)という言葉を使おうと考えていたが、インパクトの強さを求めたのだろうか、「コレクティヴィズム」という言葉を使ってしまった、と（Gutek 2006: 23）。

カウンツの政治的活動をふりかえるなら、彼が「コレクティヴィズム」すなわち「社会的経済」という言葉で実現しようとしたことは、経済界における協同性の拡大である、といえるだろう。それは、何らかの権力機関によって経済を一元的に統制することではなく、職場の意志決定が労資間で協同的に行われることであり、経済活動が社会における協同性の充溢をめざすことだったと思われる。それは、労働組織においても、社会全体においても、構成員が、経済的効率性を第一に考えるのではなく、社会的協同性を第一に考えることである。

社会的理念の実現へ

このように考えるなら、カウンツの社会批判の力点が、経済システムだけでなく、人びとの行動・思考の習性におかれたことも、理解しやすい。協同性を拡大するものは、何らかの権力機関の命令ではなく、一人ひとりの人間の日々の協同活動だからである。こうした考え方が、あの一九三二年の報告において、厳しい個人主義批判となって表れたのだろう。その報告で、カウンツは次のように述べている。

「彼（女）らは、……開放的で寛容的であることを誇りに思い、……善意と人間的感性に満ち、世界平和と人類協同を願い、慈善と称される行いに素直に賛同し、残酷さ、悲惨さ、抑圧的といった見慣れない光景に心を痛める。……しかし彼（女）らは、こうした善い性向にもかかわらず、深く忍耐強い忠誠心をもたず、多大な犠牲をはらうような良心の呵責を感じず、習慣となっている物質的な快適さなくしてはほとんど生きられず、定着している社会的不正義に無関心であり、人間の歴史のドラマのなかで利害関心をうえつけられた傍観者という役割を満足しながら演じ、無慈悲で受け入れがたい現実を直視することを拒否し、深刻な試練の日に、社会のなかでもっとも強力で権威ある勢力に追随し、さらに追随するための理由を見つけだしている。こうした人びとは、戦争、好況、不況といったこの時代の重大な問題に対処する能力をまったくもっていないことを示してきた。彼(女)らは、根本的に夢想的感傷主義者であるが、大事な好機には怜悧な視線を向けるのである」(Counts 1932a: 258; 1978 [1932]: 5-6)。

もっともらしく人間性あふれる行動を示しながら、肝心な問題に対してはよそよそしく、自己利益の擁護に向かい、自己犠牲を回避する個人主義者。しかし、彼(女)らの自己中心的な行動・思考の習性——いわば、ハビトゥス——は、個人の個人性の現れなどではなかった。カウンツにとってそれは、たえず利潤追求を人びとに要求する資本主義がもたらした波及効果であり、現下の生きにくい社会情況に対する順応的態度であった。

「この世界は凄まじい速さで変化している。変化の速度はたえず加速している。未来は不確実性で満ちている。したがって、この世界で生きる個人、生き延びる個人は、危険を回避する心性をもたなければならない。深い忠誠心に縛られることなく、すべての結論と価値を暫定的なものと見なさなければならない。……このような考え方は、本質的にアナーキーなものであり、社会の合理的諸力よりも非合理的諸力を強化し、社会的目的よりも個人的目的を安堵し、すべての人を隣人との狂気の競争に動員し、人間は自分の頭脳が創りだしたものを共通利益に沿って制御することができないという考え方を広めていく」(Counts 1978 [1932]: 23)。

カウンツにとって、こうした自己中心的なハビトゥス(「極端な個人主義」)の変革は、学校・家庭をふくめあらゆるメディアをつうじて「社会的理念」を再形成することによって、実現されるはずであった。

デモクラシーを求めて

カウンツが、こうした社会的経済、社会的理念の再構築の中心に位置づけたものが「デモクラシー」である。デモクラシーは、アメリカが誇るべき伝統であり、アメリカを構成する価値システムの本態であった。カウンツは、次のように、このデモクラシーの伝統が資本主義を凌駕・優越するべきである、と訴えている。

「デモクラシー……ここに疑いもなく私たちの受け継いできた最高の宝物がある。それは、私たちが存続させるべき最高の価値である。もしもアメリカが、デモクラシーへの衷心からの忠誠を喪うなら、あるいはアメリカがその革命的気質を喪うのなら、アメリカはもはやアメリカではない。……アメリカがなすべきことは、たんに人間関係のデモクラティックな理念を存続させることだけでない。アメリカは、デモクラシーに叡智と決意を満たさなければならない」(Counts 1978 [1932]: 37)。「アメリカの現状は、調停不可能な二つの力の葛藤に彩られている。一方は、過去から受け継いできたデモクラティックな伝統である。他方は、産業的封建制の様相を強めている経済的機構である。これら二つの力は同時に生き残ることができない。一方は、他方に道を譲らなければならない。もしもデモクラティックな伝統が、経済システムを充分に攻撃し、それを組み換えられないなら、デモクラティックな伝統の完全な解体は避けられない」(Counts 1978 [1932]: 41)。

しかし、これまでの議論からいくらかわかるように、カウンツの求めるデモクラシーは、政治的制度を意味していなかった。それは、「互恵的」「相互扶助的」という形容がふさわしい存在の形態を意味していた。

3　デモクラシーと歴史的相対主義

互恵性としてのデモクラシー

カウンツのいうデモクラシーは、選挙制度・議会制度といった政治的制度ではない。それは、まず第一に、すべての人間の「道徳的平等を求める情感(sentiment)」である。それは、人びとが人間としての互いの対等性を承認し、自分に対しても、他者に対しても、理屈によってではなく情感によって道徳的・倫理的に応答することである。カウンツは、「デモクラシーのもっとも本源的な表出は、私たちの[議会制度・選挙制度のような]政治的制度とほとんど無関係である。それは、人びとの道徳的平等を求める情感であり、この情感を十全に実現する社会を創ろうとする情熱(aspiration)である」と述べている(Counts 1978 [1932]: 37-8)。

カウンツは、この「道徳的平等を求める情感」の顕現した行為形態を、「互恵性」(reciprocity)と呼んでいる。カウンツにとって、互恵性は、アメリカの農本社会を秩序づけていた行為形態であり、「相互扶助」の関係であった(Counts

1952: 127-8; 1938: 16-9)。カウンツは、進歩主義時代のアメリカの緊要な課題は、農本社会の互恵性という「善き隣人関係の原理を、今日の［大都市に見られる］大規模な近隣関係に応用すること」であり、この互恵性を本態とするデモクラシーこそが、この時代に翻弄されている私たちに、「個々の人間存在の尊厳とともに、すべての人間の基底的な道徳的平等への信念」を知らしめる、と論じている(Counts 1938: 270, 319)。

カウンツは、のちにふれる歴史学者ビアードの文章を引用しつつ、互恵性について、次のように述べている。「ビアードは……かつての開拓時代の農園生活のなかに、協同的で近隣援助的な関係を見いだしている。……『私の知るフロンティア精神は、都市における商取引、仕事、利潤闘争に特徴づけられる個人主義の精神ではなかった。……開拓者たちは、近隣の開拓者から無縁のかたちで商取引や仕事の競争をしたわけではなかった。彼らの利益とは、仕事、逆境、歓喜のときの近隣援助の精神であった』」と(Counts 1938: 269-1)。

倫理的なるデモクラシー

第二に、カウンツのいうデモクラシーは、中立的な政治手続きではなく、倫理的な価値定立である。先ほどふれたように、カウンツにとって、「本質的に悪である」「現下の産業的文明化」は、アメリカ的文明化によって折伏されるべきであった(Counts 1929: 12)。デモクラシーが「産業的文明化」に対峙しそれを折伏できるのは、それが倫理的営みだからである。互恵的であることは、人間関係を、貸し借りのような交換関係、組織の歯車のような機能関係として理解することではなく、それを、見返りを求めない贈与関係として生きることである。この純粋な贈与関係の前提は、人間一人ひとりを固有な存在とし感受し尊重し信頼しあうことである。

たとえば、一九五二年の『教育とアメリカ的文明化』において、カウンツは、デモクラシーの七つの特徴をあげているが、そのすべてが倫理的な内容である。第一、「個人の価値と尊厳を擁護すること」、第二、「すべての個人が固有な尊さをもつ」という意味で「すべての人間が平等に創られていると考えること」、第三、「政治的・市民的自由を個人存在の価値と平等を守護するものと見なすこと」、第四、「法と秩序化過程に支えられていること」、第五、「正直、生直、有理」「相互信頼、相互慈愛」といった「基本的道徳性に依拠していること」、第六、「個人の機会に支えられていること」、第七、「他者への応答性に依拠していること」である（Counts 1952: 281-4）。

しかし、こうしたカウンツのデモクラシー概念は、当時、充分に理解されていなかったのかもしれない。たとえば、シカゴ大学の心理学者ジャッド（Judd, Charles H.1873-1946）は、一九三四年にカウンツに次のように書き送っている。「[あなたは教育学者なのだから]デモクラシーを安定させるための理論を構築するよりも、……次の世代が、私たちの世代よりも社会的な心をもてるようにするための材料を創りだすべきです」と（Lagemann 1992: 156 から引用）。ジャッドにとってデモクラシーは、「社会的な心」と一致しなかったが、カウンツにとってデモクラシーとは、まさにジャッドが求めているような「社会的な心」を意味していた。ひょっとすると、教育に志《こころざし》を求めないジャッドが求めている以上に*「社会的」すなわち「互恵的」な生を意味していたのかもしれない。

* ジャッドは、教育に「志」をもちこもうとしなかった。ジャッドにとって、教育は全体社会の効率的再生産の手段であり、全体社会の意図的再構築の手段ではなかった。ジャッドは、カウンツに反対し「ある種のラディカルな人たちは、教師に政治経済システムの再構築を先導する役割を見いだしている」が、教師は「明晰にかつ自立的にものごとが処理できるように子どもを訓練することである。それ以上でもそれ以下でもない」と述べている（Lagemann 1992: 156 から引用）。

デモクラシーの生成と存立

カウンツにとって、こうしたデモクラシーは、基本的にアメリカ社会自体が創出した歴史的構成体であった。一八世紀から一九世紀前半にかけてのアメリカ社会では、経済は共同活動を要する農本主義であり、土地資源は豊富で、人口はまだまだ少なく、生活は家族中心であり、家族間では大まかな財の平等が成り立っていた。互恵性としてのデモクラシーという制度を生みだし再生産してきたのは、こうしたアメリカの平等な環境であった（Counts 1938: 24-5）。カウンツは、いくつかの本のなかで、「社会心理学のいう真理の一つは、同質の生活をする人びとは同質の人間になり、同質の考えをもつ傾向にあることである」と述べている（Counts 1938: 27; 1958a: 255）。

しかし、カウンツにとって、デモクラシーの存否を決定するものは、環境だけではなかった。資本主義経済も、物質的環境も、文化を完全に規定する力をもってはいなかった。たしかに「産業主義［＝産業資本主義・企業資本主義］は、諸個人や市民の諸集団の知識や意図を超越して具現してきた」し、今やデモクラシーを存亡の危機に追い込んでいるが（Counts 1938: 349）、同時にデモクラシーは、経済システムを乗りこえる力をもっているからである。カウンツは、人間は「完全に［社会情況に］拘束されているのでもないし、それから完全に自由でもない。……生活は、つねに社会情況に条件づけられるが、それに運命づけられるのではない」と述べている（Counts 1938: 76）。カウンツは、いわば、人間の倫理的信念を信じ、社会的再構築の可能性を信じていた。

それにしても、カウンツは、なぜデモクラシーをかかげ、倫理的信念、社会的再構築の可能性を信じることができたのだろうか。なぜ「社会的経済」「社会的理念」への転換を主張することができたのだろうか。カウンツの社会的再構築論は、何らかの理論によって基礎づけられていたはずである。教育学者のギュテックが主張しているように、それは、コロンビア大学時代の年長の同僚であり、生涯にわたりカウンツと協力関係を維持していた歴史学者のビアード（Beard, Charles A. 1874-1948）の「歴史的相対主義」に見いだせるだろう（Gutek 1984: 34）。この歴史的相対主義は、カウンツの教育の非中立性を支える論拠でもある。確認しよう。

＊ チャールズ・A・ビアードは、一八七四年にインディアナ州ナイトタウン近郊に生まれた。インディアナ州の名門ディポウ大学に在学中、シカゴのハルハウスの奉仕活動にも参加していた。のちにオックスフォード大学に留学。帰国後、コロンビア大学で哲学博士号を取得し、同大学で歴史学の教授をつとめたが、一九一七年にある事件をめぐり大学当局に抗議し辞職した。一九一九年にニューヨーク市に『ニュースクール・フォー・ソシアル・リサーチ』を、デューイらとともに協同設立するが、以後、大学にはいっさい所属せず、コネティカット州で農園を営みつつ、執筆活動をつづけた。ビアードについては、Noble（1985=1988: 83-134）、Dennis（1989: 13-4）を参照。

ビアードの転回

一九二〇年代から四〇年代にかけて、ビアードは社会主義に傾斜した進歩主義（革新主義）的歴史家たちのリーダーであり、「新しい歴史学（New History）の預言者」と呼ばれるほど、有名な人物であった。もっともよく知られているビアードの著作は、合衆国憲法が利害関係と権力関係によって創りだされたものである、と論じた一九一四年の『合衆国憲法の経済的解釈』であるが、彼の思想がよく現れている著作は、妻のマリー・ビアードとともに一九二七年に発表した『アメリカ的文明化の勃興』、また一九四〇年に発表した『アメリカ的精神』だろう。

まず、ビアードの歴史観の変容を確認しておきたい。ビアードは、一九一〇年代までは、近代アメリカの「産業化」を望ましい「社会進化の過程」ととらえていた。産業化とは、生産諸関係が、一九世紀的な自己本位の資本家が支配する「資本主義的生産諸関係」から、二〇世紀的な平等指向の「産業的生産諸関係」に変容する過程であった。そのころのビアードは、産業的生産諸関係が「産業的デモクラシー」を生みだすと考えていた。産業的デモクラシーとは、経済領域において、人びとがそれぞれに特定の経済的・文化的な機能を担い、「すべての人びと、そしてすべての価値観が完全な協同関係にある」状態を意味していた（Beard 1914: 315）。

しかし、一九二〇年代になっても、ビアードの期待していた「産業的デモクラシー」は、アメリカ社会で具現化しなかった。ビアードは、一九二〇年代の終わりに、「産業的生産諸関係」の広がりという経済的基盤の変化が「産業的デモクラシー」を自然に生みだすだろうという期待を放棄するにいたった。かわりに、ビアードは、「言葉・記事・パンフレット・演説・書物のもたらす」社会思潮の変化が、経済領域のみならず、社会のあらゆる領域に「デモクラシー」を生みだすだろう、と期待するようになった（Beard/Beard 1927, Vol. I: 188）。

互恵の精神としてのデモクラシー

ビアードは、言説によって構築されるデモクラシーの中核に「近隣援助の精神」（spirit of neighborly helpness）をすえた。ビアードにとって、アメリカ社会に固有な文明化の基礎は、「近隣援助の精神」であったからである。「近隣援助の精神」は、逆境にくじけずたえず前進しつづけようとする「フロンティア精神」を支えてきた生活信条であった。先にふれたように、ビアードは、一九三八年の『ニューヨーク・タイムス』に寄稿し、「フロンティア精神」を「商取引、仕事、利潤闘争に特徴づけられる個人主義の精神」から分離し、「仕事、逆境、歓喜のときの近隣援助の精神」に見いだしている（New York Times [January 23, 1938]; Counts 1938: 271）。

そして、一九四二年に公刊した『アメリカ的精神』において、ビアードは「社会的」や「協同的」という言葉で、アメリカ的文明化を支える理念(「アメリカ的精神」)を、次のように表現している。

「[アメリカ的精神という]理念に確固として内在するものは、社会的(the social)という原則である。それは、協同的(associational)な社会のなかで男性も女性も文明化されることであり、そしてその文明化の過程において活用されるすべて——言葉、理念、知識、制度、資産、発明——が、社会的な産物であり、真空のなかで個人が作りだしたものではない、ということである。……文明化を唯一保証するものは、人格、才覚、目的のなかに見いだされ、適切に準備された制度によって支えられ、そして文明化の進展をめざす個人の努力と協同的な努力によって導かれたものである」(Beard/Beard 1962 [1942]: 581)。

この時期になると、ビアードは、「ヨーロッパ的精神」をはっきりと拒絶するようになった。ビアードにとって、「アメリカ的精神」は、「ジェファソン的な契約」の思想、「フロンティア精神」に基礎をおくアメリカ社会にふさわしい信念であり、中世神学的な絶対的理想を説くカトリシズム、ユートピア的な絶対的理想を説く共産主義は、アメリカ社会にふさわしい信念ではなく、ヨーロッパ社会にふさわしい信念であった。ビアードは、一九三四年に『学校における社会科学の憲章』において、次のように述べている。「アメリカが旧世界[=ヨーロッパ]の遺産を大きくとり入れてきたということは、けっしてありえない。……大部分のアメリカの思想家は、いまだにエマーソン的思考に——すなわち、私たちが、自らの位置する場に確固として立ち、真に私たちのものである特徴を発揮して、文明化を進めなければならないことに——同意している」と(Beard 1934)。

また、この時期に、ビアードは、客観的事実に収斂する「実証主義」からも決別していった*。彼の見るところ、近代経済学に見られるような実証主義は、神学（テオリア）の後継者となり、「人間精神を満足させる完全な社会哲学の展開」という課題を担おうとしているが(Beard 1933: 506)、大恐慌に対して何ら有効な対策を示しえなかった。人間の営為の諸事実をいかに収集し、その認識論的妥当性を検証しようとも、「実証主義は、事実から引きだされる問題を解明できない。その問題は、事実そのものからは立ち現れてこない」からである(Beard 1933: 510)。いいかえるなら、実証主義は、その問題の立ち現れてくる「理念と現実との、そして人間の気高い企図とその遂行との葛藤という悲劇の意味をけっして把握できない」からである(Beard 1936: 371)。ビアードから見るなら、実証主義の無能さの根源は、それが客観的に実体化された事実ばかりを追い求めることにあり、必要なことは、それから離脱し、つねに複数の可能態でしかない解釈的事実に注目することであった。

* ビアードの批判する実証主義は、序章で述べたコントの実証主義ではない。それは、一九七〇年代あたりから批判理論、パラダイム論、ポストモダニズムによって批判されるようになった近代科学の実証主義である。その基本的な前提は、科学は客観的なデータの蓄積とそのデータによる理論の検証によって累積的に進歩し、世界を分析する解像度を増していく、というリニアな科学史観である。このようなリニアな科学史観は、パラダイム論を提唱したクーン(Kuhn, Thomas)によって提唱された近代科学観であるが、実際の近代科学の進歩を適切に表現している科学観とはいえない。詳しくは、「科学的知識は、日常的知識ほど確実ではない。……科学によって高まるものは、確実性ではなく不確実性である」と、シニカルに語るルーマンの『社会の科学』を参照されたい(Luhmann 1990: 325)。

ビアードの歴史的相対主義

こうしたなかで、ビアードは、「歴史的相対主義」(historical relativism)* という歴史学概念を創案した。これは、歴史叙述は、客観的事実を確定することではなく、異なる複数の解釈的事実の一つを現在の緊要な問題を解決するために選ぶことであり、そうであるかぎり、歴史叙述は、超越的な理論の構築ではなく、人びとの意識に作用する言説の編制である、という考え方である。このように考える場合、「歴史叙述は、[歴史家の] 信念の行動」であらざるをえない。歴史家は、みずからの所属する歴史的伝統(基底的合意)のもたらす予断から逃れられないし、そうであるかぎり、妥当な歴史叙述は、歴史家に事前に組み込まれた「枠組」(「予断」)にもとづき、一つの解釈を選ぶことだからである。こうして、ビアードにとっての歴史叙述は、人びとが方向づけられつつ共有する基底的合意、「善き生」の倫理原則としての合意を選択し記述することになった(Beard 1934: 44; cf. 1932: 7)。

* ビアードの「歴史的相対主義」については、メイランド(Meiland 1973)の研究を参照した。

ビアードの歴史的相対主義という考え方は、カウンツの社会的再構築論の出来に大きな影響を与えたのではないだろうか。一九二〇年代前半のカウンツは、おもに教育の社会学的研究にとり組み、教育の客観的事実を析出することに専心していた。いいかえるなら、あるべき教育のヴィジョンを心にいだきながらも、それを宣揚することを避けていた。しかし、一九二五年あたりから、カウンツは、教育の科学者から教育の言論人へと変貌を遂げようとしていた。その変貌を支えた理論が、ビアードの歴史的相対主義だったのではないだろうか。

実際に、ビアードとカウンツは、緊密に連絡をとりあっていた。たとえば、一九三一年一二月に、ビアードは、カウンツに次のように書き送っている。「すべての書物は、事実に動機を埋め込むように運命づけられている一つの主張です。その主張は、事実の深層に隠蔽されることもあれば、あからさまに顕示されることもあります」。どちらにしても、そうした主張のこめられた書物においては、「膨大で錯綜したさまざまな情況のなかから、特定の事実が選択されています。そこで提示されている事実は、小さく厳密に限界づけられた、操作的な領域の事実にすぎません。……［研究者］の足元には、選択という主張――意識的か無意識的かは問題ではない――が横たわっています」と。そして、ビアードは、その手紙の最後で、カウンツに「あなたの心の底に、あなたが真実であり善の意志であると信じることを堅持しなさい。［それによって］あなたの主張を筋立てなさい」と説いている（Counts/Beard 1929-47: Beard to Counts, 24 Dec. 1931 [Dennis 1989: 74-5]）。

そして、カウンツは、翌年の一月（先述の進歩主義教育協会総会の一カ月前）に、ビアードに宛てた手紙のなかで、ビアードの助言に同意したうえで、次のように自分の決意を述べている。「私の主張は単純です。私が考えていることは、……学校と教師は［独特にして優れたアメリカの文化を維持するための］諸要件に適合するように、自分たちの教育プログラムを形成するべきであり、また、そうした諸要件を充足するという重大な責任を担うべきである、ということです」と（Counts/Beard 1929-47: Counts to Beard, 7 Jan. 1932 [Dennis 1989: 75]）。そして、その二月の進歩主義教育協会総会の報告で、カウンツは次のように述べている。

「私たちの歴史のなかで堅持されてきた、そして未来のアメリカのヴィジョンによって擁護される人間関係の伝統［＝文化］は、今日の社会［の人間関係］よりもはるかに正しく、気高く、美しい。その伝統は、この国に生まれたすべての少年少女たちに与えられた得がたくかつ侵しがたい生得権である。この伝統を再生する責務を拒否することは、もっとも緊要で困難で重要な教育的責任を放棄することである。……私にとって、この課題は、私たちが生きているこの時代における中心的な教育課題である」(Counts 1932a: 263)。

さらに、翌年(一九三三年)にカウンツは、「教育自体は、本質的に文化の伝達と変形の過程である。教育は、したがって、完全に定式化され、当該世界との連関をすべて喪失しないかぎり、その生活と運命の重要事項から中立になりえない」と述べている(Counts 1933: 19)[*]。こうした経緯を踏まえて考えるなら、カウンツの社会的再構築論は、ビアードの歴史的相対主義論によって支えられていた、ということができるだろう。

* ちなみに、カウンツは、一九三四年の『教育の社会的基底』において、当時流行の「教育科学」の方法指向・法則主義を批判している。それが「アメリカ的文化」に支えられていないからである。「教育学部で強調されていることは、多くの場合、教授の方法・技術の習得であり、いわゆる教育科学である。このような教職準備プログラムがもたらす避けがたい結果は、学生が知的関心を狭めることであり、教授の基底を熟慮することではなく、機器のとり扱いに耽溺することである。教育科学という概念は、学習過程や教育行政の客観的研究が、文化からほとんど無関係であり文化に優越するような教育実践の法則を発見することにつながるという命題を前提にしているように見える。もしもそうした命題が正しければ、アメリカ的な歴史・制度・理念にかんする体系的研究は、不必要である。なかなか理解されないことは、アクチュアルな教育プログラムの本態が、おもに特定の文化の進化に支えられている、ということである」(Counts 1934: 556 傍点は引用者)。

4　デモクラシーの教化

子ども中心主義ではなく

さて、いよいよ、カウンツがデモクラシーを教化しなければならない、と考えた理由を示す段である。冒頭にふれたように、カウンツは、一九三二年の報告で、教化の必要性を論じ、進歩主義教育協会内部から厳しい批判をあびせられることになった。確認しておきたいのは、その批判が、おもに学校の教える内容を特定の政治的イデオロギーから分離させるべきであると主張する、中立主義の立場から行われたことである。この中立主義を支えていた考え方は、教える内容を規範命題として承認させるのではなく、事実命題として複数提示し、子どもにいずれを選択するかの判断を委ねるべきである、という考え方である。批判者は、この中立主義の立場から、「子ども（人間）の自然本性」(human nature of a child) に関心を集中させた。たとえば、ある心理学者は次のように述べている。「進歩主義的学校は、基本的に資本主義を教えるのでもなければ、共産主義を教えるのでもない。進歩主義的学校は、子どもを教えるのである」と (Alpert 1932: 75)。

しかし、カウンツにとって、こうした教育の中立主義を背景とした「子ども中心主義」は、二つの理由で、教育についての非現実的な考え方であった。第一に、「人生が平和で静かで大きな問題に邪魔されないのなら、多少の叡智とともに、子どもの自然本性に心尽することもできるだろう。しかし、現代のような［社会問題が山積している］情況では、社会情況から目を逸らすことなど、できない」からである (Counts 1978 [1932]: 29)。自分のことにかまけて、苦しんでいる他者から目を逸らすことは、人間として恥ずべき行為だからである。第二に、教育の本態は、「子ども中心主義」が前提にしているような「子ども（人間）の自然本性」の発現ではなく、一定の方向に価値づけられた「社会的地平」の表出だからである（Counts 1932a: 259）。子どもの自発的選択そのものを規定しているものが、この「社会的地平」すなわち当該社会の文化的伝統だからである。カウンツは「……［教育の］方向性は、子どもの自然本性に見いだされるのではなく、子どもが生活している集団やその目的に見いだされる。よい社会の特徴を概念化しないかぎり、よい人間など存在するはずもない。そして、よい社会は、自然にできあがるのではなく、人間の手と頭脳によって成形される」と述べている（Counts 1978 [1932]: 13）。

社会の構造化

カウンツは、一九三二年の暮れに出版した『学校は新しい社会秩序を創ろうとしているか』のなかで、教育が非中立的である理由、つまり教育が基底的に教化である理由を、一〇項目にわたりあげている（Counts 1978 [1932]: 10-25）。それらの理由は、他の著作を踏まえるなら、次の二つにまとめられるだろう。

教育が非中立的である第一の理由は、学校において「中立的」「客観的」に提示される知識（規範）が、すでに当該社会によって選択されたものであり、この選択そのものが不可避であることである。「明らかに、すべての創造物を学校にもちこむことはできない。つまり、教師、カリキュラム、学校建築、教授法について、何らかの選択が行われなければならない。その選択の際に、サイコロの重心は、いつもどちらかに傾いている。……このことは、私たちの社会が所有している特定の価値システムのために、「私たちが」いわば、いかさまカードをしているということを意味している」（Counts 1932b: 196; cf. 1934: 2）。

社会の価値システムは、学校を規定しているだけではない。それは、日常生活のほとんどを規定している。人は、生まれて以来、正当性の基盤を問いえないままに、日常的に規範を内在化させている（Counts 1933: 22）。たとえば、アメリカに生まれた子どもは、他の言語ではなく、英語を習得せざるをえない。フランスに生まれた子は、フランス語を習得せざるをえない。これは「恐るべき強要をこうむること」である（Counts 1932b: 194; 1978［1932］: 11）。

ただし、人が自由になるのは、そうした価値システムから完全に自由になることではない。そうした価値システムを内面化することで、人は自由になることができる。それは、その価値システムがそれ自体をふりかえり、刷新する回路をそなえているときか、人が自分の良心に従うときである。しかし、どちらの場合にしても、言葉を習得し、思考を可能にしなければならない。その意味で、価値システムは人の自由の礎である。

このような価値システムの強要は、人為的な「統制」ではなく、社会学者のギデンスの言葉を借りていえば、社会それ自体の「構造化」という営みである（Giddens 1984）。つまり、社会が社会自体を再生産するために社会規範を日常的な相互行為をつうじて再生産することである*。したがって、「すべての教育が強要に満ちていることは、教育の本質からして必然であり、当該社会の存立と発展は、教育に満ちている強要に依存している」（Counts 1932b: 194）。「教育は、つねに特定の歴史的時間における特定の社会と文化を反映するものである」（Counts 1933: 10）。「教育とは、教育が維持している当該社会の表出である」（Counts 1958a: 257）。

＊　社会の構造化は、現代の社会学者、ルーマンの言葉を用いていいかえるなら、社会システムの自己創出（オートポイエーシス）という機能である。一つの社会は、環境に応答しながら、その構成者の再生産をつうじて、またその社会を秩序づけている諸規範の再生産をつうじて、社会そのものを再生産する。これが、ルーマンのいう社会システムの自己創出である。このとき再生産される諸規範は、

明示的なものと前提的なものに分かれている。明示的な規範は、言葉として語られるものであり、次世代に意図的に伝えられ、次世代が自覚的に受けるものであるが、前提的な規範は、ふだん言葉として語られることが少なく、教授者の意図、学習者の自覚にかかわりなく、ふだんの営み全体を介し学習者に内在化される信念、態度である。これは、バワーズが「概念枠組」、「暗黙の内包知」と呼ぶものである（Bowers 1987a: 118-9）。

倫理的信念にもとづく活動

教育が非中立的である第二の理由は、教育が教育者の倫理的信念にもとづく活動でもあることである。カウンツにとって、デモクラシーというアメリカ的文化は、他の価値を差しおいても、子どもたちに伝えなければならない大切な価値であった。とりわけそれは、現下の資本主義・個人主義の生みだしている深刻な矛盾に抗し、社会問題を解決する努力を行うためには、ぜひとも子どもたちに伝えなければならない緊要な価値であった。こうした判断を支えたものは、ビアードのいう「善意志」であり、カウンツのいう「信念」である。つまり、学校によるデモクラシーの教化は、教育者の「善意志」「信念」にもとづいて、資本主義的・個人主義的な競争社会による自己中心性の教化に対抗する倫理的行動であった。

「私たちは、徹底的に教化されている。教師や学校によってではない。それは、混乱・残酷・醜悪の教え込みであり、この教化を生みだしたものは、生存のための、優越のための愚劣な闘争である。学校で行われている教化よりもはるかに恐ろしいこの教化は、[現代社会によって人びとが]産業主義の諸装置によって枠づけられ、その犠牲になることを受け容れてしまうことである。この産業主義の諸装置を制御することは、個人的進展を理想とする社会よりも、社会構築のためのはるかな計画・目的をかかげる社会を求めている。このような社会において求められているのは、社会の流行にいちいち反応する小賢しい知性ではなく、より堅実でより忠実な精神性である」(Counts 1978 [1932]: 23-4 傍点は引用者)。

カウンツにとって、社会を構築する「社会的に生きる人間」に必要なことは、自分自身の「信念」にもとづいて発言し行動することであった。生きることは、自分があるべきであると信じる世界を作るための闘いである。「正義の摂理のもと、中立を保つことが不可能であるなら、恐れを知らぬ女神に与するのは、だれの旗幟か。教育において、正義はどのように達成されうるのか。こう問うこと自体が、すでに答えである」(Counts 1978 [1932]: 51)。カウンツにとって、重大な選択をめぐる論争に対して中立的な立場をとることは、大勢に荷担し、自分自身の「信念」、そして「社会的応答」を放棄することを意味していた。

「もしも私たちが、安全で平穏で平静な立場にとどまるなら、これまで過去の教師がそうしてきたように、私たちは、相対的に見るなら、まさにくだらない立場に自分をおくことに貢献することになるだろう。実効的な社会的応答を行う立場に貢献するのではなく。社会を騒がせている大問題に対して中立的な立場をとることは、理論的に考えるなら、もちろん可能であるが、実質的に、論争のもっとも強大な勢力に荷担することである」(Counts 1932a: 263; 1978 [1932]: 51)。

このように述べるとき、カウンツが前提にしているのは、メタレベルの社会概念である。それは、ある力と他の力の闘争の場という社会概念である。その闘争に賭けられているものは、人間の存在様態である。資本主義・個人主義は、その営みによって人間を自己中心的な存在に還元しようとする力であり、デモクラシー教化は、資本主義・個人主義の教化の力に対抗し、人間をデモクラティックな存在に導く力である。これら二つの力は、建国以来、アメリカ社会であい争ってきた。たとえば、ハミルトン的な市場中心主義は前者の力であり、ジェファソン的なデモクラシー教育は後者の力である（Counts 1958a: 257）。

教化と無意識的教育

このようにカウンツの教化論を確認するなら、それがデューイのいう「無意識的教育」にいくらか重なっていることがわかるだろう。一八九七年にデューイは「私の教育学的信条」において、次のように述べている。

「すべての教育は、個人が人類の社会意識に参入することによって、行われる。この教育過程は、ほとんど誕生とともに意識されないままに始まる。そしてそれは、たえず個人の諸能力を形成し、その意識を染めあげ、その習慣を形成し、その観念を構築し、その感情と情感を喚起しつづける。この無意識的教育をつうじて、個人は、しだいに人類が協働的に実らせてきた知性的・道徳的な財産を共有するようになる。個人は、文明という蓄積された資本を相続するようになる」(Dewey 1996, *MPC*, EW. 2=1977: 9)。

しかし、デューイの「無意識的教育」とカウンツの「教化」とは同じではない。二つの概念の違いは、二人の教育概念の違いによって生じている。デューイの場合、自分が「教育」と呼ぶ営みのなかには、「極端な個人主義」のような反社会性の形成作用という敵はふくまれていないが、カウンツの場合、自分が「教育」と呼ぶ営みのなかには、そうした反社会性の形成作用という敵がふくまれている。いいかえるなら、デューイは、教育を理想的に概念化し教育の外に反社会性の構造化作用を見いだしているが、カウンツは、教育を現実的に概念化し教育のなかに反社会性の構造化作用を見いだしている。つまり、冒頭にふれた教化に対する態度をめぐるデューイとカウンツのずれは、二人の教育概念の定義の違いに由来していたのである。

デモクラシーの教化

もはや、カウンツがデモクラシー教育ではなくデモクラシー教化を主張した理論的な理由は、明らかであろう。それは、第一に、カウンツがアメリカ的文化の構造化作用を教育の基底的営為ととらえていること。第二に、そうしたアメリカ的文化のうちのデモクラシーを学校によって意図的に教示することを教化ととらえていること。第三に、学校はデモクラシーの教化を担うべきであるという判断は、社会現実を踏まえつつ、教育者の倫理的信念にもとづいて行われること。第四に、教育者の倫理的信念が、教育の中立性にまさるべきであるという認識を支えているのが、ビアードの歴史相対主義であること。以上の四つである。

さて、最後に確認したいことは、カウンツのこうしたデモクラシー教化論全体を支える心情的な契機である。いいかえるなら、教育者の倫理的信念が教育の中立性にまさるべきであるという認識を支えている、もう一つの契機である。カウンツの教化論の背後には、さきほどふれたように、幼いころに緑豊かなカンザスの田舎で育ったカウンツの、農本主義的な互恵的な諸関係に対する強いノスタルジーがあった、と考えられる*。しかし、ここで確認したいことは、そうした個人的な回想感情ではなく、もっと根源的で宗教的な心情倫理である。

* カウンツは、一九五二年に、少年時代を過ごしたカンザスの農場をふりかえりながら、次のように述べている。「私たちの多くが喪ったものは、生活の要との密接な関係である。大地、嵐、森、そして風、雨、雪、そして太陽、月、星……。新しい文明化は、アメリカでも、他の地域でも、高まりつつある――それは「産業的」と呼ばれる文明化である。この文明化の形態はとても奇妙で、どこにでも触手を伸ばし、あまりにも複雑な形状をしている。そして膨大なエネルギーを生みだす。思慮深い人びとは恐れている。この文明化の営みを制御することは、造物主の手にもあまるのではないか、と」(Counts 1952: 128)。

5　完全化への信念

カウンツの完全化への信念

結論からいうなら、カウンツの教化論を支えていた心情的な契機は、彼のプロテスタントとしての信条、とりわけキリスト教的な完全化論である。カウンツは終生、有名な完全化論者ウェズリーに由来するメソジスト系教会に属するプロテスタントであった。キリスト教の完全性は、さまざまな意味をもっているが、メソジスト派の始祖であるウェズリーにとっての完全性は、愛であった。ウェズリーは、『キリスト教的な完全性の解説』という本のなかで、完全性とは「神を心から愛することであり、また私たちの隣人を私たち自身と同じように愛することである」

と述べている(Wesley 1995, Vol. 11: 397)。晩年に、カウンツは、「もしもあなたがマルクス主義者なら」とたずねられて、彼は「いいえ、私はメソジストです」と答えている (Gutek 2006: 10)。

また、カウンツは、一九七一年に自分の自伝のなかで、両親がメソジスト的な隣人愛を重視していたことを語っている。「私の両親にとってもっとも大切なことは、子どもたちがきちんとした価値観をいだいていることであり、倫理規範をもっていることだった。……彼らが信じていたことは、人類の隣人愛であった」と (Counts 1971: 156; Lagemann 1992: 140)。また、教育学者のタイアックとハンソットも、カウンツのもっとも重要な思想的源泉は「メソジスト教会とその社会的福音思想であった」と述べている (Tyack/Hansot 1982: 115)。

しかし、晩年にいたるまで、カウンツは、その宗教的信条を教育論にそのまま表明しなかった。カウンツが、その宗教的信条、完全化論を教育論上ではっきりと語るのは、ようやく一九五〇年代になってからである。たとえば、一九五二年の『教育とアメリカ的文明化』において、カウンツは「人間的精神は人間と社会の完成可能性 (perfectibility) という原理を前提にしている」と述べている (Counts 1952: 238)。また、一九五八年の論文「アメリカ的教育の精神」において、「アメリカ的精神」は、楽観的に未来の人間の「可能態としての完全性 (Perfection)」を信じることである、と述べ、アメリカという国自体が「可能態としての完全性」である、と述べている。

「アメリカ人は、たしかに自分の国を愛するが、その国は現存している国ではない。それは、ありうるはずの国である。彼らは、彼らの父の国を愛するのではない。彼らが心から惹きつけられるのは、彼らの子どもが住むだろう場所である。彼らは未来に向かって生きている。そして、彼らがたえず先へと進みつづけるように、彼らは、自分たちの国をあらたに作り直しつづけるのである」(Counts 1958b: 458)。

カウンツのいう完成可能性論は、いわゆる「プラグマティズム」から区別されるべきである。少なくとも、カウンツ自身は、完成可能性論をプラグマティズムから慎重に区別している。カウンツにとって、プラグマティズムは、完成可能性論と異なり、倫理的指向・批判的精神をともなわないからである。すでに一九三〇年代から、カウンツはプラグマティズムから一定の距離をとっていた。たとえば、一九三八年に、プラグマティズムの「実験的な気質」は「思想的な配慮」を喪うなら、危険なものとなるだろう、と警告している (Counts 1938: 265)*。

＊　カウンツは、チャイルズのプラグマティズムなら、賛成したはずである。チャイルズは、カウンツとともに『ソーシャル・フロンティア』の編集作業を行った敬虔なプロテスタントであり、YMCAで長く奉仕活動をつづけていた。そのチャイルズは、一九五六年に公刊した『アメリカのプラグマティズムと教育』において、アメリカのプラグマティズムのもっとも重要な特徴を、次のように表現している。「［アメリカのプラグマティズムにおいては］思考は、本来的に行動と結びついている。理論と教義は作業仮説であり、アクチュアルな人生情況において、それらが生みだすものによって検証される。道徳的理念は、それを実現するための手段に体現されないかぎり、空虚であり形骸である。現実は、静態的で完遂されたシステムではない。それは、終わりなき変革と変容のプロセスである。人間は、外からの何らかの力にたんに操られる人形ではない。人間は、その知性をつうじて、自分自身の経験を形成している諸条件を再構築できるからである」と (Childs 1956: 3-4)。

完全な社会へのヴィジョン

それにしても、どの著作を見ても、カウンツは、「社会的完全性」つまり「完全な社会」を論じていないように見えるかもしれない。たしかに、カウンツ自身、「社会的完全性」「完全な社会」という言葉を用いていない。しかし、一九三二年の『学校は新しい社会秩序を創ろうとしているか』という本でカウンツが語っている来るべき社会は、アメリカ的デモクラシーを体現している社会、つまるところ「完全な社会」である。

「アメリカ的デモクラシーの伝統を体現している社会は、差別や階級を生みだすすべての諸力と闘うだろう。すべての特権と寄生を退けるだろう。弱い人、無学な人、不幸な人に篤い配慮を示すだろう。強い人により重くより大変な責務を課すだろう。すべての富と文化を創出する手と頭脳の働きを誉めるだろう。社会的に有益な仕事すべてに適切な物質的・精神的な報酬を与えるだろう。すべての人種・宗派・職種における本当の機会平等を勝ち取ろうとするだろう。民衆の大多数がいだく永遠の利益をもっとも重要なものと見なすだろう。民衆の人生を高め良くすることに統治権力を使うだろう。デモクラシーの基底原則をおびやかすすべての習俗・制度・集団を変革ないし破壊するだろう。そして最後に、最終手段として、アメリカ的デモクラシーを体現する社会を守護ないし実現するために、革命という手段に訴える準備を行うだろう」(Counts 1978 [1932]: 37-38)。

この本にたいしては、しばしば、学校は社会秩序を再構築することができない、したがってそのような夢想的発言をするべきではない、という批判が、あびせられた。カウンツの議論はたんなるユートピアニズム、教育万能論である、と。このような批判は、見返りをつねに求めたがる心性のなせる業である。しかし、カウンツの社会的再構築論は、成果という見返りを前提にした計算ではなく、ヴィジョンという信念を前提にした思想である。カウンツは、他界する三年前の一九七一年に、次のように述べている。

「その本の二四［二二］ページで、私は『学校は多くの［社会秩序の］形成主体の一つであり、そしてまちがいなく最強の形成主体ではない』と述べている。さらに私は、その本の三七［三四］ページで、学校の目的を次のように定義している。『これ［＝学校が新しい社会秩序の形成主体にならなければならないということ］は、私たちが教育システムによって何らかの改革を先導しなければならないことを意味しているのではない。私たちがなすべきことは、子どもたちに可能性のヴィジョンを与えることである。それは、先進し挑戦することであり、そのために、このヴィジョンの具現化につうじる忠誠心と情熱を示すことである。私たちの社会的制度と社会的実践は、そのすべてがこのヴィジョンに照らして批判的に検証されなければならない』と」(Counts 1971: 172［］内は一九七八年版のページ)。

カウンツはここで、効率・能力を規準に、学校による社会的再構築の価値を問うていない。彼が問うていることは、前章でとりあげたブランボーに似て、社会的再構築のヴィジョンをもちつづけているかどうかである。あえていうなら、カウンツをユートピアンと呼ぶ者は、ニーチェの唾棄するニヒリストであり、スニッデンの愛する効率主義者である。成果の可能性ではなく、よりよい社会へのヴィジョンをもちつづけることが、カウンツ自身の信念であり、デューイの言葉（第5章参照）を借りていいかえるなら、彼の完全化への信念である。

ビアードの生への意志

さて、最後に確認しておくなら、カウンツのこうした完全化への信念は、さきほどとりあげた年長の友人ビアードの所論のなかにも見いだすことができる。ビアードにとって、「アメリカ的文明化」は「たえずより善き生を求めつづける」という「生への意志」(the will to live) に支えられたものであった (Beard 1932: 7)。ビアードは、一九四二年に出版した『アメリカ的精神』において、次のように述べている。

「アメリカ的文明化は……宇宙を説明しようとしない。歴史の全事実を提示しようとしない。宗教の与える慰安にかわるものを与えるともいわないし、この思想に賛成しない人びとに天罰を与えるともいわない。それは［人びとに］一つの総括的かつ相対的な思想構成ないし人生観を与えるものである。それは、その視野においては不動で普遍でありながら、その実践においては時間・場所・環境に対応し変化する世界観であり、そのなかから、個人の完全性と社会の完全性 (individual and social perfection) を達成するための直観と教導が得られるような思想構成ないし人生観である。……それは、否定、諦念、ニヒリズムというペシミズムではなく、無限に生成し持続し発展していく生命に表現される生きる必要性、生への意志という気高く楽観的な世界観である」(Beard/Beard 1962 [1942]: 581-2)。

ビアードのいう「生への意志」は、ニーチェのいう「力への意志」に連想させるが、彼の議論は、それ以上に、キリスト教の完全化論を体現している。ビアードの死後の一九五四年に、『アメリカ的精神』の共著者でありまた妻のマリー・ビアードは、その「日本語版序文」において、あらためて「アメリカ的精神」の本態は完全化論である、と論じている。「コンドルセは、人類が過去の歴史において、数段階をへて進歩してきたこと、さらに人類は理性によって進歩をつづけ、完全性に到達しうる、と信じてきた」。「『文明化』という理念が西欧諸国・アメリカで広まるようになったのは、このコンドルセの先駆的提唱によるところが大きい」。「アメリカの人びとが、この『文明化』の理念をいかに素直に受け容れ、それを新大陸という環境のなかでいかに発展させてきたのか……その経緯をあとづけたものが、本書である」と（Beard/Beard 1962［1942］=1954: vii-ix）。

なるほど、先にふれたように、ビアードは、「アメリカ的精神」を「キリスト教神学」の考え方から区別してきた。一九五四年にマリー・ビアードが書いた「日本語版序文」においても、彼女は、「文明化の理念は、当時［＝一八世紀］においても世俗的なものであったし、現在においてもそうである」と述べている（Beard/Beard 1962［1942］=1954: vi）。しかし、文明化が「世俗的」であることは、それが非キリスト教的であることを意味していない。キリスト教神学の語る教義そのものではないとしても、完全化論に見いだされるような、多くのキリスト教徒が懐胎してきた生への態度は、「キリスト教的」と形容されるべきである。

6　信念と社会構造の操作

本章のまとめ

以上の考察から明らかになったことを、四つにまとめておこう。

第一に、カウンツのいうデモクラシーは、狭義の政治制度でも、閉じた世界を構成する教義でもない。それは、基本的に、アメリカに固有の農本社会的な社会諸関係、隣人愛に見られる互恵性である。このデモクラシーは、本来的に、アメリカ社会の構造化作用が醸成するもの、すなわち「アメリカ的文明化」の中核的内容である。

第二に、カウンツは、このアメリカ的文明化が、企業資本主義・極端な個人主義によって退けられ、閉塞しつつあるかぎり、学校が、このアメリカ的文明化すなわちデモクラシーの伝統を保持するための人為的働きかけを強化しなければならない、と考えた。それが、カウンツのいう「デモクラシーの教化」である。したがって、カウンツのいう「教化」は、教師が何らかの政治的イギオロギーを子どもに恣意的に注入することではない。それは、当該社会の文化的な構造化作用を、教育者が積極的に支援し回復させることである。

第三に、カウンツのデモクラシーの教化という考え方は、二つの契機によって支えられていた。一つは、ビアードの歴史的相対主義という理論的契機であり、もう一つは、カウンツ自身のキリスト教的な完全化の信念という宗教的契機である。歴史的相対主義は、自分の倫理的信念にもとづき、歴史的現在を記述し、未来の課題を語ることであり、完全化の信念は、よりデモクラティックな社会を実現するために、果敢な努力をつづけることである。

第四に、カウンツが、教化の内容をデモクラシーと定めた理由は、二重の意味で社会的であった。すなわち、デモクラシーが、広くアメリカ社会の文化的伝統であることであり、また、それが互恵的であることである。カウンツにとって、教化の内容は、たんなる社会の流行や時代の趨勢に左右されるべきではなく、もちろん支配階級の思惑によって設定されるべきでもなかった。教化の内容は、社会の歴史的伝統と人間の倫理的信念によって設定されるべきものであった。カウンツは、アメリカが建国以来、デモクラシーを国是とするとともに、世界にデモクラシーの崇高さを知らしめてきた、と疑わなかった。そして、そのデモクラシーへの信念は、彼の宗教的思考によって後押しされていた。それが、カウンツのメソジスト的な完全化論である。

こうしたカウンツのデモクラシー教化論は、少なくとも二つの重要な論点をふくんでいる。一つは、社会の構造化への態度であり、もう一つは、この態度と連動するが、理想と自律性との関係である。

社会の構造化への態度

社会の構造化という営みは、この時代にはじめて注目された社会学的事象である。目を転じてみるなら、それは、同時代のフランスで教育社会学を提唱したデュルケームが「一種の不可抗力」という言葉で表現した事象である。一九二二年にデュルケームは、「各社会は、一般にある種の教育システムをもち、それをつうじて、個々人に一種の不可抗力を行使している」と述べている。「私たちは、このシステムに同意しないという個人の意志を抑圧しようとする、このシステムの激烈な障壁に果敢に対峙しないかぎり、このシステムの定める形式から脱出できない」と (Durkheim 1922=1976: 51)。さらにデュルケームは、「子どもが帰属している社会的諸カテゴリーと無関係な教育、すべての子どもに無差別に一定の観念、感情、慣習を教え込まない教育を、事実上、どのような民族も行うことができない」と述べている (Durkheim 1922=1976: 121)。

また、カウンツのデモクラシー概念は、デュルケームが「社会的存在」という言葉で語ろうとしたものに類似している。デュルケームも、カウンツと同じように、教育システムを支える基礎として、子ども中心主義のいう「自然本性」ではなく、「社会的存在」としての「よりよいもの」「人間的なもの」を見いだしている。「教育は、たんに個人というオーガニズム［＝生体］を、その自然本性によって刻印されている方向に発達させること、すなわち自己を表現しようとしている潜在力を現出させることのみに限定されない。教育は、人間のなかに一つの新しい存在［＝社会的存在］を創造することでもある」。そして、この「新しい存在は、私たちのなかにある、よりよきもの、私たちに固有な人間的なものを表現するものである」と述べている（Durkheim 1922=1976: 60, 64）。

カウンツも、デュルケームも、いわば、社会それ自体の構造化のなかに自分を位置づけながら、理想を求めて、その構造化に人為的に、そして倫理的に対抗しようとしていた。アメリカ、フランスの教育社会学の始祖と位置づけられてきたこの二人に共通するものは、社会の構造化に抗《あらが》おうとする倫理的信念である。

理想をめざす教育は自律性の成長を妨げるのか

もちろん、カウンツの果敢な挑戦を、その倫理的信念だけから正当化することはできない。カウンツの議論は、デューイが暗示したように、「正しいものは、正しいというだけで人に強要できるのか」という問題を生みだすからである。正しさの専制が生じる場合、その正しさを批判的に検証する反照の営みが、しばしば排除されてしまうからである。教育学者のバワーズの言葉を引きながら、いいかえるなら、法律や規範のような集団的コンセンサスが正しいものと同一視される場合、その「集団の体制にそぐわない者が、それだけで、社会的再構築の対象にされてしまう」からである（Bowers 1967: 468）。つまり、カウンツの果敢な挑戦には、「自分の正しさを吟味する批判的自己反照の回路が用意されているのか」という問題が、未解決なまま残されている。

ただし、バワーズが下している社会再構築論者に対する否定的評価は、そのまま受け入れることはできない。バワーズは、この時代の社会的再構築論者は「よい社会像を確定することによって……国家ないし集団の抑圧的介入から個人の権利を守るという見識を失った」と述べている（Bowers 1967: 471）。「抑圧的介入」とは、カウンツのいうデモクラシーの教化を指している。バワーズは、それを「個人の権利」を侵害する行為と見なしているが、カウンツにとって、それは個人の人権はもちろん、個人の存在それ自体を擁護しようとする行為であった。

しかし、バワーズのつづく次の評言は、重要な問題提起である。「……社会にとって最善なものを設定しその達成のために学校を活用しているときに、教育者は個人の自己決定の能力を高めることができない。なぜなら、教育者は、生徒の心と生活を操作することによってのみ、社会変革の方向を操作することができるからである」（Bowers 1967: 471）。バワーズが述べているように、社会変革を求め、理想社会の構築をはかる教育は、子どもの自律性の成長を妨げるのだろうか。理念をかかげることは、理念の専制を生みだし、変わらないものに人を寄生させ、かけがえのない生を愚弄させる教育、人を理念の奴隷に変える教育をもたらすのだろうか。この問いに否と答えて、理想社会の構築と子どもの自律性は一体になりうると答えた人物が、次章でとりあげるデューイである。

第4章　デューイの社会性概念
——完全化とデモクラシー

Chapter 4　*The Concept of the Social in John Dewey: Democracy and Faith of Perfecting*

〈要約〉　本章の目的は、進歩主義教育の中心人物であるデューイの教育思想を二つの誤解から解放するとともに、それを支えているある宗教的な信念を浮かびあがらせることである。二つの誤解とは、デューイの教育思想が「子ども中心主義」であるという誤解と、デューイの教育思想が目的論をもたない「プラグマティズム」という誤解である。デューイが「学校の中心は子どもである」という言葉で表明したことは、子どもの「成長」を支援する教育は同時に「デモクラシー」を重視する教育であるという命題を意味し、またデモクラシーを重視する教育は「自己利益」を基礎におく経済を凌駕し、社会をより協同的にするという目的を意味していた。デューイにとって、デモクラシーとは、たんなる統治形態ではなく「社会性」という協同の様態であり、その基礎単位が「相互活動」という存在の様態である。デューイの教育は、デモクラティックな教育であり、それは世界を社会性で基礎づけることをめざす営みである。したがって、デューイの教育思想は、目的論をもたないプラグマティズムではなく、デモクラシー／社会性という理念をふくみこんだプラグマティズムである。そして、このデモクラシー／社会性の理念を支えていたものが、デューイの敢然への意志（メリオリズム）であり、その思想的源泉は、「完全化」をめざしつづけるキリスト教的な思考である。

1　子ども中心主義か、プラグマティズムか

子ども中心主義か

最後にとりあげる思想家は、進歩主義教育協会の中心人物、ジョン・デューイである*。「デューイ」という名前は、アメリカの教育学だけでなく、先進諸国の教育学において、かならずといってよいほど論及される。その名前は、進歩主義教育の代名詞であり、二〇世紀における子どもの救世主と見なされた。フックは、一九五二年に「デューイの人生によって、アメリカの何百万という子どもたちはより豊かでより幸せになった。そして、すべての大人に対し、彼は生きるために必要な理性的で合理的な信念を示した」と述べている (Hook 1974: 101)。

＊　ジョン・デューイは、一八五九年にヴァーモント州バーリントンに生まれた。父親は食料品屋で、母親は会衆派信徒であり熱心なエヴァンジェリカリストだった。デューイは子どものころからはずかしがり屋で、成人してからもそうした性分は変わらなかったという。デューイは、地元のヴァーモント大学を卒業したあと、ジョンズ・ホプキンス大学で博士号を取得した。一八九六年に妻（アリス・チャップマン）と一緒にシカゴ大学の付属小学校として「実験学校」をつくり、広く注目を集めることになった。一九〇四年にコロンビア大学哲学部およびティーチャーズ・カレッジの教授となった。一九二九年にコロンビア大学を退職後も、旺盛な執筆活動をつづけた。著書として『学校と社会』（一八九九）、『カリキュラムと子ども』（一九〇二）、『人間の自然本性と悟性』（一九二二）、『経験と自然』（一九二五）、『アートとしての経験』（一九三四）、『デモクラシーと教育』（一九一六）、『哲学の再構築』（一九二〇）、『公共性とその問題』（一九二七）、『共通の信念』（一九三四）、『論理――探求の理論』（一九三八）、『自由と文化』（一九三九）などがある。一九五二年に九三歳で死去。

しかし、「デューイ」の名前は、厳しい批判にもさらされてきた。たとえば、同じ一九五二年に雑誌『タイム・

マガジン』は、デューイを「ヒトラー以来のもっとも危険な男」と呼んでいる（*Time Magazine* Mar. 17, 1952）。また、一九五三年から一九六一年にかけて第三四代アメリカ合衆国大統領をつとめたアイゼンハワー（Eisenhower, Dwight D. 1890-1969）は、在職中の一九五九年に雑誌『ライフ』でデューイを厳しく非難している。「教育者、保護者、子どもたちは、私たちの教育システムの欠陥にずっと悩まされてきた。彼らは、そこで行われている教育形態から解放されるよう導かれるべきである。彼らは、自分では気づかないうちに、ジョン・デューイの教えに追従してしまったのである」と（"Private Letter of the President," *Life* 46 (Mar. 16, 1959): 104-6）。

アイゼンハワー大統領のいう「ジョン・デューイの教え」とは「子ども中心主義の教育」である（序章で示したように、本書では child centered に「児童中心」ではなく「子ども中心」という言葉をあてる）。それは、子どものなかには「人間の自然本性」（human nature）があり、それを十全に発現させることが教育の使命であり、教育者は、子どもが興味関心を示さないものを子どもに教えるべきではない、という考え方である。こうした子ども中心主義は、日本にも波及し「児童中心主義」と呼ばれてきた。一九四〇年代後半の日本では、この児童中心主義は「興味主義」とも呼ばれ、これに対抗する考え方が「努力主義」と呼ばれた。努力主義は、教育者が必要であると考える内容をどんどん教え込み、子どもには従順で無心の努力を求める、という考え方である（梅根・川合 1949: 40）。

なるほど、一八九九年に、デューイは、『学校と社会』のなかで、「子どもが［学校の］中心であり、彼のために［教育の諸装置が］組織される」と述べている（Dewey 1996, *SS*, *MW*. 1: 23）。この言葉は、なるほど「子ども中心主義」の表明に見えるだろう。しかし、デューイのいう「子どもが［学校の］中心」という考え方と、いわゆる「子ども中心主義」とは、大いに異なっている。子ども中心主義は、教育心理学者のホール（Hall, G. Stanley 1844-1924）、サンフランシスコ州立ノーマルスクールの初代校長として個別教育法を創案したバーク（Burk, Frederic Lister 1862-1924）、ウィネトカ・プランが提唱したウォシュバーンなどの教育論を形容する言葉である。のちに確認するように、デューイは、子ども中心主義をむしろ「愚かしい」と批判している。

プラグマティズムか

もう一つ、「ジョン・デューイ」の名前とともに語られるものが「プラグマティズム」である。デューイがプラグマティストであることは、思想史的な常識であり、疑いようのない事実であるかのように見える。たしかに、デューイは、不動普遍を語り求める形而上学を退け、実験による検証を義務づける実証主義を求めた。形而上学的な教育目的を退け、「教育は、教育そのものを超える目的をもたない」と述べた。永遠不変の形而上学的な価値・目的を定立しないという意味で、たしかにデューイはプラグマティストである。

しかし、プラグマティズムがいっさいの目的をもたないのなら、それは、どのような目的でも受け入れる形式概念を意味し、情況によっては、成果指向のテクノロジーに転化してしまうだろう。その場合、プラグマティズムは、社会を批判し刷新する能力をもたなくなる。たとえば、教育学者のカリアーは、デューイのプラグマティズムをそうしたテクノロジーにすぎない、と理解している。「デューイは、アメリカ社会の権力の源泉に対して真摯な挑戦をしなかった。彼の非暴力的で社会主義的な態度は、権力者のほとんどだれもおびやかさなかった。[だからこそ]彼の非暴力的で合理的で秩序正しい変革の哲学は……企業と一体的な産業主義的国家を指導し管理していた人びとに受け入れられたのである」。「なるほど、デューイ自身は柔軟に実験的に変革に関与したが、システムそのものの存続を、彼は許してしまったのである」と(Karier 1973: 93, 95)。

しかし、形而上学的な目的を定立しないということは、目的を何も立てないということではない。たとえば、デューイが強調する「デモクラシー」も「成長」も、形式概念ではなく、目的をふくむ実質概念であるからである。いいかえるなら、デモクラシーも、成長も、人びとが進むべき方向を具体的に示す理念をふくんでいるからである。その意味で、「プラグマティズムすなわち目的論の欠落」というとらえ方は、短絡的である。

同じように、デューイは、教育の基礎を個人の「成長」においているが、この個人も、自己利益を第一に考える個人主義的な個人ではなく、「相互活動」のなかに位置づけられた社会的な個人でもある。この相互活動内個人という内実を見逃すと、デューイのデモクラシー教育は、デモクラシーをモノのように子どもに教え込む営みと理解されかねない。それは、関係論的な教育概念を伝達論的な教育概念に貶めることである。

文脈のなかの概念

デューイを読むうえで留意すべき点は、言葉の意味である。デューイの用いる言葉は平易であるが、しばしば深い倫理性・宗教性をともなっている。たとえば、今ふれた、デューイの「デモクラシー」という言葉は、たんなる統治形態ではないし、「社会的」という言葉も、たんなる複数の人にかかわるという意味ではない。さらに、「オキュペーション」も、たんなる仕事ではないし、「共同体」も、いわゆる地域共同体ではない。デューイの教育思想を把握するためには、彼が用いる概念の意味内容を厳密に把握しなければならない。

思い出されるのは、高名な政治思想史学者のディギンズのデューイ批判である。彼は、『プラグマティズムの約束』

という明解な研究書のなかで、「デューイは、教育の基礎を『自己表現』におく自分の理論が、経済の基礎を『自己利益』におく［資本主義の］文化をどのようにのりこえていくのか、一度も説明しなかった」と、デューイを批判している（Diggins 1994: 306）。しかし、このようなデューイ批判は、後に示すように、デューイが用いる言葉の意味内容を確認することをおろそかにしたために生じた誤り、といわざるをえないだろう。

以下、まず第一に、デューイの唱えるデモクラシー概念がたんなる政治手続きではないことを確認し、第二に、デューイの求める教育が社会性形成を主要な目的としていたことを確認したい。第三に、デューイの求める教育実践が子どもと教師との相互活動を本態とすることを示し、最後に、近年の研究を参照しつつ*、彼の教育思想を支えている生へのスタンスがキリスト教的なものであることを示したい。なるほど、デューイは「いつも『聖性』とか『精神性』とかいった言葉に懐疑的であった」といわれているが（Hook 1974: 104）、そうであることは、デューイがキリスト教的な倫理的心情をもたなかったことを意味していないのである。

＊ デューイの教育思想についての批判的研究としては、Karier (1973, 1975a, 1975b, 1977)、Bowers (1987a, 1987b) などがある。近年のデューイの教育思想の研究は、こうした批判的研究を視野に入れながらも、二つの方向に分かれている。一つは伝記的な実証研究であり、Hickman (1990)、Alexander (1987)、Rockfeller (1991)、Westbrook (1991)、Fesmire (2001) などである。もう一つはデューイの教育思想を哲学史のなかに位置づけようとする研究である。たとえば、Garrison (1995, 1997)、Jackson (1998) などである。ヨーロッパ圏のデューイの教育思想研究としては、Oelkers (1995, 2003, 2005) があり、日本のデューイの教育思想研究としては、森田 (1986, 1996, 1999)、佐藤 (2001)、早川 (1994, 1996)、笠原 (1989)、千賀／高橋 (2001, 2003a, 2003b)、古屋 (2008) などがある。なお、デューイの思想全体についての研究としては、タイルズの編集した『ジョン・デューイ――クリティカル・アセスメンツ』(Tiles 1992) という四巻本がある。この本には、デューイにかんする一〇〇本の論文が精選収録されている。

2　デューイのデモクラシー概念

協同的な生としてのデモクラシー

デューイのいうデモクラシーは「民主主義」と訳しにくい。日本語の「民主主義」は、議会民主制・直接民主制のような統治形態を形容する言葉として用いられるが、デューイのいう「デモクラシーは、一つの統治形態を超えたもの」だからである。「それは、基本的に協同的な生（associated living）の一形態であり、結びあわされたコミュニケーション経験の一形態である」（Dewey 1996, *DE*, MW 9: 93）*。したがって、基本的にデューイのデモクラシー概念は、カウンツのデモクラシー概念と類同的であるといえるが、デューイのデモクラシー概念は、カウンツのデモクラシー概念よりも、ふくみもつ意味が多い。少なくとも、次の三つの外延的意味をもっている。

* ここでは association を「協同体」と訳す。デューイは、一九〇八年に『哲学の再構築』のなかで「社会」（society）を「協同体」の集まりと定義している。「社会とは多くの協同体であり、一つの組織（organization）ではない」と。「協同体とは、あらゆる形態の経験がよりよいものとして実現されるように、人びとが相互コミュニケーション、相互活動に参入している状態である」。「経験は、他者と共有されることによってよりよいものになるため、この世界には、相互コミュニケーション、相互活動によって高められる善の数と同じ数だけの協同体が存在している」。「組織とは、このような協同体を醸成し、人と人の有益な接点を増加させ、そのかかわりあい（intercourse）をもっとも豊かな実りへ導く手段にすぎない」と（Dewey 1996, *RP*, MW. 12: 198）。相互活動の概念については、本章の第3節であらためてとりあげる。

第一に、デューイの協同的な生としてのデモクラシーは、「相互利益」（mutual interest）と「社会的習性」（social habit)*を特徴としている。前者の「相互利益」が意味しているものは、「共通の利益という考え方をより多くの・より多様な事項についてもつことであり、また社会的制御の要因として、この相互利益の認識により大きな信頼をおくことである」。後者の「社会的習性」が意味しているものは、「社会諸集団のより自由な相互活動を実現することであり、……また現行の社会的習性を変革することである。すなわち、多様な交流によって生みだされた新しい情況に対応するために不断の再適応をはかることである」(Dewey 1996, *DE*, MW 9: 92=1975 上 : 141)。

* ここでは、habit を「習性」と訳す。一九二二年の『人間の自然本性と行為』において論じられているように、デューイのいう「習性」は、「衝迫」(impulse)、「知性」(intelligence) とならぶ、人間の自然本性の一部である。「習性」は、環境のなかで個人が相互活動をつうじて習得した後天性であり、「衝迫」は、個人の内奥から発する生来性であり、「知性」は、言語によって構成された思考である。習性は個人の環境への適応の結果であり、衝迫は個人の倫理性の顕現であり、知性は背反しがちな習性と衝迫とを調和させる媒体である。基本的に知性の働きは、形式化・惰性化する習性、そして環境を、生き生きとした衝迫の倫理性に方向づけられながら、たえず刷新することである (Dewey 1996, *HNC*, MW 14: 118-24)。本章の最後に確認するように、この衝迫の倫理性を支えているものは、個人個人に与えられている固有な「魂」である。

相互利益、社会的習性という二つの概念にふくまれている意味について、もう少し詳しく確認しよう。

対話と寛容の重視

まず、相互利益は、人びとの生が単独的でも類型的でもなく、他者の生と密接に結びついていること、したがって自分の利益と他人の利益を厳密に区別することは不可能であることを含意している。

「協同的な生においては、一つの利益活動に参加する個人の数が飛躍的に増大するために、個々人は自分の行動を他者の行動に結びつけなければならないし、他者の行動によって自分の行動を位置づけたり方向づけたりしなければならない。こうしたことは、階級、人種、国境などの障壁を打ち壊すことにひとしい。これまで、人びとが自分の活動性の十全な意味を感じとることをさまたげられてきたのは、そうした障壁によってである」(Dewey 1996, *DE*, MW 9: 93)。

したがって、相互利益を重んじることは、言葉本来の意味で「ロジック」にいたる最良の方法である。ロジックの原語は、対話（ダイアローグ）を意味するギリシア語の「ロゴス」(Logos) だからである。デューイは次のように述べている。「最終的なアクチュアリティは、対面的な関係性のなかの直接的なやりとりによって、確保される。そうした関係性のなかで、ロジックは、対話という言葉の原初的な意味に立ちかえる。理念も、言葉で表現され、論議されたり、共有されたり、再生されたりしなければ、独りごと (soliloquy) にすぎない。独りごとは破壊された不完全な思想にすぎない」と (Dewey 1996, *PP*, LW 2: 371)。

そして、相互利益は、他者をたえず視野に入れることで、他者への寛容な行動を生みだすことも含意している。それは、いいかえるなら、相手の失敗・誤認を受け容れることであり、声高にそれらを非難したり過剰に厳しく処罰したりしないことである。たとえば、『倫理学』のなかで、デューイは「合理的な行動と寛大な行動とは密接に関係している。共感力の乏しい人は最低限のことしかしない人であり、人間の善さを限定的に理解する人である。唯一の本当に普遍的な思想は寛容な思想である」と述べている (Dewey 1996, *E*, LW 7: 270)*。

＊　デューイのいう「合理性」(rationality) は、一般の合理性とちがい、本来的に協同性を指向するものである。「合理性は……衝動や習慣に対立するために喚起される力ではない。それは、分裂した欲望を調和させることによって獲得されるものである。理性 (ʻReasonʼ) という名詞も、さまざまな性向の幸福な協同 (happy cooperation) を意味している」と (Dewey 1996, MW 14: 136)。

協同による経験の更新

次に、社会的習性は、特定の社会に見られる慣習ではなく、相互活動の習性である。しかも、ここで前提にされていることは、相互活動がつねによりよいものをめざす、という信念である。いいかえるなら、社会的習性は、他者との協同によって達成された成果がさらに深化し整序され開化されるという、経験の更新の常態化である。人間の経験は、けっして完全無欠な状態に到達しないからであり、さまざまな意見をとり入れることで、さらによい状態になりうるからである。デューイは、一九三九年に発表した「創造的デモクラシー」という評論のなかで、「デモクラシーとは、［たえず更新される］経験の過程のほうが何らかの特殊な成果を達成することよりも重要であると信じることである」と述べている。なぜなら「達成された成果が唯一の究極的成果となるときは、達成された特殊な成果が進行中の過程をたえず深化し整序したときだからである」と (Dewey 1996, LW. 14: 229)。

したがって、デューイのいう教育は、それがよりデモクラティックな社会を実現するための営みであるかぎり、デモクラシーそのものと同じように、たえず教育それ自体を変革する営みでなければならない。デューイは『デモクラシーと教育』において、次のように述べている。「教育の目的は、諸個人に自分の教育をつづけられるようにすることである。……学びの目標と見返りは、成長のための持続的能力である。現在、このような考え方は、この社会のすべての人びとに受け入れられていない。この考え方が受け入れている場所は、人びとが互恵的にかかわっている場所であり、人びとが社会的習性と社会的制度を再構築するために、均等な利益分配をめざし、視野を広げ、適切な提案をしている場所である。つまりデモクラティックな社会である」と(Dewey 1996, *DE*, MW 9: 107)。

固有性を擁護するデモクラシー

デューイのデモクラシーの第二の含意は、カウンツのそれに似て、それが人間の固有性を擁護していることである。それを象徴する言葉が「人間の平等」である。この言葉は「すべての人間存在が、その資質才能の多寡にかかわらず、すべての他者とともに、自分に贈られたものを発達させる平等な権利をもっている」ことを意味している。この言葉はまた、「正しい条件のもとでは[すなわちデモクラティックな社会においては]、だれもが他者からの抑圧や強要から自由に自分の人生を導く力をもっている」ことを意味している(Dewey 1996, LW. 14: 226-7)。

そして、デューイのデモクラシーの目的は、すべての人びとがこの「人間の平等」にふさわしく生きること、すなわち「道徳的平等」の実現である。それは、人間一人ひとりの「固有性」(uniqueness かけがえのなさ)がつねに承認され擁護されている状態である。人間一人ひとりの固有性とは、ある人が生きていることが、他のだれよりもその人らしいことである。デューイは「道徳的平等とは、人びとの通約不可能性(incommensurability)すなわち人びとが同一の数量的規準で測れないことである」と述べている(Dewey 1996, MW 13: 299)。デューイにとって、すべての個人は、どのような身体的・認知的な差異があろうとも、「唯一の固有的潜勢力」(a unique potential)であった。

デューイは、この人間の固有性にもとづいて、プラトン以来の形而上学的な位階概念を否定している。一九一九年の「哲学とデモクラシー」という評論において、デューイは「私が理解しているところでは、平等の理念が意味しているのは、世界を形相、階級、階層などの固定された秩序と見なすべきではないということである。平等が意味していることは、存在の名に値するすべての存在［たとえば、人間］が、何らかの固有性であり、代替不可能性（irreplaceable）をふくんでいる、ということである。存在は、だれであれ、原理を例証したり、普遍性を具現したり、種や類の具体例を示すために存在しているのではない」と述べている（Dewey 1996, MW 11: 52）。

確認しておくと、デューイにとって、個人性（individuality）の本態は、この固有性にひとしく、自己は、固有性の具現化したものであった。デューイは、一九三四年の『経験としての芸術』において、次のように述べている。「個人性それ自体は、もともと潜勢力（potentiality）であり、それは、まわりの条件と相互活動によってのみ具現化する。この相互交渉の過程で、もともとの能力すなわち固有的である能力（capacity）が成形され、自己となる。さらに、出会ったものにあらがいながら、この自己の自然本性が、露わになっていく。自己は、環境との相互活動をつうじて、意識を形成するとともに、この意識に組み込まれるのである」と（Dewey 1996, *AE*, LW. 10: 286）*。

* デューイの individuality を「個性」と訳すと、誤解が生じる。individuality は、他の人ととりかえられない存在の固有性を意味し、「個性」は、distinctive であること、すなわち他の人とはちがった趣向・指向を意味するからである。また、一般に individuality という場合も、自律的ないし自立的な個人を意味し、日本語の「個性」とはそぐわない。したがって、ここでは、違和感を生むことを承知のうえで、individuality を「個人性」と訳す。

また、デューイは、一九二二年に発表した「個人性、平等、優秀性」という評論のなかで、デモクラシーを「極限に到達したアリストクラシー」と呼んでいる。まぎらわしい表現であるが、デモクラシーが、位階的エリートの属性的な価値ではなく、すべての人間一人ひとりの固有な価値を承認することだからである。

「デモクラシーは、たとえていえば、こういえるだろう。極限に到達したアリストクラシー（aristocracy carried to its limit）である、と。それが求めているものは、すべての人間が個人として何らかの固有の目的に対し最高の存在であることであり、個々人の固有性という観点において、自分を支配し先導するうえで最適な存在であることである。固定的で数量的な区分けによる位階化・階層化の習慣は、真のアリストクラシーにとっても、真のデモクラシーにとっても、同じく敵なのである」(Dewey 1996, MW 13: 297-8)。

デューイにとって、すべての人間は、それぞれに固有の目的をもち、その固有性ゆえに代替不可能な存在であり、この代替不可能な固有性が、一人ひとりの「自然本性」であった。これは、デューイにとって、科学的事実ではなく信念であった。デューイは、先に引用した「創造的デモクラシー」のなかで、次のように述べている。

「デモクラシーは生の様態であり、人間が人間の自然本性が秘めているさまざまな可能性を信じることで、その生を制御することである。一般民衆のいだいている［子どもの可能性についての］信念は、このデモクラティックな信念と親近的である。その信念は、根拠も指標もないままに保持されているもので、人間の自然本性の潜在力への信仰を意味している。その潜在力は、すべての人間存在に見いだされるもので、人種にも、肌の色にも、性別にも、生まれにも、家族にも、物質的・文化的な富にも左右されない」(Dewey 1996, LW 14: 226)。

そして、デューイにとって、教育すなわちデモクラティックな教育の目的は、すべての個人が自分の固有性を充分に発揮することであり、そうすることで、社会に対し充分な貢献を実現することであった。

「ただ人間だけが、たとえば、両親、教師などだけが［教育の］目的をもっている。［行われるのは］抽象的な理念としての教育ではない。彼らの［教育の］目的は無限に多様化し、子どもが異なれば異なるし、子どもが成長とともに変われば変わってくる。……教育の目的は、教育される特定の個人が本来もっている活動力と（固有的内在性と習得した習慣の）要求にもとづいていなければならない」(Dewey 1996, *DE*, *MW* 9: 114)。

各人の固有性（自然本性）の発現という、デューイの教育の目的は、子ども中心主義の教育論を思わせるが、これからしだいに明らかになっていくように、デューイのいう固有性は、そこで語られる自然本性と同一視できるものではない。

神意を顕現させるデモクラシー

この固有性という概念を支えているのは、デューイのキリスト教的な信念である。これが、デューイのデモクラシーの第三の含意である。人間の固有性は、一人ひとりに内在する「神性」(divinity) だからであり、その神性が顕現するために必要なものが、同胞愛・隣人愛にあふれる本物の協同体だからである。これは、デューイの固有性の発現という教育目的論が、子ども中心主義の教育論から区別される、第一の理由である。

カリアーは、一九七〇～八〇年代において、デューイの厳しい批判者（リヴィジョニスト）として知られた教育学者であるが、そのカリアーも、デューイのデモクラシー論、協同体論の背後にキリスト教信仰を見いだしている。彼は「デューイにとって、神の精神［すなわち精霊］は人間のなかにあり、その神の精神を解放できるものは本物の協同体だけであった。本物の協同体は聖跡［サクラメント］であり、人間のなかに秘められている神性は、この聖跡をつうじてはじめて輝くことができた」と述べている（Karier 1973: 96）。

たしかに、一八九二年の「キリスト教信仰とデモクラシー」という評論において、デューイは、個々人の人生の意味（「人生の真理」）は神によって与えられるものであり、その答えは各人のなかの神性にある、と論じている。そして、その神性が各人において確実に顕現するためには、自由が必要であり、自由を実現するためには、真の協同体すなわちデモクラシーが必要である、とデューイはつづけている。

「デモクラシーが神の啓示であることを示す端的な特徴は、デモクラシーが、［教会の語る］不自然で感傷的な神の啓示と異なり、自然で日常的で実践的な意味で真実を私たちにもたらすことである。デモクラシーは、精神的事実（spiritual fact）である。それはたんなる統治機構の一部ではない。もしもこの宇宙に神がいないのなら、法がないのなら、真理がないのなら、もしも神が不動の神で実際に宇宙を司っていないのなら、社会的組織は何の精神的意味ももたないだろう。しかし、もしも神が、キリストがいうように、人生の根源であり、人間において顕現するものなら、デモクラシーは、けっして蔑《ないがし》ろにできない精神的意味をもっている。というのも、デモクラシーは自由だからである。もしも［人生の］真理が自分の根底［＝魂］に横たわっているのなら、自由は、この真理を、その深みから浮上させ、開示する契機である。自由としてのデモクラシーは、拘束を緩解し、規制を緩和し、障壁・区別・遮蔽を解体する。こうした垣根のとり払いによって、人間の人生のいかなる真理も、いかなる現実も、おのずと明らかになるのである」(Dewey 1996, EW. 4: 8)。

「人類の精神的結合、人間の同胞愛の実現、キリストが『神の王国』と呼ぶすべては、この［人生の］真理をもたらす自由につらなる表現にほかならない。しかし、この真理は、それが個人の意識に入るだけでは、完全には自由をもたらさない。それは当人を喜ばせるだけだからである。この真理が完全に自由をもたらすときは、それが彼の仲間のなかに広がるときである。すなわち、個人の意識に到達した真理が、すべての人びとに広がり、共有されるときである。そのとき、真理はコモンウェルスになり、共和国なり、公共性になる。自由すなわちデモクラシーによって打ち壊される壁は、真理の完全化の運動を妨げる壁すべてである。自由は、同胞愛すなわちデモクラシーを打ち立てる真理の協同体のなかにある。その前提は、人間を結びつける絆、社会を一つにする諸力であり、神の法になりうるもの、人生における神の現れになりうるものである。……だからこそ、私たちはデモクラシーを大切にしているのである！」(Dewey 1996, EW. 4: 8-9)。

つまり、協同的な生としてのデモクラシー概念は、キリスト教的な同胞愛・隣人愛の概念に裏打ちされたものであり、それは、各人の内側に潜む神意を顕現させ、個人の固有性を際だたせる自由の存立条件を意味している。その意味で、デモクラシーは、自由な人間が創りだす統治方法であるだけでなく、神が人間を自由へと導くために人間に与えた存在様態である*。したがって、デモクラシーを軽んずることは、神の暗示した神聖なる自由への途をはずれることであり、神聖なる人生の意味を喪うことである。こうしたデューイとキリスト教との連関は、のちに論じるように、デューイの教育思想全体を読み解くときの重要なポイントである。

＊　右に引用したデューイのデモクラシー論は、市村が指摘しているように、パーカーのデモクラシー論とよく似ている。「共同体が個人に対し、問題なく付与できる個人の至高の権利は、解放され、自由になるための手段である。……この解放は、次のような律法ないし不文律によって保証されている。すなわち、自由人の道はまったく個人の努力に委ねるべきであり、個人の固有的な制約以外に、個人と自由とのあいだに何ものも介在させてはならない、という律法ないし不文律である。この自由を獲得する方法は、ひとことでいえば、教育である。真の教育は、［自由そのものを教えることではなく］個人が自由に向かって発展するための必要条件を示すことである。デモクラシーは、この教育のもとで、自由を獲得する方法が助長される唯一の政治形態である」（Parker 1969［1894］: 419-20［市村 1978: 20 を参照。ただし訳文変更］）。

3　デューイの社会性概念

社会的ではない社会的集団

つづいて、デューイにとって、こうした特異なデモクラシーと社会性とが概念的にほとんど同一であることを確認し、このデモクラシー（社会性）、個人性、そして相互活動の、三項関係を描きだしてみよう。

序章で、「社会的」（social）という言葉は多義的であると述べたが、デューイも、『デモクラシーと教育』において、そのことにふれつつ、二人以上の人間が集まっている状態を形容する「社会的」（social）と、協同的な関係を意味する「社会的」(social) とを区別している。たとえば、「社会的集団」(social group) のなかで営まれている関係が「社会的」(social) といえない場合があると、デューイは述べている。

「もっとも社会的な集団のなかにも、まだ社会的とはいえない多くの関係がある、ということを、私たちは認めざるをえない。どのような社会的な集団においても、とても多くの人間の関係が、いまだに機械の関係と同じような段階にとどまっている。人は、自分の欲望を遂げるために互いに他者を利用するが、そのとき、自分が利用する他者の情緒的・知性的な内面性や同意の必要性を考えていないのである」(Dewey 1996, *DE*, MW 9: 8)。

そしてデューイは、「社会的」な関係ではなく「機械的」な関係が、親と子、教師と子ども、雇用者と労働者、統治者と被統治者のあいだに見られる場合、「彼らの活動が相互にどんなに密接に結びついていたとしても、彼らは真に社会的な集団を形成することができない」と述べている (Dewey 1996, *DE*, MW 9: 8)。

デューイのいう「社会的な集団」が真に「社会的」と形容されるにふさわしい集団であるためには、その「社会的な集団」の構成員が自由なコミュニケーションをつうじて「協同的に生きる過程」をふくんでいなければならない。「協同的」に生きることは、「他者が考えたり感じたりすることを他者と共に考えたり感じたりすること」であり、そうした他者への共感とともに「自分自身の態度が修正されること」である (Dewey 1996, *DE*, MW 9: 8)。

こうしてみると、デューイのいう「社会的」は、「愛他的」(altruistic) であることに近しい、といってもよいだろう。

実際に、デューイは、一八八七年に出版した『心理学』において、「愛他的」という言葉と「社会的」という言葉を互換的に用いている。「人に対する対照的な二つの心情があるといえるだろう。一つは、自分のための心情、つまり自己中心的ないし個人的な心情である。もう一つは、他者のための心情、つまり愛他的ないし社会的な心情である」と（Dewey 1996, *P*, EW. 2: 281 傍点引用者）。

デモクラシーの基底は社会性である

このような協同性としての社会性は、先にとりあげたデモクラシーの本態とほとんど同一である。実際にデューイは、一八八八年の「デモクラシーの倫理」という論文において、デモクラシーの本質は社会性であると述べている。「デモクラシーは、ひとことでいえば、社会性である。それは、一つの倫理的概念であり、この倫理的特徴のうえに統治的な営みが成り立つのである。デモクラシーが一つの統治形態でありうるのは、それが道徳的・精神的な協同性を成している場合だけである」と（Dewey 1996, EW. 1: 240）。

デューイはまた、一九二八年の「社会性というカテゴリー」*という論文において、言葉の意味に協同性すなわち社会性を見いだしつつ、この協同性・社会性に「精神的実質」の生成契機を見いだしている。「私たちは、意味に次のような実質を見いだしている。すなわち、物質的・生命的な諸事象が複雑かつ広範にかかわりあうなかで実現される協同性という実質である。意味は、観察可能な諸事実の明確な特徴を維持したり発展させたりする、明示的で具体的な実証可能性をともなっている。このような協同的実質が『社会的』(social) と形容されるのである」。「社会性という概念が提示するのは、観察可能な『精神の領域』の審級である。それは［孤立した］個人に対立するものである。人がその社会性に参画者・構成員として入ることによってはじめて、人のオーガニックな活動は精神的実質をともなう行動に変容する」と（Dewey 1996, LW. 3: 50）。

＊　この論文は、デューイ全集に収められている「包摂的な哲学的理念」（The Inclusive Philosophic Idea）という論文の別タイトルである（Dewey 1996, 1928, LW. 3: 41-54）。

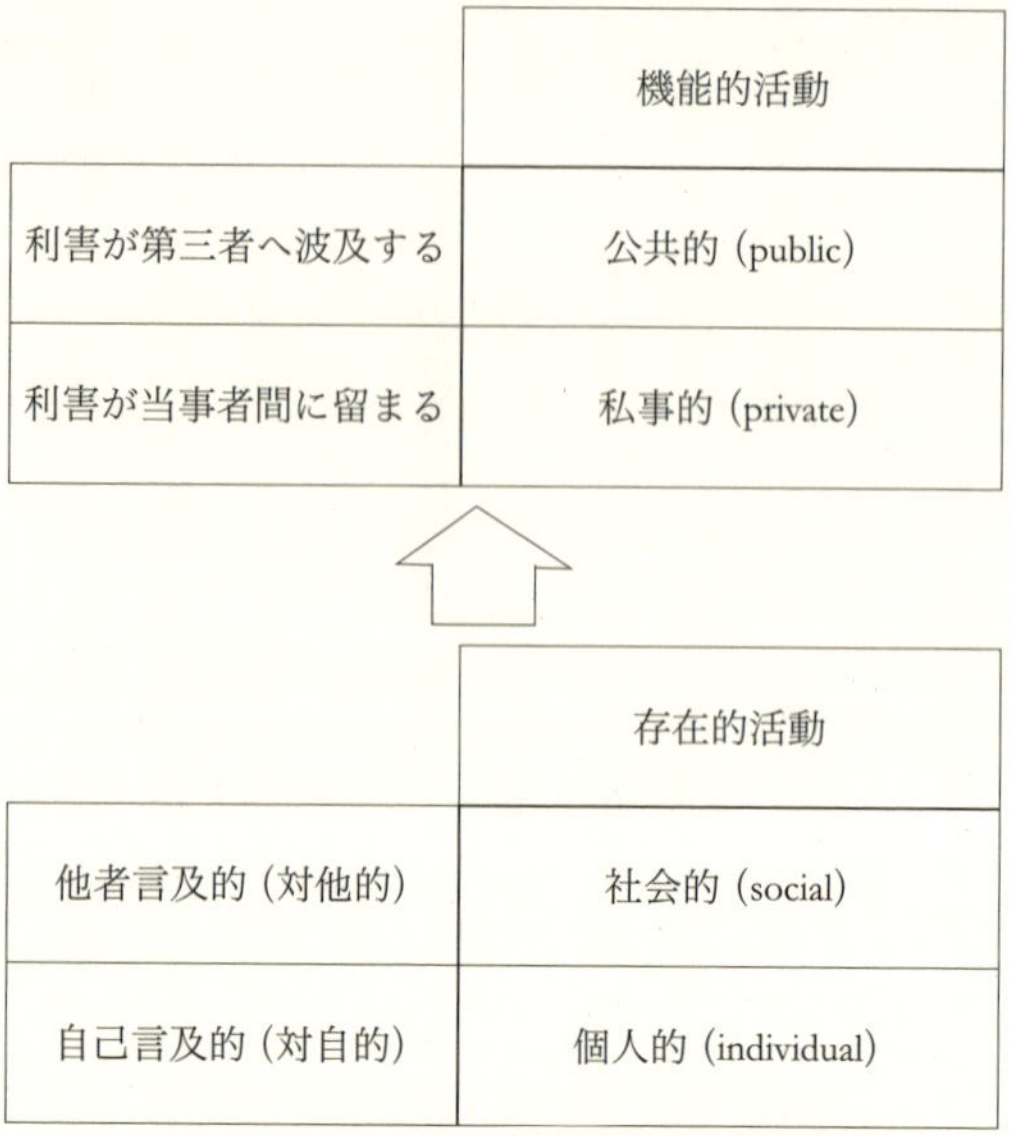

	機能的活動
利害が第三者へ波及する	公共的 (public)
利害が当事者間に留まる	私事的 (private)

	存在的活動
他者言及的（対他的）	社会的 (social)
自己言及的（対自的）	個人的 (individual)

〈図1〉機能的活動を支える存在的活動

＊　1927年にデューイが出版した『公共性とその問題』で、デューイは公共的／私事的という区別について論じている。どこまで妥当性があるのか、心もとないが、デューイにおける社会的／個人的という区別と、公共的／私事的という区別の関係を表にしてみた。社会的、個人的であることは、利益・効用から無縁の存在的様態という意味で同類であり、公共的、私事的であることは、利益・効用を求める機能的活動という意味では同類である、ととらえている。また、基本的に、存在的活動が機能的活動を下支えしている、と見なしている。つまり、社会的であることが公共的なことを、個人的であることが私事的なことを支えているのではなく、社会的かつ個人的であることが公共的かつ私事的な営みを支えている、と。佐藤（2001: 27）も参照。

このようなデューイのいう社会性は、階級利害にまさるものである。デューイは、一九三六年に「階級闘争とデモクラティックな方途」という論文において、次のように述べている。「私は、教師に『中立的であれ』などというつもりはない。［カウンツ博士が論じているように］どのような場合でも、それは不可能である。教師に可能なことは、社会的再組織化のための闘争に鋭敏であり活動的であることであり、教師にとって必要なことは、自分の行っている闘争が社会的再組織化であると認識すること、つまり、それが階級利害のもとに行われるのではなく、社会性（the social）のもとに行われるべきであると認識することである」と（Dewey 1996, LW. 11: 386）*。

＊　デューイは、「協同性」だけでなく「協業性」（corporateness）という言葉も用いているが、この言葉の意味を、社会学者のゴンザレスのように、企業の機能的分業性と理解するべきではない。この言葉の意味は、『個人主義』という本の次の文章に示されているように、「協同性」と同義だからである。「外在的な意味においてのみ、社会はバランスをとるもの［＝相対的なもの］である。協業性が内在化するとき、つまりそれが［各自の］思想・目的のなかに現実化するとき、社会は実質的なもの［＝一貫的なもの］になる。この変化のなかで、法は、恣意的に強要される規範ではなくなり、諸個人がともに保持する関係性［を保証するもの］となる。このような個人と社会性とのバランスは、オーガニックである」（Dewey 1996, *ION*, LW. 5: 65）。ゴンザレスは、デューイが、ためらいながらも「独占資本主義の必要に順応する教育」を求めたといい、「進歩主義教育の実際は、生産様式の変容にともなう社会変容に人びとを順応させることであった」と述べているが（Gonzalez 1977: 37; 1982）、そのような解釈が成り立つのは、デューイの協同性概念を機能的分業性と誤って理解するからである。

個人性の社会性

デューイは、こうした社会性概念を踏まえつつ、「個人性」（Individuality）を「個人主義」（individualism）から区別している。個人性は、個人主義とちがい、社会性によって基礎づけられているからである。個人性は、他者と協同する現実的・道徳的な人間の在りようであるが、個人主義は、そうした個人性の協同性を看過したり無視したりして、「人は自分ひとりで生きている」と夢想することである。個人性は人が社会性を生きているときにのみ成り立つ存在の様態であり、社会性を看過したり無視したりするところに成立している個人性は幻想である。

デューイの眼には、進歩主義時代のアメリカ人が、個人性ではなく個人主義にとらわれているように見えた。「一方的で自己中心的な個人主義が、現代のアメリカ人の生活実践に深く刻み込まれている。……現代アメリカの個人主義は、省察を欠いた野蛮なものである。そして、現代のアメリカ人が理想とする個人は『個人そのもの』ではなく、孤立し自分のことしか考えられない個人である。そうした個人は、自然で人間的な環境のなかで進化し発達した個人、つまり教育された個人ではない」(Dewey 1996, LW. 2: 20)。個人主義に由来し培養された「自己利益への動機は……反社会的」であり、「道徳性に矛盾するもの」である、と(Dewey 1996, MW. 5: 481)。

デューイにとって、個人主義は強さの力への埋没であり、弱さの力の忘却であった。連綿たる存在論的広がりのなかで他の人間、他の生命とつながることの力を忘れ、能力の所有を幻想することであった。デューイは、『デモクラシーと教育』において、のちのブレイヴァマンと同じように、人びとが社会性に支えられた個人性を忘却し、個人主義的な独立・自立を求めることによって生じる危険性について、次のように述べている。

「社会的観点から見るなら、[他者への]依存は、弱さではなく、むしろ力を意味し、その依存は、相互扶助(interdependence)をふくんでいる。個人の独立性が増加することは、個人の社会的な力(social capacity)が減少する危険性をつねにはらんでいる。個人が独立的・自立的になればなるほど、個人はますます自己満足的になるだろう。つまり、個人は独善的になり、他者に対し冷淡になるだろう。その結果、人はしばしば自分と他者との関係について非常に鈍感になって、自分ひとりで生活し行動することが実際にできるにちがいない、という幻想にとりつかれるだろう。それは一種の無名性の狂気である。それは治療可能であるが、この世界を現に苦しめている多くの災厄の原因である」(Dewey 1996, *DE*, MW. 9: 49)。

デューイにとって、人が「人間になること」は、社会性に支えられた個人性を確立することであり、協同体としての社会に対して機能的に活動しつづけることである。デューイは、一九二七年に『公共性とその問題』において、この点について次のように述べている。

「人間になることを学ぶことは、相互のコミュニケーションをつうじて、協同体の大切な構成員としての個人性を発達させることである。この［協同体に基礎づけられた］個人性を体現している人は、［協同体を支えている］信念・欲望・方法を理解し評価している人であり、オーガニックな力を人間的な資源・価値に転回させることができる人である。しかも、この転回はけっして終わらないのである」(Dewey 1927［1954］: 154-5; Dewey 1996, *PP*, LW. 2: 332)。

デューイにとって、成功することは、自分の所有する能力をみがき、富と名声を得ることではなく、人から頼られ、人に頼ることができる人生を送ることであり、そうした関係性と不可分の自己を形成することであった。そうだからこそ、デューイは「相互扶助(Mutual aid)は成功の礎である」と述べているのである(Dewey 1996, *E*, LW. 7: 44)。他人を上手に活用し利用することが「成功の礎である」といったのではない。デューイは、一九三二年に出版した『倫理学——改訂版』で、自己と関係性の関係について、次のように述べている。

「他者との関係に篤い信頼を寄せる行動によって形成される自己は、他者の目的や必要から乖離したりそれらを退けたりするなかでつちかわれた自己にくらべて、より十全でより度量のある自己になるだろう。いわば、寛容で寛大な利益関心に由来する自己は、それだけで、自己の発達と十全性を継続するだろう。他方で、自己の成長に欠かせないつながりから切り離されることで、自己は、自分らしさの形成を妨げられ、停止させられるだろう。もっとも、自己実現を意識的な目的として立てると、……こうした関係性への充分な関心、すなわちより大きな広がりをもつ自己の発達につながる関係性への充分な関心が失われるだろう」(Dewey 1996, *E*, LW. 7: 302)。

ここで語られているのは、自己は関係性に支えられて存立するという自己の関係性であり、個人性は人びとの共同活動のなかで開花するという個人性の社会性である。デューイにおいては、自己は関係性に対立せず、個人性は社会性に対立しない。自己は関係性と重層的に支えあい、個人性は社会性と重層的に支えあうのである*。

＊ デューイアンを自認する哲学者のローティは、こうしたデューイの自己の関係性論に賛成していない。「哲学は、何らかの社会的責務を実現するためというよりも、個人の私的な完全性を追求するために重視されるようになった」からである (Rorty 1989: 94)。この問題については、Shusterman (1994) の論文を参照されたい。

ヘーゲルの人倫性とカントの道徳性

個人性の存立条件としての社会性（すなわち協同性）を強調するデューイにとっては、倫理の基盤も社会性にあった。よく知られているように、デューイは、『デモクラシーと教育』において、ヘーゲルの精神論を厳しく批判している。しかし、倫理の基盤を論じるにあたって、デューイが、カントの「道徳性」（Moralität）を否定し、ヘーゲルの「人倫性」（Sittlichkeit）を肯定していることは、あまり知られていないのではないだろうか。

デューイは、一九三〇年に発表した「絶対主義から実験主義へ」という論文において、カントの道徳性が形成するものは、脱文脈化された個人が合理的に行動するために求められる抽象的義務であるが、ヘーゲルの人倫性が形成するものは、人が自分の所属する共同体に対し健全な機能を果たしたいと思うときに生じる倫理的義務感である、と論じている（Dewey 1996, LW. 5: 147-160）。デューイにとっては、カントの道徳性は「レッセ・フェール」（他者への無関心）につながる思想であったが、ヘーゲルの人倫性は「自由」（人を対立・抗争に追い込む二項対立からの解放）につながる思想であった。

「カントの教義は、すべての道徳性は個人的なものであるという教義である。この考えに従えば、私は、私の隣人の完全性（perfection これは「無謬の優秀性、卓越した有能性」ではなく「神への愛、他者への愛」を意味する）を促進するうえで、何もできないのである。それは、倫理におけるレッセ・フェールである。なるほど、カントは、この倫理のレッセ・フェールそのものを唱えていないが、この倫理のレッセ・フェールは、カントのかかげた反省的道徳性と無関係なものではない」（Dewey 1996, *E*, MW. 5: 177）。

「ヘーゲルの主体と客体の統合、物質と精神の統合、神聖なものと人間的なものとの統合は、たんなる知的な形式ではない。その統合は巨大な解放、自由(liberation)を実現するものである。ヘーゲルの文化、制度、技芸のとらえ方は、同じように不動の区分けを解体するものであり、私をとくに惹きつける魅力をもっている」(Dewey 1996, LW. 5: 153)。

つまり、デューイの社会性概念は、その倫理的特質において、ヘーゲルの人倫性概念に親近的である。少なくとも、ヘーゲルが自由の礎を全体的秩序としての人倫性に見いだし、デューイが自由の礎を協同活動として社会性に見いだす点においては、そう考えることができる。

社会性の敵は二元論

社会性の実現を妨げている思想・制度は少なくないが、デューイにとって、その中心は「二元論」(dualism)であった*。二元論は、人びとを対立・抗争を駆りたて、協同・共感の余地を失わせ、メリトクラシーと一体の競争、エゴイズムとしての個人主義を拡大し、結果的に現状を肯定するからである。

* 社会的/非社会的という区別を二元論として退けることはできない。この区別は、デモクラシー/非デモクラシーという区別と同じで意味論的区別であり、この意味論的区別を退けるなら、いかなる言語活動も不可能になるからである。二元論においては、対置されるどちらの言葉も意味を確定されている。つまり「〜とは何か」と問われるなら、「〜である」と答えられる。しかし、意味論的区別においては、「非〜」と語られるものは意味を確定されていない。つまり「〜である」と答えられない。

制度における二元論の典型は、「資本家階級」と「労働者階級」といった階級対立である。デューイにとって、階級対立は、「階級のない社会」を生みだすどころか、社会性の形成をさまたげ、不平等を拡大し、教育それ自体を困難にするものであった。デューイは次のように述べている。「階級闘争が生みだす暴力革命が［さまざまな社会問題の］解決策であり、その帰結である労働者階級独裁が唯一最高の変革の道である、と信じる人びとの立場から見るなら、階級闘争は［社会全体を］再構築する日を近づけるものであり、充分な解決策であるといえるだろう。しかし、私は、教育者がこのような立場をとることは、あらかじめ、彼らが［デモクラシーにつうじる］教育に対する信念をすべてを放棄しないかぎり、困難であると考えている」と（Dewey 1996, LW. 11: 382）。

思想における二元論の典型は、「社会的効率」（社会的有能 social efficiency）と「個人的文化」（人格的教養 personal culture）といった対立である。そこでは、社会的効率は、たんなる実務能力・問題処理能力に貶められ、個人的文化も、たんなる私的教養・人生哲学に貶められている。「これ以上ない大きな悲劇は、精神的・宗教的であると自認する多くの思想が……［他者のための］自己犠牲（self-sacrifice）と精神的自己完全化（spiritual self-perfecting）という二つの生の理想を、調停するかわりに、対立させてきたことである。この二元論は、あまりにも深く確立されているために容易にとりのぞくことができない。だからこそ、現代における教育固有の課題は、社会的効率と個人的文化とは、対立するのではなく同義的であるといえるように、努力することである」（Dewey 1996, *DE*, MW. 9: 130）。

相互活動という基底性

社会性がどのように個人性を支えるのか、その理由を理解するうえで重要な概念が「相互活動」（interaction）である。相互活動は、社会性（協同性）の基礎単位であり、二つ以上の存在のあいだで広義のコミュニケーションが行われることで、肯定的な何かが創出されることである(辞書に記されているinteractionの訳語は「相互作用」であるが、actionを「作用」と訳すと、actionの意志的・積極的なニュアンスが落ちてしまうだろう。ここでは、interactionを、存在の「活動」(action)が「かわされあう」(inter)という意味で「相互活動」と訳す)。

相互活動は、物と物のあいだにも成り立つが、人を中心にしていえば、それは、ある人が、他の人・他の物との働きかけあいのなかで存立していることを含意している。いいかえるなら、相互活動のないところにはいかなる人も生存(存在)しえないし、すべての人は、他者、他の物との相互活動のなかで生き、つねに代替不可能である。たとえば、子育てという相互活動においては、基本的に、親の肯定的な働きかけに子どもが肯定的に応答し、その応答に親がまた肯定的に応答することである。そしてどちらも、他の人間と入れかわることができない。

デューイのいう人の相互活動は、情況認識と不可分である。情況認識は、自分のおかれている環境を文脈として精確に認識することであり、相互活動は、その認識を踏まえて、他者・事物に肯定的にかかわり、情況と一体化することである。何らかの環境に「おかれている」(sit)という経験は、環境への俯瞰的関係であり、それは、他者・事物の客体化・概念化という営みをふくむが、他者・事物と「かかわる」(inter)という経験は、環境への接触的関係であり、他者・事物との連携・協同という営みをふくんでいる。『経験と教育』において、デューイは、ハイデガーの「世界－内－存在」(In-der-Welt-Sein)をいささか思わせるような言いまわしで、人が生きることは、ただまわりを認識するだけでなく、まわりに働きかけることである、と強調している*。

＊　教育学者のトロートナーは、デューイの「環境－相関活動－生体」(Oorganism-environment-transaction)という図式と、ハイデガーの「世界－内－存在」との類似性を指摘している。この対比においては、「環境」が「世界」に、「相関活動」が「内」に、そして「生体」が「存

在」に類比されている。Troutner（1992 [1972]）を参照。『存在と時間』のなかでハイデガーは、「なかに」（in）は「住むこと」「くらすこと」を意味するinnanから派生した言葉であり、そこにふくまれるan（「おいて」）は、「慣れ親しんでいる」「世話をしている」を意味する言葉である、と述べている。つまり、ハイデガーにおいては、「なかに」「おいて」は、居心地よくくつろいでいる状態、他者を大切にすることを意味していた。ケーシーの場所論を参照（Casey 1998=2008: 323）。

「個々人が世界のなかで生きる（*individuals live in a world*）という言明が意味していることは、具体的にいえば、個々人がこうした情況の連鎖（a series of situations）のなかで生きているということである。そして、個々人が情況のなかに生きているといわれるとき、『なかに』（"in"）という言葉の意味は、銀貨がポケットの『なかに』ある、ペンキが缶の『なかに』ある、といわれる場合の『なかに』とは異なっている。この『なかに』が意味していることは、相互活動がある個人と対象・他者とのあいだで進行しているということである。情況と相互活動という概念は分離できない。経験はつねに、個人とその環境の間で生じる相関活動（transaction）において生じるからである。その環境は、ある話題・事象について彼が話している相手である。あるいは、彼が遊んでいるおもちゃであり、彼が読んでいる本であり、……彼がやっている実験の材料である。環境［を構成する人・物］は、いいかえるなら、どのような条件下においても、個人の必要・欲望・目的・能力と相互活動（interact）し、経験をつくりだすのである。たとえ、空中に楼閣を築くときでも、人は空想のなかで構築するものと相互活動しているのである。情況［認識］と相互活動という二つの原理は分離しているのではない。それらは交叉し結合している。それらは、いわば、経験の垂直の局面であり、水平の局面である」（Dewey 1996, *EE*, LW. 13: 24-5 傍点は原文のイタリック)。

この引用にも使われているが、デューイは、一九三〇年代以降、「相互活動」と類似する「相関活動」という言葉を用いるようになった。厳密にいえば、相互活動は相関活動から区別される。相関活動は、相互活動にくらべて、問題をよりよく処理するために知識を積極的に援用し相手に働きかけるという意味を強くふくんでいる。相互活動が、人間と環境との存在論的な共生状態に傾斜しているとすれば、相関活動は、相互活動に並び立つものではなく、相互活動を前提にして生じる、人の環境への操作的・企図的な働きかけであり、その働きかけに対する環境からの応答への応答である。デューイは、一九四九年に『知ることと知ったもの』において、人間の活動を、自己行動、相互活動、相関活動の三つに分けて、自己活動は、活動を個人の力の発露・発現と見なす場合の一種の幻想であり、人間の活動は本来、相互活動と相関活動である、と述べている*。

* デューイの機能概念は、相互活動よりも相関活動を意味しているように見える。たとえば、一九一一年に刊行された『教育事典』の項目のなかで、デューイは「機能」(function) を「何らかの調整や修正をともなう過程が特定の目的を充足しようとするとき、その目的を充足するための方法である」と定義している (Dewey 1996, MW 6: 466)。また、『探求の論理』のなかでは「機能的であることは必然的に操作的 (operational) である」と述べている (Dewey 1996, *L*, LW. 12: 117)。

「これらの活動［相互活動・相関活動］はすべて人間の行動であり、人間が世界に内在し世界と共在していることである。そして、これらの活動はすべて、人が世界について報告するときの世界そのものの現れである。

……相互活動――ここでは、存在者は、因果的な相互のつながりのなかで他の存在者とバランスをとりながら活動する。相関活動――ここでは、論述・認識のシステムが援用される。活動の諸側面・諸局面をうまく処理するためである。ただし、それは[活動を]所与の不可触・非依存の『要素』(“elements”)、『実体』(“entities”)、『本質』(“essences”)、『実在』(“realities”)などに最終的に帰属させるためではなく、また所与の不可触の『関係』を所与の不可触の『要素』から分離孤立させるためでもない」(Dewey 1996, *KK*, LW. 16: 101-2)。

経験の質感を高める相互活動

デューイの経験概念は、こうした相互活動を前提に構成されている。まず第一に、経験は、独立単独の個人の営みではなく、つねに広い外延をたずさえる営みである。たとえば、ある農夫の経験は、その農夫の行為だけでなく、その農夫をとりまき、その農夫がかかわるものすべてをふくみこんでいる。たとえば、彼の耕作行為だけでなく、彼のつくる穀物・野菜、彼の腕・脚の痛み、彼の働く農園、太陽・水・空気などである。

第二に、人の生き生きとした生を支える経験は、反復的ではなく動態的である。一カ所にとどまり、ただ反復されるだけの経験は、人を支えない。「もしも経験が好奇心を喚起し独創性を促進し、人に未来の死に場所を教えてくれるくらいに強烈な願望や目的を創りだすなら、その経験は連続的であり、さまざまな形態をとるはずである」。人に生きる目的を与える経験は「活発な動態性そのものである」(Dewey 1996, *EE*, LW. 13=2004: 52)。

第三に、この動態的な経験は、協同的である。人は、互いに助けあい、困難を克服し、目的を達成するときにこそ、確かな充実感・満足感をいだくからである。人は、この充実感・満足感に支えられて、他者と協同し、障害や葛藤を乗りこえようと、さまざまな試行をかさねる。動態的な経験は、協同的な試行と一体である。真の教育実践は、子どもたちの生き生きとした生を支える動態的な経験から構成されている。したがって、教師は、子どもたちの動態的な経験を加速するために、子どもに「社会的」に働きかけなければならない。

「そのような［経験の動態性を考慮しない］教育者は、人間の経験がすべて、つまるところ社会的であるという事実つまり協同性とコミュニケーションをふくんでいるという事実に誠実に対応していないのである。このことを道徳的な言葉でいいかえるなら、成熟した者は、自分の経験がどのようなものであっても、年少者に共感的理解力をかならず与えるべきであり、その機会があるにもかかわらず、その理解力を与えずにすます権利などまったくもっていない、ということである」(Dewey 1996, *EE*, LW. 13=2004: 53)。

デューイにとって、こうした経験の動態性を体現し、学校教育の社会性を体現するものは、教育形態についていえば、オキュペーション (occupation) であり、教育関係についていえば、探求／支援の関係であった。

4　学校教育の社会性

オキュペーションとは何か

教育形態に注目していえば、学校教育の社会性は、子どもたちの営みがオキュペーションであることである。「オキュペーション」という言葉*は、デューイの教育理論が語られるさいによくとりあげられてきた。この言葉は、多くの場合、「仕事」と訳され、学校教育における職業経験、職業準備を意味している、と考えられてきた。しかし、このオキュペーションは、職業経験でもなければ、職業準備でもない。オキュペーションは「何らかの『問題練習』や『訓練』ではなく、子どもの活動形態の一つであり、社会的生活（social life）において行われている労働形態を再現したり模倣したりすること」である（Dewey 1996, *SS*, MW. 1: 92=1998: 205 傍点引用者）。

＊ occupation は、しばしば「仕事」と訳されているが、「仕事」では、誤解されかねない。早川は的確に occupation に「専心的な活動」という言葉をあてている（早川 1996: 109）。occupation に類似する言葉として job/profession があるが、job は広義の仕事という意味で使われ、profession は専門職の仕事という意味で使われる。これらにくらべるなら、occupation は何か一つのことを継続してやりつづける場合に使われる。したがって「専心的な活動」という訳語は適切である。佐藤も同様の見解を示している。「〔デューイ・スクールの〕カリキュラムの単位の基礎は、社会生活の典型的活動としての『社会的オキュペーション』に求められた。……しかし、それらの活動は、特定の技能の習得と特定の対象物の生産を一義的な目的とする『作業訓練』とは明確に区別されていた。『オキュペーション』は、専心的な活動経験それ自体を目的とする活動であり、活動結果の実用性に価値をおく活動ではなかった」（佐藤 1990: 51）。

とくに注目したい点は、オキュペーションが「社会的生活」を前提にする営みである点である。この「社会的生活」は「職業的生活」から区別されなければならない。社会的であることは、協同的・相互活動的であることである。したしかに、デューイは、具体的なオキュペーションの例として、木工・金工・機織り・裁縫・料理をあげている。しかし、デューイが注目したことは、これらの営みを着実にやりとげるために必要な「社会的力量と社会的洞察」（social power and insight）である。デューイは、『学校と社会』のなかで、次のように述べている。

「……学校における典型的なオキュペーションがもたらすものは、すべての経済的圧力から自由である。オキュペーションの目的は、生産物の経済的価値ではなく、社会的力量と社会的洞察の発達である。［職業訓練のような］狭い有用性からの解放、人間精神の諸可能性を開放するものが、学校におけるこうした実践的な諸活動であり、そうした諸活動は、技能形成につながるだけでなく、科学、そして歴史を生みだしていくのである」(Dewey 1996, *SS*, MW. 1: 12-3=1998: 77 訳文変更、傍点引用者)。

また、オキュペーションは、人が自分の適性にふさわしい活動を行うことであり、かつ他者に奉仕することである。デューイは次のように述べている。「オキュペーションは、継続性［＝連関性］が意味しているものを具体的にいいかえた言葉である。それにふくまれているものは、自分らしい能力(artistic capacity)の発達、特殊な科学的能力の発達、たしかな市民性の発達、それに加えて専門的で実務的な職能の発達である」。しかし、もっとも重要なことは、オキュペーションにおいて「個々人の諸適性が適切に発揮されることであり、他者との軋轢を最小化し自分の満足を最大化して働くことである。共同体の他の構成員に対して、ある人の活動が適切であるといえることは、いうまでもなく、その人から彼らが人になしうる最高の奉仕を得られることである」(Dewey 1996, *DE*, MW. 9: 318)。

職業教育への批判

デューイは、教育とオキュペーションの関係を厳密に規定している。デューイにとって、スニッデンのような職業主義者が考えている職業教育は、特定職業としてのオキュペーションのための教育であったが、自分が考えている職業教育は、あるべき職業活動としてのオキュペーションを創出する教育であった。この二つの教育を、デューイは、厳密に区別していた。特定職業としてのオキュペーションのための教育は、現行の職業活動の形態に従属するための教育であり、それをデモクラティックに変革するための教育ではなかったからである。

たとえば、デューイは一九一五年に、スニッデンの「職業教育」という論文を厳しく批判している。デューイにとって、スニッデンの唱える「職業教育」など、「教育」の名に値しないものであった。それが、現行の職場の抑圧的なあり方を変える教育になっていないからである。デューイは「教育対取引訓練――スニッデンへの返答」という論文で、次のように述べている。

「私は、彼［＝スニッデン］が進もうとしているところを超えてさきに進みたい。彼は、教育は職業的であるべきだと考えているが、本当の職業教育の名にかけて私が反対するのは、職業を一八歳や二〇歳になる前に学べるような商取引と同一視することである。また、教育を機械の操作に必要な特殊な技能の獲得と同一視し、社会的問題と社会的条件の知識にもとづく産業的知性（industrial intelligence）を無視することである。私は、職業教育を何らかの職能訓練と同一視することに反対する。なぜなら、そうした訓練は、働く人が知的主導、創意工夫、管理の能力を発達させることを最優先していないからであり、そうした能力の発達こそが、働く人を、可能なかぎり、自分の産業活動上の運命の支配者にするからである。私は、神学的な予定説に疑いをいだいているだけでなく、すべての出来事を予定する力を支配的存在に与えべきであるという考え方にも、疑いをいだいている。だからこそ、私は、狭い商取引の訓練によって、意欲に満ちているが失敗しがちな若者たちに、社会規範によって予定された能力を与えることに対し、真っ向から反対する」(Dewey 1996, MW. 8: 411)。

スニッデンにとって、デューイの批判は、信じがたいものだっただろう。スニッデンは、若者に入念な職業訓練を与えることが職業教育であり、そうした職業教育こそが若者のための教育であると、信じていたからである。彼は、特定の職業に従事するうえで欠かせない技能を若者に習得させることが、若者の目を「社会的問題と社会的条件」からそらすことになるとは、考えもしなかった。より多くの若者を、きちんと職につけ、経済全体の生産性を高めることは善いことだと、心から信じていた。しかし、デューイにとって、そうしたスニッデンの職業主義的な職業教育論は、視野の狭いものであり、現状を維持するものであり、未来を暗くするものだった。

教育学者のギャリソンが指摘しているように、デューイにとっての教育学者の試金石は、職業教育であれ、教養教育であれ、教育という営みを、この世の桎梏から人びとを「解放する (liberating) 教育」ととらえているのか、それともそれらに「隷従させる (enslaving) 教育」ととらえているのか、だったのである (Garrison 1995: pg. 3)。

「私が興味をもっている職業教育は、既存の産業システムに『適合』する労働者をつくりだす職業教育ではない。現行の産業システムは、そのような職業教育を行ううえで、充分に適切ではないからである。教育界において、時勢に迎合しない人びとと全員がなすべきことは、職業教育を既存の産業システムに適合させることに抵抗することであり、何よりもまず、既存の産業システムにかわるような、そしてそれを根本的に変容させるような職業教育の実現のために格闘することである、と私は考えている」(Dewey 1996, MW. 8: 412)。

デューイにとって、個々人の十全な自己表現と他者への最高の奉仕につながるオキュペーションは、真空のなかで可能になる営みではなく、職業教育をつうじてであれ、教養教育をつうじてであれ、社会性（デモクラシー）を体現する学校環境のなかでこそ可能になる営みであった。デューイは、「学校のオキュペーションをおびやかす最大の危険は、社会的精神の浸透を可能にする諸条件の欠如である。それは、効果的な道徳的な訓練をさまたげる最大の敵でもある」と述べている（Dewey *DE*, 1996, MW. 9: 368）。

相互活動の充溢

次に、教育関係についていいえば、デューイにとって、学校教育の社会性は、学校に子どもと教師の相互活動が充溢していることであった。デューイのいう子どもと教師の相互活動は、教師の子どもへの働きかけが、子どもの教師への働きかけを喚起し、教師と子どものあいだに豊かなコミュニケーションが生じることである。社会性を重視するかぎり、教師の活動と子どもの活動とは、切り離すことができない。教師の子どもへの働きかけは、子どもの興味*・必要を無視しては行いえないからであり、子どもの教師への働きかけは、教師の態度・信念によって大きく左右されるからである。たしかに教師は、子どもに知って欲しいと思う知識・技能を知っているが、その知識・技能がどのように子どもに内面化されるのか、その個別的で偶有的な道筋を知りえない。したがって「伝達……は、たんに一つの教育の手段にすぎない。しかもそれは、他の働きかけにくらべるなら、かなり皮相的な手段である」（Dewey 1996, *DE*, MW 9: 58）。いいかえれば、子どもたちが必要とする「目標、信念、気概、知識」は、「煉瓦のように、ある人から他の人へと物理的に手渡させるものではない」(Dewey 1996, *DE*, MW. 9: 7)。

＊ interest という英語は、「存在と存在のあいだ」を意味するラテン語の inter-esse を語源としている。デューイは、この語源史的事実を示唆しつつ、次のように述べている。「興味関心（inter-esse）は、興味関心の目的が行為を制御する秩序、つまり人格（character）を指向するという関係性を意味している。つまり、興味関心が表明するものは、客体が主体と同一化しようとすることである。ただし、たんなる感情は、この人格と客体の完全な相互活動にふくまれていない」(Dewey 1996, EW. 4: 275)。

教育関係において相互活動を重視することは、教育関係から伝達論的授業観、つまり目的手段図式を後退させることである。目的手段図式は、目的のために働きかけられるものを客体として扱うが、教育関係の相互活動は、教育的に働きかけられる子どもを訓練の客体ではなく学びの主体であると見立てるからである。たとえば、教師が子どもに「これこれをしなさい」と指示したとき、子どもが「何を偉そうに……」と反発した場合、この子どもの反発を押しつぶすために、教師が賞罰を繰りかえしたり、もっともらしい言辞をならべてみても、事態は何も変わらない。なぜなら、反発は、相手の能力・知識の多寡、地位・名声の多寡にかかわらず、自分の人間存在としての尊厳を守るために生じるものだからである。つまり、教育的働きかけにおいては、目的手段図式は成り立たない。

先述のギャリソンが指摘しているように、デューイが対峙していた言説は、目的手段図式に象徴されるような一九世紀の実証主義である。それは、コントに由来しながらも、基本的にミル、スペンサーにおいて形作られた実証主義であり、目的／手段、主観／客観、理論／実践、価値／現実、知るもの／知られるものの二元論である。このような二元論を基礎にした実証主義の場合、人が知識を得ることは、その人の心のなかに、外在的現実に一対一対応する内在的意味が組み込まれるときである。これに対し、デューイの場合、人が知識を得ることは、その人が他者とともに仮説・理論を立てて、その妥当性を実験・実践によって確認することである（Garrison 1990: 394-5）*。

＊　クワインが述べている、次のような意味の定義は、デューイの意味の定義といえるだろう。「意味は……心理的実在ではない。それは何よりも行動の内容である」（Quine 1969: 27）。

教師の権威主義への批判

しかし、教育的に働きかけられる子どもが学びの主体であると見立てる教育実践は、さまざまな対立をはらんでいく。たとえば、子どもの自己表現と教師の指示との対立、子どもの自由と学校の規律化との対立、子どもの経験と教科書の言葉との対立、動機付けの欠落した勉強と生きるための学びとの対立、未来への準備と現在への応答との対立、普遍規範と臨機応変との対立、などである。デューイは『経験と教育』において次のように述べている。

「上からの指示は、個人性の表現・涵養に対立している。外からの規律化は、自由な活動に対立している。教科書と教師から学ぶことは、経験から学ぶことに対立している。ばらばらの技能を習得したりドリルで技法を学ぶことは、それらを直截的で生き生きとした目的を達成する手段として学ぶことに対立している。遠い未来のために準備することは、多かれ少なかれ、現在の生活に好機の多くをつくりだすことに対立している。変わらない要求を前提にしたり物量に依存したりすることは、変化する世界に応答することに対立している」（Dewey 1996, *EE*, LW. 13: 7=2004: 21）。

デューイは、こうした自己表現と教師の指示、自由と規律化といった対立そのものを問題にし、解消しようとしていたというよりも、こうした対立をむやみに強化させるものを問題にし、それを解消しようとしていた。デューイにとって、こうした対立を強化するものの中心が教師の権威主義であった。デューイは、子どもの成長・学びにとってもっとも危険なことは、教師が「権威者のようにふるまうこと」である、と考えていた。教師の権威主義は、最悪の自己欺瞞をともなう態度であり、子どもの成長を妨害する態度である、と。

「当然であるが、権威者のようにふるまう教師は、はだかの自分が権威者でないことを知っていながら、その事実を認めようとしないのである。彼らは、マントでも羽織るかのように、何らかの伝統で自分を装う。そしてただの『私』ではなく、『私』をとおして偉大な王がしゃべっているかのようにふるまう。そうした教師は、自分を古典的伝統、そして学校全体を体現する声全体の代弁者として提示する。そして自分が代弁しているものの威厳を横領するのだ。その結果、子どもたちの情緒的・知性的な統合は妨害される。子どもたちの自由は抑圧され、彼らそれぞれのパーソナリティの成長は妨害されるのである」(Dewey 1996, LW. 2: 58)。

支援者と探究者

しかし、デューイは、教室から権威を追放し、教室を無政府状態にしようとしたのではない。たとえば、『経験と教育』において、デューイは、「外からの権威が退けられるとき、すべての権威が退けられるのではない。むしろ、より効果的な権威の源泉が必要となる」と述べている (Dewey 1996, *EE*, LW.13: 1-13, 17-9)。教育は、デモクラシーと同じように、権威主義的な権威を拒絶しなければならない。権威主義的な権威は、世界が変化変容し、子どもの成長が自由を必要とするかぎり、誤りの源泉だからである。デモクラシーの学校においては、子どもたちは、権威主義的な権威を審問する自由を行使し自分を成長させる機会を、与えられなければならない。いいかえるなら、知識・技能を自分の力で獲得できる情況におかれなければならない。教師がもつべき「より効果的な権威」は、子どもが権威主義的な権威を批判し、自律的に学ぶ情況を保証する権威である。

こうしたデモクラティックな教育においては、教師は子どもの支援者であり、子どもは叡知・真実の探究者である。教師の役割は、子どもを導き、その情念的・知性的な力の使い方を示すことであり、子どもたちの役割は、そうした働きかけのなかで、経験を組織化する方法を学び、実効的な探求の方法を見いだし、習慣の反省的な形成をはかることである。先述のオキュペーションは、手作業を重視した探究活動の一つである。デューイは、『デモクラシーと教育』において、支援者としての教師と探求者としての子どもの関係を、ボートの舵とりと推力の関係にたとえている。「教師は［クラスという］ボートを方向づけることができるが、実際にボートを進ませる力は、学んでいる子ども自身から生まれる」と (Dewey 1996, *DE*, MW. 9: 164-79)。

支援者としての教師と探究者としての子どもがつくりだす教育は、「目的のない教育」でもなければ、「教化の教育」でもない。それは、知性的な問題解決という方向に進み、教師も子どもも専心し協力しあう教育である。

「教育は一つの方向性をもたなけばならない。しかし、教育が方向性をもつことは……教育が教化になることではない。……目的のない教育と教化の教育との中間に位置する教育がある。選択されるべき教育は、次のような教育である。すなわち、事態をどうするべきか、また事態はどうなるのか、という問題を考えられる感覚と知識が獲得されるような、教育方法と教育内容が結びついている教育である。形而上学——それがマルクスに由来するものであれ、ヒトラー、ムッソリーニに由来するものであれ——を教化する教育ではなく、現在問題になっている事象の存立条件を子どもに理解させる教育である。そこでは、知性的行動という習慣が社会的知性によって引きだされる」(Dewey 1996, LW. 11: 190)。

放任でも、教化でもない、デモクラティックな教育、社会性豊かな教育は、問題を子どもに知性的に認識させることであり、教師、子どもが問題を解決しようと、ともに意志し協同することである。

子ども中心主義への批判

したがって、デューイにとって「子ども中心主義」は誤りであった。デューイは、一九二六年に「個人性と経験」という評論において、次のように述べている。

「……いわゆる先進的な教育思想のなかに見られる一つの傾向は、いってみれば、私たちに、子どもたちのまわりに、何らかの材料、道具、器具などを配置し、子ども自身の欲望に応じた反応を生みだすべきだ、と説くことである。私たちは、子どもたちにいかなる目的もプランも示すべきではない、するべきことを示すべきではない、と。なぜなら、そうすることは、神聖で知性的な個人性に対する不当な介入だからであり、そうした個人性は目的と目標をすでにそなえているからである、と。

このようなやり方は本当に愚かしい。というのも、このようなやり方は、不可能なことを試みているからである。不可能なことの試みはいつも愚かしいのである。また、このようなやり方は、自立的思考の存立条件をとらえそこねている。まわりにあるさまざまな条件に対する子どもたちの反応は多様である。経験から何らかの指針が導きだされなければ、そうした反応は、ほぼまちがいなく短絡的で散発的なものとなり、つまるところ、神経をすり減らす徒労に終わるのである」(Dewey 1996, LW. 2: 59)。

教師は、子どもに何をするべきなのか、探究活動の方向を示唆しなければならない。子どもの「精神的な生のなかに自生的な発芽力 (spontaneous germination) など潜んでいない」からである。もしも教師が何の示唆も与えなかったり、教師の示唆が深みに欠けるなら、子どもの自由は拡充されないだろう (Dewey 1996, LW. 2: 59-60)。「[人間の] 自由、個人性は、はじめから所有されているものでもなければ、与えられているものでもない。それは、達成されるもの、勝ちとられるものである。[教師の] 示唆は……技能であり、操作の方法であり、子どもが自由、個人性を達成するうえで不可欠なものである。教師の示唆は、ものごとの本質からして、これまでに行われてきた営みや方法を共感的に非差別的に活用しようとする叡知から生まれてくる」のである (Dewey 1996, LW. 2: 61)。

デューイが「子ども中心主義」と見なされた、いわば「典拠」は、『学校と社会』の次の言葉である。たしかに、子ども中心主義への傾斜は、うかがえるものの、教育的な働きかけは、否定されていない。むしろ、見方を変えるなら、子どものまわりに「教育の諸装置」が充満している、ともとれるだろう。

「それ［＝旧来の教育の中心］は、教師、教科書にあった。［それは］子ども自身の本来的な内在性や活動性以外の、どこでもよいが、どこかにあった。こうした前提のもとでは、個々の子どもの生は、語られないにひとしい。子どもの研究については、多くが語られただろうが、学校は、子どもの生きる場所ではなかった。今や、私たちの教育に変革が訪れようとしている。それは重力の中心が移ることである。この変革は、革命であり、それはコペルニクスによってもたらされた天動説から地動説へという移行にひとしい。この場合、子どもは太陽であり、その周りを教育の諸装置がまわるのである。子どもがその中心であり、彼のために［教育の諸装置が］組織されるのである」（Dewey 1996, *SS*, MW. 1: 23）。

目的概念の脱構築

ただし、デモクラティックな教育における子どもの学びの内容は、事前に教師によって厳格に確定されたものではない。学びの内容は、探究という営みが実際に行われた後で、はじめて確定するものである。事前に考えられ予定された学びの目的は、実際に生じる学びの内容ではない。デューイにとって大事なことは、事前に考えられ予定された学びの目的ではなく、実際に生じる学びの結果、子どもが実際に経験し到達した知性的な内容である。デューイは「目的についての思考は、厳密に方法・手段の認知に連動している。一連の実行・実演の過程のなかで、方法・手段が明確になったときにのみ、その計画も、指針も、企画も、明証的になり、整合的になる。そして、人が自分の行動・思考に気づくときは、実際に行動し思考した後である」と述べている（Dewey 1996, LW. 2: 60）。もちろん、実際に経験され達成される学びの内容は、何でもよいのではなく、学術的・実践的に妥当性をもつ内容でなければならない。子どもは、妥当性をもつ内容を教師から示唆されるなかで、その妥当性を探究し、最終的に明証的・整合的な内容に到達しなければならない。その探究の過程は、つねに「継続的」（serial）でなければならない。いいかえるなら、達成された内容が、次の探究の礎にならなければならない。

「『継続的』という形容詞は、実行・実演の過程のつながりを示すうえで重要である。到達した段階、使用した手段は、［次の］『目的』の部分的達成である。それは、次の目的の特徴をしだいに明確化するものであり、観察する心に次の段階、次の手段を示唆するものである。したがって、思考の独創性と自立性は、あらかじめ［教師によって］示唆された内容ではなく、［子どもが］実行した創造的過程に結びついている。事実、［子どもが見いだす］本当に実り豊かで独創的な示唆は、いつでも、とり組んできた課題をやり終えたという経験の結果である。『目的』とは、いいかえるなら、終わりつまり終着点ではなく、新しい欲望、目標、企図の出発点である。重要なことは、こうした創造的過程によって心が新しい示唆を作りだす力を獲得することである。経験が過去のものとなるときは、その経験から新しい欲望、目標、企図が、価値のうえでも整合性のうえでも高い妥当性をともないつつ、生まれるときである」（Dewey 1996, LW. 2: 60）。

このようにデューイの教育形態論、教育関係論をたどってみると、教師は二つのディレンマをかかえているように見える。第一に、教師は、支援者として子どもの探究活動に参加しなければならないが、けっして子どもに命令してはならない、というディレンマである。第二に、教師は、子どもに探究活動にかんする示唆を与えなければならないが、けっして子どもの意志を決定してはならない、というディレンマである。しかし、これらのディレンマは、教師が自分を権威者と見なし、また教える行為を伝達行為と見なしている場合にのみ、ディレンマとして生じるだろう。教師が自分を支援者と見なし、また教える行為を示唆行為と見なしている場合、これらの役割は、ディレンマではない。そのとき、教師に必要とされる態度は、短絡を退ける忍耐というよりも、探究を見守る慈しみである。この態度を教師に求めるものは、子どもの「成長」という事実それ自体である。

5　成長概念を支えるもの

成長という概念

デューイは、子どもの生育過程を「成長」(growth) と呼んでいる。デューイにとって、成長とは、社会に成人として参加するための準備を整えることではなく、「たえまなく未来に進んでいく過程であり」、後続の結果を方向づけるような行動の累積的動態である。「ある時代の若者たちは、後続の時代の社会の構成者であるから、後続の社会の本質は、先行する時代において子どもたちに与えられた諸活動の方向によって規定される。こうした、後続の結果を方向づける行動の累積的動態が『成長』と呼ばれる」と (Dewey 1996, *DE*, MW. 9: 61, 46)。

デューイにとって、成長の原動力は、生きるという営みそれ自体であった。生きるという営みは「環境への働きかけをつうじて、自分を更新していく過程」だからである。この過程は、むろん「物理的時間」(time)に規定されているが、その本態は、デューイが「純粋な時間」(genuine time)とも呼ぶ「実存的時間」(temporality)である。この「純粋な時間は、……すべての個体としての個人存在にともなう時間であり、創造的なもの、予測もできない斬新なものにともなう時間である」。それは、たえざる生成の刻の連鎖である。デューイにとっては「実存的時間の継続性(temporal seriality)は、まさに人間個人の本質」であった(Dewey 1996, LW. 14: 102)[*]。

＊　デューイは、一九四〇年に、ハイデガーの『存在と時間』に似た「時間と個人性」(Time and Individuality)という論文を書いている(Dewey 1996, LW. 14: 98-114)。この論文にかんする研究としてHelm (1992 [1985]) がある。

こうした実存的時間の連鎖である成長という営みは、「依存性」(dependence)と「可塑性」(plasticity)という二つの特徴をもっている。一方の依存性とは、単独では生きられない状態であるが、その状態は、頼りない状態、よるべない状態ではなく、むしろ、子どもの泣き声が人を惹きつけるように、人からの共感的な支援を引きだす「社会的な力」(social capacity)をふくんでいる。それは、いわば、弱さの力である。他方の可塑性とは、しなやかに自己をあらたに創出すること、つまり、自己創出である。それは、自己が自己の性向を維持しながら周囲に適応することであり、経験から今後の諸困難に対処する技術的な力を創りだすことである。こちらは、いわば、強さの力である。この可塑性は、みずから「学びの習慣」を獲得するという意味で、「学ぶことを学ぶこと」(learn to learn)をふくんでいる(Dewey 1996, *DE*, MW. 9: 4, 48-9, 50)。

教育とは成長である

さきほど述べた教師の支援活動は、こうした成長の依存性と可塑性によって要請される。支援としての教育は、成長と不即不離である。その意味で、教育は、教育の外部から何らかの目的を強要されるべきではない。教育が成長への支援であるかぎり、教育は成長への支援以外の目的をもちえない。教師にできることは、子どもが生きている具体的・個別的な環境におけるそれぞれの子どもの経験すべてが、それぞれの子どもの成長にとって実効的になるように、支援することだけである。

「成長は命に特徴的な営みであるから、［それを支援する営みである］教育は、成長することとまったく同一である。［成長が成長それ自体を超える目的をもたないように］教育は、教育それ自体を超える目的をもたない。学校教育の価値を決める規準は、学校教育がどのくらい持続的成長への欲求を子どものなかに創出するのか、そしてその成長への欲求を実効的なものにする手段を提供するのか、である」(Dewey 1996, *DE*, MW 9: 58)。

デューイが「教育は教育それ自体を超える目的をもたない」という理由は、教育が絶対的な価値を教えることだからではない。教育が、子どもそれぞれの生活経験にふくまれるそれぞれの成長の好機を、子ども自身によってとらえさせる働きかけだからである。教師の教育的働きかけは、子どもの成長を喚起する諸条件を積極的に設定することである。その意味で、デューイは「実質的に、より以上の成長以外に成長を対比するものは何もないから、より以上の教育以外に、教育が従属するものは何もない」と述べたのである (Dewey 1996, *DE*, MW 9: 58)。

ディギンズのデューイ批判

ところが、「教育は教育それ自体を超える目的をもたない」というデューイの言葉は、多くの誤解を生みだした。その一つが、冒頭でもふれたディギンズのデューイ批判である。ディギンズは、デューイの教育思想は、教育の目的、現実を超える理想を語らないために、教育による社会変革という試みを空まわりさせている、と論難している。

「デューイは、教育が熱望するべき何らかの特定された『目的』を規定することを拒否した。［教育の］目的を規定する哲学をもたなかったために、彼は、生徒であれ、教師であれ、彼らが受容ないし選択するべき基本的な諸価値を述定することができなかった。なるほど、デューイはデモクラシーという価値を自明視した。しかし、彼はすべての価値を［学習者の現実］経験それ自体に帰していた。……デューイが道徳原理という価値を現実［の社会］のなかに見いだしているかぎり、経験それ自体は、現実［の社会］の外部にある［理想的な］規準から評価されることがないのである」(Diggins 1994: 314)。

ディギンズの批判は、次のようにいいかえると、わかりやすいだろう。子どもは現実の社会を規定している価値を学ぶ。それがデューイのいう成長であるなら、子どもは現実の社会を超える理想をいだくことができないだろう――ディギンズは、まずこう論難する。そして、「学校が社会変革の主体であるのなら、学校は社会から距離をとり、社会を批判しなければならない。しかし［デューイのいうように］学校が［社会を構成する］共同体の一部であるかぎり、学校は共同体の価値を受け入れなければならない。教師がその共同体を生きる子どものニーズに応えなければならないのなら、教師はその共同体の価値を受け入れなければならない」からである(Diggins 1994: 313)。したがって、学校も、子どもと同じように、既存の社会にとり込まれて、社会を変革する理念をもちえない、と。

社会の連関性

しかし、社会的な学校は社会を変革できない、というディギンズのデューイ批判は、二つの大きな問題をかかえている。第一の問題は、ディギンズが社会の連関性を看過していることである。なるほど、ディギンズが述べているように、学校は、既存の社会を批判し変革するために、既存の社会から距離をとらなければならない。しかし、既存の社会から距離をとることは、学校がその社会の一部であるという事実とも、学校がその社会の価値を受け容れることとも、矛盾しない。なぜなら、いかなる社会も連関的に編成されているからである。

社会システム論が示してきたように、社会は一枚岩ではない。デューイも同質の社会認識をもっている。デューイは、「一つの近代社会は、いくらか緩く結びつけられている多数の諸社会である」と述べている(Dewey 1996, *DE*, MW. 9: 25)。デューイが生きた時代のアメリカ社会は、少なくとも政治、経済、教育、医療、家庭、宗教、地域、友人関係などの複数の領域(ルーマンふうにいえば、「下位システム」)によって構成されていた。これらの領域は、それぞれに固有な考え方をもち、他の領域から独立しながらも、機能的に連携していた。また、各領域は、その領域を稼働させるための機能的コミュニケーションとともに、相互活動的コミュニケーションをふくんでいた。いいかえるなら、そこには、生産的なコミュニケーションもあれば、存在的なコミュニケーションもあった。デューイは『社会』という用語の本質的な内包的意味（connotation）だけでなく、その外延的意味（denote）の指示する事実にも注目するなら、私たちは統一体としての社会ではなく、善悪をふくめ、さまざまな多数の諸社会の存在に気づくはずである」と述べている（Dewey 1996, *DE*, MW. 9: 88）。つまり、デューイのいう社会は、デューイが批判したものも、デューイが必要としたものも、ともにふくんでいたのである。

したがって、「社会的な学校は社会を変革できない」というディギンズの論難は、まとはずれである。学校が社会的（＝協同的）になることで、未来の大人たちの相互活動性を高め、現在、社会に広がっている個人主義的な思考・習慣、特権階級と従属階級の分裂、二項対立的な思考・習慣を批判し変革することができると考えることは、少なくとも、ディギンズが論難するような論理的な矛盾をふくんでいない。

デモクラシー実現の最低条件

なるほど、問題となることは、社会変革の可能性の多寡である、といわれるかもしれない。たしかに、デューイは、デモクラシーが実現するための、物質的・制度的な最低条件を語っているだけである。それは、科学技術の発展による社会の流動化であり、教育機会の平等化である。これだけでは、たしかに心許ないといわざるをえない。

「［身分・階級などの位階的秩序から解放され、］人びとの共有する関心の範囲が拡大すること、［教義・道徳などの外在的規制から解放され、］個々人の能力がより大きく多様化すること、これらがデモクラシーの特徴であるが、そうしたことは、もちろん、熟慮や意識的努力の産物ではない。反対に、それらは、工業・商業の形態の発展、旅行・移動・コミュニケーションの形態の発展によって生みだされるものであり、そうした発展は、自然科学が自然のエネルギーを支配することによって生みだされるものである。しかし、［そうした発展によって］一方で大規模な個人化が生じ、他方で広範な関心の共同体が生じたならば、そうした個人化と共同体を維持し拡充するための慎重な努力が課題となる。［人びとが］異なる階級に配置される階層化は、社会にとって明らかに致命的である。したがって、社会が理解すべきことは、すべての人が平等にかつ容易に知性を高める機会に接近可能であること［の重要性］である。……流動的であり、どんなところで生じた変化もたちどころに配信されるチャンネルが充分にそなわっている社会が理解すべきことは、その成員が教育されることで、それぞれに自立性や順応性を獲得すること［の重要性］である」(Dewey 1996, *DE*, *MW*. 9: 93-4)。

しかし、教育学者の金子茂が、この箇所の前半を引きながら述べているように、「多様な個人が自立すれば、自動的に民主的社会が生み出されるというわけではない」ということを「デューイも……十分に心得ていた」(金子 2005: 53)。のちに論じるように、デューイにとって大切なことは、社会変革の可能性の多寡そのものよりも、その可能性に賭けつづけること、社会変革への不撓不屈の姿勢を保ちつづけることであった。しかし、この「姿勢」を確認するまえに、ディギンズのもう一つの解釈上の問題について、述べておこう。

成長の協同性と倫理性

第二の問題は、ディギンズがデューイの前提命題をとらえ損ねていることである。その前提命題は、「成長」の名に値することは理想社会をめざして倫理的に生きることである、という命題である。ディギンズも一部分を引用しているデューイの文章を、ここに引用しよう。

「成長、身体的だけでなく知性的にも道徳的にも発達することとしての成長は、継続性の原理の一つの例証である。この考え方への反対論は、成長は多くの異なる方向をとりうるのではないか、というものである。たとえば、強盗という経歴から出発し、強盗しつづけながら成長すれば、高度に熟達した強盗犯に成長することもある、と。なるほど、このように考えるなら、『成長』だけでは充分［な教育の目的］ではない。私たちは、この場合、成長の方向、成長が向かう目的を特定しなければならなくなる。しかし、こうした反対論がこの問題に対する解答であると考えるまえに、この事例についてもう少し深く考えなければならない。

なるほど、人が強盗、ギャング、腐敗した政治家として、効率的に有能に成長しうることは、まちがいない。しかし、教育としての成長、成長としての教育という観点から考えるなら、問題はこのような方向への成長が、普遍的な成長を促進するか、それとも遅滞させるか、である。このような形態の成長は、不断の成長のための条件を創出するのか、ないし、このような成長は、新しい方向に継続的に成長する契機・刺激・機会を喪うような成長の条件を設定してしまうのか、である。……こうした問いへの回答はみなさんにまかせるが、端的にいえば、ある種の能力の発達は、それが継続的な成長につながるときに、まさにそのときにのみ、成長としての教育という規準に合致しているのである。というのも、成長の概念は、特定の領域に限定されるものではなく、普遍的なものだからである」(Dewey 1996, *EE*, LW. 13: 19-20=2004: 48-50)。

この文章は、一見すると、ディギンズが理解しているように、何の理想もかかげず、たんに「継続的成長につながる成長のみが成長の名に値する」と述べているように読めるかもしれない。

しかし、この文章のポイントは、最後の「成長の概念は、特定の領域に限定されるものではなく、普遍的なもの［である］」という一文にある。この一文は、成長とは、国語力、運動神経、強盗の仕方のような特定領域の能力の発達ではなく、「協同的な生」につながるさまざまな領域における成長であることを意味している。いいかえるなら、この一文は、人は、さまざまな領域の能力を継続的に発達させるにつれて、しだいに目先の損得や自己利益に固執しなくなり、他者と協同的に、したがって環境と共生的に生きる倫理的存在に成長することを意味している。そしてデューイにとっては、他者との協同的な生が倫理的価値のマトリックス（母胎）なのである。「［デモクラティックな］協同体において、私たちは、生まれを共にしない人と共に生きるのであり、相互に編みあわされる。……このような協同体は、私たちのマトリックスであり、私たちの理念への渇望は、このマトリックスのなかで生まれ、そのなかで育てられる。協同体は諸価値の源泉である」と（Dewey 1996, *CF*, LW. 9: 56）。

こうした成長の協同性と倫理性は、さきに述べた社会の重層性と整合的な関係にある。社会が政治、経済、教育、家庭、友人関係などの複数の領域によって構成されているかぎり、人は、そのどれか一つにだけ属しているわけにはいかない。「人はそれぞれ、さまざまな立場にあり、それぞれの立場において知性的で有用的であるべきである」。そして「どの立場のオキュペーションも、他の領域の利益から離れるなら、その意味を喪い、たんなる機械的に多忙な行為になってしまう」。デューイは、芸術家を例にあげて、芸術家が、美的なものを探究し表現するという芸術家の役割・立場以外をすべて拒否するなら、その芸術家は「人間存在へと発達しない一種の怪物である」と述べている。芸術家であっても、成長しようとすれば、家族の一員であること、友人仲間の一人であること、職業人の一人であること、政治的組織の一員であることから逃れられない、と（Dewey 1996, *DE*, MW. 9: 317）。

理想社会をめざすという姿勢

さきほど棚上げした問いに戻ろう。人びとが理想の協同的――すなわちデモクラティックな／社会的――社会を実現する可能性は、どのくらいあるのか。デューイは、その可能性をきわめて低く見積もっている。「いうまでもなく、私たちは、そのような社会状態から遠く離れている。私たちは、文字どおりの意味でも、数量的な意味でも、けっしてそのような社会状態に到達しえないだろう」と。しかし、デューイにとって、実現の可能性がほとんどない目的を実現するために努力することは、無意味ではなかった。「そうした社会状態を実現しようとする知性的な意志が存在するかぎり、克服しえない障害は存在しない」からである（Dewey 1996, *DE*, MW. 9: 326）。

協同的社会を実現するための第一歩は、現行の教育を変革し、協同的社会を実現するための教育を行うことである。しかしそれは、協同的社会の実現を、ただ言葉で子どもに伝えることではない。協同的学校を物質的に創りだし、その教育空間の発揮する意味作用をつうじて、子どもの心を協同へと方向づけることである。協同的教育空間がつくりだす歓び、愉しさが人がよりよく生きることの礎であることを、子どもたちに感受させることである。デューイは、協同的社会を実現する教育は、「私たちが実現したいと考えているその社会の先行像（projection）を学校のなかに実際に作りだし、それに合わせて子どもたちの心を形成することによって、より巨大でより頑迷な大人の社会の性質を少しずつ修正することである」と述べている（Dewey 1996, *DE*, MW. 9: 326）*。

＊　この「心（mind）の形成」は「人格（character）の形成」にひとしい。デューイは次のように述べている。「人格を確立することが学校における教示と規律の包括的目標であることは、教育理論の常識である」。「人格とは一つの全体であり、……その人そのものであり、その人のすべての具体的な性質と言動」である。「道徳性」は「この人格という全体をいろどるものであり」、そのなかでも「ヴァーチュ」の名に値する道徳性は「生活のすべての営みにおいて、人が他者との協同（association）をつうじてなりうるものに完全ないし充全になりえている状態」である、と（Dewey 1996, *DE*, MW. 9: 366-8）。

こうした進歩主義教育を実践するうえで必要なものは、実現困難な目的の実現をめざす、不撓不屈の姿勢である。たえず自分・他者を鼓舞し、新しい問題を発見し、倫理的かつ知性的にその問題を解決しようとすること、どのような「困難や混乱に直面しても、それらを克服することに興味関心を示す」ことである（Dewey 1996, *DE*, MW. 9: 363）。個々人の継続的な成長も、その成長を支える進歩主義教育も、この不撓不屈の姿勢に支えられている。

第一次世界大戦によってアメリカだけでも一〇万人を越える戦死者を出した。進歩を標榜しながらも優生学が語られ、差別が繰りかえされた。階級分裂によって実質的に市民的合意が形成されなくなった。大恐慌によって市場の機能不全が露呈した。繰りかえし訪れる危機に直面しながら、デューイをいく度となく立ち上がらせたものは何か。最後に確認したいことは、デューイの、この不撓不屈の姿勢を可能にしているものである。

6　完全化のメリオリズム

神意に収斂する社会性

デューイにとって、社会性／デモクラシーと同じくらい重要な概念があったとすれば、それは、おそらく「神意」(Divinity/ Design) だったのではないだろうか。というのも、デューイは、一八九七年に記した「私の教育学的信条」の最後を、次の文章で締めくくっているからである (Dewey 1996, *MPC*, EW. 5: 84-95)。

「私は、すべての教師は自分のオキュペーションに尊厳を見いださなければならないと信じているし、完全な社会的秩序を維持し、正義の社会的成長を保証するための、特別な社会的奉仕者でなければならない、と信じている。私は、こうした意味で、教師はいつも、真の神の予言者であり、真の神の王国の先導者である、と信じている」(Dewey 1996, *MPC*, EW. 5: 95 強調は引用者)。

この文章における「社会的奉仕者」「社会的秩序」「社会的成長」といった社会性指向の言葉は、すべて「真の神」「真の神の王国」というキリスト教の言葉に収斂している。まるで、神の存在こそが社会性を可能にしているかのような文構造である。この文構造が暗示しているもの、すなわち神意に発する自分の倫理性こそが、デューイに社会性、デモクラシーを語らせたのではないだろうか。

キリスト者デューイ

少しふりかえってみよう。ミシガン大学に在職した時代（一八八四〜九四年）のデューイは、彼の母親と同じように、熱心な会衆派信徒であった。デューイは、ミシガン大学の教員でありながら、同大学の「学生キリスト教協会」(Student Christian Association) に所属するとともに、近くの第一会衆派教会の教会員として聖書講読クラスの講師を引き受けていた。そのころに書いた評論のいくつかは、彼の信仰心をよく示している。

しかし、一見すると、その後のデューイは、信仰心をしだいに失っていったかに見える。一八九四年にシカゴ大学へ移ってからのデューイは、地元の教会にすら加入していない。一九三〇年代から四〇年代にかけて世情を賑わせたティリッヒ (Tillich, Paul) をめぐる神学論争にも、関心を示していない。しかし、死にいたるまで、デューイの心からキリスト教的な思考は失われなかった、というべきである。たとえば、一九二〇年の『哲学の脱構築』において、デューイは、理念や信念を支えるものとして、「宗教的精神」(religious spirit) の重要性を、次のように語っている。

「理念や信念は、私たちの想像力をいろどり、欲望や感情をやわらげるだろう。それらは、解説されたり、論証されたり、論争されたりする概念の集まりとちがい、自発的な人生観となるだろう。そのとき、理念や信念は、宗教的価値をおびてくるだろう。宗教的精神は、それが確実な科学的信念や日常の社会的活動と調和するときにこそ、よみがえるだろう。……理念や信念そのものが深められ強められるのは、それらが、私たちの感情から養分を与えられるときであり、想像力豊かな未来像や美しい芸術品に表されるときである」(Dewey 1996, RP, MW. 12: 200)。「可能性、進歩、自由運動、無限で多様な機会などの概念は、不動のものや［ギリシア的な完全性のような］所与の秩序・体系に結びついている、という古くさい考え方を、私たちの想像力から追放しないかぎり、機構や物質という観念が、私たちの感情のうえに重くのしかかり、宗教から力を奪い、芸術を歪めることになるだろう」(Dewey 1996, *RP*, MW. 12: 182)。

たしかにデューイは、教会・神学からしだいに距離をとるようになったが、それは、デューイがキリスト教信仰から距離をとるようになったことを意味していない。それは、むしろ、デューイのキリスト教信仰がラディカルに純化したことを意味している。というのも、デューイは、キリスト教信仰の本態を、教会儀礼の踏襲、神学教義への臣従ではなく、神意を顕現するための「自由」の追求と、考えていたからである。デューイ研究者のロックフェラーが詳細に解き明かしているように、デューイは、教会・神学は、ギリシア的な完全性の概念と同じで、その儀礼や教義によって、神意顕現の「自由」を抑圧し遮蔽している、という考え方を、しだいに行動として表すようになったのである (Dewey 1996, EW. 4: 8; Rockefeller 1991)。

魂の存在

デューイの教育論すなわちデモクラシー教育論にとってもっとも重要なキリスト教的概念は、「魂」(soul) である。一八八五年にデューイは、「魂の再興」(The Revival of Soul) という評論で、科学が解決すべき問題と宗教的に考えるべき問題を区別し、科学には愛も知性も意志も欠けているが、宗教(キリスト教)にはそれらがすべてそろっている、と述べている。なぜなら、キリスト教は、愛・知性・意志の源である「魂」を語るからである。「何をおいてもまず、科学においては、宗教的な問題を把握することが絶対に不可能である、というべきだろう。宗教は、世界を一つの全体として見ようとするし、世界に愛をともなう感動、知性をともなう生産、そして意志をともなう活力を見いだそうとする。しかし、科学は、世界全体にかかわらないし、愛にも、知性にも、意志にもかかわらない。科学は、諸事実のつながりを発見するだけである」(Dewey 1996, LW. 17: 13)。

この時期のデューイは、神によって各人の心の奥底に「不滅の魂」すなわち神意が与えられている、と明言している。「この[魂という]精神の命は、科学的に探究されたり数学的に証明されたりする事物の領域にあるのではない。それは意志の領域にある。しかし、その源は[神にあり、他の意志の源とは]異なっている。私が知っていることは、魂が各人のなかにあることであり、それが永遠の運命をもつことである。というのも、私が聖霊研究会(society for psychical research)に属し、自分の眼で、耳で、それを経験したからであるが、同時に、私が魂の実在を求めているからである。魂が実在しないのなら、私の私自身も実在しないのである」(Dewey 1996, LW. 17: 14)。

デューイはまた、二年後の一八八七年に出版した『心理学』において、人の「心情」(feeling)を何かを求める心の営みと定義し、その心情の奥底に「魂」を見いだしている。たとえば、人が「幸福」を感じるときは、なしとげた内容が「魂の自然本性」(nature of soul)を実現したものであるときである、と。デューイは次のように述べている。「人は損をすると、痛みを感じる。これは[お金が可能にしたはずの]行動ができなくなったからであるが、人は、損をした場合でも、幸福を感じることがある。それは、魂がその損失を損失と感じていない場合である」。なるほど、人は、試合に勝った、業績が上がった、といった世俗的で限定的な満足によって「喜び」を感じるが、「人が幸福を感じるときは……人が自分という人間存在にふさわしい真実であり永遠である[魂の]自然本性を実現したときである」と(Dewey 1996, P, EW. 2: 237-8, 254)。

完全性概念の暗示

デューイは、一九〇〇年代以降、「魂」という言葉をしだいに使わなくなるが、その後も、魂に類比される概念を用いつづけている。たとえば、デューイは、一九〇二年の『子どもとカリキュラム』の最後の頁で、「自然本性」(nature)という言葉を「魂」の意味で用いている。「子どもの学びの課程(course of study)は、教師に向かって、これこれのことは子どもが受容し達成する真実、美、活動であり、子どもに開かれている、と告げるのである。さあ、見きわめよう。日々、子どもを条件付けているものがある。それが子どもたち自身の活動を避けがたくあの方向に向かわせている。すなわち彼(女)ら自身の最高点(culmination)に。さあ、子どもの自然本性がその運命を充全化(fullfillment)するように働きかけよう」と(Dewey 1996, *CC*, MW. 2: 291 傍点引用者)。

デューイはまた、一九一六年の『デモクラシーと教育』のなかで、「内在的充全性」「絶対的要請」という言葉を用いている。「生命体は、ある一つの段階においても、それ以外の段階においても、同じように、それぞれの内在的充全性(intrinsic fullness)と絶対的要請(absolute claims)にもとづいて、真に積極的に生きている。……生きることは、それ自体、内在的実質性(intrinsic quality)を保持することであり、教育の仕事は、この本質によりそうことである」と(Dewey 1996, *DE*, MW. 9: 56)。教育学者の金子は、この「内在的充全性」と「絶対的要請」が何を意味しているのか、その内容をうかがわせる記述は『デモクラシーと教育』のどこにも見つけられない、と指摘しているが(金子 2005: 55-6)、すぐあとに引用されているエマーソンの言葉を考えるなら、「内在的充全性」は「自然本性」つまり「魂」であり、「絶対的要請」はその「魂」の要請を意味している、と考えることができるだろう。

「子どもを尊重せよ。あくまで子どもを尊重せよ。しかし同時にあなた自身も尊重せよ。……少年を訓練するときに留意すべき二つの点は、彼の自然本性（naturel）を保全すること、そしてそれ以外のすべてをとり去ることである。つまり、彼の自然本性を保ちながら、彼の激昂、愚行、乱暴を止めること、彼の自然本性を保ちながら、それが向かっていくまさにその方向［＝完全性］に向かってそれを知識で武装することである」（Dewey 1996, *DE*, *MW*. 9: 57 傍点は原文のイタリック）*。

＊　エマーソンと同時代を生きたチャニングも、同じように「子どもを讃えよ」と述べている。「私はただこういおう。『すべての人間を讃えよ』と。この世での人生の始まりから終わりにいたるまで［どんな段階にあっても］すべての人間を讃えよ。子どもを讃えよ。幼い子どもを歓待せよ。子どものなかにある超越的な崇高性［＝潜在的な完全性］を感受しながら。不滅の存在が生まれたことを感得しながら。その不滅の精神は燃えつづけ、その炎はけっして消すことができない。子どもを讃えよ。すべてのよい教育は、この原理に支えられている」（Channing 1893［1832］: 72）。この「すべての人間を讃えよ」という文言は、『聖書』の「ペテロの手紙Ⅰ」からの引用である。「自由な人として生活しなさい。しかし、その自由を悪事を隠す手段にせず、神の僕として行動しなさい。すべての人間を讃えよ、兄弟を愛せ、神を畏れよ、王を敬え」（Peter I. 2-16）。ちなみに、デューイが敬意をいだいていたパーカーも、子どもを讃えよ、と述べている。「この小さな肉体、生きて呼吸し、不滅の歌を奏でている者は、いったい何ものか。……子どもは、神の創造物のうちで至高の極致である。……科学者のいうところによれば、子どもは耳は聞こえず、口もきけず、目も見えない状態で生まれてくるが、子どもはまた神意によって驚くべき発達の可能性を秘めているのである」（Parker 1969［1894］: 3-4［市村 1978: 23 から引用］）。

少なくとも「魂」は、キリスト教的完全化論におけるキー概念である。序章でもふれたように、キリスト教における完全性は、「魂」の道徳的な成長の結果として、達成される終極態であり、その体現者がキリストである。聖書上の典拠の一つである「エペソ人への手紙」においては、次のように記されている。「私たちすべてが、神の子を信じる信仰の一致と、彼を知る知識の一致に到達し、完全な人となり、ついにキリストの豊かで気高いヴァーチュにいたる。こうして、私たちは子どもではなくなり、［悪霊の］だまし惑わす策略、人びとの悪巧みによって、さまざまな教えの風に惑わされたり、もてあそばれたりすることがなくなり、愛に満ち、真理を語り、あらゆる点で成長し、めざすべきキリストに達する」と（Ephesio 4. 14-16）。

完全化論のメリオリズム

デューイ自身、「完全性」という言葉を何度も使っている。さかのぼれば、一八八九年に発表した「トマス・ヒル・グリーンの哲学」のなかで、すでにデューイは「完全性をめざす闘争は人間自身の義務である。というのも、この闘争は、人間自身の自然本性［＝魂］の表現だからである」と述べている。それから約三〇年後の一九二〇年にも、『哲学の再構築』において、デューイは「完全化」（perfecting）という言葉を用いている。

「［私の唱えるプラグマティズムのもとでは］固定された成果や結果ではなく、成長・改良・進歩の過程が重要である。あらかじめ固定されている普遍的な目的としての健全ではなく、［それぞれの人が］必要とする健全の増進――という継続的な過程――が目的であり善である。目的は、もはや到達すべき終点や限界ではない。目的は、現在の情況を変えていく行動的な過程（active process）である。究極のゴールとしての完全性ではなく、完全化し、成熟化（maturing）し、改善化（refining）する不断の過程が、生きる目的である*。健全、富、学識と同じように、正直、勤勉、自制、正義なども、到達されるべき固定的な目的ではないし、所有されるべき善でもない。それらは、経験の質が更新されるべき方向である。成長そのものが、唯一の道徳的目的（終着点）である」(Dewey 1996, *RP, MW.* 12: 181=1968: 154)。

＊　デューイは、「完全性」という言葉が喚起する不変性を嫌い、「完全化」と表現したのだろう。ちなみに、コントは『実証的統治システム』の第二巻において、「けっして到達できない自然本性の様態に向かってたえず進化しつづけるオーガニズムを、あたかも不変なもののように規定することは、重大な誤りである」と述べている（Comte 1851-4, II: 179）。

この完全化の基本的な特徴は、だれもが・いつでも・どこでもめざすべき絶対善を前提に自己肯定する「オプティミズム」(optimism)ではない。完全化の基本的な特徴は、固有な情況において不断に善を更新希求し自己創出する「メリオリズム」(meliorism)である。それは、いわば、敢然への意志という、生への態度である（ちなみに、「メリオリズム」の語幹「メリオール」(melior)は、ラテン語で「よりよい」を意味する言葉である）。

「メリオリズムは、ある時期に存在する特定の諸条件――相対的に見て、よいものであれ、わるいものであれ――が、とにかくよくなりうるという信念である。この信念が、知性を鼓舞し、善を実現する手段や、その手段を実現するうえで障害となるものを研究する力を生みだし、そうした条件の改善に人びとを駆りたてるのである。メリオリズムは、確固たる信念と知性的な希望を覚醒させるという意味で、オプティミズムから区別される。なぜなら、オプティミズムは、すでに善が究極的なものとして存在していると宣言し、具体的に存在する悪を隠蔽することがあるからである。……オプティミズムは、人びとを相対と変化の世界から誘い出し、絶対と永遠の静寂へと招き入れるのだ」(Dewey 1996, *RP*, MW. 12: 182=1968: 155)。

一八九二年の「キリスト教信仰とデモクラシー」という評論で、デューイは、キリスト者として「人生の意味」を弛《たゆ》むことなく問いつづけることの大切さを、次のように述べている。

「キリスト教信仰は、それが普遍的であり、啓示的であるかぎり、たゆまぬ更新である。生の意味の終わることのない発見である。啓示は、生の終わることのない確認である。それ以上ではない。それがすべてである。キリスト者は、人生の意味を知ろうとするとき、生まれ育った時代の何らかの理論や行動形態に満足することができない。真のキリスト者は、そのような排他的ないし宗派的な態度から無縁である」。

キリスト者は、「私の人生は、自由をもたらす神の真理にふさわしいか」と問いつづける。人間は、本来自由であり、その自由を回復する方法は、神の真理にふさわしく生きることだからである (Dewey 1996, EW. 4: 4-5)。

キリスト者に求められるのは、後ろをふりかえらず、この人生は私たちに自由をもたらす人生なのか、と問いつづけ、自分を更新することである*。右の評論の最後で、デューイは、聖書に登場するロトの妻を引用し、次のように述べている。「ロトの妻を思い出せ。彼女はふりかえった。そしてふりかえった者は、固まり、動くことのない彫像になった」と (Dewey 1996, EW. 4: 10)。人生の答えは自分のなかの魂にある。自分の魂に問いつづけるなら、人生の答えがわかる。「神は本質的にそして唯一的に自己開示する存在である。そしてその啓示は、人間が神を実現するときにのみ完結する。……神の王国は、私たちのなかにあり、また私たちのあいだにある。啓示は、私たちの知性のなかにあり、知性のなかにのみありうる」(Dewey 1996, EW. 4: 6, 7)。

＊ デューイは次のように述べている。「イエスが述べているように、個人はその人生において自由である。なぜなら、個人は宇宙の絶対的な根本真理の構成体（organ）であるからである」と（Dewey 1996, EW. 4: 7)。

生の悲劇性のうえに

このように、デューイの完全化論の敢然への意志（メリオリズム）という特徴を確認するなら、デューイの思想が「政治的」であったことがわかるだろう。「政治的」とはいっても、権力を指向することではない。ここで「政治的」であることは、思想史学者のゲイが述べているように、「政治は何でもできる」という「ユートピニズムと熱狂」につながる思考と、「政治は何もできない」という「エピキュリニズムと無秩序」につながる思考を、ともに退けたところに生じるリアリズムである。ユートピアニズムとエピキュリニズムに共通することは「リアリズムの欠如」である（Gay 1969)。このようなゲイの政治性の定義に従うなら、さまざまな問題にたえず直面しつつも、つねにそれを解決しようとするデューイのデモクラシーは、きわめて政治的な過程であるといえるだろう。

もう一つ確認すべきことは、デューイのリアリズムが生の悲劇性の自覚と不可分であったことである。現実的に思考し行動するためには、生きるうえで、すなわちデモクラシー／社会性の具現化をはかるうえで、人びとが直面する倫理的問題に模範解答などない、と知らなければならない。

「デモクラシーは、さまざまな問題にたえず直面しそれを解決することをふくんでいる。デモクラシー、いわば、だれもが望んだ調和は、すべての未来の発達に合致しそれを先取りするものとして、すでに形成されているのではけっしてない。近道はどこにもない。すべてが一度に発見されるような予定調和の道など、何一つ存在しないし、もしも人間が逸脱せずに歩きつづけるなら、まちがいなくゴールに導かれるような道も、まったく存在しない」(Dewey 1996, *E*, LW. 7: 350)。

「道徳的情況を構成するすべての要因を、単一の原理に還元することは不可能である、と率直に認め、またどんな人間も、異質なさまざまな力がせめぎあうなかで、最善をつくすしかない、と認める道徳論は、現実の問題を照らし出し、対立する諸要因をより精確に意味づけることに役立つだろう。必要なことは、人間が投げ込まれているすべての問題には、ただ一つの理想的で正当な解答が理論的に与えられている、という考え方を放棄することである」(Dewey 1996, LW. 5: 204)。

ようするに、リアリズムのなかで、直面する困難に打ち勝ち、わずかずつでも先進できるのは、人がメリオリズムに支えられているときである。いいかえるなら、魂という神意に支えられているときである。魂こそが生の悲劇性を受けとめ、なお生きる力を生みだす。魂をもたず、メリオリズムがないところで、孤立無援の、見通しのたたない闘いを人に強いることは、人をぼろぼろにする暴虐にひとしい。もちろん、たったひとりで闘わなければならない場合もある。しかし、その孤独な闘いを継続可能にするものも、魂でありメリオリズムである。心のなかの神意が勇気を生みだし、孤高の闘いをつづける意志をかたちづくるからであり、そしてその敢然なる姿が、彼と共闘する魂の協同を生みだしていくからである。デューイは、魂の協同が生みだす奇跡に賭けたのである。

7　プラグマティズムと社会的呼応

本章のまとめ

以上の議論を要約しよう。確認したことは次の五つである。

第一に、デューイの唱えるデモクラシー概念は、たんなる政治手続きではなく、固有性としての魂の自由が生みだす協同活動・相互扶助としての社会性である。いいかえるなら、デモクラシーと社会性とがほぼ同義である。したがって、デューイの democracy を機械的に「民主主義」と訳すことは、誤解を招くことになるだろう。

第二に、デューイの求める教育は、既存の産業資本主義、企業資本主義への子どもの順応を目的とした職業主義的な教育ではなく、新しく社会性／デモクラシーの形成を目的とした社会的／デモクラティックな教育である。デューイにとって、本来的に社会的／デモクラティックな教育は、子どもの成長を継続させ、子どもの協同活動・相互扶助を定着させることで、よりいっそう社会的／デモクラティックな社会を生みだす原動力であった。

第三に、デューイの求める社会的／デモクラティックな教育は、子どもの自然本性の発露をうながす子ども中心主義ではなく、子どもと教師との相互活動、子どもと事物との相互活動、つまり子どもの動態的経験を本態としている相互活動主義である。経験の動態性を体現する学校は、オキュペーションを重視し、探究／支援の関係を重視する学校である。オキュペーションは、職業準備ではなく、専心活動であり、子どもたちがそれぞれに自分の魂にもっともふさわしい活動を見いだし、夢中になって探究することである。探究／支援の関係は、このオキュペーションに、教師が権威主義者としてではなく、権威ある支援者としてかかわることである。

第四に、デューイが「教育が教育それ自体を超える目的をもたない」という理由は、教育が何らかの絶対的価値を教えることだからではなく、教育が子どもそれぞれの成長の好機を子ども自身によってとらえさせる働きかけだからであり、子どもの成長は、それが継続されるかぎり、他者への配慮、世界への配慮につながるもっとも普遍性の高い倫理的な営みだからである。いいかえるなら、デューイのいう成長は、生物学的に理解するよりも、キリスト教的な魂の成長論として理解したほうが、誤解の少ない理解ができるだろう。

第五に、デューイの教育思想を支えている彼自身の生への態度は、キリスト教的な完全性概念に付帯するメリオリズム、いいかえるなら、敢然への意志である。たしかに、デューイは、キリスト教的な完全性を指向する近代教育学を批判したが、よりよい自己、よりよい社会を実現するための不断の挑戦をけっして諦めなかった。デューイにとって、個人の完全性達成のための不断の営みは、公共のデモクラシー実現のための不断の挑戦と一体であった。その意味で、デューイもまたキリスト教的完全化の教育学を説いた、ということができるだろう。

最後に、以上の確認を踏まえて、カリアー、バワーズのデューイ批判にふれつつ、二つのことを確認しておきたい。一つは、デューイの教育思想が、教育による社会性／デモクラシーという理念の実現をめざす敢然への意志としてのプラグマティズムに支えられていることである。もう一つは、このプラグマティズムを支えている良心・共感といった心情が、社会性の最基層にある魂と一体であることである。

科学・テクノロジーによる社会統制か

デューイのプラグマティズムは、同時代を生きたフランスの社会学者デュルケームによって、厳しく批判されている。デュルケームは、『プラグマティズムと社会学』において、デューイにふれながら、プラグマティズムのなかには「沸きたつような情熱」をともなう「理念」を見いだすことができない、そこあるのは「実証」だけである、と不満を述べている。「理念をかかげる思想すべてには、人間の燃えるような世界変革の野望が明らかに見いだせる。私たちが理念をいだくとき、私たちは世界がその理念にふさわしいものでなければならないと考えている。しかし、プラグマティズムは、理念をかかげる思想ではなく、根本的に実証を求める思想である。そこには、世界を変えようとする野望を義認するものがあるだろうか。……そこに、理念が位置づけられるような場所を見いだすことはできない。……神そのものが、プラグマティズムの教義においては経験の対象なのである」(Durkheim 1955: 74)。

プラグマティズムが「道具主義」と訳されたことがあるように、そしてデュルケームに見られるように、プラグマティズムは、しばしば目先の問題解決のみにかまける適応的で順応的な思考と見なされてきた。たしかにデューイは、問題解決力としての科学的方法の有用性を重視している。たとえば、一九三八年の『経験と教育』において、「科学的方法は、唯一真正な方法であり、私たちが生きているこの世界で、私たちが日常経験の意味をとらえるために必要不可欠なもの」であり、「科学的方法が私たちに提供するものは、具体的な方法であり、私たちの経験が前方へ、また外部へと導かれるために必要な諸条件である」と述べている(Dewey 1996, *EE*, LW. 13: 59)。デューイにとって、人が社会的に生きることは、たんに互恵的・協同的であるだけでなく、人の固有性にもとづく自由な活動を妨げるさまざまな問題を「科学的方法」によって解決することでもあった。

＊　バワーズは、デューイの教育思想は「ほとんどの日常生活で経験される態度を特徴づけている『自然な態度』を考慮に入れなかったために、経験を二つのカテゴリーに分けるほかなかった。受動的な習慣化としての経験と、人間の諸問題を知性的に解決するために理性の活用し経験を再構築する経験である」と述べている。バワーズにとって、それはプラトン、アリストテレスからカント、ヘーゲルにいたる「西欧哲学」の概念枠組を無意識のうちに踏襲することであった（Bowers 1987a: 120)。

カリアーも、デューイの思想のなかに、没理念的で道具主義的な特徴を見いだしている。デューイの思想は、「科学やテクノロジー」によって社会を制御統制しようとする思想である、と。カリアーは、この科学・テクノロジーによる社会統制指向を「リベラル・イデオロギー」と呼ぶとともに、それは「人間の叡智」にはなりえない、と断じ退けている。なぜなら、科学・テクノロジーを活用し社会問題を解決しようとする人びとは、価値観の葛藤、階級観の闘争を回避し、結局のところ、既存の権力構造を支持する「権力の下僕」となるからである、と。

「リベラルズ［リベラル・イデオロギーを信奉する人びと］は、抗争と暴力を避け、科学・テクノロジーを『人間的価値の創出者』と位置づけた。そして、大衆教育システムをそうした価値を移民の子どもに体現させるものへと転換した。この過程で、個人の教育は、社会統制と社会安全のための犠牲となった。その結果、大多数の人びとは、つまるところ、批判的で自律的な市民としては教育されず、安全と順応を求める者として訓練され、マディソン・アヴェニュー［＝広告業界］に集まっている［企業利益のために働く］社会科学の専門家によって操られる象徴と神話のなかに収まるのである」（Karier 1973: 106-7)。

カリアーにいわせれば、デューイ思想の根本問題は、科学・テクノロジーの本態を見誤ったことである。デューイは、「科学的探究者」は自分の発見発明を私物化しようとしない、と考えていた。科学的な発明発見は、科学的探究者の共有財産となり、科学的探究者がつくる協同体は「協同的な努力と協同的な真理の協同体」になる、と想定していた。しかし、カリアーにとって、このようなデューイの考えは、現実を無視した夢想であった。カリアーは「理論科学は目的を自由に設定できるだろうが、特定の社会制度に寄与するテクノロジーは、真理にも、開かれた言説共同体にも、寄与しない。逆に、テクノロジーによって存続を助けられる社会制度は、真理を犠牲にすることすらある」と述べている。デューイは「この［理論科学とテクノロジーとの］根本的な違いに気づかなかった。なるほど、すべての人間が合理的に自己決定する理想的な世界においては、デューイの科学の理念は成り立つだろう。しかし、二〇世紀の権力闘争世界においては、多くの科学者、テクノロジストは、産業的戦闘社会の被雇用者にすぎない」、ようするに「権力の下僕」にすぎないのだ、と（Karier 1973: 103）。

カリアーのこうしたデューイ批判は、重要である。科学そのもの、テクノロジーそのものの危険性は、のちに、アドルノ、ホルクハイマー、ハーバーマスなどのフランクフルト系の批判理論によって重点的に論じられるが、この時代のアメリカの知識人には充分に認識されていなかったからである。デューイにおいても、カウンツにおいても、また他の進歩主義教育者においても、科学の問題は、科学のそのものの問題ではなく、科学の担い手の倫理性の問題である、と考えられていた。たとえば、ウォードは一八九三年に、敵対行動に明け暮れる個人の手にあるとき、知性・理性は「危うく」なり、魂をもたない集団の手にあるとき、それは「危険」になり、世界の富を所有せんとする企業の手にあるとき、それは「有害」になる、と述べているが、知性、テクノロジーそのもののもつ非社会的な側面、非デモクラティックな側面を指摘していないのである（Ward 1906 [1893]: 276）。

理念と敢然への意志

しかし、デューイのプラグマティズムを、没理念の道具主義、科学・テクノロジーによる社会統制論に還元するべきではないだろう。これまで確認してきたように、デューイは、魂を語り、社会性／デモクラシーという理念による教育変革をめざし、そうした教育変革による社会変革をめざしていたからである。いいかえるなら、デューイのプラグマティズムは、社会性／デモクラシーという理念と不即不離だからである。それは、世界を別様に解釈することにあきたらず、魂の協同がもたらす奇跡に賭け、世界を変えようと意志することである。

なるほど、その実効性は芳しいものではなかった。たとえば、教育学者のシュッツが示しているように、デューイの実験学校は、アメリカの教育を、デューイが思い描いたように、変えることはできなかった（Schutz 2001）。しかし、デューイにとって重要なことは、実際に社会を変えることができたかどうかよりも、もちろんそれも重要であるが、実際に社会を変えようとしつづけたかどうかであった。すなわち、敢然への意志（メリオリズム）をもっているかどうかであった。それは、等価交換の発想をもとに実際の成果に、それも短期的な数値目標に拘泥するのではなく、不完全な成果にとどまることを承知のうえで、よりよい世界像を構想し、その実現を試みつづけることである。成果追求・利潤追求の実証主義は、成果・利潤のないものを無意味なものとして看過し廃棄するが、敢然への意志は、不断の世界再構築の企図・努力を歓迎し賛嘆するのである。

ちなみに、こうしたデューイの敢然への意志は、デューイを厳しく批判したデュルケームの思想にも、鮮明に表明されている。デュルケームは、『道徳教育論』のなかで、人は教育という営みにおいて完全な成果に到達することがほとんど不可能であるが、「完全な成果が期待できないからこそ、さらに大きな闘志がわいてくる」といい、「進歩のための課題がいくつも残されているとわかるときにこそ、私たちは意気消沈するどころか、無限の前進への意欲をかきたてられる」と述べている。さらに、困難に直面してもひるんではならない。困難は、私たちがそれを進んで引き受けるなら、さして危険なものにならないが、私たちがそれを遠ざけ、見て見ぬふりをするときにこそ、危険なものになるからだ、と述べている（Durkheim 1925=1964, 1: 47）。

良心と共感——魂の社会性

もう一つ確認しておきたいことは、デューイにとって、魂の本質が純粋な社会性であったことである。デューイにとって、魂の本質は、一つの「社会的な力」（social force）であり、他の魂に呼応することであった。たとえば、「子どもは無力であり、生まれてしばらくも、そののちも長く、物質的に自分で生きていく力をもっていない」が、「その無力さを補償する力をもっている」と、デューイはいう。この力が、子どもが生まれながらにしてもっている魂の力であり、「他者の協同的な配慮を享受する力」である（Dewey 1996, *DE*, MW. 9: 47-8）。デューイが「社会的贈与」（social gift）、「社会的呼応性」（social responsiveness）と呼ぶ営みは、魂の共鳴活動である。

たとえば、「良心」（conscience）は、「社会的」（すなわち呼応的）である魂に発する、「衝迫的・直感的」な心情である（Dewey 1996, *E*, LW. 7: 271）。それは、普遍的な法則や原理を系統的に言明する意味世界のなかに位置づけられている規範ではない。デューイは「良心はいかなる法も定めない。……それは経験する人の心のなかにある」と述べるとともに、「良心のうちで人間の完全な理想に対応している感覚は、[他者との]調和の感覚であり、私たちが『承認』と呼んでいる道徳的調和を要求する感覚である」と述べている。つまり、デューイにとっての良心は、魂の純粋な社会性の心情的な現れであり、端的に他者への愛である (Dewey 1996, *P*, EW. 2: 296)。

同じように、「共感」(sympathy) もまた、「社会的」である魂に発する、衝迫的・直感的な心情である。ある人が他の人の助けに呼応し、自発的にその人を助けようとすることは、そうした心情に突き動かされた行動であり、合理的な計算に基礎づけられた行動ではない。デューイは次のように述べている。「私たちは、共感するからこそ、自分の得にならないのに他者への援助を賞讃する」。「共感は、人間の自然本性の本来的な特徴である」。「共感は、本能的に私たちを他者の立場に転送する。そして私たちは、他者の好みの喜びや妬みの強さを、あたかも自分のことのように感じてしまう」。もしも共感が不能であるなら、人は人間らしさを失うだろう。共感の欠如だけが、すなわち「異常な冷淡さ (callous) だけが、他者の福利に献身する英雄的な行動にも、はなはだしい忘恩の行為や悪意に満ちた怨恨の行為にも、まったく心を動かさない人を生みだすのである」と (Dewey 1996, *E*, LW. 7: 238)。

こうした魂に発する良心・共感は、本来、社会的であるはずの規範の源泉である。良心・共感から、「他者への善行、親による配慮、暖かさや煌《きら》めきを喪わせる悪に対抗する真摯な活力を引きだす強靭な動因力が生じるからである」(Dewey 1996, *E*, LW. 7: 46)。善行や配慮のような「存在に不可欠な活動、そしてそれらと密接に結びついた[衝迫的・直感的]感情は、道徳的な生の宇宙論的根源 (cosmic roots) である。そして、しばしばより高度な文化段階で、道徳性と社会の規範・教訓が正しい行いを確保することに失敗したときに、仕事、協同活動、家族生活に通底するこの基本的要素がその力を発揮するのである。……社会と道徳性は、知性的、依存的、共感的な行為を確保するうえで、つねに基層的な感情の力に大きく依存せざるをえない」(Dewey 1996, *E*, LW. 7: 48)。

もはや明らかだろう。デューイのいう社会性の本態は、一つの魂が他の魂に呼応するという魂の呼応性である。いいかえるなら、一つの命の基本的営みは、たんに自己保存の営みだけではなく、他の命に応答することでもある。その応答の営みは、何らかの助けを求めるという力に対し、その求めに応じるという力である。二元論からの、形而上学からの自由が重要なのは、その自由が、魂の魂に呼応する力を解放するからである。その力は、一つひとつの命に対する畏敬と一体であり、外から教示された規範ではなく、内なる神意に発する心情である。根本的なところで、個人の魂の自由が魂の協同を生むからこそ、デューイにおいては、個人性は社会性と一体である。命と命がとり結ぶ相互の社会的呼応が、デューイのいう社会性概念の最基層に位置している。

＊

デューイ本人は、その魂の営みを体現し社会的に生きたように見える。コロンビア大学でデューイに学び、一九一三年に哲学博士を取得したイーストマン (Eastman, Max 1883-1969) は——おそらく一九〇六年前後だろう——はじめて見たデューイについて、次のように記している。「デューイは柔和な知性の光に満ち、論理学の教授というよりも、ほとんど聖フランシスコのように、光り輝いていた」と。同じくコロンビア大学でデューイに学んだフックは、次のように述べている。「デューイは、プライドから無縁の人だった。着るものにも、言葉使いにも、社会的な出自にも、学術的な業績にも、プライドをもたない人だった。彼は、だれからでも学ぶ用意ができている人だった。……隠された策謀もなく、暗い怨嗟もなく、自分が市民・隣人・教師・友人、そして哲学者を超える何ものかであるという意識は、かけらももっていなかった」と(Rockefeller 1991: 277-8; Hook 1974: 111, 113)。もっとも、そうであったのなら、デューイは、魂の存在を信じることで、社会的でありえたのだろうか。それとも、本当に彼のなかに魂が存在したから、デューイは社会的でありえたのだろうか。

終　章　社会性概念の存立条件
——敢然への意志、一命への畏敬

Epilogue　*Elements of Conception of the Social: Will to Courage and Reverence to Vita*

"quia misericordiam volui et non sacrificium et scientiam Dei plus quam holocausta"

The Bible LV: *Hosea* 6. 6.

"I desired mercy, and not sacrifice; and the knowlege of God more than burnt offerings."

The Bible KV: *Hosea* 6. 6.

1　社会性概念の存立条件

各章のまとめ

これまでの各章の議論を要約してみよう。

第1章「ハイスクールとメリトクラシー」で述べてきたことは、進歩主義時代の公立ハイスクールの大増設に示されているように、この時代にメリトクラシーと競争がこれまで以上に強調されたことであり、このメリトクラシーと競争の背後に機能的分化という社会構造の浸透があったことである。この時代のメリトクラシーと競争を正当化していたものは、中産階級の生活信条である有用性の個人主義であった。有用性の個人主義は、人がそれぞれ個人として生きること、より多くの利益を得るために他人よりもうまく立ちまわること、そしてそのために有用な能力を高めるべきであることを主張していた。この有用性の個人主義は、他者を気遣う協同的・互恵的な指向をほとんどふくんでいなかった。また、この有用性の個人主義は、優秀者に配慮し劣等者を排除することを論じた優生学思考ともつながっていた。こうした有用性の個人主義が浸透していった背景は、この時代の企業資本主義の展開であり、そのなかでの事象の商品形態化、関係の交換関係化であり、つまるところ、機能的分化の浸透であった。

第2章「ブランボーの進歩主義教育改革」で述べてきたことは、前章を受けて、ペンシルベニア州で実際に行われた進歩主義教育改革が、「職業主義」と呼ばれた、メリトクラシーや有用性の個人主義を指向したものではなく、デモクラシーを指向したものであったことである。そこで語られたデモクラシーは、たんなる政治的制度ではなく、オーガニックな協同活動であった。いいかえるなら、実際の進歩主義教育改革は、有用性を踏まえつつも、基本的に社会性を重視していた。ペンシルベニアの教育改革を主導したブランボーは、子どもを、かけがえのない存在と位置づけるとともに、彼(女)らのなかに社会性の礎としてのヴァーチュ（「品格」「誠実」「謙虚」）を形成することを教育の本務である、と考えていた。そして、ブランボーの社会性指向の進歩主義教育改革の理念は、〈個人、社会全体の道徳的な再構築こそが神意である〉と唱え、貧困・格差・搾取といった社会問題を解決しようとした社会的福音思想によって支えられていた。そして、この社会的福音思想の基本的な生への態度は、キリスト教的完全化論のそれであり、たえずよりよい状態を果敢に求める「敢然への意志」であった。

第3章「カウンツの社会的再構築」で述べてきたことは、進歩主義教育協会のなかでもっとも政治的であり、教育による社会的再構築を主張したカウンツの教育思想が、「産業主義」「資本主義」「個人競争」を批判し、協同性・互恵性としてのデモクラシーを宣揚していたことである。カウンツにとっては、デモクラシーは、キリスト教の隣人愛と分かちがたい活動であり、それは、アメリカ的精神と不可分のアメリカ的文化であるために、アメリカの子どもに教えられるべき内容であった。カウンツにとって、このデモクラシーはこれまで、アメリカ社会それ自体の構造化作用によって世代間にわたり再生産されてきたものであるが、その営みは一九世紀末期以降、産業主義・資本主義・個人競争によって衰微していた。そのため、カウンツは、あえて子どもにデモクラシーを教化しなければならない、と考えた。こうしたカウンツのデモクラシー教化論の背後にも、ブランボーと同じように、「一命への畏敬」「敢然への意志」を前提とするキリスト教的完全化論があった。

第4章「デューイの社会性概念」で述べてきたことは、進歩主義教育思想を代表するデューイの教育思想が、デモクラシーすなわち社会性の構築を教育目的としてかかげていたことであり、その議論がブランボー、カウンツと同じように、キリスト教的完全化論に支えられていたことである。デューイにとっても、デモクラシー／社会性は、ブランボー、カウンツと同じで、協同性・互恵性を意味し、その基礎単位が、「相互活動」という存在の様態であった。デモクラシー教育は、「生存競争」「自己利益」を基礎におく現行社会をより協同的な社会へと転換することをめざす教育であった。こうしたデモクラシー教育論を支えていたのは、デューイの成長概念であり、それは神意としての魂が顕現することと一体であった。したがって、デューイの教育思想は、目的をもたないプラグマティズムではなく、デモクラシー／社会性という理念をふくみこんだプラグマティズムである。そして、このデモクラシー／社会性の理念を支えていたものが、「一命への畏敬」と「敢然への意志」（メリオリズム）であり、その思想的源泉は、魂の完全化を不断にめざしつづけるというキリスト教的な思考であった。

互恵性・協同性とキリスト教的完全化論

序章で述べたように、本書の問いは、進歩主義教育思想が説いた社会性概念の意味内容を把握し、その概念を支えていた心情的ないし宗教的な思考を析出することであった。進歩主義教育思想は、けっして一枚岩ではなく、複相的であったが、少なくとも社会的再構築主義の進歩主義教育思想が唱えた社会性はデモクラシーであり、キリスト教的に隣人愛を範型とする互恵性・協同性であった。そして、そのたぐいまれな批判精神を支えていたものは、魂の顕現と魂の共闘をかかげるキリスト教的完全化論であった。

ブランボー、カウンツ、デューイの進歩主義教育思想を支えていたキリスト教的完全化論は、互恵性・協同性としての社会性概念と不即不離であった。そこでは、人間は理想の実現をめざす魂をもつ存在であり、その理想は自分と他者とが協同し倫理的に完全化することであった。人間が自分の自由を求めるべきであるのは、それが倫理的な完全化という理想への心情を解放することにつながっているからであり、またそれが他者に真摯に働きかけ他者を完全化することにつながっているからであった。そして、こうしたキリスト教的完全化論が具体的に打ち克つべき相手は、上層階級・中産階級に広まっていたメリトクラシーであり、過剰な競争であった。

こうしたキリスト教的完全化論に裏打ちされた教育思想は、読み手がキリスト教的な思考を受け入れている場合には、現実的な理論であるが、そうでなければ、そのまるごとが夢想的な物語であるかに見えるかもしれない。しかし、そうであるとはいいきれないだろう。というのも、私たちは、キリスト教的な魂に類比される倫理感覚の存在を、まるごと拒否するだけの論拠をもちあわせていないからである。ブランボー、カウンツ、デューイの議論から、私たちが依拠できるような理論を紡ぎだす可能性は、まだ残されているといってよいだろう。

社会性概念の構築要件は何か

この可能性を追求するうえで留意すべきことは、デューイ、カウンツが述べていたように、個々人が相互活動的に生きられる社会的／デモクラティックな社会を実現する場所が、学校のみならず、社会全体でもある、ということである。いいかえるなら、社会性／デモクラシー教育を実現するためには、〈人びとが社会的に生きられる社会とはどのような社会か〉、〈この社会よりも社会的な社会はどのような社会か〉と問い、社会ヴィジョンを不断に再構築しなければならない。社会性を実現する方途は、入念な伝達型の社会性教育を行うことではなく、社会全体を社会的な社会に再構築すること、相互活動を社会全体の基底にすえることだからである。それは、人びとの生き生きとした活動の契機を社会全体において増やすことであり、そうすることでまた、人びとの自分・他者・世界への応答性を高め、自分・他者・世界の存在を心から肯定する状態を創りだすことである。

デューイやカウンツの議論から直接に導き出すことはできないが、のちに敷衍するように、私たちが社会的／デモクラティックな生から学ぶことは、協力・協業がより大きな実益をもたらすということではなく、相互活動的に生きることそれ自体が倫理的であるということだろう。人がより社会的であろうとする態度は、何らかの実益によってではなく、心の底からわきあがる「敢然への意志」によって生じるからであり、またそれは、道徳規範によってではなく、一人ひとりの人間のもつ「一命への畏敬」によって生じるからである。社会性／デモクラシーの教育をつうじて人が学ぶことは、この社会を社会的な社会に変えるために必要な人間の存在様態であろう。

以下、こうした進歩主義教育思想の社会性概念を踏まえつつ、三つのことを確認したい。第一に、ルーマンの相互活動論にふれながら、社会的な存在様態を敷衍し、社会性中心（相互活動中心）の教育を点描したい（第2節）。しかし、ルーマンの相互活動論だけでは、現代社会をより社会的に変えることはできない。キリスト教的な生への態度、すなわち「敢然への意志」と「一命への畏敬」が必要である。この二つの態度の重要性を、スペンサーの社会進化論、ウォードの社会進歩論に批判的に言及しながら、確認したい（第3節）。そして、最後に、これら二つのキリスト教的な態度が、生への諦念、排除の暴力を抑制する重要な契機であることを示したい（第4節）。

2　相互活動という概念

ルーマンの社会的次元

もっとも濃密な社会性概念を語ったデューイにおいても、社会性／デモクラシーの本態は、充分に分明であるとはいいがたいだろう。たとえば、デューイは、一九二五年に出版した『経験と自然』において、「人間存在の相互活動は、いわば協同活動であり」、「すでに知られているものであれ、これから知りうるものであれ、すべての存在は、他の存在と相互活動している。すべての存在は、協同するとともに単独で固有である。個々の人間が協同性をとりもどすことは、新しいことでも前代未聞のことでもない。それは、存在のありふれた様態である」と述べている(Dewey 1996, *EN*, LW. 1: 138)。こうした文言は、同時代を生きた、ドイツのマールブルク大学の聖書学者、ブルトマン(Bultmann, Rudolf Karl 1884-1976) が示した隣人愛の存在論的定義を思い起こさせるが*、デューイの社会性デモクラシーの中身の議論は、思ったよりも短く、断定的なままであり、なぜ「存在」が強調されるのか、どのように「協同」と「単独」が結びついているのか、充分に説明されていない。

* ブルトマンは、一九三〇年に「隣人愛というキリスト教的な戒め」という論文で、次のように述べている。「キリスト教においては、[ギリシア哲学が説くような]一般的な人間愛は問題にならない。愛は、[ギリシア的意味での]人間の完全性に属するヴィルトゥではない。……それは、もともと、他者に対する一つのあり方である。……愛は、属性ではなく、人間にそなわった内容ではなく、人間の相互共同存在という一つのあり方である」(Bultmann 1980, Bd. 11=1986, Vol. 11: 267)。

関連する近年の研究として思い出されるのは、社会学者のベラー、政治学者のパットナムの相互扶助論であろう。ベラーのいう「市民的宗教」(civil religion)は、まさにブランボー、カウンツ、デューイのいう、社会性/デモクラシーに類比される。また、パットナムの「社交資本」(social capital 社会関係資本)も、いくらか類似している。しかし、ベラーの「市民的宗教」は、相互扶助の精神がプロテスタンティズムの隣人愛の精神に由来することを指摘するにとどまっている(Bellah 1992)。また、パットナムの「社交資本」は、自発的な共同体を創りだす、実利的な代価を求めない「社会的絆」を意味しているが、どちらかといえば、ブルデューのいう「社交資本」に近く、相互扶助が信頼関係を生みだし、機能的活動の礎となる、という議論に傾いている。「人びとが互いに助けあっている共同体には、物質的にどのくらい貧しいか、豊かであるか、どのくらい大人たちに教養があるか、彼らがどんな人種で、どんな宗教を信じているのか、そうした特徴を超えて、子どもの教育成果を高める何かがある」(Putnam 2000: 301)。パットナムのかかげている「社交的資本主義」(social capitalism) という言葉は、彼の求めるところをよく示している。もちろん、相互扶助の効用は、教育刷新においても重要な事実であるが、ここで確かめたいことは、相互扶助の機能的な効果ではなく、その倫理的な営みである。トラウマを克服できる、問題解決が容易になる、コストを減らせる、といった実利的機能ではなく、相互扶助の存在論的な在りようである。

ここでは、ブランボー、カウンツ、デューイの社会性/デモクラシーの概念を存在論的に敷衍するために、ルーマンの「相互活動」(Interaktion) 論をとりあげてみたい (社会学では、しばしば interaction は「相互行為」と訳されるが、ここでは「相互活動」と訳す)。ルーマンは、精緻な自己創出的 (Autopoietische) 社会システム論の主唱者であり、そこでは、社会システムは三種類に分類されている。一つが、友人関係、仲間関係、家族関係などに見いだされる「相互活動システム」(Interaktionssystem)、もう一つが、学校、会社、教会などの「組織体システム」(Organisationssystem)、三つめが、地域、機能領域、国家、世界などの「社会システム」(Gesellschaftssystem) である。そして、相互活動システムは、組織体システム、社会システムの礎である。

なかでも注目したいのは、相互活動システム (社会性) が、「事象的次元」(Sachdimention) に加えて、「社会的次元」(Sozialdimention) をつくりだすことである。事象的次元とは、「私」(心的システム) のなかで「自分の視界」(Ego-Perspective) に何らかの事象が現れ意味づけられる状態である。社会的次元とは、「私」のなかで「自分の視界」と「他者の視界」(Alter-Perspective) がともに現れ意味づけられる状態である。いいかえるなら、それは、人が、自分をふりかえり、かつ他者を気づかうときに生じる、意味世界である。

「意味［の事象的次元］における［これとこれ以外のものという］分節化は、ものごとのすべてに及ぶが、社会的次元は、これに対抗する独立性を与えられている。社会的次元が出現するのは、私の視界と、もう一つの（あるいは、多くの）他者の視界を、私がともに顧慮しなければならない場合である。その場合、すべての意味は、社会性（Das Sozial）を考慮しなければ理解できない。いいかえるなら、［相互活動システムにおいてはじめて］私たちは、あらゆる事象について、他者が私と同じように体験しているのか、それとも私と異なって体験しているのか、と問いうるのである」（Luhmann 1988: 119）。「意味主題における社会性が、（場合によっては自分の解釈とは異なる）他者の解釈の視界を顧慮するという経験であるなら、この経験は、もはや一つの主体に帰するものではない。いいかえるなら、意味内容が未決定であることの不可欠な前提は、解釈の視界の違いが［自・他という］二つの地平として存在することである。このように考えるなら、いかなる自己も単独では存立しえないといえるだろう」（Luhmann 1988: 120）。

たとえば、ある教師がある子どもをそのメリット（成績・業績）によって「優秀」「普通」「劣等」と価値づけることは、意味の事象的次元における分節化である。また、ある管理職がある労働者の勤務評定をその成果によって行うこともまた、同じように意味の事象的次元における分節化である。事象的次元を生成するのは、何らかの機能システムの機能的コミュニケーションである。これらに対し、たとえば、友人であること、恋人であること、親子であることは、意味の事象的な分節化から独立した、社会的次元の現象である。たとえば、ろくな論文が書けないからといって、友人でなくなるわけではなく、暴行傷害事件を起こしたからといって、親子でなくなるわけでもない。社会的次元を生成するのは、人間の存在様態としての社会性それ自体である*。

＊　今村仁司も、『交易する人間』において、ルーマンのいう社会性は「家族や友人関係」であり「いわゆる『社会』ではなく、むしろ反対に社会を社会として成り立たせる基礎的な人間関係である」と述べている（今村 2000: 19-20）。なお、ルーマンのいう社会性は、フランス語を用いていえば、ソシアビリテ（sociabilité）、アソシアシオン（association）に分けられるだろう。ソシアビリテは、しばしば「社会的結合」と訳される言葉であるが、基本的に、情愛関係・友愛関係・信頼関係、つまり親密な関係を意味している。アソシアシオンは、しばしば「結社」と訳されるが、それはもともと、仲間になること（associé）、他者を仲間として処遇すること（hospitalité）、つまり互恵の関係を意味している。

社会的次元は心情的である

社会的次元は、いわゆる意識から断絶した心情（情動）であり、意識の対象でありながら、意識にみずからを突きつけ、意識に受動性を強いる力である。デューイの魂が、神から人に与えられたものであることに似て、ルーマンの社会的次元も、何かから意識に与えられるものである。魂の衝迫も、社会的次元の共感・配慮も、意識にとってみれば、自分が創りだしたものではなく、どこからか現れ、心を満たし、対処を余儀なくされるものである。意識にとって、それらは、たとえば「良心の叫び」のように、また親子の「無心の愛」のように、意識がただ受けとめるほかない強靱な情動であり、多くの場合、意識が創りだした秩序・計画を侵犯する力動である。意識は理性的であり知性的であり、利益・効能を計算するが、心情は情動的であり実存的であり、利益・効能を計算をしない。社会的次元がいわゆる「社交資本」から区別されるのは、それが心情的だからである。

社会性としての相互活動は、個人の自由を媒介としつつも、こうした力強く、またどこからともなく出来する心情、社会的次元によって基礎づけられている。第4章で論じたように、デューイにとって、社会性の基底は、一つの魂が他の魂に呼応するという魂の呼応性であり、人間にとって自由が重要なのは、その自由が、自分の魂が他者の魂に呼応する力を解放し、相互活動を高めるからであった。ほぼ同じように、ルーマンにとっても、相互活動の基底は、心における社会的次元の出来生成という事実であり、人間にとって自由が重要であるのは、その自由が、自己が他者に共鳴共振する営みを拡大し、相互活動を活性化するからであった。首肯することができない抑圧・規律・拘束がないところでこそ、社会的次元に基礎づけられた社会性としての相互活動が、生成していくのである。

つづいて、こうした社会的次元の心情的・存在的な特徴を踏まえつつ、相互活動の特徴を確認しよう。

相互活動の本態

相互活動の第一の特徴は、それがコミュニケーションを持続する営みであることである。いいかえるなら、相互活動においては、相手に対する否定的応答が困難であることである。相互活動においては、「あなたの意見に反対です」「それは要りません」といった否定的応答をつづけることができない。機能的コミュニケーションにおいては、否定的に応答しても、相手をかえれば、コミュニケーションをつづけられるが、相互活動においては、相手をかえることができない。相互活動における否定的応答は、やっかいな抗争を生みだし、相互活動そのものを破壊することになる。ルーマンは、「否定を活用したり、否定によって相手の意欲を喚起したりすることは、相互活動システムの運命を無視しなければ、できないのである。動機づけという観点から考えて、もしも私たちが、相互活動において［相手の活動を］拒否しながら相手にかかわりたいと思うなら、私たちは何らかのより気高いもの（名誉・責任など）に訴えるしかない」と述べている（Luhmann 1988=1995: 772 訳文変更）。

相互活動の第二の特徴は、それが社会変容を生みだす契機であることである。いいかえるなら、相互活動は、機能的コミュニケーションと異なり、いわば、アナーキーな状態を生みだし、社会変容のための試行錯誤、社会秩序の破壊再生の契機となりうる、ということである。なぜなら、第一に、相互活動が、上下関係、命令服従の関係のような位階的秩序・階層的秩序をともなわないからである。その意味で、相互活動は、基本的に人びとに言論・活動の自由を与える営みである。第二に、相互活動が、より生き生きと生きられる状態を求めようとする、何らかの倫理感覚（デューイの魂）に支えられているからである。その意味で、相互活動は、社会変容を生みだす契機である。ようするに、自由のないところに相互活動は生まれず、相互活動のないところに自由は生まれない。相互活動と自由がないところに生まれるものは、全体社会を衰退させる因襲的制度、馴致的態度である。

こうした特徴をもつ相互活動の存立条件は三つある。ルーマンは述べていないが、第一に、人が情愛豊かな生育を遂げていることである。いいかえるなら、すでに相互活動のなかで育っていることである。とりわけ、ボウルビーが「アタッチメント」と呼び、ウィニコットが「ホールディング」と呼ぶような、愛情深く贈与的で応答的な関係のなかで、子ども時代を過ごしていることである（Bowlby 1988; Winnicott 1957）。能力の多寡、出自の如何にかかわりなく、他者から愛され慈しまれたという経験、そしてその慈愛の他者に自分の似姿、自分の理想を見いだすことができたという経験こそが、子どもの、そして大人の相互活動を可能にする基本条件であり、人としての存在を他者から承認されるための倫理的な言動一般を可能にする基本条件である。

第二に、二人のあいだに情愛的・友愛的な関係があること、また面前に他者がいることそれ自体である。情愛的・友愛的な関係がある場合については、いうまでもないが、そうした関係がなくとも、人は、少なくとも相互活動のなかで育ち、一定の倫理感覚をそなえているかぎり、自分の目の前に他者が存在するだけで、その他者との相互活動を開始するのである。ルーマンが述べているように、たとえば、私たちは、テーブルクロスの赤黒い染みを無視することはできても、目の前にいる人が突然に出した鼻血を無視することができない。また、海外旅行の飛行機のなかで、席がたまたま隣同士である場合や、入学したばかりの教室のなかで、席がたまたま隣同士である場合、私たちは「何か話しかけなければ」という気持ちになる。さらに、「ストックホルム症候群」(Stockholm syndrome)と呼ばれているように、犯人と被害者が一緒にいることで、被害者が犯人に対し同情・好意・連帯感などの肯定的感情をいだくことすら、あるのである(Luhmann 1988=1995: 759)。

相互活動の第三の存立条件は、見渡すことのできない全体社会の了解である。顔が見えない匿名の複数の人びとによって構成されている全体社会が存在していると知っているからこそ、特定のだれかとの相互活動が可能になるからである。人は、一定の時空間という場に存在しだれなのかがわかっている人と、その場に存在しないだれなのかがわからない人を、区別しているからこそ、その場において、だれなのかわかっている人と、助けあい、支えあうことができる。たとえば、友人や恋人や家族が、他人から区別されるからこそ、友人・恋人・家族を大切にすることができる。また、たとえば、ある子どもへの陰湿ないじめを抑止するのは、その相手を支えてきた家族、友人があると知ることである。人は、人を「ゴミ」「異物」などと物象化しなければ、なかなか暴力をふるうことができない。いいかえるなら、全体社会をイメージできず、自分のまわりがただの風景でしかない子どもには、家族の愛の深さがわからない。全体社会の了解は、相互活動の生成と一体である（cf. Luhmann 1988=1995: 759）。

存在的レベルと機能的レベル

社会的次元と一体の相互活動は、どんなに拡大しても家族・近隣くらいにしか広げられないだろう。相互活動が、さきに述べたように、基本的に対面的関係を前提にしているからである。これに対し、機能システムの機能的コミュニケーションは、どこまでも拡大しそうである。対面的関係を必要としないからである。たとえば、「グローバル・ネットワーク」と呼ばれるものは、基本的に機能的コミュニケーションである。つまり、相互活動の関係の質は、機能的コミュニケーションの関係の質と異なっている。ここで、対面的関係を前提にした相互活動の関係の質を「存在的」と形容し、対面的関係を前提としない機能的コミュニケーションの質から区別しよう。

「存在的レベル」「機能的レベル」という言葉を使ってはいないが、この存在的レベルと機能的レベルの違いを、デューイもよく承知していた。デューイは、たとえば、一九二七年の『公共性とその問題』において、共同体が大きくなると、共同体特有の親密な交わりが失われる、と懸念している。

「もっとも深く豊かな意味において、共同体は対面的交わり（face-to-face intercourse）を中心としなければならない。というのも、家族や近隣は、つねに育みの主要な主体であったからであり、そこで、性向はしっかり形成され、理念が確立され、人格の基礎がつくられるからである。大規模な共同体（great community）、自由で十全の相互コミュニケーションという意味でのそれは、構想可能である。しかし、それは、小規模の共同体がもつすべての質をもちえない。それは、小規模の協同体（small association）の［デモクラティックな＝互恵的な］関係性を確立し、その経験を深めることで、最終的にできあがるものだろう。外部の無遠慮な人びとによって、協同体を生きる人の人生が干渉されたり部分的に破壊されることは、不安定・分裂・不安の源であり、それこそが、この時代の特徴である。産業主義とデモクラシーの入口に無批判にもまた無分別にも放置されている災悪は、より大規模なものを指向する知性とともに、小規模な共同体が居場所を失い退去を強いられることだろう。生き生きとした本当の愛着は、親密な交わりのなかでのみつちかわれるし、その交わりは、必然的に範囲を限定されているのである」（Dewey 1996, *PP*, LW. 2: 367 傍点は引用者）。

思想史学者のラッシュ（Lasch, Christopher 1932-94）は、この箇所を引きながら、「デューイは自己統治が地域レベルを越えて拡大できるか、という問題の重要性を理解していなかった」と述べている。しかし、この批判は、的外れである（Lasch 1991 [1979]: 368）。ラッシュは、デューイが存在的レベルと機能的レベルを区別していたことを理解していない。なるほど、デューイは、その本のなかで、「大規模な社会が大規模な共同体になりうる条件は何か」と問いながら（Dewey 1996, *PP*, LW. 2: 327）、ラッシュがいうように、「全体に対する忠誠と責任は、大規模な生産組織やマスコミに支配された世界でいかに育まれるのか、その理由を説明していない」（Lasch 1991 [1979]: 368）。しかし、デューイに「その理由」を説明する必要はなかった。デューイは、ラッシュとちがい、機能的レベルと存在的レベルを区別しているし、共同体か否かと二項対立的に思考していないからである。デューイは「大規模な共同体」の名のもとに「自己統治」が全体社会で成立することや、すべての人間が国家全体に忠誠を誓い責任を負う状態など、機能的レベルは存在的レベルと共存しうる、と考えていた。いいかえるなら、デューイは、機能的な社会システムがすべて、相互活動によってとってかわられるべきであると、考えていなかったのである。

真の問題は、デューイ、ブランボーが懸念したように、相互活動がかならずしも機能的な社会システムによって支えられていないことである。相互活動に支えられている機能システムが相互活動を浸食し、「生き生きとした本当の愛着」を軽んじ、人間関係を破綻させ、システム自体を窮地に追い込むことである。たとえば、法システムが定める実定法、経済システムが定める価格、教育システムが定める能力資格など、そしてそれらの機能システムが求める合法性、実益性、自律性などは、相互活動を閑却ないし手段化していく。法の語る権利義務の主体も、経済の語る労働者も、教育の語る人格も、なまみの「私」ではないし、その「私」が向きあうなまみの「あなた」ではないからである。法システムが求める合法性、経済システムが求める実益性、教育システムが求める自律性は、その正当性によって、またその全体性によって、相互活動を実質的に凌駕していく。

そうだからこそ、近現代社会においては、相互活動が、全体社会に対して重要な機能をもたないのである。事実、重要な問題が相互活動によって解決されることは、ほとんど期待されていない。むしろ、相互活動による問題解決は、責任の所在がわからない「なれあい」「もたれあい」に貶められがちである。近現代社会で求められているのは、法システム、経済システム、教育システムなどの機能的な社会システムにふさわしい機能的活動である。もちろん、家族・友人・近隣といった相互活動の場は、残されているが、人びとがおもに活動する場所は、政治システム、経済システム、教育システムといった機能的な社会システムである。人びとは、そうした複数の社会システムの機能的な構成要素として生きることに甘んじなければならない（田中 2002）＊。

＊　およそ、一九七〇年代以降、第2章でふれたブレイヴァマンの原子論をはじめ、多くの研究者が、二〇世紀前半のアメリカ社会の「断片化」を指摘してきた。たとえば、「私」の家族を中心とする親密性が拡大し、「経済活動を制御する構造が国際的な規模に拡大せざるをえない社会では、活力ある共同体など、幻想にすぎない」というセネットの『公衆の失墜』（Sennett 2002 [1977]: 15, 339）、人間の「断片化」「孤立化」が「政治的過程における公共性、信頼の低落」を生みだしたというジャノヴィッツの『過去半世紀』（Janowitz 1978）、さまざまなインタヴュー・資料からアメリカにおける共同体の衰退を明らかにしたベラーたちの『心の習慣』（Bellah, et al. 1985）、そして、さきほどふれたパットナムの『孤独なボウリング』である。日本も例外ではなかった。一九三〇年に、民俗学者の柳田国男は、現代の日本には「説くにも忍びざる孤立感」が広がっている、と述べている。「日本で毎年の自殺者は一万数千、このごろ東京だけでも一日に五人ずつ死んで行く。一番多い理由は病苦であるが、……しいて妻子のその意思もないものを同伴として、家をなくしてしまおうという［自殺者の］考えの中には、説くにも忍びざる孤立感が働いていたのである。生活の興味はこの人たちにはもう切れていた。仮に引き留められてしばらく生きたとしても、その力を集めて世の中を改良しえなかった」と（柳田 1993: 379）。柳田が見ていた一九一〇年代・二〇年代の日本の現実は、人の生活の仕方が思い思いのものとなり、衣服にしても、食事にしても、住居にしても、「個人の考え次第」で分かれていくことである。こうなると、共通の関心事が減っていき、貧しさも、貧しさを防ぐ方法も「孤立」したもの、つまり個人の自己責任となる、と柳田は述べている（柳田 1993: 376-7）。

さて、このような、機能的な社会システムによる相互活動の疎外という傾向が見られるなかでは、教育は「機能的」ではないという批判に、たえずさらされることになる。それは、たとえば、「目的合理的ではない」「成果があがらない」「効率的ではない」といった、費用便益分析的な批判である。教育は、それが子どもの学びを支援し成長を保全する営みであるかぎり、相互活動を不可欠な要素としているし、私たちの人生がそうであるように、ムダ、無益と見えるものをつねにふくんでいるが、その事実が看過されるのである。

相互活動中心の教育

教育にとって相互活動のもつ意味を考えてみるとき、二つのことがいえるだろう。一つは、相互活動自体が、「教育はいかにして可能になるのか」という近代教育学の根本問題に対する答えであることである。近代社会においては、教育は、競争や体罰や監視をつうじて、しばしば固有性を看過し無理やり行われてきたが、そこにも子どもと教師との相互活動があったからこそ、教育は、まがりなりにも成り立ってきたのである。

先に確認すべきことは、相互活動においても、子ども（の心）、教師（の心）がともに、ルーマンのいう「自己創出システム」であることとである。デューイの言葉を借りて、それを「自己成長システム」と呼んでもいいだろう。自己創出システムは、環境に対して開放的である（他者言及的である）が、内部に対しては閉鎖的であり（自己言及的であり）、たえず自分で自分をあらたに創出しつづけるシステムである。教師も子どももそれぞれに、環境の変化に応答し、日々変化生成している。「私」は「あなた」ではなく、「昨日の私」は「今日の私」ではない。相互活動は、その構成要素（心）がつねに偶有性に支配されているという意味で、技術化不可能である。

教師も、子どもも、それぞれに自己創出し、相互活動が技術化不可能であるにもかかわらず、相互活動によって教育が可能となるのは、相互活動においては、教師と子ども、子どもと子どもが、ルーマンの言葉を用いるなら、「相互浸透」(Interpenetration)しているからである(Luhmann 1988)。教師と子ども、子どもと子どもが、ともに交差交歓し、相手を信頼し尊敬しているからである。教師は、個々の子どもに即して子どもを方向づけようと働きかけ、子どもは、この教師の働きかけに真摯に答えようと応答する。子どもたち同士も、基本的に同じである。このとき、相互活動は、たんなる行為の連関ではなく、一方の肯定的活動が他方の肯定的活動を喚起するという、肯定的応答の連鎖である。このように、教師と子ども、子どもと子どもが相互浸透的であるかぎり、相互活動は構成者の自己啓発の契機をはらんでいく。そのかぎりで、相互活動は、技術化不可能でも、実効化可能である。

教育にとって、相互活動がもつもう一つの意味は、相互活動の働きを最大限に活用するとき、教育がより無理なく、より実効的な営みに変わる、ということである。それは、デューイのデモクラシー教育論にも見いだせるが、子どもたちの相互活動、学びを支援する物質的・実際的な環境をととのえることである。そうした環境の構成要件は多岐にわたるが、ここで学校空間、カリキュラム、教師についてのみ、ふれておきたい。

まず、学校空間についていえば、それは、教師の教えるという営みが支配するパノプティコン様式の場所ではなく、子どもに実際的・現実的な相互活動の機会を与える場所であることである。わからない、できないことが、教師の処罰・競争・監視によって、大きなストレスとして子どもを苦しめること、それがなくなるように、学校全体がレイアウトされていることである。いいかえるなら、子どもがそれぞれに自分の固有性を発揮しつつ積極的に営みに参画し、こわばりから無縁に問い学び、能力の多寡にかかわらず、自分の居場所を何とか確保できる場所として、学校が、建築方法、空間編成、機器配置、教師配置において、構築されていることである。

次に、カリキュラムについていえば、それが、子どもに伝達される知識技能のパッケージではなく、個々の子どもの学びのために新しい領域・方法が、教師によってたえず開発・活用される状態にあることである。抽象的な表現にならざるをえないが、それは、カリキュラムが、子ども一人ひとりのよりよい人生の準備のために、たえず再構成される状態にあることである。すなわち、子ども中心主義のカリキュラムに見られるような、学び手の自己満足を生みだすにとどまるのではなく、具体的で社会的な福利をもたらす状態にあることである。このようなカリキュラム概念の転換は、「学びのカリキュラム化」といえるだろう。その特徴は、次の四つにまとめられる。①たんに理解し記憶することにとどまらず、実際に行うことによって学ぶことを重視すること（learning by doing/hands-on projects）、②カリキュラムを教科に分化したままにせず、たえず統合しシェーマ化すること、③机上のドリル学習ばかりではなく、社会現実とつながった具体的な問題解決のための探究を学びの中心にすえること、④学びを孤立化させず、協同化すること（collaborative / cooperative learning projects）、である。

最後に、教師についていえば、彼（女）が、子どもの相互活動に真摯な関心をもっていること、子どもの自己創出を擁護し促進する姿勢をとることである。これは、授業が、子どもの成果・勝敗にこだわるものではなく、子どもを積極的に活動させ、まだ見えていない大切な何かに子どもを向かわせることであり、子どもそれぞれの関心がカリキュラムと一体化していくことに配慮することである。また、教師自身が、自分のわざの開発に一人いそしむのではなく、自分たちの教育活動に真摯な関心をもてるように、つまり教育的な自由を擁護できるように、その職場環境を相互活動的にシステム化することである。端的に「同僚性（collegiality）の確保」といってもよい*。

＊　高名な教育学者のビエスタは、どういうわけか、デューイのデモクラシー教育論を「個人主義的で道具主義的である」と理解している。なるほど、デューイのデモクラシーは、たんなる政治的制度ではなく、「関係者全員の意志決定への参加」を意味しているが、デューイのデモクラシー教育論は、そのような意志決定への参加が可能である能力すなわち「社会的知性」を子どものなかに形成することを求めている、と。つまり、デューイのデモクラシー教育においては、教育はデモクラシー形成の手段であり、デモクラシーは子どものなかに内在化される知識態度である、と（Biesta 2007: 748, 753）。このように理解するなら、デューイのデモクラシー教育論は、ジルー、ガットマン、アップルなどの現代の教育学者が提唱するデモクラシー教育論と同類である（Giroux 1989; Gutmann 1987; Apple

2000)。たしかに彼らは、デモクラシー教育を、デモクラシーのための教育(education for democracy)と、デモクラシーによる教育(education through democracy)とに分けている。デモクラシーのための教育は、デモクラシーを個人が学ぶカリキュラムの内容ととらえているが、デモクラシーによる教育は、デモクラシーをデモクラティックな環境を媒介として個人に伝達されるものととらえている。しかし、どちらのタイプの教育も、デモクラシーは個人に伝達されるもの、と位置づけるという点で、同質的である。しかし、デューイのデモクラシー教育論は個人主義的で道具主義的である、とはいえない。デューイのデモクラシー概念を特徴づけている概念が相互活動だからである。ビエスタは、デューイのデモクラシー教育論を退け、アーレントのそれを讃えているが、ビエスタの描くアーレントのデモクラシー教育論は、むしろデューイのデモクラシー教育論に近い。ビエスタは、アーレントにならい、「個人はデモクラティックな知識、技能、性向をもちうるが、それが可能になるのは唯一、個人がデモクラティックな主体になりうる活動——しかも思いもかけない仕方や自分では制御できない仕方で他者に受け取られる活動」すなわち他者との「相互活動」である、という(Biesta 2007: 757, 761)。このような考え方はデューイの考え方に近い。ビエスタは、相互活動を、アーレントの創案と誤解している。なお、同僚性については、佐藤(2003)を参照。

もしも、教育の原義が子どものよりよい自己創出の支援、デューイ的な意味での成長の支援であるなら、教育は、子どもと教師との相互活動を本態としなければならないだろう。その場合、子どもの自己創出、成長を支援しない教師の活動は、それがどれほど高邁な理想に支えられた活動であっても、教育ではない。同じく、教師の成長を喚起しない子どもの活動は、それがどれほど優れた成果であっても、教育ではない。そして、学校がこのような教育の場であるかぎり、学校は、子どものよりよい自己創出、成長を促進できるように、子どもの生きる学校空間、カリキュラム、教師の立ち位置に配慮し、学び・教える環境全体の設定を実効的にしなければならない。

さて、こうした教育への含意をもつ相互活動は、よりよい社会を築く礎になりうるだろうが、さきにふれたように、たんに相互活動を営むだけでは、近代の機能的な社会システムを調整する力にはなりえない。相互活動は、社会システムによって浸食される傾向にあるからである。また、旧態依然とした共同体を生みだす可能性もあるだろう。ここで、相互活動がよりよい社会の礎となるための要件として、進歩主義教育思想にも見いだされた、二つのキリスト教的な生への態度、すなわち「敢然への意志」と「一命への畏敬」に、あらためて注目してみよう。これらは、今村が「根源的暴力性を解消しうるような倫理」と呼ぶもの、すなわち忠君愛国、親への孝行、利益追求などの「世俗倫理……を解体し、そのなかで生きる社会的・世俗的な人間である自己からの解放」をもたらす「覚醒倫理」に相当するのかもしれない（今村 2007: 553; 2005: 251-2）。

3　敢然への意志、一命への畏敬

敢然への意志

敢然への意志は、さきにふれたように、ブランボー、カウンツ、デューイの完全化論のなかに端的に示されている。たとえば、デューイが、『哲学の再構築』で述べているように、それは、弛《たゆ》まずより倫理的な状態を求めて自己を創りなおしつづけることである。いいかえるなら、目的を究極のゴールとして位置づけるのではなく、不断に更新される拠点として位置づけることである。たとえば、健全も、学識も、正直も、自制も、正義も、到達されるべき固定的な目的でも、所有されるべき規範でもない。それらは、人がよりよい状態をめざして自己創出する方向である。敢然への意志においては、弛むことなくよりよい状態をめざす成長そのものが、倫理的目的である。

敢然への意志は、目的の実現可能性の多寡と無関係である。「完全な社会」「完全な人間」が夢想であっても、なおそれに向かって進もうとすることが敢然への意志であり、夢想への歩みをとめることは、現実的な判断ではなく、確かなものを求めるあまり、形而上学的なニヒリズムにおちいることである。また敢然への意志は、眼前の困難を回避するために、目的そのものを相対化する行為からも無縁である。敢然への意志は、茫然とするほどの失意のなかでも、よどみと野卑のなかにありながら、よどまず卑しからず、なお立ちあがり闘おうとする意志である。むしろ、限界によって自分が阻まれているという認識が、その限界を超えるための闘争への自由を生みだす。

本論でも論じたように、こうした敢然への意志を可能にしたものは、キリスト教的な生への態度である。それは、これまでキリスト教思想が、「完全性」――ラテン語の perfectio、英語の perfection、フランス語の perfection、ドイツ語の Perfktion/Vollkommenheit ――という言葉とともに、人びとに求めてきた、不断の倫理的自己更新、自己創出である。キリスト教思想が「完全性」という言葉に込めてきた意味は、神と人の調和、神の如き無謬、内在する神性など、論者・時代によってさまざまであるが、この言葉とともに人に求められてきたものは、ほぼ一貫して、たゆむことなくよりよい状態を求めて自己を創り直しつづけるという生への態度である。

キリスト教的完全性が論じられるときによく引用される『聖書』の言葉は、「フィリピの信徒への手紙」におけるパウロの言葉である。パウロはそこで、すでに「完全な者」――相対的完全者――も、「義しさ」――最終的完全者――をめざし、さらに「先に進むべきである」と説いている。

「私は、すでにそれ［義しさ］を得ているのではない。すでに完全になっているのではない。何とかして、それを得ようと努めているのである。自分がキリスト・イエスにとらえられているからである。兄弟たちよ、［しかし］私自身は、すでにとらえられているとは思っていない。［したがって］なすべきことはただ一つ、後ろのものを忘れ、前のものに全身を向けつつ、神がキリスト・イエスによって召し与える栄誉を得るために、目標をめざしてひたすら走ることである。私たちのなかで完全な者は、だれでもこのように考えるべきである。しかし、あなた方に何か別の考えがあるのなら、神はそのことも認めてくれるだろう。いずれにしても、私たちは、到達したところにもとづいてさらに先に進むべきである」（Philip. 3: 12-16 傍点は引用者）。

神を信じるキリスト者であっても、自分が為しえたことにいささかでも満足するなら、ついたちどまり、自分をふりかえるだろう。しかし、パウロにとって、それは最終的完全性をめざす歩みを妨げることである。なぜなら、わずかの満足も、傲岸、慢心、不遜につうじるからである。また、人の考えるところは、いかにそれが倫理的に真摯な思考であっても、つねに神が想うところには到達しえないからである。

一命への畏敬

一命への畏敬も、さきにふれたカウンツのデモクラシー論（第3章第3節）、デューイの固有性論のなかに見いだせる（第4章第2節）。デューイについて今一度ふれておくなら、彼は、成長の協同性を語りつつ、すべての人は固有な存在として「生きなければならない」という「使命」（vocation［召名］）を担っている、と述べている。すなわち「すべての時代のすべての人にとって、もっとも大事な使命は、生きること（living）――知性的・道徳的な成長――である」と。もっとも、デューイの場合、強調点が、生きることそれ自体ではなく、生きるための方途に移っていることは、否定できない。彼は、生きることは、子どもであれ、大人であれ、各人が「真に自分自身の適性を発見すること」である、と述べ、それは「一人ひとりが、自分のオキュペーションを非強制的で知性的なもの」と感じ、「他者の人生をより生きる価値のあるものに変えるオキュペーションに従事」し、「社会が、人びとを結びつけ一体化する絆をはっきりと示す」ことである、という (Dewey 1996, *DE*, MW. 9: 320, 326)。その「オキュペーション」に、一年であれ、五〇年であれ、生涯にわたる闘病生活はふくまれているのだろうか。

ともあれ、一命への畏敬という生への態度が端的に表明されている言説も、やはりキリスト教である。キリスト教は、アウグスティヌスに端を発する「自殺の否定」に象徴されるように、命に、とりわけ一つの命の儚《はかな》さに、崇高な価値を見いだしてきた。かぎられた時間のなかで生きることに、たえず移り変わり、やがて消え去る一つの命そのものに、その唯一的・一回的な輝きに、絶対的な神の祝福を見いだしてきた。

よく知られているように、『聖書』の「マタイによる福音書」や「ルカによる福音書」に記されている「野の花」の美しさは、キリスト教的な一命への畏敬をよく物語っている。

「あなたがたのだれが思い悩んだからといって、寿命をわずかでも延ばすことができようか。なぜ、衣服のことで思い悩むのか。野の花がどのように育つのか、注意してみなさい。働きもせず、紡ぎもしない。しかし、栄華を極めたソロモンでさえ、この花の一つほどにも着飾ってはいなかった。今日は生えて、明日は炉に投げ込まれる野の草でさえ、神はこのように［完全に］装ってくださる。まして、あなたがたには、なおさらのことではないか」(Mattheu 6. 27-30 / Luca 12. 22-34)。

これは、ひょっとすると、プラグマティズムといえるかもしれない。ただし、プラグマティズムが主張する、実在に永続性も超越性も見いださないというスタンスが、つかの間の美しさやわずかな喜びに、その儚さそのものに、心を動かされることを含意するならば、であるが。

ともあれ、一命が畏敬されるべき理由は、それが固有（代替不可能）であるからだけではない。一つの命が、その人間の所有物ではないからでもある。一つの命が、空間的にも時間的にも大きな広がりの一部だからであり、無限につらなる生々流転の結節点だからである。すなわち、一つの命は、連綿たる命の流れに「私は生かされている」という受動性であり、その受動性が、人と人を結びつけ、人を生かすのである。見方を変えるなら、「生きる意味」をことさらに要求することは、生の受動性という存在の忘却であり、人間の絆を放逐することである。

敢然への意志が、因果関係や計算を度外視し、目的の達成を試みつづける態度であるように、一命への畏敬は、命がどれほどはかなくとも、その命を護りつづけようとする態度である。このような敢然への意志、一命への畏敬は、この時代に一世を風靡した社会進化（Social Evolution）論の進化概念、社会進歩（Social Progress）論の進歩概念を批判し、それらをキリスト教的完全化論、進歩主義教育思想から区別するうえで、重要なポイントである。ここにいたって、序章で約束した課題を、ようやく果たすことができそうである。

社会進化論の進化概念——スペンサー

「幸福」を至上価値としてかかげる社会進化論の提唱者であるスペンサー本人は、キリスト教的完全性への追求と自分の社会進化論的な進化とを同一視している。スペンサーは、一八七九年に著した『倫理学の諸原則』のなかで、完全性を「優秀性」(excellence)に還元しつつ、次のように述べている。

「人間の自然本性の完全性ないし優秀性が人間の追求すべき目的である、という[キリスト教神学の]教義は、ある意味で真実である。というのも、その完全性が暗黙に認識していることは、存在の理想型であり、それは最高の生(highest life)を意味し、進化が向かうところだからである。また、ヴァーチュは目的であるべきである、という[キリスト教神学の]教義も、真実である。というのも、これは、この目的が最高の生の達成のための諸条件を満たすことであることを意味しているからである。また、道徳的能力(moral faculty)の直観は私たちの言動を指導すべきである、という提言も、真実を意味している。というのも、この直観は、現在の諸条件のなかで生きている人類の経験がゆっくりと組織されたものだからである。そして幸福(happiness)が至高の目的であることも、何の疑問もない真実である。というのも、これは最高の生の内容であり、最高の生はすべての道徳的指導の理論が明示的にであれ、暗示的にであれ、めざしているものだからである」(Spencer 1978 [1897], Vol. 1: No. 60)。

しかし、スペンサー本人の理解とはちがい、キリスト教的な完全性は、社会進化論の進化とは異なっている。社会進化論の語る進化は、人間一人ひとりの倫理的意志が果敢に生みだすものではなく、人類が環境に適応するなかで必然的に生じるものだからである。クレミンの端的な要約を借りていえば、スペンサーにとって「歴史とは、諸条件に対する内部構成の前進的な適応、いいかえるなら、生活環境に対する人格(human character)の調整過程であり、この歴史の行程のなかで、人間の完全性は最終的に達成されるが、人間はどこまでも歴史の産物であり、歴史の創造者ではない」からである(Cremin 1961: 93)。

スペンサーは、一八五一年の『社会状態学』のなかで、人間の進化すなわち完全性に到達する文明化の必然性について、次のように述べている。

「生殖によって生まれた若い植物、その多くはまわりの植物によって成長を止められ、他のものも虫に枯らされ、動物に食べられる。そして、一般に、そのうちのたった一つがその種の完全な適応例(perfect specimen)を生みだす。それはすべての危険を逃れ、成熟し、種を存続させる種子を生みだす。これはすべての被造物にいえることである。つまり、……人間の生についてもいえることである。そして社会の生産と成長についてもいえることである。原生の人間のなかにあった文明化の種子は、その増殖によって地上に広がり、時の流れのなかで、その発達にふさわしいあちこちの環境に定着した。そして、衰退や退化を経験しながらも、生きのびることを充分に繰りかえすことによって、最終的にある文明化を創出するだろう。それは、すべての災厄を退け、そして完全性に到達した文明化である」(Spencer 1851: chap. 30, sec. 3 [415-6])。

したがって、スペンサーにとっては、教育によって社会をよりよくすること、教育によって「文明化」を「完全性」到達させることとは、ほとんど不可能な試みであった。社会の改善は、教育という人間の意図的行為によってではなく、進化という環境変化という必然的契機によって生じるものだからである。「進歩は、偶然ではなく、必然である。文明化が人為的であるのとちがい、それは自然の一部である。……一本だけで生えている木が巨木になることが確実であるように、群生する木は確実に細い木になる」(Spencer 1851: chap. 2, sec. 4 [65])。

なるほど、スペンサーは、一八六〇年に出版した『教育』という本のなかで、「完全な生」(complete living) にそなえるための教育の大切さを説いている。「私たちを完全な生にそなえさせることが、教育に課せられている機能である。どのような教育のコースであっても、その合理性を判断する唯一の方法は、その教育がどの程度、この機能を果たしているか、と問うことである」と (Spencer 1895 [1860]: 31)。また、一八五一年の『社会状態学』においても、「……教育的文化が実効的であれば、あるいは『習慣』『慣習』『実践』という言葉の意味が実効的であれば、人間の能力も、社会の状態に完全に (complete) 適合した状態になるにちがいない。同じように、悪行や不貞が消え去り、人間は完全 (perfect) になるにちがいない」と述べている (Spencer 1851: chap. 2, sec. 4 [65]:)。

しかし、スペンサーが語る「完全な生」にそなえるための教育は、人間の進化の原動力ではない。人類の進化は、生命のメカニズムが行うことである。スペンサーが語る教育は、既存の社会のなかでより多くの利益をあげ、より高い地位に達するための社会順応的な教育である。それは、生物学的進化を創りだす要件でもなければ、不断の自己更新というキリスト教的完全性を創りだす要件でもない。それは、子どもが既存の社会に完全に適合・順応し、自分の有用性を確立する方法である。したがって、その教育は、すべての階級の子どもを対象とした教育ではなく、かぎられた階級の子どもを対象とした教育である。事実、スペンサーは、一九〇三年に死ぬまで、公共的な普通教育の必要性を認めなかった。たとえば、一八五一年に、スペンサーは「自分の子どもの、また他人の子どもの教育に財産を投入することは、人間の権利を守るために必要なことではない。そんな目的のために財産を投じることは誤りである」と述べている（Spencer 1851: chap. 26, sec. 1［330］）*。

＊　スペンサーの社会進化論は、デューイの教育思想に大きな影響を与えた、といわれている。クレミンも「もしもこの［進歩主義教育という］革命に始まりがあるとすれば、それはまちがいなくハーバート・スペンサーの著作である」と述べている（Cremin 1961: 91）。もっとも近年の議論としては、イーガンによるスペンサーとデューイの比較研究がある（Egan 2002）。しかし、教育へのあい反する態度からもわかるように、スペンサーの社会進化論とデューイの教育思想とのあいだには、埋めがたい隔たりがある。基本的にスペンサーは、個体の獲得した形質は子孫に遺伝するというラマルク的な進化概念を前提にしているが、デューイは、キリスト教的な完全化論を前提にしているからである。「ラマルクの進化概念の場合、私の両親が大工なら、私はハンマーをふるえるような筋肉質な腕をもちやすい。つまり、私は、文字どおりの意味で、特定の行動を刷り込まれているが、デューイの場合、すべての子どもに刷り込まれているのは、基本的な活動性――つまり探究である」（Zebrowski 2008: 311）。

社会進歩論の進歩概念――ウォード

ウォードの「社会進歩」論に移ろう。アメリカの進歩主義教育に少なからず影響を与えたといわれるウォードの進歩概念も、キリスト教的完全化論から区別されるだろう。なるほど、ウォードは、スペンサーに触発されながらも、社会進化を唱えるスペンサーとは異なり、人間の意図的で知性的な力が社会進歩をもたらす、と考えていた。ウォードにとって、社会進歩とは「何であれ、人間の幸福の総体量が増大すること」であり、この社会進歩を達成するものは「人間の知性的な努力」であった（Ward 1911［1897］, Vol. 2: 161）。

そして、ウォードは、スペンサーとちがい、「すべての社会進歩」の駆動力を「教育」に見いだした。ウォードにとって、教育とは、人びとに知性的な知識を与えることで人びとの自然本性を知性的なものに変える営みだったからである。いいかえるなら、ウォードのいう社会進歩は教育の効果であり、教育は社会進歩の効果である(Ward 1911 [1897], Vol. 2: 572)。したがって、スペンサーとちがい、「社会のすべての構成員」は、充分な教育を受けなければならなかった。一八九三年の『文明化の心的動因』において、ウォードは次のように述べている。

「人間の諸欲望は、その自然本性から変えることができる。同じ人間であっても、育った環境がまったく変われば、その欲望も変わるだろう。この事実が、適切な社会環境を創出するための議論を支えている。諸欲望とその帰結である行為は、その理念つまりその意見や信念に依存し、これらはつまるところ、広い意味での教育に依存している。したがって、何よりもまず人が享受すべきものは教育である。そして、……社会が担うべき最高の義務は、社会のすべての構成員が充分な教育を受けている状態を実現することである。ただし、その教育は、個々人をただ飾り立てるものでもなければ、まともな理由もなく特定の信念を刻み込むものでもない。その教育は、まさに可能なかぎり広い範囲にわたり、もっとも重要な知識を身につけさせ、自分たちを気遣う信念を生みだすものであるべきである」(Ward 1906 [1893]: 308 傍点引用者)。

ウォードに見られるこのような教育への期待は、果敢な倫理的意志をともなっていない、とはいいきれない。

優生学への傾き

また、一見すると、ウォードは、一命への畏敬の念を重視しているように見える。序章でもふれたように、ウォードは、(個人主義的な) 競争を否定しているからである。ウォードにとって、競争は基本的に弱肉強食であり、生まれた命の多くを無駄にすることであった。「競争が産業にとって意味するものは、自由貿易が商業にとって意味しているものと同じである。どちらも無駄だらけの遺伝学的方法であり、生産されるものの大部分を破壊することであり、打ち寄せては力なく引いていく周期的な波［の力］だけで進歩を生みだすことである」(Ward 1911 [1897], Vol. 2: 578)。このような無駄だらけの競争は、人間の教育にふさわしくない。人間の教育は、社会学的な因果分析・将来予測にもとづき、「社会全体」を幸福にする「社会的な企て」の一つだからである。

「競争システムに基礎づけられた教育は、うまく行うことができない。教育の企ては、通常の実業生活の企てから大きくかけ離れているために、実業生活から完全に区別される原則群を、そのすべてに適用しなければならない。第一に、教育は身体的存在の要求に対し何かを供給することではない。身体的存在に固有な動機を真の社会的な力と呼ぶことはできないからである。教育は、最初から最後まで、観察と経験にもとづく冷厳な計算の結果である。教育においては［子ども中心主義の教育学者が前提にしているような子どもの］自然な欲望など存在しないのである」(Ward 1911 [1897], Vol. 2: 584)。

しかし、ウォードの進歩概念は、少なくとも一命への畏敬を欠いていると、いわなければならない。ウォードの議論が優生学に傾いているからである。ウォードは、たしかに「弱者の保護」を唱えたが、その保護は、すべての弱者に対する保護ではなく、保護に値する弱者に対する保護であった。それは、『社会学の概要』で暗示されているように、育てるに値するものだけ育てるという農業的思考である（本書の序章でふれたウォードの競争論を参照されたい）。ウォードは、一八九七年に発表した『動態的社会学』において、デューイと同じように「メリオリズム」という言葉を使いながらも、「多数者の歓びのために少数者の歓びを犠牲にすること」を承認するとともに、「生き残るに値しない人を保護し延命することは、社会にとって有害である」と明言している。

「私たちが見てきたように……道徳的理念は、その実効性が高まるにつれて、知性的理念に成長する。たんなる衝動から本当の感覚へ、［本当の］感覚から理性へという心的なステップアップは、次のような恩恵的行動の変化に対応している。すなわち、猥雑な施し（promiscuous almsgiving）が、慈善事業のシステム化をへて、大規模な博愛活動と綿密に計画された人道主義に変化することである。しかし、人道主義は、その方向のままもう一段ステップアップし、メリオリズムに向かう。メリオリズムは、人道主義からすべての心情を引いたものである。このメリオリズムは、倫理的原則にかわる動態的原則である。メリオリズムは、怜悧な計算によって、また間接的手段を利用することによって社会的条件を改善することを意味している。それは、たんに現在の苦悩の緩和を意味しているのではない。メリオリズムの目的は、苦悩がまったくない情況を作ることである。それは、未来の歓びのために今の歓びを犠牲にすることであり、多数者の歓びのために少数者の歓びを犠牲にすることである。博愛活動や慈善活動をはるかに超えて、メリオリズムは、生き残るに値しない人を保護し延命することは社会にとって有害である、と宣言する。メリオリズムは、共感や心情という障壁を打ち壊し、目的すなわち結果のみを考えるだろう。メリオリズムは、この目的を達成するために間接的方法を用い、新しい戦略を駆使し、自然界の諸力を制御するために、すべてにおいて真の科学の精神を喚起するだろう。［道徳と知性という］重要な二つの理念は、それらが低い階層に位置しているときは、分離しているが、それらが高い階層に位置するとき、収斂し融合するのである。それらは、最初のうち、進化の正常なコースを逆転させるように見えるが、注意してみるなら、その過程がばらばらになっているさまざまな理念の体系の断片を一つの全体へと統合する過程であるとわかるだろう」(Ward 1911 [1897], Vol. II: 468-9 傍点［・］は原文のイタリックであり、傍点［、］は引用者による強調である)。

ウォードのメリオリズムは、優生学に傾斜し目的合理性、道具主義を指向していた。そうだからこそ、ウォードは、先に述べたように、競争を否定しながらも、メリトクラシーを否定しないのである。カリアーが論じているように、その意味では、ウォードは、現代アメリカのメリトクラシーの創出者である (Karier 1975b: 127-44)*。

＊　ウォードが信じているのは、キリスト教の「神の恩寵」でも、コントやデューイのメリオリズムでもなく、自然科学的な「自然の法則」である。ウォードは、一九〇六年に『応用社会学』において、「この宇宙のすべての法則のなかでもっとも基本的で重要な法則は、因果の法則である」といい、その具体例として「力学の法則」(「圧力と緊張の法則」)をとりあげ、次のように述べている。「［私たちの］行動を導くものとして、また進歩ならびに幸福の条件として必要なものは、真理の完全な所有、自然の法則への絶対的信念 (absolute *faith*) である。なるほど、例外の可能性を認めることは、改善を見越して行われるすべての計算において避けられない。しかし、もしもあるエンジニアが力学の法則は恣意的なもので、時間の推移とともに変化すると思っているなら、彼は橋やビルを建てることができないだろう。しかし、彼がそうした法則を絶対的に信じているなら、彼は自信をもって建築することができる。これは生活のすべてについてもいえる。最初に学ぶべき自然の法則と生活の法則は、力学的な諸法則であり、こうした法則にそう一つひとつのステッ

プは確実である」(Ward 1906: 86-7 傍点は原文のイタリック)。

ようするに、スペンサーの社会進化論も、ウォードの社会進歩論も、キリスト教的完全化論と同じように、先進的であろうとしたが、そこに、キリスト教的な生への態度である敢然への意志、一命への畏敬を見いだすことはできない。スペンサーの社会進化論は、これらの二つの態度をともに欠いているし、ウォードの社会進歩論は一命への畏敬を欠いている。社会進化論においては、一つの命は種全体の存続のために犠牲にされるからであり、社会進歩論においては、一つの命は高いメリットを示すかぎりにおいて大切にされるからである。いいかえるなら、メリットをもたないと判断された命は、大切にされないからである。

4 生への諦念、排除の暴力

生への諦念

さて、一命への畏敬、敢然への意志は、「諦念」のような生への否定的態度から大きく隔たっている。生への諦念という態度は、極限状況におかれたとき、人が潔く死を選ぶことを肯定することである。いいかえるなら、それは、圧倒的な困難に直面するとき、いかなる手段を用いてもその困難を打開し、一人ひとりが生きのびることよりも、名誉や体面や愛国心などの世俗的規範を優先し、人の命を規範のための道具として処遇することにつらなっている。生への諦念は、もっとも重大な存在否定を思議なく覚悟することである。

生への諦念を暗示している日本の文学作品は少なくないが、そうした作品のなかには、実話ないし実話を脚色したものもふくまれている。たとえば、新渡戸稲造(1862-1933)*の『武士道』(一九〇〇年)に描かれている子どもの切腹や、柳田国男(1875-1962)**の『山の人生』(一九二五年)に描かれている親の子殺しなどである。

* 新渡戸稲造は、明治大正期の農政家、法学者、教育家である。新渡戸は、一八六二年に現在の岩手県盛岡市に生まれた。札幌農学校(現在の北海道大学)、また東京帝国大学に学んだ。その後、ジョンズ・ホプキンス大学、ドイツのハレ大学に学んだ。帰国後、札幌農学校の教授となるが、体調をくずし、カリフォルニアで療養生活を送った。このとき、『武士道』を英文で執筆出版し、これがベストセラーとなった。帰国後、東京帝国大学教授、拓殖大学学監、東京女子大学学長などをつとめた。

** 柳田国男は、明治大正期に活躍した農政官僚であり、また日本民俗学の創始者である。新渡戸稲造とは先輩後輩の関係にあった。一八七五年に現在の兵庫県福崎町辻川に生まれた。東京帝国大学で農政学を学んだあと、農商務省農務局、内閣法制局などに勤務したが、しだいに民俗学に傾倒し、退職後、一民間人として日本の民俗学に大きな業績を残した。日本人の源流を論じた山人論三部作の一つが『遠野物語』である。なお、『山の人生』に描かれている事件の真相については、谷川(2001)を参照されたい。同書によると、この事件はじつは一家心中であり、その理由も貧困ではなく、娘に対する不倫の誹謗中傷であった。

アメリカやヨーロッパで日本文化のテクストとしてよく読まれた新渡戸稲造の『武士道』のなかには、八歳の子どもが切腹するという記述がある。父の仇を討とうとして徳川家康の命をねらった二四歳と一七歳の二人の兄弟が捕らえられた。家康は、その二人の勇気をたたえ、切腹することを許したが、同時にその一族の男子すべてにも切腹を命じた。その二人の兄弟には八歳の弟がいた。弟は、切腹の仕方を知らなかったので、左右で切腹し死んでいく二人の兄に切腹の仕方を学びながら、りっぱに切腹し、死んでいった(Nitobe 1905: 120-1)。

柳田国男の『山の人生』のなかには、父親が、貧困のあまり、実の息子と養っていた同年の娘を殺したという、一九二〇年代の殺人事件についての記述がある。その父親は五〇歳すぎのやもめで、美濃の山村で炭焼きを生業としていたが、いっこうに炭が売れず、二人の子どもはひどく飢えていた。ある日、父親が昼寝から目覚めると、子ども二人が斧を一生懸命に研いでいた。そして、父親に「これでわしたちを殺してくれ」といった。父親は、思わず、その二人の子どもの首を鉞（まさかり）で打ち落とし、殺害した（柳田 1976）。

『武士道』の兄たちと弟、『山の人生』の子どもと父に共通する感情は、一方による死の覚悟と、他方によるその覚悟の受容である。『武士道』の「弟」も『山の人生』の「子ども」も、自分の死を覚悟し、『武士道』の「兄たち」も『山の人生』の「父」も、その覚悟を受け容れている。「弟」も「子ども」も、かけがえのない命をみずから絶とうとしている。そして「兄たち」も「父」も、自分にとってもっとも大切な命が、みずからその命を絶とうとしているのに、止めようとしない。むしろ、「止めようがなかった」というべきだろうか。彼らは、少なくとも、幼い子どもの死への覚悟を許されない判断であるととらえていない。彼らは、幼い子どもの死への覚悟を、いわば、受容すべき崇高な判断であると見なしている。これは悲哀の美徳にほかならない。

新渡戸は、『武士道』に「自殺の制度」を見いだしているが、同じものを『山の人生』に見いだすことができる。どちらにおいても、生への諦念が前提になっている。どちらにおいても、人を、子どもを「自殺の制度」に追い込み、その制度を疑うことも許さず、自殺を覚悟をさせ、さらにその覚悟を「潔さ」として肯定する生への否定的な態度が見いだされる。そこでは、子どもの死の覚悟は「健気」である、「哀切」であると肯定されている。こうした生への諦念は、敢然への意志、一命への畏敬とまったくあい容れない。

命の交換は不可能

いくらかでも「人間の尊厳」「生命の尊厳」が規範となっている場合、生への諦念は、自分の命と他者の命との交換によって正当化されているが、ある人が自分の命と引き換えに他の人の命を救うことは、論理的に不可能である。一命は、固有性、かけがえのないものだからである。一命のかけがえのなさを自覚するかぎり、ある人の命の犠牲によって他の人の命が救われることは、結果として生じうることではあっても、目的としては行いえない。そうした行為は本来、ある人が他のだれかの命を救うことを目的とした行為であり、結果として自分の命を喪うことになった行為である。ある人の命と他の人の命との交換が成り立つためには、一命のかけがえのなさが無視されなければならない。一命のかけがえのなさを否定する人にとってのみ、命と命の交換は可能である。

命の交換は、しばしば感動的な行為として意味づけられるが、それは、一命のかけがえのなさが何らかの目的の手段として利用されているときである。たとえば、少数の人間がその命と引き換えに多くの人間の命を救うことは、高く賛美されてきた。国家のために命を投げだす兵士は賛美されてきたし、組織のために命を投げだす構成員も賛美されてきた。死んで逝く人は、その死への覚悟を讃えられ、残された者は、その人の死を嘆きつつも、その悲しみに耐える姿を讃えられてきた。こうした情況において、人びとは、人の命がかけがえのないものであることを自覚しながらも、そのかけがえのない命の喪失という悲哀に、麗しい美徳を見いだすのである。この悲哀の美徳を愛する人は、感動のために一命のかけがえのなさを利用する人である。それは、かけがえのない一命の手段化であり、この手段化という手法は、これまでにも、大衆動員の手段として繰りかえし使われてきた。

生への諦念を体現している行為は、近代日本の歴史にも少なからず見いだせる。たとえば、第二次大戦末期の「人間魚雷回天」「神風特別攻撃隊」「玉砕作戦」などである。どれも、命の交換によって生を諦めることを正当化している。近代以降の戦争において、正規軍が搭乗者の生還不可能な兵器を正式に採用し運用した例も、正規軍が戦闘参加者に降伏投降を禁じる作戦を繰りかえした例も、日本以外の先進国では見られないだろう。

よく知られているように、ニーチェのキリスト教批判は、イエス・キリストの命の手段化への批判である。しかし、聖書において語られるイエス・キリストの死は、命の交換を意味しているのだろうか。なるほど、イエスは自分の命を犠牲にして人類の魂を救おうとした、といわれてきたし、ニーチェもそう考えて、有名なキリスト教批判を展開した。しかし、イエスは、自分が正しいと思ったことを正しいと主張し、その結果として、処刑されたのではないだろうか。そもそも、自分の命を犠牲にして人類すべての魂を救おうとすることは、高邁ではなく傲慢である。それは、自分の命を人類すべての魂と交換可能であると考えることだからである。イエスは、自分の命と人類の魂を交換する意志をもっていなかったはずである。そう考えなければ、イエスが、自分の死が避けられないと気づいたときに、「神よ、なぜ私を見捨てるのですか」といった理由がわからないのではないだろうか。

社会的協同体における存在歓待

少なくとも敢然への意志、一命への畏敬をともなうかぎり、社会性／デモクラシーは、旧来の共同体から区別される。村落共同体、都市国家、主権国家のように、何らかの規範によって秩序化された旧来の共同体は、全員が共有する規範（物語）を構成員の一命よりも優先してきた。また、社会主義組織、資本主義企業のように、教条的・営利的に結節した共同体は、交換による利益を構成員の命よりも優先している。しかし、一命を規範の効能、交換の利益に優先させる共同体もありうる。そのような共同体をここで「社会的協同体」と表記しよう。社会的協同体は、旧来の共同体とちがい、二つの特徴をもっている。第一に、人との関係を交換の関係だけではなく、存在歓待の関係と見なすこと、第二に、言動を怯え・憎悪の暴力ではなく、生の敢然肯定によって駆動することである。

まず、旧来の共同体における人との関係についていえば、旧来の共同体の道徳は、交換の関係を前提としている。たとえば、「人間は、自分ひとりで生きているのではなく、社会に生かしてもらっている。したがって、人間は、自己のエゴイズムを規制し、社会（他者）に貢献しなければならない」という道徳的言説は、交換の関係を前提にしている。この言説は、社会からの援助と社会への奉仕とを交換しなければならないもの、と考えているからであり、この交換論的な位置づけが社会貢献・他者援助に義務感、負い目をともなわせているからである。いいかえるなら、そこでは、第一に、社会からの援助は個人がかかえこむ負債である、と考えられているからであり、第二に、個人による社会への貢献はこの負債を返還する個人の義務である、と考えられているからである。さらに、この交換の関係としての社会貢献は、実質的に人間が社会的＝互恵的に生きることを否定している。他者援助は、返さなければならない負債、つまり本当は借りてはならないもの、と見なされているからである。

しかし、多くの人びとが、社会的（＝互恵的）に生きることは本来の人の存在様態であると意識し、その意識が一人ひとりの命への畏敬に裏打ちされているなら、社会からの援助と社会への貢献の関係は、質的に大きく変化する。その場合、社会からの援助は、個々人がありがたくいただくものであり、社会への貢献も、個々人が喜んで行うものだからである。この場合、「ありがとう」という感謝と「喜んで」という寛容とは、負債／返済という等価交換の関係にあるのではなく、享受／発意という連鎖反応の関係にある。この互恵性の連鎖は、感謝、寛容の欠落によっても失われることはない。というのも、一命への畏敬は、純粋贈与を呼び寄せるからである*。

＊　純粋贈与に付帯する要件は、純粋贈与の事実があからさまでないこと、少なくとも、だれが贈り、だれに贈られたのかわからないことである。本来、純粋贈与は、人為・作為を超えた力の現れである。今村は「人間が社会生活を営み始めるときから、純粋贈与なるものは現実には存在せず、贈与はつねに交換とまぎれた不純な贈与でしかない」といいつつも、「純粋贈与の形式を否定することはできない。それは、人間の存在の根源にあることだからだ」と述べている（今村 2007: 45）。しかし、今村にとって、純粋贈与の関係は「社会性」と呼ばれるものではない。彼にとって「社会性」は、純粋贈与を否定する、法や規範によって制御される集合体に属する営みだからである。なお、教育における純粋贈与については、矢野智司の研究を参照されたい（矢野 2000, 2008）。また、人類学的な純粋贈与論としては、中沢（2003）をあげたい。念のためにいえば、道でお金を拾って「よかった」と思うことも、だれかに何かをもらい、「返す当てもないのに」と感じることも、純粋贈与ではない。ましてや、人助けをして「崇高な気分になる」ことなど、純粋贈与とまるで無縁である。これらはすべて交換である。交換でしか事象を理解できない者は、純粋贈与に暴力や高慢、そして不幸や無力を感じることだろう。たとえば、マルクスは、一八四四年の『経済学・哲学手稿』のなかで、「きみの愛が、その愛に応える愛を生みださないのなら、……その愛は無力であり、惨めである」と述べている（MEW 1956-68, Bd. 40: 567）。同感であるが、この愛は、交換の関係にとらわれた愛である。

一命への畏敬に貫かれているかぎり、人間の基底的行為として、純粋贈与が生じ、存在歓待の関係が生じる。人を一つのかけがえのない命として助け、また相手に一つのかけがえのない命として助けられるという相互活動（互恵活動）は、相手の助けを得るという見返りを見越したうえでの行為の連関ではない。相互的に生きる人が他の人を助けるのは、それがひとめぐりして自己利益をもたらすからではなく、それがたんに人の在りようだからであり、また相手に助けられるのは、それが自己利益を回収することだからではなく、それがたんに人の在りようだからである。しいていえば、純粋贈与は、人の存在と一体の倫理感覚に由来する営みである。

人間が社会的（＝互恵的）に生きることは、他者とかかわりあって生きることで個々人が自分らしい物語を更新しつつ生きることである。他者とかかわりあうかぎり、そこには、思想信条、文化慣習の違いからくるわずらわしい葛藤もある。しかし、それらの葛藤をのりこえたよろこばしい互恵・協同もある。そしてどちらもが、人の生を豊かにする。また、哀歓、悲喜、喜憂などの交差心情は、人と人を結びつけ、人を世界に結びつける。それは、たとえば、丹誠込めて作った品物を売る人が、一抹の寂しさを感じながら、買い手の歓びを歓ぶことであり、この交差心情によって、人が他者と結びつき、この世界と結びつくことである。こうした他者・世界との結びつきが、またこの世界に満ちている一つひとつの命への畏敬を生みだし、自分が生きることを可能にしていく。

排除の暴力

共同体を理念とする言説がしばしば見逃していることが、共同体の発動する排除の暴力である。それは、個人として出会うなら、ふつうで善良に見える人が、共同体（組織）の一員として行動するとき、関係の冗長性（寛容さ）*を消し去り、共同体（組織）の規範（規則遵守・利益追求）の権化として、共同体にとって異質な存在を排除することである。そしてその結果、彼（女）らは、善良に見える人のままに、他者に対しかぎりなく残酷になっていく。何らかの共同体に属する人は、その共同体、集団の規則を守るが、同時に他者への残酷な暴力もはらんでいく。たとえば、映画『マーシャル・ロウ』に登場するブルース・ウィリス演じるある将軍は、戒厳令下のニューヨークで、テロリストを逮捕するという目的のために、アラブ系アメリカ市民を拷問によって殺害してしまう。

＊　「冗長性」（redundancy）という言葉は、一般に無駄なものという意味合いで使われるが、コンピュータ用語としてのそれは、重大ではないミスを補償する余地・装置という意味で使われる。この意味をコミュニケーションに当てはめるとき、それは、ささいな言葉の

行き違いを補償し、それをいわばなかったことにするメタレベルのコミュニケーションを意味する。すなわち、自分と他者とのあいだで「信頼している」というメタ・メッセージが交換されている状態である（R・ヤコブソンのいう「交話機能」）。こうしたメタ・メッセージの交換によって、どうでもいい（redundant）話で盛りあがること、すなわち、情報の有用性ではなくコミュニケーションそのものに夢中になるという状態が生まれる。冗長性は、人間の存在が基本的に共生的であることを示唆する概念である。田中（2002）を参照されたい。

排除の暴力は、共同体の規範によって正当化されているが、それを駆動しているものは、人びとの憎しみの感情である。いいかえるなら、排除の暴力の本態は、「私たち」の敵に対する「私たち」の憎悪である。この憎悪は、「私たち」の敵へ下される「私たち」の正義の力によって増殖する。そして、敵への処罰は、敵への憎悪をさらに正当化する。「私たち」は、日常生活においても、行政処理においても、政策においても、真摯に考えなければならない問題が隠蔽されたり看過されたり、そうした問題を提起する人びとが排除されたりすることは「私たち」の安全・安寧を護るためには仕方のないことである、と考えている。そうした人びとは、すべての人間の言動を監視し、評価し、彼（女）らの言動をどこまでも規範に合一させようと規則・法律を制定し、規則・法律に逸脱する者を厳しく処罰することは、危機を的確に管理するための正当な行為である、と信じている。

こうした憎悪にまみれた排除の暴力を生みだす要件の一つは、自分たちの存在を脅かす人びと・現象への怯え（dread）である。人は、人を傷つけたり殺めたりする人物に怯《おび》えるだけではない。失業に対しても、老後に対しても、理解できない現象、意味不明の行為に対しても、怯える。そうした怯えは、他者への寛容を失わせ、自分たちが属していると信じ想像している共同体、集団を頑なに守ろうとする態度を生みだす。そうした怯えは、しだいに増殖し、

〈この危機を制御管理しなければ、大変なことになる〉という切迫感を生みだす。この切迫感は、「私たち」を怯えに追い込む人びとへの暴力を生みだす。彼（女）らは「私たち」から除外されるだけでなく、「私たち」の敵として処遇される。そして共同体の結びつきが高まるとともに、「私たち」の敵は、「私たち」の外部だけでなく、「私たち」の内部にも発見され、その内部の敵も、外部の敵と同じように排斥され、粛正される。まさに「共同体的な世界が完成するときは、その外にあるものすべてが自分と無関係になるときである」(Bauman 2000: 172)。

排除の暴力を生みだすもう一つの要件は、「すべての欲望は欲望されたものだ」(tout désir est désir d'être) といったジラールの言葉を用いるなら、模倣欲望 (le désir mimétique) の蔓延である (Girard 1994: 14)。旧来の共同体であれ、社会的協同体であれ、一定の自由と平等が確保されている場所には、模倣欲望がうごめいている。身分のような越えられない地位的差異があれば、この欲望は限定されるが、そうした差異がゆるむ社会においては、成員たちの模倣欲望は肥大し、多くの人がその虜となる。つまり、ある人のいだいた何かについての怯え・憎悪は、何かのきっかけで模倣され流行するとき、共同体のだれもが、さしたる根拠もなく、その怯え・憎悪を分有してしまう。

生の敢然肯定へ

排除の暴力は、地域共同体、学校、会社、主権国家の宿痾などではない。それは、すべての人の集まりがはらむリスクなどではない。旧来の共同体に見られる排除の暴力は、かけがえのない一命を護るために敢然と闘うという意志、つまり生の敢然肯定という態度をもたない集合意識の産物である。事実として、共同体のなかで排除の暴力が行使されようとも、その暴力に敢然と抗する営みが連綿とつづけられることが、その共同体を社会的協同体に変えるのである。今一度、繰りかえそう。かけがえのない一命を護ったという成果の程度が問題なのではない。その成果をめざす抵抗があらゆるところで実践されつづけるという事実それ自体が、共同体を社会的協同体に変えるのである。命を賭けるべきものが命を護ることであるという現実が、集合意識を変えるからである。真に恐れるべきは、賢しらなる諦めであり、そうした諦めを生みだす思考・実践の連鎖である。

排除の暴力を発動する集合意識は、社会のさまざまな領域の営みによって、日々、再生産されている。たとえば、子どもの示す排除の暴力の一つが、「シカト」「ハブ」のような集団的ないじめであるが、この集団的ないじめの背後には、子ども一人ひとりのかけがえのなさ（固有性）に配慮できない学校教育の日常があり、また職業人一人ひとりのかけがえのなさ（固有性）に配慮できない企業組織の日常がある。あまりにも多くの人びとが、ほとんど魅力を感じていない仕事を担い、ただ経済的利益と世間的栄誉のためだけに働いているとき、人は、他者に対しても、自分に対しても、嫌悪感、苛立ちを生みだし、社会的協同体を遠ざけてゆく。そして、人は、そうした負の感情と負の関係の悪循環をただ忘れるために、さまざまな享楽を厭くことなく開発し、次つぎに消費していく。

社会が一人ひとりのかけがえなさに配慮できないかぎり、いかに美しい理念をかかげても、からまわりするだけである。「グローバルな市民性」(global citizenship)、「他文化への共感性」(empathy for other culture)、「批判的思考」(critical thinking)、「ハイブリッドなアイデンティティ」(hybrid identity)、「ケアリングと思いやり」(caring and compassion) などは、どれも現代社会をよりよくするうえで否定できない理念である。しかし、これらの理念も、かけがえのない一命を護るために敢然と闘うというスタンスを喪えば、たちまちのうちに贈与を交換に回収し、愛情を正常に屈服させ、存在を機能に還元するだろう。弱さの力が強さの力に駆逐されるだろう。

私たちが日々つくりだしている集合意識に一命を敢然と肯定する態度をしっかり組み込み、相互活動を拡充していくなら、社会は確実によりよくなるだろう。一人ひとりの命と成長を果敢に支援するための協同活動を、教育領域のみならず、社会の隅ずみにまで広げるならば、生きることはより快適になるだろう。他者への寛容が広がり、その寛容が各人の自由を広げるだろう。なるほど、旧来の共同性から区別される社会的協同体を、現代社会において拡充することは、夢想にひとしい企てかもしれない。しかし、日本社会の集合意識は、ゆっくりと命の敢然肯定、相互活動の倫理を浸透させているようにも見える。ともあれ、デューイにならってこう述べておきたい。望ましい社会を実現しようとする知的な意志が存在するかぎり、克服しえない障壁は存在しない。と。

あとがき

本書の内容は、二つに分かれている。第1章は、具体的な学校改革をたどることで、進歩主義教育の背景となったアメリカ北東部の社会構造(機能的分化)・社会言説(メリトクラシー)をあぶりだす試みである。第2章、第3章、第4章は、第1章で明らかになったアメリカ北東部の社会構造・社会言説を踏まえつつ、それに対峙・対抗せんとした二〇世紀初期の進歩主義教育思想をとりあげ、その理論的な契機、心情的な駆動力をとりだす試みである。つまり、前半は社会構造・社会言説と教育制度の関係に照準し、後半は社会形象と教育思想の関係に照準している。

本書を構想したのは、一九九〇年前後である。もともとは、当時流行のリヴィジョニスト的な進歩主義教育観にかわる、フーコー、ルーマン的な進歩主義教育像を描いてみたいという、茫漠とした構想であった。第1章から第3章のもとである三本の論文は、そのころ、進歩主義期のアメリカ教育(思想)にリベラル・プロテスタンティズム特有の思考を見いだそうとした論文であるが、二〇〇五年から大幅に加筆され、その「思考」は、キリスト教的完全化論ととらえ直されている。第4章は、近年、あらたに書き下ろされたもので、進歩主義教育思想の中心人物、デューイのデモクラシー教育論に、同じくキリスト教的完全化論の命題を見いだす試みである。一五年ぶりにあらためて調べ始めるときりがなくどんどんふくらみ、六章になったが、出版にあたり、あらたに加筆したかなりの部分や、関連の乏しい章を割愛し、いささか長いが、四章にまとめた。

進歩主義教育思想についてもっとも気になっていたことは、その強靭かつ真摯な改革への意志である。極貧、腐敗、不正、犯罪、搾取などの深刻な社会問題に直面しながらも、なぜ進歩主義者はあれほどまでに肯定的に、弛むことなく、諦念におちいることなく、社会性／デモクラシーという未来を構想できたのか。端的にいえば、本書は、その答えを、キリスト教的な思考にふくまれる、二つの生への態度に見いだしている。一つは、いかなる困難に対しても応報の予測・計算を超えて倫理的に対処しつづける「敢然への意志」であり、もう一つは、一人ひとりをかけがえのない存在として敬う「一命への畏敬」である。どちらも、進歩主義教育思想の語る「社会性／デモクラシー」と同じで、充全に語りえない営みであるが、その端緒をとらえるだけでも、交換原理で思考し目先の利益に囚われがちな現代日本社会を批判的に刷新する契機となるのではないか、と考えている。

本書は、一八世紀後半から一九世紀後半のアメリカ教育思想を扱った『人格形成概念の誕生――近代アメリカの教育概念史』（東信堂）の続編である。また、現在、刊行を準備している『完全性概念の変容――近世ヨーロッパの教育概念史』は、本書の続編となるだろう。むりやり一言でいえば、私は、無条件の愛をかかげたキリスト教的完全性概念が、作為の力をたたえるヘレニズム的思考に囚われ、変質していったことが、近代教育概念の思想的淵源であり、コンペタンス（制御能力）という強さこそが力であるという平板な力の思考を蔓延させた契機である、と考えている。三巻の教育概念史によって、この仮説がいくらかでも説得的に提示することができれば、と思う。

ここ数年、過去の論文を書き直すために、かつて読んだ本や論文をふたたび読みかえしてきたが、そのたびに思い出したのは、当時、研究仲間と共有していた、何とも形容しがたい熱い雰囲気だった。そこには、虚栄、傲慢もあれば、羨望、畏敬もあった。しかし、何よりも、不穏なまでの知への情熱がみなぎっていた。品格、節度とはおよそ縁遠く、得体の知れないその力動こそが、学術研究の原動力なのだろう。

今回もまた、『人格形成概念の誕生』にひき続き、東信堂社主の下田勝司氏にお世話になった。下田氏とは、私が大学院生のころにお会いして以来のお付き合いで、これまでにも、ことあるごとに助けていただいた。心より感謝申し上げたい。本書の中身がそのご恩に少しでも報いるものであれば、と願う。

田中　智志

二〇〇九年七月七日

○各章の初出（初期版）

＊すべての論文に大幅な加筆修正を行った。なお、序章、終章は書き下しである。

第1章「一九世紀後期のアメリカにおける公立ハイスクールの教育課程変革と中産階級の形成」『文学研究科紀要別冊（哲学史学編）』（早稲田大学大学院）第一五集、一九八九年、九五ー一一一頁。

第2章「進歩主義期フィラデルフィアにおける教育改革論とM・G・ブランボー――進歩主義の精神」（未発表）一九九〇年。

第3章「カウンツ教育思想におけるデモクラシーと教化との関係」『教育哲学研究』（教育哲学会編）第六三号、一九九一年、九四ー一〇六頁。

第4章「デューイにおける社会性概念――メリオリズムという生への態度」（未発表）二〇〇六年。

〈索　引〉

〔サ行〕

〔タ行〕

〔ナ行〕

〔ヤ行〕

〔ラ行〕

〔欧字〕

〈文献表〉

市野川容孝　2006　『社会』岩波書店.

市村尚久　1978　「アメリカ進歩主義教育発展史におけるF・W・パーカーの児童中心主義教育の位置」『学術研究』（早稲田大学）27: 15-28.

市村尚久　1982　「アメリカにおける人間形成思想の伝統と革新」『人間形成の近代思想』第一法規.

今村仁司　2000　『交易する人間――贈与と交換の人間学』講談社.

今村仁司　2005　『抗争する人間』講談社.

今村仁司　2007　『社会性の哲学』岩波書店.

上杉忍　1989　『パクス・アメリカーナの光と陰――新書アメリカ合衆国史3』講談社.

梅根悟・川合章　1949　「興味主義と努力主義(1)」『教育技術』4(1): 40-2.

笠原克博　1989　『初期デューイ教育思想の課題――1890年代の社会改革運動との関連で』法律文化社.

金子茂　1999　「近代教育学の理論構造の特質（その1）」『教育学論集』（中央大学教育学研究会編）41: 1-19.

金子茂　2000　「近代教育学の理論構造の特質（その2）」『教育学論集』（中央大学教育学研究会編）42: 47-67.

金子茂　2001　「近代教育学の理論構造の特質（その3）」『教育学論集』（中央大学教育学研究会編）43: 29-53.

金子茂　2005　「近代教育学の理論構造の特質（その4）」『教育学論集』（中央大学教育学研究会編）47: 41-60.

苅谷剛彦　2004　『教育の世紀――学び、教える思想』弘文堂.

是永駿　2007　「覚悟と救い――人間的であること」『世界思想』34: 5-8.

佐藤学　1990　『米国カリキュラム改造史研究――単元学習の創造』東京大学出版会.

佐藤学　2001　「公共圏の政治学――両大戦間のデューイ」『思想』（岩波書店）No. 907: 18-40.

佐藤学　2003　『教師たちの挑戦――授業を創る、学びが変わる』小学館.

清水幾太郎　1976　『オーギュスト・コント』岩波書店（新書）.

千賀愛・高橋智　2001　「19世紀末シカゴの児童・教育問題とジョン・デューイ」『東京学芸大学紀要 第1部門 教育科学』52: 219-43.

千賀愛・高橋智　2003a　「デューイ実験学校と子どもの発達的ニーズに応じるカリキュラム編成論」『東京学芸大学教育学部附属教育実践総合センター研究紀要』27: 55-75.

千賀愛・高橋智　2003b　「デューイ実験学校と教育実践の展開」『東京学芸

大学紀要 第一部門 教育科学』54: 241-67.
田中智志 1989 「19世紀後期のアメリカにおける公立ハイスクールの教育課程変革と中産階級の形成」『文学研究科紀要別冊 (哲学史学編)』(早稲田大学) 15: 95-111.
田中智志 1990 「19世紀後期のニューイングランドにおける寄宿制学校の教育理念」『日本の教育史学』(教育史学会) 33: 194-209.
田中智志 1991 「カウンツ教育思想におけるデモクラシーと教化との関係」『教育哲学研究』(教育哲学会) 16: 94-106.
田中智志 2002 『他者の喪失から感受へ——近代教育の装置を超えて』勁草書房.
田中智志 2004 「ケアリングの存在条件」『他者に臨む知——臨床教育人間学1』世織書房.
田中智志 2005 『人格形成概念の誕生——近代アメリカの教育概念史』東信堂.
谷川健一 2001 『柳田国男の民俗学』岩波書店 (新書).
長尾十三二編 1988 『新教育運動の歴史的考察』明治図書出版.
中沢新一 2003 『愛と経済のロゴス——カイエ・ソバーシュⅢ』講談社.
中村満紀男ほか 2004 『優生学と障害者』明石書店.
野村達朗 1989 『フロンティアと摩天楼——新書アメリカ合衆国史2』講談社.
橋川文三 1977 『柳田国男』講談社 (学術文庫).
馬場靖雄 2001 『ルーマンの社会理論』勁草書房.
早川操 1994 『デューイの探究教育哲学——相互成長をめざす人間形成論再考』名古屋大学出版会.
早川操 1996 「パラダイム・シフトのなかのデューイ」『近代教育フォーラム』5: 107-116.
原聡介 1970 「ヘルバルトにおける近代教育学の成立について」『岡山大学教育学部研究集録』30: 21-29.
古屋恵太 2008 「ジョン・デューイによるIQ論争の再文脈化の試み」藤川信夫編『教育学における優生思想の展開』勉誠出版.
松下良平 1996 「デューイによる近代批判の諸相と特質」『近代教育フォーラム』5: 117-126.
丸山恭司 2008 「戦間期アメリカにおける優生思想普及活動の展開」藤川信夫編『教育学における優生思想の展開』勉誠出版.
宮本健市郎 2005 『アメリカ進歩主義教授理論の形成過程——教育における個性尊重は何を意味してきたか』東信堂.
毛利陽太郎 1966 「カウンツの教育思想の変化に関する一考察」『教育哲

学研究』14: 42–55.

毛利陽太郎　1979 「カウンツの教育思想――教育的社会改革思想のイデオロギー的性格についての一考察」『デューイ学会紀要』20: 125–32.

森田尚人　1986 『デューイ教育思想の形成』新曜社.

森田尚人　1994 「発達観の歴史的構成」森田尚人ほか編『教育学年報 3 教育なかの政治』世織書房.

森田尚人　1996 「デューイと近代」『近代教育フォーラム』5: 127–36.

森田尚人　1999 「ジョン・デューイと未完の教育改革」原聡介ほか編『近代教育思想を読みなおす』新曜社.

柳田国男　1976 『遠野物語・山の人生』岩波書店（文庫）.

柳田国男　1993 『明治大正史――世相篇』講談社（文庫）.

矢野智司　2000 『自己変容という物語』金子書房.

矢野智司　2008 『贈与と交換の教育学』東京大学出版会.

*

Abbott, Lyman　1888　"The New Reformation," *The Century* 37 (1): 71-80.

Abbott, Lyman　1889　"Christianity versus Socialism," *North American Review* 148 (Mar/Apr): 453-60.

Abbott, Lyman　1891　"What is Christianity ?" *Arena* 3: 46.

Abbott, Lyman　1892　*The Evolution of Christianity*. Boston/New York: Houghton, Mifflin and Company.

Abbott, Lyman　1895　"Religious Teaching in the Public Schools," *The Century* 49 (6): 943-8.

Abbott, Lyman　1910　"The Spirit of Democracy," *Outlook* 95 (July 30): 741.

[AHA]American Historical Association　1934　*Conclusion and Recomendations of the Commission on the Social Studies*. New York: Charles Scribner's Sons.

Ahlstrom, Sydney E.　1974　*A Religious History of the American People*. New Haven: Yale University Press

Aikin, Wilford M.　1942　*The Story of the Eight-Year Study, with Conclusions and Recommendations: Adventures in American Education*, Vol. 1. New York : Harper and Brothers. [://www.8yearstudy.org].

Alexander, Karl L., et al.　1977　"Curriculum Tracking and Educational Stratification: Some Further Evidence," Report No. 237, ERIC [ED146666].

Alexander, Thomas M.　1987　*John Dewey's Theory of Art, Experience, and Nature: The Horizons of Feeling*. Albany: State University of New York Press.

Alpert, Augusta　1932　"Education and Indoctrination," *New Republic* 87 (3. August): 75.

Altadonna, Leigh J. 1983 "The School, Curriculum, and Community: A Case Study of the Institutionalizing of Industrial Education in the Public Schools of Philadelphia, 1876-1918," Ed. D. Dissertation, Columbia University.

Altenbaugh, Richard, ed. 1999 *Historical Dictionary of American Education.* Westport, CT: Greenwood Press.

Angus, David L. / Mirel, Jeffrey E. 1999 *The Failed Promise of the American High School, 1890-1995.* New York: Teachers College Press.

Apple, Michael 2000 *Officual Knowledge: Democratic Education in a Conservative Age,* 2nd edn. New York/London: Routledge.= 2007 野崎与志子ほか訳『オフィシャル・ノレッジ批判——保守復権の時代における民主主義教育』東信堂.

Aquinas, saint Thomas 1948 (1266-1273) *Summa Theologiae: Cura et studio Petri Caramello, Cum textu ex recensione leonina*, 3 Vols. Roma: Editio Leonina Manualis / Taurini : Marietti.= 1960- 高田三郎・稲垣良典ほか訳『神学大全』(全36巻 刊行中) 創文社.

Arnold, Matthew 1869 *Culture and Anarchy: An Essay in Political and Social Criticism.* [://www.authorama.com/culture-and- anarchy].= 1963 多田英次訳『教養と無秩序』岩波書店 (岩波文庫).

Arnstine, Barbara 1974 "Reconstructing George S. Counts: An Essay Review," *Educational Theory* 24 (1): 110-9.

Arrow, Kenneth / Bowles, Samuel / Durlauf, Steven, eds. 2000 *Meritocracy and Economic Inequality.* Princeton: NJ: Princeton University Press.

Ayres, L. P. 1909 *Laggards in Our Schools.* New York: Charities Publication.

Bache, Alexander D. 1839 "Report to the Controllers of the Public Schools on the Reorganization of the Central High School of Philadelphia, December 10, 1839." Philadelphia.

Bagley, William C. 1905 *The Educative Process.* New York: Macmillan.

Baltzell, E. Digby 1964 *The Protestant Establishment.* New Haven: Yale University Press

Baltzell, E. Digby 1979 *Puritan Boston and Quaker Philadelphia.* New York: The Free Press.

Baran, Paul A. / Sweezy, Paul M. 1966 *Monopoly Capital.* New York: Monthly Review Press. = 1967 小原敬士訳『独占資本』岩波書店.

Barton, Bruce 1921 "What Your Mirror Will Tell about Your Character," *The American Magazine* XCIII (Apr.): 47.

Bashaw, Carolyn Terry 1986 "Ella Flagg Young and Her Relationship to the Cult of Efficiency," *Educational Theory* 36 (3): 363-73.

Bates, Marian S. 1896 "Nature Study," An Abstract of the Lectures of Dr. Martin G. Brumbaugh.

Bauman, Zygmunt 1991 *Modernity and Ambivalence*. Cambridge: Polity Press.

Bauman, Zygmunt 2000 *Liquid Modernity*. Cambridge / Maden, MA: Polity Press.

Bauman, Zygmunt 2005 *Liquid Life*. Cambridge / Maden, MA: Polity Press.

Baykin, J. C. / Hood, W. R. 1913 "Legislation and Judicial Decisions Relating to Education, 1909-1912," *U. S. Bureau of Education Bulletin* 55: 1-304.

Beard, Charles 1914 *An Economic Interpretation of the Constitution of the United States*. New York: Charles Scribner's Sons.

Beard, Charles 1932 "A Search for the Center," *Scribner's Magazine* XCI (January): 2-7.

Beard, Charles 1933 "Limitations to the Application of Social Science Implied in Recent Social Trends," *Social Forces* 11 (4): 504-12.

Beard, Charles 1934 "Written History as an Act of Faith," *American Hisorical Review* 39 (2): 219-31.

Beard, Charles 1936 "Ruskin and the Babble of Tongues," *New Republic* 137 (5. August): 370-1.

Beard, Charles / Beard, Mary 1927 *The Rise of American Civilization*, 2 Vols. New York: Charles Scribners Sons.

Beard, Charles / Beard, Mary 1962 (1942) *The American Spirit: A Study of the Idea of Civilization in the United States*. New York: Collier Books (Macmillan Company).= 1954 高木八尺・松本重治訳『アメリカ精神の歴史』岩波書店（抄訳）.

Becker, Richard C. 1958 "The Social Thought of William Augustus Muhlenberg," *Historical Magazine of the Protestant Episcopal Church* 27: 307-23.

Bellah, Robert N. 1992 *The Broken Covenant: American Civil Religion in Time of Trial*, 2nd edn. Chicago: University of Chicago Press.

Bellah, Robert N. / Madsen, Richard / Swidler, Ann / Tipton, Steven 1985 *Habits of the Heart*. New York: Harper and Row.= 1991 島薗進・中村圭志訳『心の習慣』みすず書房.

Benjamin, Philip S. 1970 "Gentlemen Reformers in the Quaker City, 1870-1912," *Political Science Quarterly* 85 (1): 61-79.

Berman, Barbara 1983 "Business Efficiency, American Schooling and the Public School Superintendency," *History of Education Quarterly* 23 (3): 297-322

Berrol, Selma C. 1976 "School Days on the Old East Side: The talian and Jewish Experience," *New York History* 57 (2): 201–234.

Berrol, Selma C. 1982 "In Their Image: German Jews and the Americanization

of the Ost Juden in New York," *New Yrok History* 63 (4): 417-34.

Bible　1990　共同訳聖書実行委員会訳『聖書』(新共同訳) 日本聖書協会.

Bible KJ　1972　*The Holy Bible: Containing the Old and New Testaments and the Apocrypha, the King James Version.* Cambridge: Cambridge University Press.

Bible LV　2007　*Biblia Sacra Iuxta Vulgatam Versionem*, Robert Weber / Roger Gryson eds., 5e Aufl. Stuttgart: Deutsche Bibelgesellschaft.

Biesta, Gert J. J.　2006　*Beyond Learning: Democratic Education for a Human Future.* Boulder, CO: Paradigm Publishers.

Biesta, Gert J. J.　2007　"Education and the Democratic Person: Towards a Political Conception of Democratic Education," *Teachers College Record* 109 (3): 740-69. (=Biesta 2006: 117-46).

Bledstein, Birton J.　1978　*The Culture of Professionalism.* New York: W. W. Norton.

Blodgett, Geoffrey　1966　*The Gentle Reformers: Massachusetts in the Cleveland Era.* Cambridge, MA: Harvard Univ. Press.

Blumin, Stuart M.　1985　"The Hypothesis of Middle-Class Formation in Nineteenth-Century America: A Critique and Some Proposals," *American Historical Review* 90 (2): 299-338.

Bobbit, J. Franklin　1918　*The Curriculum.* Boston: Houghton Mifflin.

Bobbit, J. Franklin　1924　*How to Make a Curriculum.* Boston: Houghton Mifflin.

Bobbit, J. Franklin　1934　"Questionable Recommendations of the Commission on the Social Studies," *School and Society* 40: 201-8.

Bode, Boyd　1935　"Education and Social Reconstruction," *Social Frontier* 1 (4): 19-22.

Boisvert, Raymond D.　1988　*Dewey's Metaphysics.* New York: Fordham University Press.

Bologh, Roslyn　1979　*Dialectical Phenomenology: Marx's Method.* Boston: Routledge and Kegan Paul.

Bourdieu, Pierre/Passeron, Jean-Claude　1970　*La Reproduction: Élements pour une Théorie du Système d'Enseignement.* Paris: Editions de Minuit.=　1991　宮島喬訳『再生産——教育・社会・文化』藤原書店.

Bowers, C. A.　1967　"The Ideologies of Progressive Education," *History of Education Quartely* 7 (4): 452-73.

Bowers, C. A.　1969　*Progressive Educator and the Depression.* New York: Random House.

Bowers, C. A.　1987a　*Elements of a Post-Liberal Theory of Education.* New York: Teachers College Press.

Bowers, C. A.　1987b　*The Promise of Theory: Education and the Politics of Cultural*

Change. New York: Teachers College Press.

Bowers, C. A.　2003　"The Case against John Dewey as an Environmental and Eco-Justice Philosopher," *Environmental Ethics* 25 (1): 25-43.

Bowlby, John　1988　*A Secure Base: Clinical Applications of Attachment Theory.* London: Routledge.=　1993　二木武監訳『母と子のアタッチメント――心の安全基地』医歯薬出版.

Bowles, Samuel　1972　"Unequal Education and the Reproduction of the Social Division of Labor," *Review of Radical Political Economics* 3 (4): 1-30.

Bowles, Samuel / Gintis, Herbert　1976　*Schooling in Capitalist America: Educational Reform and the Contradictions of Economic Life.* New York: Basic Books.=　1986-7　宇沢弘文訳『アメリカ資本主義と学校教育』I・II　岩波書店.

Boyer, Ernest L.　1983　*High School: A Report on Secondary Education in America.* New York: Harper and Row.

Bradley, Edward S.　1931　*Henry Charles Lea: A Biography.* Philadelphia: University of Pennsylvania Press.

Braverman, Harry　1974　*Labor and Monopoly Capital: The Degradation of Work in the Twentieth Century.* New York: Monthly Review Press.=　1978　富沢賢治訳『労働と独占資本――20世紀における労働の衰退』岩波書店.

Brumbaugh, Martin G.　1897a　Juniata Bible Lectures : A Series of Twelve Lectures, Mostly on the Book of Ruth, Delivered to the Students of the Bible Session of Juniata College, Huntingdon, PA, February, 1897. Philadelphia: Avil Printing Co. [www.archive.org / details].

Brumbaugh, Martin G.　1897b　"Nature Study Is Nature Love," *Juniata Echo* 6 (Apr): 51-2.

Brumbaugh, Martin G.　1898　"The Mission of the Elementary School," *N.E.A., Journal of Proceedings and Addresses* 37: 343-9.

Brumbaugh, Martin G.　1902　"Progress of Education in Porto Rico," *N.E.A., Journal of Proceedings and Addresses* 41: 253-5.

Brumbaugh, Martin G.　1904a　"The Need and Scope of Moral Training of the Young," *Ethical Addresses* 11: 110-21.

Brumbaugh, Martin G.　1904b　"The Simplification of the Secondary School Curriculum," *Association of Colleges and Preparatory Schools of the Middle States and Maryland, Proceedings and Addresses* 18 (Nov): 72-7.

Brumbaugh, Martin G.　1905　*The Making of a Teacher,* 1st edn. Philadelphia: Sunday School Times Company.

Brumbaugh, Martin G.　1907a　"Moral Training of the Young: Pedagogical Principles and Methods," *Ethical Addresses* 14: 166-77.

Brumbaugh, Martin G. 1907b "Some Concideration in Arriving at a New Basis for Promotion and Transfer of Pupils," *Ohio Educational Monthly* 56: 175-9.

Brumbaugh, Martin G. 1908 "The Function of Education in a Democracy," *Journal of Education* 68: 447-9.

Brumbaugh, Martin G. 1912a "A Definite Propaganda to Impress upon the American Mind as Now Provided for Education for Study," *N.E.A. Journal of Proceedings and Addresses* 51: 487-8.

Brumbaugh, Martin G. 1912b "The Relation of an Urban Commnity to Its Public School System," *N.E.A., Journal of Proceedings and Addresses* 50: 382.

Brumbaugh, Martin G. 1913 "Address of Welcome," Delivered to the National Department of Superintendence, at Philadelphia, Pensylvania, on Feb. 26. 1913.

Brumbaugh, Martin G. 1918 "New World-Standards of Educational Efficiency," *N.E.A., Addresses and Proceedings* 56: 84-7.

Brumbaugh, Martin G. 1920 *Making of a Teacher: A Contribution to Some Phases of the Problem of Religious Education*, 10th edn. Sunday School Times Company.

Bultmann, Rudolf Karl 1980 *Glauben und Verstehen, Rudolf Karl Bultmann Gesammelte Aufsatze*, Bd. 1. Tubingen: J. C. B. Mohr.= 1986 土屋博訳「神学論文集 I」『ブルトマン著作集』第11巻 新教出版社.

Bundgaard, Axel 2005 *Muscle and Manliness: Rise of Sport in American Boarding Schools*. Syracuse University Press.

Burke, Colin B. 1982 *American Collegiate Populations*. New York: New York University Press.

Burnett, Joe R. 1988 "Dewey's Educational Thought and His Mature Philosophy," *Educational Theory* 38 (2): 203-11.

Bury, John B. 1955 (1920) *The Idea of Progress: An Inquiry into Its Origin and Growth*. New York: Dover.

Bushman, Richard D. 1992 *The Refinement of America: Persons, Houses, Cities*. New Yrok: Alfred A. Knopf.

Butts, R. Freeman 1978 *Public Education in the United States: From Revolution to Reform*. New York: Holt, Rinehart and Winston.

Butts, R. Freeman / Cremin, Lawrence A. 1953 *A History of Education in American Culture*. New York: Holt.

Callahan, Raymond E. 1962 *Education and Cult of Efficiency*. Chicago: University of Chicago Press.

Campbell, James. 1992 *The Community Reconstructs: The Meaning of Pragmatic Social Thought*. Urbana: University of Illinois Press.

Campbell, James 1995 *Understanding John Dewey: Nature and Cooperative Intelligence.* Chicago / La Salle: Open Court Publishing.

Camper, Natalie K. 1978 "Testing, Guidance and Curriculum: The Impact of Progressive Education in Waltham, Massachusetts, 1918-1968," *Educational Studies* 9 (2): 159-71.

Carlson, Dennis 1995 "Making Progress: Progressive Education in the Postmodern," *Educational Theory* 45 (3): 337-58.

Carter, Paul A. 1956 *The Decline and Revival of the Social Gospel: Social and Political Liberalism in American Protestant Churches, 1920-1940.* Ithaca: Cornell University Press.

Casey, Edward 1998 *The Fate of Place : A Philosophical History.* Berkeley, CA: University of California Press. = 2008 江川隆男ほか訳『場所の運命——哲学における隠された歴史』新曜社.

Channing, William Ellery 1893 (1832) "Honor Due to All Man," *Works of William E. Channing, D.D. with an Introduction,* New and Complete Edition, Rearranged. Boston.

Charters, Werrett Wallace 1909 *Methods of Teaching, Developed from a Functional Standpoint.* Chicago: Row, Peterson and Co..

Charters, Werrett Wallace 1923 *Curriculum Construction.* New York: Macmillan.

Cheyney, Edward P. 1885 "The Lesson of Philadelphia," *The Nation*, November 26: 118.

Childs, John L. 1956 *American Pragmatism and Education.* New York: Henry Holt and Co.

Ciampa, Valentino A. 1940 "Martin Grove Brumbaugh, Pioneering Superintendent of the philadelphia Public Schools," *Pennsylvania History* 7 (1): 31-41.

Clecton, Glen U. 1926 "Estimating Human Character," *Scientific Monthly* 23 (Nov.): 427-31.

Coe, George Albert 1903 "Religious Education as a Part of General Education," *The Religious Education Association: Proceedings of the First Convention, Chicago 1903.* Chicago: Religious Education Association.

Cohen, David / Lazerson, Marvin 1972 "Education and Corporate Order," Socialist Revolution 2 (2): 47-72.

Collins, Randall 1979 *The Credential Society: An Historical Sociology of Education and Stratification.* New York/San Francisco: Academin Press. = 1984 新堀通也監訳『資格社会——教育と階層の歴史社会学』東信堂.

Comte, Auguste 1851-4 *Systéme de politique positive ou Traité de sociologie instituant la religion de l'humanité.* Paris: Librairie Scientifique- industrielle de L. Mathias.=

1973 (1875) John Henry Bridges/M. B. Oxon, trns. *System of Positive Polity or Treatise on Sociology Instituting the Religion of Humanity.* New York: Lenox Hill Pub. & Dist. Co (New York: Burt Franklin).

Comte, Auguste 1852 *Catéchisme positiviste.* Paris.[://classiques.uqac.ca/classiques/Comte_auguste/catechisme_positiviste].

Cornog, William F. 1952 *School of the Republic, 1893-1943: A Half Century of the Central High School of Philadelphia.* Philadelphia: Rittenhouse Press (Associated Alumni of Central High School).

Counts, George S. 1922 *The Selective Character of American Secondary Education.* Chicago: University of Chicago Press

Counts, George S. 1926 *The Senior High School Curriculum.* Chicago: University of Chicago Press.

Counts, George S. 1927 *The Social Composition of Board of Education.* Chicago: University of Chicago Press.

Counts, George S. 1928 *School and Society in Chicago.* New York: Harcourt, Brace and Co.

Counts, George S. 1929 *Secondary Education and Industrialism.* Cambridge, MA: Harvard University Press.

Counts, George S. 1930 *The American Road to Culture: A Social Interpretation of Education in the United States.* New York: John Day Co.

Counts, George S. 1931 *The Soviet Challenge to America.* New York: John Day Co.

Counts, George S. 1932a "Dare Progressive Education be Progressive?" *Progressive Education* 9 (4): 257-63.

Counts, George S. 1932b "Education thru Indoctrination," *Official Report, Department of Superintendence of the National Education Association 1932:* 193-7.

Counts, George S. 1932c "Education and Indoctrination," *Letter to New Republic* 72 (31 August): 75.

Counts, George S. 1932d "Freedom, in Relation to Culture, Social Planning, and Leadership," in Dewey 1996, LW. 6: Appendix 1.

Counts, George S. 1933 *A Call to the Teachers of America.* New York: John Day Co.

Counts, George S. 1934 *The Social Foundations of Education.* New York: Charles Scribner's Sons.

Counts, George S. 1937a "A Proposal for the Establishment at Teachers College of an Institute for the Study of the Historical and Cultural Foundations of Education," 1937, in "George S. Counts Papers, 1907-74," Special Collection No.134, Morris Library, Southern Illinois University at Carbondale.

Counts, George S. 1937b *The Unique Function of Education in American Democracy.* Washington, DC: Educational Policies Commission, NEA and the Department of Superintendence.

Counts, George S. 1938 *The Prospect of American Democracy.* New York: John Day Co.

Counts, George S. 1939 *The School Can Teach Democracy.* New York: John Day Co.

Counts, George S. 1940 "The Teaching of Patriotism," *American Teacher* 24 (2): 7

Counts, George S. 1941 *The Education of Freemen in American Democracy.* New York: MacMillan Co.

Counts, George S. 1946 *Education and the Promise of America.* New York: MacMillan Co.

Counts, George S. 1952 *Education and American Civilization.* New York: Teachers College, Columbia University Press.

Counts, George S. 1958a "A Rational Faith in Education," *Teachers College Record* 59 (5): 249-57.

Counts, George S. 1958b "The Spirit of American Education," *Teachers College Record* 59 (8): 450-9.

Counts, George S. 1962 *Education and the Foundations of Human Freedom.* Pittsburgh: University of Pittsburgh Press.

Counts, George S. 1971 "A Humble Autobiography," in Robert J. Havighurst, ed., *Leaders in American Education, The Seventieth Yearbook of the National Society for the Study of Education,* Part 2. Chicago: University of Chicago Press.

Counts, George S. 1978[1932] *Dare the School Build a New Social Order?* Carbondale, IL: Southern Illinois University Press.

Counts, George S. / Beard, Charles A. 1929-47 "George S. Counts - Charles A. Beard Correspondence, 1929-1947," Special Collection No.24, Morris Library, Southern Illinois University at Carbondale.

[CPSP] Controllers of the Public Schools of School District of Pennsylvania 1844- *Annual Report of the Controllers of the Public Schools of the First School District of Pennsylvania.* Philadelphia: The Board of Control.

Cremin, Lawrence A. 1961 *The Transformation of the School: Progressivism in American Education, 1867-1957.* New York: Alfred A Knopf.

Cremin, Lawrence A. 1976 *Public Education.* New York: Basic Books.

Cremin, Lawrence A. 1988 *American Education: The Metropolitan Experience, 1876-1980.* New York: Harper and Row.

Cubberley, Ellwood P. 1920 *The History of Education: Educational Practice and Progress Considered as a Phase of the Development and Spread of Western Civilization.* Boston,

MA: Houghton Mifflin.

Curti, Merle 1968[1959] *The Social Ideas of American Educators.* Totowa, NJ: Littlefield, Adams and Co.

Curtis, Bruce 1981 *William Graham Sumner.* Boston: Twayne Publishers.

Curtis, Susan 2001 (1991) *A Consuming Faith: The Social Gospel and Modern American Culture.* Columbia, MO: University of Missouri Press.

Dennis, Lawrence J. 1983 "George S. Counts on Indocrination," *Proceedings of the Annual Conference of the Midwest Philosophy of Education Society 1982*: 1-14.

Dennis, Lawrence J. 1989 *George S. Counts and Charles A. Beard: Collaborators for Change.* Albany, NY: State University of New York Press.

Dennis, Lawrence J. 1992 *From Prayer to Pragmatism: A Biography of John L. Childs.* Carbondale, IL: Southern Illinois University Press.

Dennis, Lawrence J. / Eaton, William E. 1980 *George S. Counts: Educator for New Age.* Carbondale, IL: Southern Illinois Press.

Dennis, Patrick 2002 (1955) *Auntie Mame: An Irreverent Escapade.* New York: Broadway Books (Vanguard Press).

Dewey, John 1914 "A Policy of Industrial Education," *New Republic* 1 (Desember 19): 11-2.

Dewey, John 1915 "Education vs. Trade-Traning," *New Republic* 3 (May 15): 42-3.

Dewey, John 1927[1954] *The Public and Its Problems.* Denver: Swallow.

Dewey, John 1932 "Discussion," in "Freedom, Culture, Social Planning and Leadership," *Proceeding, NEA* 70: 13-5.

Dewey, John 1969-91 *The Collected Works of John Dewey, 1882-1953*, ed., Jo Ann Boydston. Carbondale and Edwardsville: Southern Illinois University Press. [The Early Works (EW), The Middle Works (MW) and The Later Works (LW)].

Dewey, John 1996 *The Collected Works of John Dewey, 1882-1953: The Electronic Edition,* edited by Larry A. Hickman. Charlottesville, Virginia: InteLex Corporation.

P = *Psychology* (1887 EW. 2)

MPC = "My Pedagogic Creed" (1897 EW. 5) = 1977 遠藤昭彦・佐藤三郎訳「私の教育学的信条」『実験学校の理論』明治図書出版.

SS = *The School and Society* (rev. edn. 1915 MW. 1) = 1998 市村尚久訳「学校と社会」『学校と社会 子どもとカリキュラム』講談社(学術文庫)

CC = *The Child and the Curriculum* (1902 MW. 2) = 1998 市村尚久訳「子どもとカリキュラム」『学校と社会 子どもとカリキュラム』講談社(学術文庫)

MPE = *Moral Principles in Education* (1909 MW. 4)
DE = *Democracy and Education* (1916 MW. 9) = 1975 松野安男訳『民主主義と教育――教育哲学入門』(上・下) 岩波書店.
RP = *Reconstruction in Philosophy* (1920 MW. 12)
HNC = *Human Nature and Conduct* (1922 MW. 14)
EN = *Experience and Nature* (1925 LW. 1)
PP = *The Public and Its Problems* (1927 LW. 2)
QC = *The Quest for Certainty* (1929 LW. 4)
ION = *Individualism, Old and New* (1929 LW. 5)
DF = "Discussion of "Freedom, in Relation to Culture, Social Planning, and Leadership"" (1932 LW. 6)
E = *Ethics* (1908 MW. 5/1932 LW. 7)
HWT = *How We Think* (1933 LW. 8)
CF = *A Common Faith* (1934 LW. 9)
AE = *Art as Experience* (1934 LW. 10)
LSA = *Liberalism and Social Action* (1935 LW. 11)
L = *Logic: The Theory of Inquiry* (1938 LW. 12)
EE = *Experience and Education* (1938 LW. 13) = 2004 市村尚久訳『経験と教育』講談社 (学術文庫).
FC = *Freedom and Culture* (1939 LW. 13)
KK = *Knowing and the Known* (1949 LW. 16)

Dewey, John / Dewey, Evelyn 1915 *Schools of Tomorrow.* New York: E. P. Dutton and Campany.

DHI 1968-73 *Dictionary of the History of Ideas: Studies of Selected Pivotal Ideas,* P. Wiener ed., New York: Charles Scribner's Sons.= 1990 荒川幾男ほか監訳『西欧思想大事典』(全5巻) 平凡社.

Diggins, John Patrick 1981 "Power and Authority in American History: The Case of Charles A. Beard," *American Historical Review* 86 (2): 701-30.

Diggins, John Patrick 1994 *The Promise of Pragmatism: Modernism and the Crisis of Knowledge and Authority.* Chicago: University of Chicago Press.

Diggins, John Patrick 1996 *Max Weber: Politics and the Spirit of Tragedy.* New York: Basic Books.

Donaldson, George Huntington 1929 "Eugenics: A Lay Sermon," *Methodist Review* 112: 60.

Drost, Walter H. 1967 *David Snedden and Education for Social Efficiency.* Madison: University of Wisconsin Press.

Dugdale, Richard L. 1877 *The Jukes: A Study in Crime, Pauperism, Disease, and*

Heredity. New York: G. P. Putnam's Sons.

Dunlap, Knight 1921 "Fact and fable in Character Analysis," *The Annals* CX (Nov.): 74-80.

Durkheim, Emile 1893 *De la divisine du travail social.* Paris: Felix Alcan.= 1985 井伊玄太郎訳『社会分業論』講談社.

Durkheim, Émile 1922 *Éducation et Sociologie*. Paris: Félix Alcan.= 1976 佐々木交賢訳『教育と社会学』誠信書房.

Durkheim, Émile 1925 *L'éducation moral.* Paris: Félix Alcan.= 1964 麻生誠・山村健訳『道徳教育論』1/2 明治図書.

Durkheim, Émile 1955 *Pragmatisme et sociologie: Cours dispensé à La Sorbonne en 1913-1914*. Paris: J. Vrin.

Durst, Dennis L. 2002 "Evangelical Engagements with Eugenics, 1900-1940," *Ethics & Medicine* 18 (2): 45-53.

Dykhuizen, George. 1973 *The Life and Mind of John Dewey*. Carbondale and Edwardsville: Southern Illinois University Press.

Edmonds, F. S. 1902 *History of the Central High School of Philadelphia*. Philadelphia: Lippincott.

Edmondson, Henry T., III 2006 *John Dewey And The Decline Of American Education: How the Patron Saint of Schools Has Corrupted Teaching And Learning*. Wilmington, DE: Intercollegiate Studies Institute.

Edwards, Alba M. 1943 *Comparative Occupational Statistics for the United States, 1870 to 1940*. Washington, DC: G. P. O.

Egan, Kieran 2002 *Getting It Wrong from the Bigining: Our Progressivst Inheritance from Herbert Spencer, John Dewey and Jean Piaget*. New Heven / London: Yale University Press.

Emerson, Harrington 1911 *The Twelve Pronciples of Efficiency*. New York: Engineering Magazine.

Estabrook, Arthur H. 1916 *The Jukes in 1915*. Washington, DC: Carnegie Institution of Washington. [://WWW.disabilitymuseum. org/lib/docs/759. htm]

Fels, Samuel S. 1933 *This Changing World: As I See its Trend and Purpose*. Boston/ Philadelphia: Houghton-Mifflin Company.

Fenske, Neil R. 1997 *A History of American Public High Schools, 1890-1990: Through the Eyes of Principals*. Lewiston, NY: Edwin Mellen Press.

Fesmire, Steven 2001 *John Dewey and Moral Imagination: Pragmatism in Ethics*. Bloomington, IN: Indiana University Press.

Fisher, Berenice M. 1967 *Industrial Education: American Ideals and Institutions.*

Madison: University of Wisconsin Press.

Fisher, Irving 1907 "Why Has the Doctrine of Laissaez Faire benn Abandoned?" *Science* 25 (627): 18-27.

Fitzgerald, Frances 1979 *America Revised: History Schoolbooks in the Twentieth Century.* Boston: Little and Brown.

Franklin, Barry M. 1986 *Building the American Community: The School Curriculum and the Search for Social Control.* London: Falmer Press.

Franklin, Vincent P. 1979 *The Education of Black Philadelphia: The Social and Educational History of a Minority Community, 1900-1950.* Philadelphia: University of Pennsylvania Press.

Foucault, Michel 1972 *Histoire de la folie à l'âge classique.* 2nd ed. Paris: Gallimard. ＝ 1975 田村俶訳『狂気の歴史――古典主義時代における』新潮社.

Foucault, Michel 1975 *Surveiller et punir: naissance de la prison.* Paris: Gallimard.＝ 1977 田村俶訳『監獄の誕生――監視と処罰』新潮社.

Fox, Bonnie R. 1967 "The Philadelphia Progressives: A Test of the Hofstadter-Hays Theses," *Pennsylvania History* 34 (October): 372-94.

Gabriel, Ralph A. 1940 *The Course of Democratic Thought.* New York: Ronald Press Company.

Galton, Francis 1904 "Eugenics: Its Definition, Scope, and Aim," *American Journal of Sociology* 10 (1): 1-25.

Garrison, James W. 1990 "Philosophy as (Vocational) Education," *Educational Theory* 40 (3): 391-406.

Garrison, James W. 1995 "Distinctions, Dualisms and Deweyan Pragmatism: A Response to David Carr," *Philosophy of Education 1995.* [://WWW.ed.uiuc.edu/EPS/PES-Yearbook/95].

Garrison, James W., ed. 1995 *The New Scholarship on Dewey.* Dordrecht: Kluwer Academic Publishers.

Garrison, James W. 1997 *Dewey and Eros: Wisdom and Desire in the Art of Teaching.* New York: Teachers College Press.

Gay, Peter 1969 *Voltaire's Politics.* New York: Alfred A. Knopf.

Giarelli, James M. 1995 "The Social Frontier 1934-1943: Retrospect and Prospect," James, Michael E., ed., *Social Reconstruction through Education.* Norwood, NJ: Ablex Publishing.

Giddens, Anthony 1984 *The Constitution of Society: Outline of the Theory of Structuration.* Cambridge: Polity Press.

Gilkeson, John S. 1986 *Middle-Class Providence, 1820-1940.* Princeton, NJ: Princiton University Press.

Gill, Brian / Schlossman, Steven 1996 ""A Sin against Childhood": Progressive Education and the Crusade To Abolish Homework, 1897-1941," *American Journal of Education* 105 (1): 27-66.

Gilland, Thomas M. 1935 *The Origin and Development of the Power and Duties of the City School Superintendents.* Chicago: University of Chicago Press.

Girard, Rene 1994 *Quand ces choses commenceront: Entretiens avec Michel Treguer.* Paris: Arlea.

Giroux, Henry A. 1989 *Schooling for Democracy: Critical Pedagogy in the Modern Age.* New York / London: Routlege.

Gladden, Washington 1895 *Ruling Ideas of the Present Age.* Boston/New York: Houghton, Mifflin and Company.

Gladden, Washington 1902 *Social Salvation.* Boston/New York: Houghton, Mifflin and Company.

Gladden, Washington 1966a (1894) "The Church and the Kingdom," Robert T. Handy ed., *The Social Gospel in America 1870-1920.* New York: Oxford University Press.

Gladden, Washington 1966b (1909) "The Nation and the Kingdom," Robert T. Handy ed., *The Social Gospel in America 1870-1920.* New York: Oxford University Press.

Gladden, Washington 1966c (1894) "Is It Peace or War?" Robert T. Handy ed., *The Social Gospel in America 1870-1920.* New York: Oxford University Press.

Gladden, Washington 1886 *Applied Christianity : Moral Aspects of Social Questions.* Boston/New York: Houghton Mifflin.

Goldman, Robert 1992 *Reading Ads Socially.* London: Routledge.

Goldman, Robert / Tickamyer, Ann 1984 "Status Attainment and the Commodity Form: Stratification in Historical Perspective," *American Sociological Review* 49 (2): 196-209.

Goldman, Victoria / Hausman, Catherine 2000 "Less Austerity, More Diversity at Prep School Today," November 12, 2000, *New York Times.*

Gonzalez, Gilbert G. 1977 "The Relationship Between Monopoly Capitalism and Progressive Education," *The Insurgent Sociologist* 7 (4): 25-41.

Gonzalez, Gilbert G. 1982 *Progressive Education: A Marxist Interpretation.* Minneapolis, MT: Marxist Educational Press.

Gordon, David M. Richard Edwards, Michael Reich 1982 *Segmented Work, Divided Workers: The Historical Transformation of Labor in the United States.* New York: Cambridge University Press.

Gorrell, Donald K. 1989 *The Age of Social Responsibility: The Social Gospel in the*

Progressive Era, 1900-1920. Macon, GA: Mercer University Press.

Gould, Stephen Jay 1981 *The Mismeasure of Man*. New York: W. W. Norton.

Graham, Patricia A. 1967 *Progressive Education from Arcady to Academe: A History of the Progressive Education Association, 1919-1955*. New York: Teachers College Press.

Greathouse, William M. 1979 *From the Apostles to Wesley*. Kansas City, MO: Beacon Hill Press of Kansas City. = 1980 大江信ほか訳『ウェスレー神学の源流』福音文書刊行会.

Gutek, Gerald L. 1970 *The Educational Theory of George S. Counts*. Columbus: Ohio State University Press.

Gutek, Gerald L. 1984 *George S. Counts and American Civilization*. Macon, GA: Mercer University Press.

Gutek, Gerald L. 2006 "George S. Counts and the Origins of Social Reconstructionalism," Karen L. Riley ed., *Social Reconstruction: People, Politics, Perspective*. Greenwich, CT: Information Age Publishing.

Gutman, Herbert G. 1976 *Work, Culture, and Socity in Industrial America*. New York: Alfred A. Knopf.

Gutmann, Amy 1987 *Democratic Education*. Princeton, NJ: Princeton University Press.

Hall, Amy Laura 2008 *Conceiving Parenthood: American Protestantism and the Spirit of Reproduction*. Grand Rapids, MI: William B. Eerdmans Publishing.

Hall, G. Stanley 1901 "The Ideal School as Based on Child Study," *N.E.A., Journal of Proceedings and Addresses* 40: 474-88.

Handy, Robert T. 1966 "Walter Rauschenbusch: An Introduction," Robert T. Handy ed., *The Social Gospel in America*. New York: Oxford University Press.

Haines, Michael R. 1981 "Poverty, Economic Stress, and the Family in a Late Nineteenth-Century American City: Whites in Philadelphia, 1880," in Hershberg, Theodore, ed., *Philadelphia*. New York: Oxford University Press.

Hansen, David T., ed. 2006 *John Dewey and Our Educational Prospect: A Critical Engagement with Dewey's Democracy and Education*. Albany, NY: State University of New York Press.

Harp, Gillis J. 1995 *Positivist Republic: Auguste Comte and the Reconstruction of American Liberalism, 1865-1920*. University Park, PA: Pennsylvania State University Press.

Hart, John S. 1875 *In the School-Room ; Or Chapters in the Philosophy of Educaion*. Philadelphia: Eldredge and Brother.

Hawkins, Richmond L. 1936 *Auguste Comte and the United States, 1816-1853*. Cambridge, MA: Harvard University Press.

Hayes, William　2006　*The Progressive Education Movement: Is It Still a Factor in Today's Schools?* New York: Rowman and Littlefield.

Hays, Samuel P.　1959　*Conservation and the Gospel of Efficiency, The Progressive Conservation Movement, 1890-1920.* Cambridge, MA: Harvard University Press.

Hecksher, August　1996　*A Brief History of St. Paul's School 1856-1996.* Concord, NH: Board of Trustees St. Paul's School. [http://library.sps. edu/exhibits/sesquicentennial/index.htm]

Hegel, Georg Wilhelm Friedrich　1986　*Georg Wilhelm Friedrich Hegel Werke.* 20 Bdn. Taschenbuch. Frankfurt am Main: Suhrkamp Verlag.

EPW 3 = *Enzyklopedie der philosophischen Wissenschaft,* 3 Teil: Die Philosophie des Geists, Bd. 10.

Helm, Bertrand P.　1992 (1985)　"Dewey and the Temporalizing of Time," in Tiles 1992, IV.

Hershberg, Theodore ed.　1981　*Philadelphia.* New York: Oxford University Press.

Hickman, Larry　1990　*John Dewey's Pragmatic Technology.* Bloomington: Indiana University Press.

Hirsch, E.D., Jr.　1999　*The Schools We Need and Why We Don't Have Them.* New York: Anchor Books.

Hofstadter, Richard　1955a　*Social Darwinism in American Thought,* Revised Edition. Boston: Becon Press.

Hofstadter, Richard　1955b　*The Age of Reform: From Bryan to F. D. R.* New York: Alfred A. Knopf.＝　1967　清水知久ほか訳『アメリカ現代史 ― 改革の時代』みすず書房.

Hofstadter, Richard　1963　*Anti-intellctualism in American Life.* New York: Alfred A. Knopf.

Hofstadter, Richard　1968　*Progressive Historians.* New York: Alfred A. Knopf.

Hofstadter, Richard　1986 (1963)　*The Progressive Movement, 1900-1915.* New York: Simon & Schuster.

Hogan, David　1985　*Class and Reform: School and Society in Chicago, 1880-1930.* Philadelphia: University of Pennsylvania Press.

Hollinger, David A.　1980　"The Problem of Pragmatism in American History," *Journal of American History* 67 (1): 89-107.

Hook, Sidney　1974　*Pragmatism and the Tragic Sense of Life.* New. York:. Basic. Books.

Hook, Sidney　1996 (1927)　*The Metaphysics of Pragmatism.* New York: Prometheus Books.

Hook, Sidney　2002　*Sidney Hook on Pragmatism, Democracy, and Freedom: The Essential*

Essays, Robert B. Talisse and Robert Tempio, eds. New York: Prometheus Books.

Hopkins, Charles Howard. 1940 *The Rise of the Social Gospel in American Protestantism, 1865-1915*. New Haven: Yale University Press.

Hopkins, Charles Howard 1967 (1940) *The Rise of the Social Gospel in American Protestantism, 1865-1915*. New Haven: Yale University Press.= 1979 宇賀博訳『社会福音運動の研究』恒星社厚生閣.

Horton, W. M. 1963 "The Development of Theological Thought," Stephen C. Neil ed., *Twentieth Century Christianity*. Garden City: Doubleday.

Howe, Daniel Walker 1997 *Making the American Self: Jonathan Edwards to Abraham Lincoln*. Cambridge, MA: Harvard University Press.

Hughes, H. Stuart 1958 *Consciousness and Society: The Reorientation of European Social Thought, 1890-1930*. New York: Alfred A. Knopf.= 1970 生松敬三・荒川幾男訳『意識と社会 —— ヨーロッパ社会思想 1890-1930』改訂版 みすず書房.

Hutchison, William R. 1971 "Cultural Strain and Protestant Liberalism," *American Historical Review* 76 (2): 386-411.

Hutchison, William R. 1975 "The Americanness of the Social Gospel: An Inquiry in Comparative History," *Church History* 44 (3): 367-81.

Hyslop-Margison, Emery J. / Richardson, Theresa 2005 "Rethinking Progressivism and the Crisis of Liberal Humanism," *International Journal of Progressive Education* 1 (2): 1-10.

Hytten, Kathy 2006 "Education for Social Justice: Provocations and Challenges," *Educational Theory* 56 (2): 221-36.

Ichimura, Takahisa 1984 "The Protetant Assumption in Progressive Educational Thought," *Teachers College Record* 85 (3): 445-58.

Issell, William 1970 "Modernization in Philadelphia School Reform, 1880-1905," *Pennsylvania Magazine of History and Biography* 94 (3): 358-83.

Issell, William 1979 "Americanization, Acculturation and Social Control: School Reform Ideology in Industrial Pennsylvania, 1880-1910," *Journal of Social History* 12 (4): 569-90.

Jackson, Phillip W. 1998 *John Dewey and the Lessons of Art*. New Haven, CT : Yale University Press.

James, Michael E. 1995 *Social Reconstruction Through Education: The Philosophy, History, and Curricula of a Radical Idea*. Norwood, NJ: Ablex Publishing.

James, William 1920 *The Letters of William James*. ed., Henry James, 2 Vols. Boston: Atlantic Monthly Press.

Janowitz, Morris 1978 *The Last Half-Century: Societal Change and Politics in America.* Chcago: University of Chicago Press.

John, Richard R. 1995 *Spreading the News: The American Postal System from Franklin to Morse.* Cambridge, MA: Harvard Universwity Press.

Johnston, James Scott 2006 *Inquiry and Education: John Dewey and the Quest for Democracy.* Albany, NY: State University of New York Press.

Kant, Immanuel 1968 *Kants Werke: Akademie Textausgabe,* 22 Bde. Berlin: Walter de Gruyter.

Kant, Immanuel 1968 (1803) "Über Pädagogie," *Kants Werke: Akademie Textausgabe,* Bd. 9. Berlin: Walter de Gruyter.= 1971 勝田守一・伊勢田耀子訳『教育学講義他』明治図書.

Karier, Clarence J. 1973 "Liberal Ideology and the Quest for Orderly Change," in Karier/Violas/Spring 1973.

Karier, Clarence J. 1975a "John Dewey and the New Liberalism: Some Reflections and Responses," *History of Education Quarterly* 15 (2): 417-444.

Karier, Clarence J. 1975b *Shaping the American Educational State: 1900 to Present.* New York: The Free Press.

Karier, Clarence J. 1977 "Making the World Safe for Democracy: An Historical Critique of John Dewey's Pragmatic Liberal Philosophy in the Warfare State," *Educational Theory* 27 (1): 12-47.

Karier, Clarence J. / Hogan, David 1992 (1979) "Schooling, Education and the Structure of Social Reality," in Tiles 1992, II.

Karier, Clearence J. / Violas, Paul / Spring, Joel 1973 *Roots of Crisis: American Education in the Twentieth Century.* Chicago: McNally College Publishing.

Katz, Michael B. 1968 *The Irony of Early School Reform: Educational Innovation in Mid-Nineteenth Century Massachusetts.* Cambridge, MA: Harvard University Press.

Katz, Michael B. 1972 "Occupational Classification in History," *Journal of Interdisplinary History* 3 (1): 63-88.

Katz, Michael B. 1987 *Reconstructing American Education.* Cambridge, MA: Harvard University Press.

Katz, Michael B., et al. 1982 *The Social Organization of Early Industrial Capitalism.* Cambridge, MA: Harvard University Press.

Katznelson, Ira / Weir, Margaret 1985 *Schooling for All: Class, Race, and the Decline of the Democratic Ideal.* New York: Basic Books.

Kaylor, Earl C., Jr. 1996 *Martin Grove Brumbaugh: A Pennsylvania's Odyssey from Sainted Schoolman to Be deviled World War I Governor, 1862-1930.* Cranbury, NJ: Associated University Presses.

Keller, A. G.　1932　"The Discoverer of the Forgetten Man," *The American Mercury* (November, 1932): 257.

Kevles, Daniel　1985　*In the Name of Eugenics: Genetics and the Uses of Human Heredity.* New York: Alfred A. Knopf.

Kilpatrick, William H., ed.　1933　*The Educational Frontier.* New York: Century Company.

Kliebard, Herbert M.　1987　*The Struggle for the American Curriculum, 1893-1958.* New York: Routledge and Kegan Paul.

Kline, Wendy　2001　*Building a Better Race: Gender, Sexuality, and Eugenics from the Turn of the Century to the Baby Boom.* Berkeley: University of California Press.

Koch, Charles D.　1925　"Address," Fraternal Meeting in Stone Church. [MS, Brumbaughiana]

Kohl, Herbert　1967　*Teaching the Unteachable.* New York: New York Review of Books.

Kohl, Herbert　1998　*The Discipline of Hope: Learning from a Lifetime of Teaching.* New York: Simon and Schuster.

Kolko, Gabriel　1962　*Wealth and Power in America: An Analysis of Social Class and Income Distribution.* New York: Praeger Publishers. = 1963　佐藤定幸訳『アメリカにおける富と権力』岩波書店.

Kremer-Marietti, Angele　2006　*Le positivisme d'Auguste Comte.* Paris: L'Harmattan.

Kridel, Craig 1999　"Progressive Education Association," Richard J. Altenbaugh, ed., *Historical Dictionary of American Education.* Greenwood Press Publisher, pp.303-4.

Kridel, Craig Alan and Bullough, Robert V.　2007　*Stories of the Eight-year Study: Reexamining Secondary Education in America.* Albany, NY: State University of New York Press.

Krug, Edward A.　1969　*The Shaping of the American High School, 1880-1920.* Madison, WN: University of Wisconsin Press.

Kühl, Stefan　1994　*The Nazi Connection: Eugenics, American Racism, and German National Socialism.* Oxford/New York: Oxford University Press.

Labaree, David F.　1983　"The People's College," Ph. D. Dissertation, Univ of Pennsylvania.

Labaree, David F.　1986　"Curriculum, Credentials, and Middle Class," *Sociology of Education* 59 (1): 42-57.

Labaree, David F.　1988　*The Making of the American High School: The Credentials Market and the High School of Philadelphia.* New Heaven, CT: Yale University Press.

Lagemann, Ellen C. 1992 "Prophecy or Profession? George S. Counts and the Social Study of Education," *American Journal of Education* 100 (2): 137-65.

Landman, Jacob Henry 1932 *Human Sterilization: The History of the Sexual Sterilization Movement.* New York: Macmillan Campany.

Lasch, Christopher 1997 (1965) *The New Radicalism in America 1889-1963: The Intellectual as Social Type.* New York: W. W. Norton.

Lasch, Christopher 1991 (1979) *The Culture of Narcissism: American Life in an Age of Diminishing Expectations.* New York: W. W. Norton.= 1981 石川弘義訳『ナルシシズムの時代』ナツメ社.

Lasch, Christopher 1991 *The True and Only Heaven: Progress and its Critics.* New York: W. W. Norton.

Lasch, Christopher 1995 *The Revolt of the Elites : And the Betrayal of Democracy.* New York: W. W. Norton. = 1997 森下伸也訳『エリートの反逆 —— 現代民主主義の病い』新曜社.

Latta, Maurice C. 1936 "The Background for the Social Gospel in American Protestantism," *Church History* 5 (3): 256-70.

Laughlin, Harry H. 1914 *Eugenics Record Office Blletin No. 10B: Report of the Committee to Study and to Report on Best Practical Means of Cutting Off the Defective Germ-Plasm in the American Population: II. The Legal, Legislative and Administrative Aspect of Sterilization.* Long Island, NY: Cold Spring Harbor.

Lawrence, William B. 1988 "The History of Preaching in America," Charles H. Lippy and Peter W. Williams, eds., *Encyclopedia of the American Religious Experiencetudies of Traditions and Movements*, 3 Vols. New York: Charles Scribner's Sons.

Lazerson, Marvin 1971 *Origins of Urban School: Public Education in Massachusetts, 1870-1915.* Cambridge, MA: Harvard University Press.

Lazerson, Marvin 1991 "Democracy, Progressivism and the Comprehensive High School," Kathe Jervis and Carol Montag, eds., *Progressive Education for the 1990s: Transforming Practice.* New York: Teachers College Press.

Lazerson, Marvin / Grubb, Norton 1974 *American Education and Vocationalism: A Documentary History, 1870-1970.* New York: Teachers College Press.

Lears, T. J. Jackson 1981 *No Place of Grace: Antimodernism and the Transformation of American Culture, 1880-1920.* New York: Pantheon Books.

Lee, Lesley Fox 2000 "The Dalton Plan and the Loyal, Capable Intelligent Citizen," *History of Education* 29 (2): 129-38.

Lemann, Nicholas 1999 *The Big Test: The Secret History of the American Meritocracy.* New York: Farar, Straus and Giroux.= 2001 久野温穏訳『ビッグ・テ

スト――アメリカの大学入試制度・知的エリート階級はいかにつくられたか』早川書房.

Lens, Sidney 1974 *The Labor Wars.* Garden City, NY: Aanchor Books.

Leonard, Thomas C. 2005 "Eugenics and Economics in the progressive Era," *Journal of Economic Perspectives* 19 (4): 207-24.

Lewis, William D. 1914 *Democracy's High School.* Boston: Houghton Mifflin.

Locke, John 1968 (1693) *Some Thoughts Concerning Education*, in *The Educational Writings of John Locke,* James L. Axtell ed., Cambridge Cambridge University Press.= 1967 服部知文訳『教育に関する考察』岩波書店.

Lombroso, Cesare 1895 "Criminal Anthropology applied to Pedagogy," *Monist* 6 (1): 50-9.

Luhmann, Niklas 1980 *Gesellschaftsstruktur und Semantik,* Bd. 1. Frankfurt am Main: Suhrkamp Verlag.

Luhmann, Niklas 1988 *Soziale Systeme: Grundris einer allgemeinen Theorie*, 3 Aufl. Frankfurt am Main: Suhrkamp Verlag. = 1993/5 佐藤勉監訳『社会システム理論』恒星社厚生閣.

Luhmann, Niklas 1990 *Die Wissenschaft der Gesellschaft.* Frankfurt am Main: Suhrkamp Verlag.

Luhmann, Niklas 2002 *Das Erziehungssystem der Gesellschaft.* Frankfurt am Main: Suhrkamp Verlag.= 2004 村上淳一訳『社会の教育システム』東京大学出版会.

Luhmann, Niklas und Schorr, Karl Eberhard. 1988 *Reflexionsprobleme der Erziehungssystem,* 2 Aufl. Frankfurt am Main: Suhrkamp Verlag.

Martin, Jane Roland 2002 *Cultural Miseducation: In Search of a Democratic Solution.* New York: Teachers College Press.

Martin, Jay 2003 *The Education of John Dewey: A Biography.* New York: Columbia University Press.

Marty, Martin E. 1986 *Modern American Religion, Vol.1: The Irony of It All, 1893-1919.* Chicago: University of Chicago Press.

Marty, Martin E. 1991 *Modern American Religion. Vol.2: The Noise of Conflict, 1919-1941.* Chicago: University of Chicago Press.

Marx, Karl / Engels, Friedrich 1959 (1848) "Das Kommunistische Manifest," MEW, Bd.4.

Matthews, Shailer 1897 *The Social Teachings of Jesus.* New York: MacMillan Company.

May, Henry F. 1949 *Protestant Churches and Industrial America.* New York: Harper and Brothers.

May, Henry F. 1959 *The End of American Innocence*. New York: Alfred A. Knopf.

McCaffery, Peter 1992 "Style, Structure, and Institutionalization of Machine Politics: Philadelphia, 1867-1933," *Journal of Interdisciplinary History* 22 (3): 435-452.

McClellan, B. Edward 1977 "Vocation, School, and Society: A Study of Late Nineteenth-Century Educational Thought," *Educatioanl Theory* 27 (3): 223-32, 250.

McCormick, Richard L. 1981 "The Discovery that Business Corrupts Politcs: A Reappraisal of the Origins of Progressivism," *American Historical Review* 86 (2): 247-74.

McGerr, Michael E. 2003 *A Fierce Discontent: Rise and Fall of the Progressive Movement in America, 1870-1920*. New York : Free Press.

Mead, Sidney E. 1956 "American Protestantism Since the Civil War," *Journal of Religion* 36 (1): 1-15.

Mead, Sidney E. 1976 *The Lively Experiment: The Shaping of Christianity in America*. New York: Harper and Row.

Meier, Deborah 2002 *In Schools We Trust: Creating Communities of Learning in an Era of Testing and Standardization*. Boston: Beacon Press.

Meiland, Jack W. 1973 "The Historical Relativism of Charles A. Beard," *History and Theory* 12 (4): 405-13.

Messina, Salvatore M. 1965 "Martin Grove Brumbaugh, Educator," Ph.D. Dissertation, University of Pennsylvania.

MEW 1956-68 *Karl Marx-Friedrich Engels Werke*, 39 Bde und 2 Eranzungs Bde, ver. Institute fur Marxismus-Leninismus beim ZK der SED. Berlin: Dietz Verlag.= 1959–75 大内兵衛ほか監訳『マルクス＝エンゲルス全集』(補巻・別巻をのぞき、全41巻) 大月書店.

Mill, John Stuart 1969 (1861) "Utilitarianism," in *The Collected Works of John Stuart Mill*, vol. 10. ed., J. M. Robson, Tronto: University of Tronto Press/London: Routledge and Kegan Paul.

Mill, John Stuart 1969 (1865) "August Comte and Positivism," in *The Collected Works of John Stuart Mill*, vol. 10. ed., J. M. Robson, Tronto: University of Tronto Press/London: Routledge and Kegan Paul. .

Miner, john B. 1957 *Intelligence in United States*. New York: Springer Publishing.

Moorhead, James H. 1999 *World Without End: Mainstream American Protestant Visions of the Last Things, 1880-1925*. Bloomington, ID: Indiana University Press.

Morse, Anson D. 1919 *Civilization and the World War*. Boston/New York: Ginn

and Company.

Muller, Dorothea R.　1959　"The Social Philosophy of Josiah Strong: Social Christianity and American Progressivism," *Church History 28* (2): 183-201.

Munroe, James Phinney　1912　*New Demands in Education*. Garden City, NY : Doubleday.

Negel, Thomas　1971　"The Absurd," *Journal of Philosophy* 68 (20): 716-27. [= Nagel 1979: 11-23].

Nagel, Thomas　1991 (1979)　*Mortal Question*. Cambridge University Press.

Nash, Charles R.　1946　"The History of the Legislative and Administrative Changes Affecting Philadelphia Public School, 1869-1921," Ph. D. Dissertation, Temple University.

[NEA] National Education Association　1893　*Report of the Commission on Secondary School Studies*. Washington, DC: National Education Association.

[NEA] National Education Association　1918　*Cardinal Principles of Secondary Education: A Report of the Commission of the Reorganization of Secondary Education*. [U. S. Bureau of Education Bulletin 35]. Washington, DC: U.S. Government Printing Office.

Nietzsche, Friedrich　1967-[GD]　"Götzen-Dämmerrung," (1888) *NWKG*, Abt. 6, Bd. 3. =　1987　西尾幹二訳「偶像の黄昏」『ニーチェ全集』(第II期第4巻) 白水社.

Nietzsche, Friedrich　1967- [AZ]　"Also sprach Zarathustra," (1883-5) *NWKG*, Abt. 6, Bd. 1.=　1982　薗田宗人訳「ツァラトゥストラはこう語った」『ニーチェ全集』(第II期第1巻) 白水社.

Nitobe, Inazo　1900　*Bushido: The Soul of Japan*. Philadelphia: Leeds and Biddle Company.=　1938　矢内原忠雄訳『武士道』岩波書店 (文庫).

Nitobe, Inazo　1905　*Bushido: The Soul of Japan*. New York: G. P. Putnam's Sons. [://www.sacred-texts.com/shi/bsd.htm].

Noble, David F.　1977　*America by Design: Science, Technology, and the Rise of Corporate Capitarism*. New York: Alfred A. Knopf.

Noble, David W.　1985　*The End of American History: Democracy, Capitalism and the Metaphor of Two Worlds in American Historical Writing, 1880-1980*. Minneapolis: University of Minnesota Press.=　1988　目白アメリカ研究会訳『アメリカ史像の探究』有斐閣.

Norris, Norman Dale　2004　*The Promise and Failure of Progressive Education*. Lanham, MD: Scarecrow Education.

Null, J. Wesley　2004　"Social Efficiency Splintered: Multiple Meanings Instead of the Hegemony One," *Journal of Curriculum and Supervision* 19 (2): 99-124.

Null, J. Wesley 2007 "William C. Bagley and the Founding of Essentialism: An Untold Story in American Educational History," *Teachers College Record* 109 (4): 1013-1055.

[NWKG] 1967- *Friedrich Nietzsche Werk: Kritische Gesamtausgabe.* 8 Abt, 20 Bde. Berlin / New York: Walter de Gruyter.= 1987- 『ニーチェ全集』第 I 期12巻、第 II 期12巻 白水社.

[NYT] 2005 "How Class Works," *New York Times.* [://www.nytimes.com/packages/html/national.]

Oakes, Jeannie 1985 *Keeping Track: How Schools Structure Inequality.* New Haven: Yale University Press.

[OCR] 1995 *Oeuvres Completes de Jean-Jaque Rousseau,* 5 Vols. Paris: Editions Gallimard.

[OED] 1991 *The Compact Oxford English Dictionary,* 2nd edn. Oxford: Oxford University Press.

Oelkers, Juergen 1995 "Education and Morality: Some New Aspects of an Old Problem," Paedagogishe Institut, Universitaet Zuerich [://WWW. Paed-work.unizh.ch/ap//].

Oelkers, Juergen 2003 "Democracy and the Two Dogma of Education," Paedagogishe Institut, Universitaet Zuerich [://WWW. Paed-work.unizh.ch/ap//].

Oelkers, Juergen 2005 "Remarks on the Conceptualization of John Dewey's Democracy and Education," Paedagogishe Institut, Universitaet Zuerich [://WWW. Paed-work.unizh.ch/ap//].

Olneck, Michael R. / Lazerson, Marvin 1974 "The School Achievement of Immigrant Children: 1900-1930," *History of Education Quarterly* 14 (4): 453-82.

Osgood, Phillips E. 1929 "The Refiner's Fire," *Homiletic Review* 97 (May): 405-9.

Ozouf, Mona 1989 *L'Homme régénéré: Essai sur la révolution française.* Paris: Gallimard.

Painter, Nell Irvin 2008 *Standing at Armageddon: A Grassroots History of the Progressive Era.* New York: W. W. Norton.

Parker, Alison M. 1997 *Purifying America: Women, Cultural Reform, and Pro-Censorship Activism, 1873-1933.* Urbana/Chicago: University of Illinois Press.

Parker, Fancis W. 1969 (1894) *Talks on Pedagogics: An Outline of the Theory of Concentration.* New York: Arno Press (E. L. Kellogg).

Parsons, Talcott 1967 *Sociological Theory and Modern Society.* New York: The Free Press.

Parsons, Talcott 1970 *Social Structure and Personality.* New York: The Free Press.

Parsons, Talcott 1971a "Comparative Studies and Evolutionary Change," I. Vallier ed., *Comparative Methods in Sociology: Essays on Trends and Applications.* Berkeley: University of California Press.

Parsons, Talcott 1971b *The System of Modern Societies.* Englewood Cliff, NJ: Prentice-Hall.

Parsons, Talcott 2007 *American Society: Toward a Theory of Societal Community.* ed., Giuseppe Sciortino. Boulder, CO: Paradigm Publishers.

Passmore, John 1965 "The Malleability of Man in Eighteenth-Century Thought," E. R. Wasserman, ed., *Aspects of the Eighteenth Century.* Baltimore: John Hopkins Press.

Passmore, John 1968-74 "Perfectibility of Man," *Dictionary of the History of Ideas: Studies of Selected Pivotal Ideas,* Vol. 1. New York: Charles Scribner's Sons.= 1990 大澤明訳「完成可能性（人間の）」『西欧思想大事典』平凡社.

Passmore, John 1970 *The Perfectability of Man.* New York: C. Scribner's Sons.

[PBCP] Philadelphia, Board of Controllers of the Public Schools 1843-59 *Annual Report of Board of Controllers of the Public Schools.* Philadelphia: Board of Controllers of the Public Schools.

[PBPE] Philadelphia, Board of Public Education 1871-90 *Annual Report of City of Philadelphia Board of Public Education.* Philadelphia: Board of Public Education.

[PBPES] Philadelphia, Board of Public Education 1907-46 *Annual Report of the Superintendent of Public Schools of the City of Philadelphia.* Harrisburg: G. W. Gibbons.

Pepper, George W. 1944 *Philadelphia Lawyer.* Philadelphia: D. B. Lippincott.

Perlmann, Joel. 1980 "Education and Social Structure of an American City," Ph. D. Dissertation, Harvard University.

Pessen, Edward 1971 "The Egalitarian Myth and the American Social Reality: Wesalth, Mobility, and Equality in the "Era of the Common Man"," *American Historical Review* 76 (4): 989-1034.

Peterson, Paul E. 1985 *The Politics of School Reform, 1870-1940.* Chicago: University of Chicago Press.

Poland, Addison B. 1913 "Discussion," *N.E.A. Journal of Proceedings and Addresses* 51: 143-6.

Popkewitz, Thomas S., ed. 2005 *Inventing the Modern Self and John Dewey: Modernities and the Traveling of Pragmatism in Education.* New York: Palgrave Macmillan.

Powell, Arthur G. 1996 *Lessons from Privilege: The American Prep School Tradition.* Cambridge: Harvard University Press.

[PPEA] Philadelphia Public Education Association 1907 "Agnew Social Centre,"

26th Annual Report of the Public Education Association of Philadelphia. Philadelphia: Public Education Association.

[PPEA] Philadelphia Public Education Association 1914 *A Generation of Progress in Our Schools, 1881-1912.* Philadelphia: Public Education Association. (Penniman Library).

[PSJ] 1906-7 *Pennsylvania School Journal.* Philadelphia: Pennsylvania State Department of Public Instruction and Pennsylvania State Education Association.

[PSPI] Pennsylvania, Superintendent of Public Instruction 1881-1906 *Annual Reports of Superintendent of Public Instruction of the Commonwealth of Pennsylvania.* Harrisburg: C. E. Aughinbough.

Puckett, John L. 1989 *Foxfire Reconsidered: A Twenty-Year Experiment in Progressive Education.* Champaign, IL: University of Illinois Press.

Putnam, Robert D. 2000 *Bowling Alone: The Collapse and Revival of American Community.* New York: Simon and Schuster.= 2006 柴内康文訳『孤独なボウリング――米国コミュニティの崩壊と再生』柏書房.

Putney, Clifford 2003 *Muscular Christianity: Manhood and Sports in Protestant America, 1880-1920.* Cambridge, MA: Harvard University Press.

Quandt, Jean B. 1973 "Religion and Social Thought: The Secularization of Postmillenialism," *American Quarterly* 25 (3): 290-309.

Quine, W. V. 1969 *Ontological Relativity and Other Essays.* New York: Columbia University Press.

Rauschenbusch, Walter 1964 *Christianity and the Social Crisis,* ed., Robert T. Cross. New York: Harper Torchbooks.

Rauschenbusch, Walter 1966a (1892) "Conceptions of Missions," 1892, Robert T. Handy ed., *The Social Gospel in America: 1870-1920: Gladden, Ely, Rauschenbusch.* New York: Oxford University Press.

Rauschenbusch, Walter 1966b (1896-7) "The Ideals of Social Reformers," 1896-1897, Robert T. Handy ed., *The Social Gospel in America: 1870-1920: Gladden, Ely, Rauschenbusch.* New York: Oxford University Press.

Rauschenbusch, Walter 1966c (1907) "The New Apostolate," 1907, Robert T. Handy ed., *The Social Gospel in America: 1870-1920: Gladden, Ely, Rauschenbusch.* New York: Oxford University Press.

Rauschenbusch, Walter 1984 "Our Attitude Toward Millenarianism," 1896, Winthrop S. Hudson, ed., *Walter Rauschenbusch: Selected Writings.* New York: Paulist Press.

Ravitch, Diane 2000 *Left Back: A Century of Battles over School Reform.* Simon and Schuster.

Reese, William 1986 *Power and the Promise of School Reform: Grass Roots Movements during the Progressive Era.* Boston, MA: Routledge & Kegan Paul.

Reese, William 2001 "Origins of Progressive Education," *History of Education Quarterly* 41 (1): 1-24.

Reilly, Philip 1991 *The Surgical Solution: A History of Involuntary Sterilization in the United States.* Baltimore: Johns Hopkins University Press.

Ritzel, Wolfgang 1985 "Wie ist Pädagogik als Wissenschaft möglich," *Kant und die Pädagogik: Pädagogik und praktische Philosophie.* Würzburg: Königshausen & Neumann.

Rockefeller, Steven C. 1991 *John Dewey: Religious Faith and Democratic Humanism.* New York: Columbia University Press.

Romanish, Bruce A. 1980 "An Historical Analysis of Educational Ideas and Career of George S. Counts," Ph. D. Dissertation, Pennsylvania State University.

Rorty, Richard 1979 *Philosophy and the Mirror of Nature.* Princeton, NJ: Princeton University Press.

Rorty, Richard 1989 *Contingency, Irony, and Solidarity.* Cambridge: Cambridge University Press.= 2000 齋藤純一・山岡龍一・大川正彦訳『偶然性・アイロニー・連帯』岩波書店.

Rorty, Richard 1998 *Achieving Our Country.* Cambridge, MA: Harvard University Press.

Rose, Nikolas 2006 *The Politics of Life Itself: Biomedicine, Power, and Subjectivity in the Twenty-First Century.* Princeton, New Jersey: Princeton University Press.

Ross, Dorothy 1979 "The Development of the Social Sciences," Oleson and Voss, eds. *The Organization of Knowledge.* Baltimore: Johns Hopkins University Press.

Ross, Edward A. 1912 (1901) *Social Control: A Survey of the Foundations for Order.* New York: The Macmillan Company.

Rousseau, Jean-Jacques 1995 (1755) *Discours sur l'origine et les fondmens de l'iegalite parmile les hommes*, OCR, tome 3. = 1986 原好男訳「人間不平等起源論」『人間不平等起源論 / 言語起源論』白水社.

Rousseau, Jean-Jacques 1995 (1765) *Essai sur l'origine des langues,* OCR, tome 5. = 1986 竹内成明訳「言語起源論」『人間不平等起源論／言語起源論』白水社.

Rudolph, Frederick 1962 *The American College and University.* New York: Vintage Books.

Rudolph, Frederick 1977 *Curriculum.* San Francisco: Jossey-Bass.

Rugg, Harold 1947 *Foundations for American Education.* New York : World Book.

Ryan, Mary P. 1981 *Cradle of the Middle Class: The Family in Oneida County, New York, 1790-1865.* New York: Cambridge University Press.

Schauffler, A. F. / Lamoreaux, A. Abernethy / Brumbaugh, M. Grove / Lawrance, Marion 1908 *Training the Teacher.* Approved as a first standard course by the Committee on education, International Sunday school association. Philadelphhia: The Sunday School Times.

Schock, A. Clyde 1931 "The Selectivity of the Philadelphia Central High School (1846-1865) and The Hartford Public High School (1848-1865)," *Journal of Educational Research* 23: 232-7.

Schusterman, Richard 1994 "Pragmatism and Liberalism Between Dewey and Rorty," *Political Theory* 22 (3): 391-413. (Shusterman 1997: 67-88).

Schusterman, Richard 1997 *Practicing Philosophy: Pragmatism and the Philosophical Life.* New York: Routledge

Schutz, Aaron 2001 "John Dewey and "A Paradox of Size": Democratic Faith at the Limits of Experience," *American Journal of Education*, 109 (39: 287-319).

Schutz, Frederick M. 1971 " "Inteligence" and "Community" as Concepts in the Philosophy of John Dewey," *Educational Theory* 21 (1): 81-9.

Scott, Janny / Leonhardt, David 2005 "Shadowy Lines That Still Divide," *New York Times,* May 15, 2005.

Seerin, William E. 1976 "Educational Scholarship and the Legacy of George S. Counts," *Educational Theory* 26 (1): 107-12.

Seller, Maxine 1976 "The Education of Immigrant Children in Baffalo, New York: 1890-1916," *New York History* 57 (2): 183-99.

Sennett, Richard 1980 "Ce que redoutait Tocqueville," *Tel Quel* 86: 38-49.

Sennett, Richard 2002 (1977) *The Fall of Public Man.* London: Penguin.

Setran, David P. 2003 "From Morality to Character: Conservative Progressivism and the Search for Civic Virtue, 1910-1930." *Paedagogica Historica* 39 (4): 435-56.

Setran, David P. 2005a "From Moral Aristocracy to Christian Social Democracy: The Transformation of Character Education in the Hi-Y, 1910-1940," *History of Education Quarterly.* 45 (2): 207-46.

Setran, David P. 2005b "Morality for the "Democracy of God": George Albert Coe and the Liberal Protestant Critique of American Character Education, 1917-1940," *Religion and American Culture* 15 (1): 107-44.

Shattuck, George C. / Coit, Joseph H. 1891 *Memorials of St. Paul's School.* New York: D. Appleton and Company.

Sheldon, Charles M. 1896 *In His Steps: "What Would Jesus Do?".* [://www.

gutenberg.org/dirs/etext/4540].

Siegel, Harvey 1988 *Educating for Reason: Rationality, Critical Thinking, and Education.* New York: Routledge.

Smith, Gary Scott 1991 "To Reconstruct the World: Walter Rauschenbusch and Social Change," *Fides et Historia* 23: 40-63.

Smith, Joan 1979 *Ella Flagg Young: The Portrait of a Leader.* Ames, IN: Educational Studies Press.

Smith, Timothy L. 1961 "Progressivism in American Education 1880-1900," *Harvard Educational Review* 31 (1): 168-93.

Smylie, James H. 1975 "Sheldon's In His Steps: Conscience and Discipleship," *Theology Today* 32 (1): 32-45.

Snedden, David 1914 "The Fundamental Distinction Between Liberal and Vocational Education," *NEA Proceedinga and Addresses*, pp. 151-61.

Snedden, David 1935 "Social Reconrtruction: A Challenge to the Secondary School," *Pennsylvania Schoolmen's Week* (3-6, April): 48-54.

Sniegoski, Stephen J. 1997 "Lester Frank Ward: The Philosopher of the Welfare State," *Telos* No. 96: 47-64.

Snook, I. A. 1972 *Indoctrination and Education.* Routledge and Kegan Paul.

Social Register 1888-1940 New York: Social Register.

Southern, W. Thomas / Jones, Eric D., eds. 1991 *The Academic Acceleration of Gifted Children.* New York: Teachers College Press.

Spencer, Herbert 1851 *Social Statics: or, The Conditions Essential to Happiness Specified, and the First of them Developed.* London: John Chapman. [://oll.libertyfund.org].

Spencer, Herbert 1895 (1860) *Education: Intellectual, Moral, and Physical.* New York: D. Appleton and Co. (= Spencer 1911, Part I).

Spencer, Herbert 1911 *Essays on Education and Kindred Subjects.* London: Dent / New York: Dutton. [://www.gutenberg.org/files].

Spencer, Herbert 1978 (1897) *The Principles of Ethics*, 2 Vols. Indianapolis: Liberty Classics. [://oll.libertyfund.org].

Spring, Joel 1972 *Education and the Rise of the Corporate State.* Boston, MA: Beacon Press.

Spring, Joel 1993 *Conflict of Interests: The Politics of American Education*, 2nd edn. New York: Longman.

Spring, Joel 2001 *The American School, 1642-2000*, 5th edn. Boston, MA: McGraw-Hill.

Stambler, Moses C. 1964 "The Democratic Revolution in the Public High Schools

of New York City, 1898-1917," Ph. D. Dissertation. New York University.

Steinbeck, John 1958 *The Grapes of Wrath.* New York: Viking Press.

Stout, J. E. 1921 *The Development of High School Curricula in the North Central States from 1860-1918.* Chicago: University of Chicago Press.

Strong, Josiah 1885 *Our Country: Its Possible Future and Present Crisis.* New York: Independent Press.

Strong, Josiah 1893 *The New Era or, The Coming Kingdom.* New York: Baker and Taylor Co.

Strong, Josiah 1898 *The Twentieth Century City.* New York: Baker and Taylor Co.

Sumner, William Graham 1911 (1883) *What Social Classes Owe to Each Other.* New York: Harper and Brothers. [://oll.libertyfund.org/index].

Sumner, William Graham 1914 *The Challenge of Facts and Other Essays,* ed., Albert G. Keller. New Haven, CT: Yale University Press.

Sumner, William Graham 1934 *Essays of William Graham Sumner,* ed., Albert G. Keller and Maurice R. Davie. New Haven, CT: Yale University Press.

Sumner, William Graham 1952 (1883) *What Social Classes Owe to Each Other.* Caldwell, ID: Caxton Printers. [://www.gutenberg.org/etext].

Szasz, Ferenc M. 1981 "The Stress on "Character and Service" in Progressive America," *Mid-America* 63 (Oct): 145-56.

Szasz, Ferenc M. 1984 *The Divided Mind of Protestant America, 1880-1930.* University, AL: University of Alabama Press.

Tanner, Laurel N. 1997 *Dewey's Laboratory School : Lessons for Today.* New York : Teachers College Press.

Theisen, William W. 1917 *The City Superintendent and the Board of Education.* New York: AMS Press.

Thomas Aquinas (St. Thomae Aquinatis) 1961-7 (1259-65) *Liber de Veritate Catholicae Fidei contra Errores Infidelium,* 3 Vols. Torino: Marietti Editori. [//www.bun.kyoto-u.ac.jp/~skawazoe/text/thomas/scg].

Thompson, Robert E. 1911 "Dangers of an Educational Dictatatorship," *The Public Ledger* (December 18).

Thorndike, Edward L. 1940 *Human Nature and the Social Order.* New York: Macmillan Company.

Thorndike, Edward L. 1975 (1920) "Intelligence and Its Use," Clarence J. Karier, ed., *Shaping the American Educational States: 1900 to Present.* New York: The Free Press.

Tiles, J. E. 1992 *John Dewey: Critical Assessments,* 4 Vols. London: Routledge.

Troen, Selwyn K. 1975 *The Public and the Schools: Shaping the St.. Louis System,*

1838-1920. Columbia, MS: University of Missouri Press.

Troutner, Leroy F. 1992 (1972) "The Dewey–Hedegger Comparison Revisited: A Perspectival Partnership for Education," in Tiles 1992, I.

Tyack, David B. 1974 *The One Best System: A History of American Urban Education*. Cambridge, MA: Harvard University Press.

Tyack, David B. / Hansot, Elizabeth 1982 *Managers of Virture: Public School Leadership in America, 1820-1980*. New York: Basic Books.

Tyack, David B. / Lowe, Robert / Hansot, Elisabeth 1984 *Public Schools in Hard Times: The Great Depression and Recent Years*. Cambridge, MA: Harvard University Press.

United Methodist Church 2008 "An Apology for Support of Eugenics," (2008/05/19) *The People of The United Methodist Church* [://calms.umc. org / 2008/Text.aspx]

[USBE] United States, Bureau of Education 1878 *Report of the Commissioner of Education for the Year 1876*. Washington, DC: Gavernment Printing Office.

[USOE] United States, Office of Education 1874 *A Statement of the Theory of Education in the United States of America: As Approved by Many Leading Educators*. Washington, DC: Government Printing Office.

[USDE] United States, Department of Education 1993 *National Excellence: A Case for Developing America's Talent*. Washington, DC: U. S. Department of Education, Office of Educational Research and Improvement.

[USDE] United States, Department of Education, National Center for Education Statistics 2001 *Education Digest 2000*. Washington, DC: U. S. Department of Education, Office of Educational Research and Improvement [://nces. ed.gov/pubs2001/2001034.pdf].

Useem, Michael 1979 "The Social Organization of the American Business Elite and Participation of Corporation Directors in the Governance of American Institutions," *American Sociological Review* 44 (3): 553-72.

Veblen, Thorstein 1914 *The Instinct of Workmanship and the State of the Industrial Arts*. New York: B. W. Huebsch.

Veysey, Laurence R. 1965 *The Emergence of American University*. Chicago: University of Chicago Press.

Wacker, Grant 1985 "The Holy Spirit and the Spirit of the Age in American Protestantism, 1880-1910," *Journal of American History* 72 (1): 45-62.

Waldmeir, John C. 2002 *Poetry, Prose and Art in the American Social Gospel Movement, 1880-1910*. Lewiston, NY: Edwin Mellen Press.

Walker, Francis Amasa 1899 *Discussions in Economics and Statistics*, Vol. 2. New

Yrok: Henry Holt and Co.

Wallace, James 1995 ""Red Teachers Can't Save Us": Radical Educators and Liberal Journalists in the 1930s," James, Michael E. ed. *Social Reconstruction through Education.* Norwood, NJ: Ablex Publishing.

Ward, Harry F. 1928 "Is Christian Morality Harmful, Over Charitable to the Unfit?" *Eugenics* 1 (December): 20.

Ward, Lester F. 1975 (1871-3) "Education," Karier, Clarence J.ed., *Shaping the American Educational State: 1900-to the Present.* New York: The Free Press.

Ward, Lester F. 1906 (1893) *The Psychic Factors of Civilization.* Boston, MA: Ginn and Company Publishers. [://de.share.geocities.com/ralf schreyer/ward/lesterward.htm].

Ward, Lester F. 1906 *Applied Sociology: A Treatise on the Conscious Improvement of Society by Society.* Boston: Ginn and Company Publishers. [://home.arcor.de/ralf schreyer/applied sociology.pdf].

Ward, Lester F. 1911 (1897) *Dynamic Sociology: or Applied Social Science as Based upon Statical Sociology and the less Complex Sciences*, 2nd edn. 2 Vols. New York: D. Appleton and Company. [://de.share.geocities.com/ralf_schreyer/ward/lesterward.htm].

Ward, Lester F. 1913 (1897) *Outlines of Sociology.* New York: Macmillan Company. [://de.share.geocities.com/ralf schreyer/ward/lesterward. htm].

Warner, S. Bass 1968 *The Private City.* Philadelphia: University of Pennsylvania Press.

Weber, Max 1920 *Die protestantische Ethik und der Geist des kapitalismus.* Tubingen: J. C. B. Mohr.= 1988 大塚久雄訳『プロテスタンティズムの倫理と資本主義の精神』岩波書店.

Welter, Rush 1962 *Popular Education and Democratic Thought in America.* New York: Columbia University Press.

Wesley, John 1995 *The Works of John Wesley: On Comact Disc.* Franklin, TS: Providence House Publishers.

Westbrook, Robert B. 1991 *John Dewey and American Democracy.* Ithaca: Cornell University Press.

White, Ronald C. Jr. / Hopkins, C. Howard 1975 *The Social Gospel. Religion and Reform in Changing America.* Philadelphia : Temple University Press.

Wickersham, James Pyle 1886 *A History of Education in Pennsylvania.* New York: Arno Press (1969 reprint).

Wiebe, Robert H. 1967 *The Search for Order, 1877-1920.* New York: Hilland Wang.

Wigginton, Eliot 1986 *Sometimes A Shining Moment: The Foxfire Experience.* New

York: Anchor Press / Doubleday & Company.

Wilensky, Harold L. 1964 "The Professionalization of Everyone," *American Journal of Sociology* 70 (1): 137-58.

Williams, Stephen S. 1986 "From Polemics to Practice: IQ Tsting and Tracking in the Detroit Public Schools and Their Relationship to the National Debate," Ph. D. Dissertation. University of Michigan.

Wilson, J. 1972 "Indoctrination and Rationality," I. A. Snook, ed., *Concepts of Indoctrination*. London: Routledge.

Winnicott, Donald W. 1957 *Mother and Child: A Primer of First Relationships*. New York: Basic Books.

Wirth, Arthur G. 1972 *Education in the Technological Society*. Scranton, PA: Intext Educational.

Wrigley, Julia 1982 *Class Politics and Public Schools, Chicago 1900-1950*. New Brunswick, NJ: Rutgers University Press.

Young, Michael 1958 *The Rise of Meritocracy*. London: Themes and Hudson.

Zebrowski, Robin L. 2008 "Mind Is Primarily a Verb: An Examination of Mistaken Similalities Between John Dewey and Herbert Spencer," *Educational Theory* 58 (3): 305-20.

Zinn, Howard 1980 *A People's History of the Unites States*. New York : Harper & Row.= 1982 平野孝訳『民衆のアメリカ史』上・中・下巻 TBSブリタニカ.

Zoll, Allen A. 1950 *Progressive Education Increases Juvenile Delinquency: Progressive Education is Subverting America*. New York: National Council for American Education.

著者紹介

田中　智志（たなか さとし）
博士（教育学）東京大学
現在、山梨学院大学大学院教授。教育学（教育思想史）専攻。
1958年、山口県に生まれる。
早稲田大学大学院文学研究科教育学専攻博士後期課程満期退学。

主要著書

『他者の喪失から感受へ』（勁草書房、2002）、『〈近代教育〉の社会理論』（共編著、勁草書房、2003）、『教育学がわかる事典』（日本実業出版社、2003）、『教育人間論のルーマン』（共編著、勁草書房、2004）、『教育の共生体へ』（編著、東信堂、2004）、『臨床哲学がわかる事典』（日本実業出版社、2005）、『人格形成概念の誕生』（東信堂、2005）、『グローバルな学びへ』（編著、東信堂、2008）、『キーワード 現代の教育学』（共編著、東京大学出版会、2009）、『教育思想史』（共著、有斐閣、2009）、『教育思想のフーコー』（勁草書房、2009）など。

Constructing the Social:
Critical History of the Idea of Progressive Education in America

社会性概念の構築——アメリカ進歩主義教育の概念史

2009年11月5日　　初　版第1刷発行　　〔検印省略〕

定価はカバーに表示してあります。

著者©田中智志／発行者 下田勝司　　印刷・製本／中央精版印刷

東京都文京区向丘1-20-6　　郵便振替00110-6-37828　　発行所
〒113-0023　TEL（03）3818-5521　FAX（03）3818-5514　株式会社 東信堂
Published by TOSHINDO PUBLISHING CO., LTD.
1-20-6, Mukougaoka, Bunkyo-ku, Tokyo, 113-0023 Japan
E-mail : tk203444@fsinet.or.jp　http://www.toshindo-pub.com

ISBN978-4-88713-937-4 C3037